中国海洋大学教材建设基金资助

管理系统工程

王水莲　编著

清华大学出版社
北京交通大学出版社
·北京·

内 容 简 介

管理系统工程是以企业管理系统为研究对象的一门组织管理技术，是一门以系统科学、运筹学、计算机应用技术为主体的综合交叉性课程。其基本思想是坚持整体观念、统筹兼顾，运用有关优化分析方法，实现管理系统整体功能的提高。

全书结构由 4 部分组成：① 管理系统工程的基本理论；② 管理系统工程的基本工作；③ 提高系统性能的基本要点；④ 管理系统工程定量分析方法例题集。本教材的编写特色是以"组织管理技术"为主线，以"立足国情"为基点，以"大道至简"为方略。

本教材可用于经济管理专业和理工科管理工程专业本科教学，也可用于各级领导干部培训。教学过程中，可根据具体对象和学时要求，选择相关内容。

图书在版编目（CIP）数据

管理系统工程 / 王水莲编著. —北京：北京交通大学出版社：清华大学出版社，2018.7

ISBN 978-7-5121-3616-8

Ⅰ. ① 管… Ⅱ. ① 王… Ⅲ. ① 管理系统理论 Ⅳ. ① C93

中国版本图书馆 CIP 数据核字（2018）第 152172 号

管理系统工程
GUANLI XITONG GONGCHENG

责任编辑：赵彩云

出版发行：清 华 大 学 出 版 社　　邮编：100084　　电话：010-62776969　　http://www.tup.com.cn
　　　　　北京交通大学出版社　　邮编：100044　　电话：010-51686414　　http://www.bjtup.com.cn

印 刷 者：三河市兴博印务有限公司

经　　销：全国新华书店

开　　本：185 mm×260 mm　　印张：17.5　　字数：437 千字

版　　次：2018 年 7 月第 1 版　　2018 年 7 月第 1 次印刷

书　　号：ISBN 978-7-5121-3616-8

印　　数：1~2 000 册　　定价：45.00 元

本书如有质量问题，请向北京交通大学出版社质监组反映。对您的意见和批评，我们表示欢迎和感谢。

投诉电话：010-51686043，51686008；传真：010-62225406；E-mail：press@bjtu.edu.cn。

前　　言

1978 年 9 月钱学森等在《文汇报》上发表的《组织管理技术——系统工程》开启了系统工程理论与方法在经济管理领域应用的新纪元。

管理系统工程是以企业管理系统为研究对象，以系统科学、运筹学、计算机应用技术为主体的综合交叉性课程。本书由 4 部分组成。

（1）管理系统工程的基本理论。第 1、2 章介绍了系统的概念和特性、有代表性的系统理论和系统工程方法，以及管理系统分析的原则、思路和内容。

（2）管理系统工程的基本工作。第 3、4、5、6 章以介绍管理系统工程的基本工作环节为重点，从环境、结构、控制和评价 4 个方面，分别介绍了其原理、方法和应用热点。

（3）提高系统性能的基本要点。第 7、8、9 章从集成、创新和设计三个视角探讨了提高管理系统性能的路径和方法。

（4）管理系统工程定量分析方法例题集。编者运用 Excel 软件实现管理系统工程中的定量分析方法，并从经营管理角度进行了说明分析，教学过程中可根据课时和实际需要加以选择。

管理系统工程的基本思想是坚持整体观念、统筹兼顾，运用系统思维和优化分析方法，实现管理系统整体功能的提高。遵循统筹兼顾、创新发展的思路，本教材主要有以下特色。

首先，以"组织管理技术"为主线。现有相关教材多侧重数学优化方法的介绍，本教材学习的重点不是烦琐的计算过程，而是要把数学模型作为一把钥匙，帮助人们从整体上分析，从实质上研究，提高理性思维能力和开启管理决策的新思路。同时以计算机为工具使深奥的定量方法变得易学易用。

其次，以"立足国情"为基点。本书中选编的案例都是中国本土企业的案例，并且大多数都是近年来的案例。能够为教学过程提供丰富的案例材料，并能提高学生理论联系实际的能力，增强学生应用管理系统工程的能力。

最后，以"理论创新"为方略。贯穿本书的一条主线是系统科学理论在管理中的创新与发展，每一章在介绍完系统科学的相关理论后都有一节阐述系统理论前沿与管理前言的结合。可以帮助老师、学生和研究者以系统思维分析管理现象，探索管理问题，研究管理前沿。

本教材的编写体例是由李宝山教授创立的，李教授睿智和严谨的治学精神将持续体现在本书的后续版本中。全书由王水莲编著，参加本次教材编写工作的有（按贡献排序）：杜莹莹、陈志霞、杜文婷、张瑶、王洁、王璇、王圣丹、刘莎莎（中国人民大学）、常联伟、杨雄成、于秀慧（中国学术期刊电子杂志社）等。负责教学软件开发及相关内容编写的有：王水莲、杜莹莹、张瑶、王乾旭等。如需本教材教学软件包和课件可到北京交通大学出版社网站（http://bjtup.com.cn）下载。

本书获得中国海洋大学教材建设基金资助。在申请资助的过程中，得到了中国海洋大学

I

姜忠辉教授、彭德艳老师、吉晓莉老师的帮助。同时，本书出版得益于北京交通大学出版社赵彩云编辑等相关人员的辛勤工作。在此对参与本书编写和提供帮助的老师和同学们一并表示衷心的感谢。

由于编者水平有限，形势发展日新月异，本书肯定存在不足之处，恳请广大读者批评指正。

王水莲
2018 年 5 月于青岛海洋大学

目　　录

第1章

系统理论概述

学习要点

● 系统的基本概念及其对提高管理科学水平的指导作用
● 管理系统工程的基本概念及其在管理现代化中的作用
● 推动系统工程发展的方法论演变
● 系统工程的发展历程
● 系统理论及对企业管理的启示

进入新世纪，面对新形势，学习和掌握系统工程的理论与方法，对提高管理人员的基本素质，具有战略性的指导意义。在党的十八届三中全会上，习近平指出，全面深化改革是一项复杂的系统工程。

本章介绍系统概念、系统思想的产生与发展及经典的系统理论。系统是由相互作用和相互依赖的若干组成部分（要素）结合而成的、具有特定功能的有机整体。系统一般具有整体性、相关性、目的性、环境适应性等特性。管理系统工程是运用系统工程理论与方法，提高管理科学性的一门组织管理技术。系统思想的出现彻底改变了人们的思维方式，随着时代的发展，系统理论体系逐步形成并得到完善，其中具有代表性的理论包括：一般系统论、控制论、信息论、耗散结构理论、协同学理论、突变理论等。

1.1 系统的概念

在自然界和人类社会中，可以说任何事物都是以系统的形式存在的，每个要研究的问题或对象都可以看成是一个系统。人们在认识客观事物或改造客观事物的过程中，用综合分析的思维方式看待事物，根据事物中内在的、本质的、必然的联系，从整体的角度进行分析和研究，这类事物就被看作一个系统。

1.1.1 系统概念

系统一词最早出现于古希腊语中，"Syn histanai"原意是指事物中共性部分和每一事物应占据的位置，也就是部分组成的整体的意思。从中文字面看，"系"指关系、联系；"统"指有机统一；"系统"则指有机联系和统一。将系统作为一个重要的科学概念予以研究，则是由贝塔朗菲于1937年第一次提出的，他认为系统是"相互作用的诸要素的综合体"。

系统的确切定义依照学科的不同、使用方法的不同和解决的问题不同而有所区别，国外关于系统的定义已不下 40 个，例如：

（1）R. 吉布松：系统是互相作用的诸元素的整体化总和，其使命在于，以协作方式来完成预定的功能。

（2）B. H. 萨多夫斯基：互相联系着并形成某种整体性统一体的诸元素按一定方式有秩序地排列在一起的集合。

（3）布拉乌别尔格、萨多夫斯基、尤金：从系统的整体性出发，可以从性质方面通过下列特征给系统概念下定义：

① 系统是由相互联系的诸元素组成的整体性复合体；

② 它与环境组成特殊的统一体；

③ 任何所研究的系统通常都是更高一级系统的元素；

④ 任何被研究的系统的元素通常又都作为更低一级系统。

（4）Webster 大辞典：有组织的或被组织化的整体，结合构成整体所形成的各种概念和原理的综合，有规则的相互作用和相互依存的形式结合起来的诸要素的集合等。

（5）日本 JIS 工业标准：许多组成要素保持有机的秩序，向同一目标行动的事物。

综上所述可初步看出，系统概念同任何其他认识范畴一样，描述的是一种理想的客体，而这一客体在形式上表现为诸要素的集合。我国系统科学界对系统通用的定义是：系统是由相互作用和相互依赖的若干组成部分（要素）结合而成的、具有特定功能的有机整体。

从上述系统的定义可以看出，系统必须具备三个条件：第一是系统必须由两个以上的要素（部分、元素）所组成，要素是构成系统的基本单位，因而也是系统存在的基础和实际载体，系统离开了要素就不称其为系统；第二是要素与要素之间，存在一定的有机联系，从而在系统的内部和外部形成一定的结构或秩序，任一系统又是它所从属的一个更大系统的组成部分（要素），这样，系统整体与要素、要素与要素、整体与环境之间，存在相互作用和相互联系的机制；第三是任何系统都有特定的功能，这使整体具有不同于各个组成要素的新功能，这种新功能是由系统内部的有机联系和结构所决定的。

任何事物都是系统与要素的对立统一体，系统与要素的对立统一是客观事物的本质属性和存在方式，它们相互依存、互为条件，在事物的运动和变化中，系统和要素总是相互伴随而产生，相互作用而变化。系统与要素相互关系如下。

1. 系统通过整体作用支配和控制要素

当系统处于平衡稳定条件时，系统通过其整体作用来控制和决定各个要素在系统中的地位、排列顺序、作用的性质和范围的大小，统率着各个要素的特性和功能，协调着各个要素之间的数量比例关系等。在系统整体中，每个要素及要素之间的相互关系都由系统所决定。系统整体稳定，要素也稳定，当系统整体的特性和功能发生变化，要素及要素之间的关系也随之产生变化，如一个企业管理组织系统的整体功能，决定和支配着作为要素的生产、销售、财务、人事、科技开发等各子系统的地位、作用和它们之间的关系，为使管理组织的整体效益最佳，就要求各子系统必须充分发挥各自的功能，并且对各子系统之间的关系进行控制与协调。

2. 要素通过相互作用决定系统的特性和功能

一般地说，要素对系统的作用有两种可能趋势：一种是如果要素的组成成分和数量具有一种协调、适应的比例关系，就能够维持系统的动态平衡和稳定，并促使系统走向组织化、有序化；另一种是如果两者的比例发生变化，使要素相互之间出现不协调、不适应的比例关系，就会破坏系统的平衡和稳定，甚至使系统衰退、崩溃和死亡。

3．系统和要素的概念是相对的

由于事物生成和发展的无限性，系统和要素的区别是相对的，由要素组成的系统，又是较高一级系统的组成部分，它在这个更大系统中的地位是一个要素，而同时它本身又是较低一级组成要素的系统。例如，某总厂是以几个分厂的要素组成的系统，而此总厂又是更大系统企业集团的一个组成要素。正是由于系统和要素地位与性质关系的相互转化，构成了物质世界一级套一级的等级性。

【案例 1－1】

多角度分析万科事件

万科与宝能系的股权之争是中国 A 股市场历史上规模最大的并购与反并购拉锯战。2015 年 1 月宝能系旗下的前海人寿开始买入万科股份。2015 年 7 月 10 日宝能系首次举牌，打响了"万宝之争"的第一枪，并在钜盛华支持下多次举牌。万科起初以静制动，直至宝能系第三次举牌，超过华润成为第一大股东，万科才有所行动，试图借助媒体和证监会的力量制衡宝能系，并于 2015 年 12 月 19 日停牌筹划重大资产重组。华润为了保住第一大股东的地位增持股份至 15.23％。安邦保险集团在举牌万科后也卷入"万宝之争"。博弈各方合纵连横，局势发展跌宕起伏，各大网站报社纷纷发声，就万科事件各抒己见，可谓"一千个读者眼里有一千个哈姆雷特"。

1．名誉与情怀之争

万科董事长王石率性洒脱，极具冒险精神，热爱登山、跳伞等极限运动。禅让权位十多年，虽是万科创始人，但持有股份极少。有担当、奋进的企业家形象是他一直努力在公众心中树立的。

在这场股权之争中，以王石为代表的万科管理层公然与宝能系对抗，其与深圳地铁集团合作的重组预案也激化了与华润的矛盾，种种事端把王石推向风口浪尖，一直有人高呼"这是王石一个人的战斗"。王石的去留无疑成了"万宝之争"的焦点问题。有人说王石"丢了美人，亦丢了江山，已众叛亲离"。潇洒的王石也不免为声名所累，早先就想过功成身退，到了现在这个地步，一是为了个人名誉而战，二是为了万科坚持他所创立的文化和制度而战。"挺王石派"坚持王石出局将是对中国企业家精神的一次沉重打击。无奈，资本市场不讲情怀。

2．资本与管理之争

万科控制权争夺背后的大势是没有资本愿意再做配角，无论是原来的大股东华润，还是新晋大股东宝能。这透射出一个在公司治理层面上更前沿的规范性议题，即构建什么样的公司治理结构和机制，才能有效协同、平衡好资本与管理间的关系。

一个是资本投资方，通过公开渠道获得企业超过 22％的股权，意图取得控制权；一个是企业管理层，执着于企业价值、情怀伦理，利用现有架构对抗"品格"可能有问题的资本。这场商战并未超出资本并购的一贯纠葛。万科优秀的职业经理人团队和文化能通过新探寻的制度沉淀下来，构建资本与管理相互尊重、相互依存和共享通建的新制度体系，万科的权斗闹剧也将是其重生的插曲。万科之争也就具有了真正的商业经典价值，否则纷争过后，势将是遍地瓦砾。

3. 权利与规则之争

有分析者认为，该场资本博弈愈演愈烈的深层原因是法律规则的不健全。以王石、郁亮为代表的万科管理层，抛开资本市场规则，拒绝已成为其第一大股东的宝能系行使正当的权利；宝能高调收购，其资金来源既涉嫌钻法律漏洞，也潜藏巨大风险。如何界定"内部人控制"，对二级市场举牌造成的股权分置该不该设置预警线，对于保险资本举牌是否应该规范等等，都是法律需要健全的方面。

对中国资本市场来说，万科股权大战无异于一场观念对决和市场竞争意识的大洗礼。由此而论，这也为股市未来的健康发展提供了契机。资本市场的价值发现功能往往都是在股权争战中实现的，只要合乎规则，这种争战最终都将转化为市场成长的润滑剂。

纵观整个万科事件，它既包含着当事人认知的局限，也有实操中的现实困境，更有法律规则的空白与缺位。正因如此，同一件事在不同人身上却有着不同的解读和结论，也令舆论围观呈现出多元乃至对立的局面。很明显，每一种解读正如盲人摸象一般，只能从一个角度看到整个万科事件的一个方面，无法整体把握事件发生的脉络与全貌。因此，我们需要把系统的思想引入对事件的分析判断中去，只有多角度、全面地看待问题，才能形成独立的思维方式，对事件有更深的理解和掌握。

1.1.2　系统的形态

系统是以不同的形态存在的。根据生成的原因和反映的属性不同，系统可以进行各种各样的分类。系统的形态与其所要解决的问题密切相关。系统的一般形态分述如下。

1. 自然系统和人造系统

自然系统是由自然物（矿物、植物、动物、海洋等）形成的系统。它的特点是自然形成的。自然系统一般表现为环境系统，如海洋系统、矿藏系统、植物系统、生态系统、原子核结构系统、大气系统等。了解自然系统的形成及其规律是人造系统的基础。

人造系统是为了达到人类所需要的目的，由人类设计和建造的系统。工程技术系统、经营管理系统、科学技术系统就是三种典型的人造系统。工程技术系统是由人们对自然物等进行加工，用人工方法建造出来的工具和机械装置等所构成的工程技术集合体。经营管理系统是人们通过规定的组织、制度、程序、手段等建立起来的经营与管理的统一体。科学技术系统是人们通过对自然现象和社会现象的科学认识，用人工方法研究出来的综合的科学体系和技术体系。

实际上，多数系统是自然系统与人造系统相结合的复合系统，因为许多系统是有人参加的活动。如社会系统，看起来是一个人造系统，但是它的发生和发展不以人们的意志为转移，而是有其内在规律。从人类发展的需要看，其趋势是越来越多地发展和创造更新的人造系统。随着科学技术的发展，已出现了越来越多的人造系统。但是大量人造系统的发展，也打破了自然系统的平衡，使自然环境（大气、生态、海洋）系统受到极大破坏，造成各种可知和尚不可知的污染，甚至给人类的生活和生存带来威胁。因此，近年来系统工程已越来越注重从与自然系统的关系中来研究、开发、建造人造系统。

2. 实体系统和概念系统

实体系统是以矿物、生物、能源、机械等实体组成的系统。就是说，它的组成要素是具有实体的物质。这种系统是以硬件为主体，以静态系统的形式来表现的。如人—机系统、机械系统、电力系统等。系统不仅有实体部分，而且还必须有赖以形成的概念部分。

概念系统是由概念、原理、原则、方法、制度、程序等观念性的非物质实体所组成的系统。它是以软件为主体，依附于动态系统的形式来表现的。如科技体制、教育体系、法律系统、程序系统等。

在实践中，实体系统和概念系统通常是结合在一起的。如机械工程是实体系统，而用来制造某种机械所提供的方案、计划、程序就是概念系统。实体系统是概念系统的基础和服务对象，而概念系统为实体系统提供指导和服务，两者是不可分的。

3. 封闭系统和开放系统

封闭系统是指与外界环境不发生任何形式交换的系统。它不向环境输出也不向环境输入，一般来讲，它是专门为研究系统目的而设定的。如封存的设备、仪器及其他尚未使用的技术系统等。

开放系统是指系统内部与外部环境有相互关系，能进行能量、物质和信息交换的系统。它从环境得到输入，并向环境输出，而且系统状态直接受环境变化的影响。大部分人造系统都属于这一类，如社会系统、经营管理系统等。围绕系统在外部环境影响下进行的活动来认识系统，是识别、研究系统特性的主要途径。

4. 静态系统和动态系统

静态系统是其固有状态参数不随时间改变的系统。它没有既定的相对输入和输出，其在系统运动规律的表征模型中不含时间因素，即模型中的变量不随时间而变化。如车间平面布置系统、城市规划布局等。静态系统属于实体系统。

动态系统是系统状态变量随时间而改变的系统。也就是把系统的状态变量作为时间的函数而表现出来的系统。它有输入和输出及转换过程，一般都受到人的行为因素的影响。如生产系统、服务系统、开发系统、社会系统等。动态系统需要有静态系统作为基础，需要有概念系统的配合。由于系统的特性是由其状态变量随时间变化的信息来描述的，因此在实际工作中，要以分析和研究动态系统为主要目的。

5. 对象系统和行为系统

对象系统是按照具体研究对象进行区分而产生的系统。如企业的经营计划系统、生产系统、库存系统等。

行为系统是以完成目的的行为作为组成要素的系统。所谓行为，是指为达到某一确定的目的而执行某特定功能的作用，这种作用对外部环境能产生一定的效用。行为系统的区别并不以系统的组成部分及其结构特征作为标准，而是根据行为特征的内容加以区别的。也就是说，尽管有些系统组成部分及其有关内容是相同的，但如果其执行特定功能的作用不同，那它们就不能是同类的系统。行为系统一般需要通过组织体系来体现，如社会系统、经济系统、管理系统等。

6. 控制系统和因果系统

控制系统是具有控制功能和手段的系统。控制就是为了达到某个目的给对象系统所施加的必要动作。控制对象要由控制装置操纵，使其达到规定的目的。当控制系统由控制装置自动进行时，称之为自动控制系统。

因果系统是输出完全决定于输入的系统，因果系统必须是个开放系统。因果系统的内容是由单一因素决定的，其状态与结果具有一致性。这类系统一般为测试系统。如信号系统、记录系统、测量系统等。

具体系统的形态可能千变万化，但是基本上可以看作是由上述各种系统形态相互组合而形成的，它们之间往往是相互交叉、相互渗透的。

1.1.3　系统工程与管理系统工程

系统工程（systems engineering，SE）是在 20 世纪中期才开始兴起的一门实用学科，是软科学的重要组成部分。它不仅是一门综合性很强的实用技术科学，也是一种现代化的组织管理技术。到目前为止，由于观点不同，国内外著名系统工程学家对系统工程有各种不同的解释，从不同角度有着不同的理解，下面引述一些国内外具有代表性的定义。

（1）1967 年美国切斯纳：系统工程认为虽然每个系统都是由许多不同的特殊功能部分所组成，而这些功能部分之间又存在相互关系，但是每一个系统都是完整的整体，每一个系统都有一定数量的目标。系统工程则是按照各个目标进行权衡。全面求得最优解的方法，并使各组成部分能够最大限度地相互协调。

（2）1967 年日本工业标准 JIS 8121：系统工程是为了更好地达到系统目的，对系统的构成要素、组织结构、信息流动和控制机构等进行分析与设计的技术。

（3）1967 年美国莫顿：系统工程是用来研究具有自动调整能力的生产机械，以及像通信机械那样的信息传输装置、服务性机械和计算机械等的方法，是研究、设计、制造和运用这些机械的基础工程学。

（4）1969 年美国质量管理学会系统委员会：系统工程是应用科学知识设计和制造系统的一门特殊工程学。

（5）1971 年日本寺野寿郎：系统工程是为了合理进行开发、设计和运用系统而采用的思想、步骤、组织和方法等的总称。

（6）1974 年大英百科全书：系统工程是一门把已有学科分支中的知识有效地组合起来用以解决综合化的工程技术。

（7）1976 年苏联大百科全书：系统工程是一门研究复杂系统的设计、建立、试验和运行的科学技术。

（8）1977 年日本三浦武雄：系统工程与其他工程不同之处在于它是跨越许多学科的科学，而且是填补这些学科边界空白的一种边缘科学。因为系统工程的目的是研制系统，而系统不仅涉及工程学的领域，还涉及社会、经济和政治等领域。为了适当解决这些领域的问题，除了需要某些纵向技术以外，还要有一种技术从横的方向把它们组织起来，这种横向技术就是系统工程。亦即，研究系统所需的思想、技术、手法和理论等体系化的总称。

（9）1978 年我国著名科学家钱学森等：把极其复杂的研制对象称为系统，即由相互作用和相互依赖的若干组成部分结合成具有特定功能的有机整体，而且这个系统本身又是它从属的一个更大系统的组成部分。……系统工程则是组织管理这种系统的规划、研究、设计、制造、试验和使用的科学方法，是一种对所有系统都具有普遍意义的科学方法。

目前，系统工程已被广泛应用于国民经济各个部门，成为制定最优规划、实现最优管理的重要方法和工具，在社会主义现代化建设中，发挥出十分重要的作用，并取得显著的成果。

1. 社会系统工程

组织管理社会主义建设的技术，称为社会系统工程。它的研究对象是整个社会、整个国家，这是一个巨系统。因此，它具有多层次、多区域、多阶段的特点。在研究方法上一般采用多级递阶结构来处理。

2. 经济系统工程

研究宏观的社会经济系统的问题。如经济发展战略、经济战略目标体系、经济指标体系、计划综合平衡、投入产出分析、消费结构分析、投资决策分析、经济政策分析、资源最优利用等。

3. 区域规划系统工程

从系统工程的角度来考察区域经济及其今后的发展，亦即将一定地域空间的社会再生产总过程——生产、分配、交换、消费作为考察的对象系统。着重揭示对象系统与自然—经济—社会环境系统的相互影响或作用，在一定时期内将会发生怎样的变化，提出实现发展目标的各种对策方案。

4. 生态系统工程

研究大气生态系统、大地生态系统、森林与生物生态系统、城市生态系统等的系统分析、规划、建设、防治等方面的问题。

5. 能源系统工程

研究能源合理结构、能源需求预测、能源供应预测、能源生产优化模型、能源合理利用模型、节能规划等。

6. 农业系统工程

研究农业发展战略、农业综合规划、农业区域规划、农业政策分析、农业结构分析、农业投资规划、农产品需求预测、农作物合理布局等问题。

从以上简述中，可以看出一个重要的区别在于系统工程应用的范围、界面不同。以此观点，将系统工程应用于（企业）管理领域，称之为管理系统工程。即运用系统工程的科学方法，通过最优途径的选择，使管理工作在一定期限内取得最合理、最经济、最有效的效果。所谓科学的方法，就是从整体观念出发，通盘筹划，合理安排整体中的每一个局部，以求得整体的最优规划、最优管理和最优控制，使每个局部都服从一个整体目标，做到人尽其才，物尽其用，以便发挥整体的优势，避免资源的损失和浪费。

1.2　系统工程的形成与发展

1.2.1　古代朴素系统思想

系统的概念来源于人类的长期社会实践，人类很早就已经有了系统思想的萌芽，这主要表现在对整体、组织、结构、等级等概念的认识。我国是一个具有数千年文明史的古国，在丰富的历史宝库中，可以找到很多有关系统的朴素思想。古代天文、医药、军事、工程等方面的知识和成就，都在不同程度上反映了朴素的系统思想。

我国古代天文学家为发展原始农牧业，很早就关心天象的变化，把宇宙看作一个超体系统，探讨了它的结构、变化和发展，揭示了天体运行与季节变化的联系，编制出历法和指导农事活动的二十四节气。中国的《黄帝内经》中，也包含有朴素的系统思想。《内经》通过对经络、脉象、穴位等的研究，深化了对人体"系统"的认识。中药的"辨证处方"，则是系统思想的集中体现。一服中药一般由"君、臣、佐、使"4个部分组成，"君药"对主病起主要治疗作用，用量较大；"臣药"辅助"君药"加强治疗作用；"佐药"用来抑制"君药"可能产生的副作用；"使药"对各种药物起调和作用。"君、臣、佐、使"合理配置，一服中药就是一个具有"健身除病"功效的药物"系统"。

我国古代的系统思想还反映在军事理论方面，春秋末期，我国著名军事家孙武，在他的《孙子兵法》中就阐述了不少朴素的系统思想和谋略。《孙子兵法》中"经五事"从道、天、地、将、法五个方面来分析战争的全局，这里所讲的"道"，就是要内修德政，注重战争是否有理，有道之国，有道之兵，得到人民的支持，这是胜利之本。此外，还有天时、地利的客观条件。而将领的才智、威信状况，士兵是否训练有素，纪律、赏罚是否严明，粮道是否畅通等则是主观条件。并依据"五事"推论出"七计"，指出"经之以五事，校之以计，而索其情"。《孙子兵法》是一部揭示战争规律的杰作，对战争系统的各个层次、各个方面及它们的内在联系都进行了全面分析和论述，从而在整体上构成了对于战争的规律性的认识。据说现在日本许多系统工程学者和管理学家，都热衷于研究《孙子兵法》的思想，并将之用于现代管理之中，他们认为：《孙子兵法》中关于运筹谋略、对抗策略的论述极其精辟，在两千多年后的今天仍然是适用的。

我国古代劳动人民已经懂得把系统思想运用于改造自然的社会实践中去。这方面的事例很多，如战国时期秦国太守李冰任蜀郡太守后，主持修建了驰名中外的四川都江堰水利工程，该项工程包括三个主要部分："鱼嘴"是岷江分洪工程；"飞沙堰"是分洪排沙工程；"宝瓶口"是引水工程。三个部分巧妙地结合成一个整体工程，根据今天的试验，工程的排沙、引水、防洪等方面都做了精确的数量分析，使工程兼有防洪、灌溉、漂木、行舟等多种功能。由于在渠道上设置了水尺测量水位，合理控制分水流量，使工程不仅分导了汹涌流急的岷江而化害为利，还利用分洪工程有节制地灌溉了14个县的几百亩田地；使工程不仅在施工时期有一套管理办法，还建立了维修保养制度，每年按规定淘沙修堤，使工程经久不衰，至今仍能充分发挥其效益。三大主体工程和120个附属渠堰工程，形成一个协调运转的工程总体，体现了非常完善的整体观念、优化方法和发展的系统思路，即使从现代观点看，仍不愧为世界上一项宏伟的水利工程建设。所有这些都说明人类在知道系统工程之前，在社会实践中就已经进行辩证的系统思维了，并开始应用朴素的系统思想改造自然与社会了。

朴素的系统思想，不仅表现在古代人类的实践中，而且在我国古代和古希腊的哲学思想中得到了反映，当时的一些朴素唯物主义思想家都从承认统一的物质本源出发，把自然界当作一个统一体。中国古代的系统思想在老子的《道德经》中得到高度概括和提炼，《道德经》中的"道"或"一"超越了时空界限，"独立而不改，周行而不殆，可以为天下母"，老子认为，只有按照"道"的原则，才能实现既定的目标，"天得一以清，地得一以宋，神得一以灵，谷得一以盈，万物得一以生，候王得一为天下正"。这里的"道"或"一"在某种意义上可以和"系统"画等号。

古希腊卓越的唯物主义哲学家德谟克利特也从唯物主义立场出发阐述了系统的思想。他在物质构造的原子论基础上，认为世界是由原子和虚空组成的，原子组成万物，形成不同系统层次的世界，人也是一个小世界，宇宙中有无数世界，这些世界不断产生、发展和消灭。亚里士多德的"四因"（目的因、动力因、形式因、质料因）的思想，以及关于事物的种属关系和关于范畴分类的思想等，可以说是古代朴素系统观念最有价值的遗产。他曾经说过：一般来说，所有的方式显示全体并不是部分的总和。他以房屋作例子，说明一所房屋并不等于它的砖瓦、木料等建筑材料的总和，并指出：由此看来，很清楚，你可以有了各个部分，而还没有形成整体，所以各个部分单独在一起和整体并不是一回事。后来人们把亚里士多德的这个思想概括成"整体大于部分的总和"。类似这种系统观在几何学的奠基人欧几里得和天文学家托勒密的著作中也有具体表述。

1.2.2　系统方法论的形成

古代朴素唯物主义哲学思想包含了系统思想的萌芽，它虽然强调对自然界整体性、统一性的认识，但缺乏对整体各个细节的认识能力，因而对整体性和统一性的认识是不完全的。为了认识这些细节，我们不得不把它们从自然的或历史的联系中抽取出来，从它们的特性、它们特殊的原因和结果等方面来逐个加以研究。这首先是自然科学和历史研究的任务。真正的自然科学从 15 世纪下半叶开始，在还原论的支持下迅速发展起来。

还原论的特点是：对整体进行分解，把整体分解为部分，再把部分分解为更小的部分。直到认为适宜的程度。对层次进行还原，把高层次还原到低层次，把高级内容还原为低级内容，一层层地降解，直到最低的层次和最终的物质要素。从微观揭示本质，坚信事物的本质不在宏观而在微观，在于构成宏观现象的微观物质基元，只有整体分解为部分，把部分还原到"原子"（或其化身），才能找到终极根源，作出终极说明。

还原论的科学不但成功地建立起庞大和完整的科学体系，在认识自然界的过程中卓有成效；同时也孕育出高度发达的工程技术、行之有效的管理制度，建造了空前昌盛的人类文明。如管理中的施密特实验就是还原论在管理中的集中体现。泰勒对铲装工施密特的操作做了细致、准确的测量，剔除其工作的无效部分，最终确定了施密特装卸效率最高时的每一个操作细节，包括铲的大小、铲斗重量、铲装重量、堆码过程、走动距离、手臂摆弧及其他操作内容，使施密特的劳动生产率由每天 12.5 吨增至 48 吨。这种将动作的流程分解到最小的单位，测量它们所需的时间和空间，再将它们组合在一起的方法，怎么看都与还原论的科学有着深厚的渊源。

但是，这种做法也给我们留下了一种习惯：把自然界的事物和过程孤立起来，撇开广泛的总的联系去进行考察，因此，就不是把它看作运动的东西，而是看作静止的东西；不是看作本质上变化着的东西，而是看作永恒不变的东西；不是看作活的东西，而是看作死的东西。这就造成了最近几个世纪所特有的局限性，即形而上学的思维方式。在电影 The Fly 中的苍蝇人正是对还原论的讽刺。

被科学家引以为傲的完善的科学大厦，其实并没有通过还原论真正搭建起来。爱因斯坦发现时间、空间、物质和能量乃至整个宇宙必须作为一个整体来研究，"物质告诉时空怎样弯曲，时空告诉物质怎样运动"。一旦割裂它们就会产生严重失真。牛顿世界物质与时空分离、时空均匀平直的状况，只是忽略失真后的一种近似。在量子世界，我们无法把一个整体非常确定地分为一些组成部分，更无法把这些组成部分非常确定地组成整体。随后的混沌学研究则告诉人们，我们以为是世界全部的牛顿世界，只不过是个特例，更为广大的世界是牛顿力学无法解释的。

20世纪，在自然科学和社会科学的各个领域都开始探索一种新的方法论，我们称之为现代整体论。系统工程就是在现在整体论的探索中形成的非常重要的一门学科。系统工程是一门跨越各个学科领域的横断性学科，一方面因为这套思想和方法适用于许多领域，因为每个领域都有一些带有整体性、全局性的问题需要综合处理；另一方面，系统工程所使用的方法与工具又多来自各门学科，需要把他们综合起来加以应用。

1.2.3 系统工程发展史

从世界范围内来看，系统工程经历了三个阶段。

1. 基础系统理论与系统工程理论各自独立发展的阶段

1925年，美籍奥地利生物学家贝塔朗菲（Ludwing von Bertranffy）提出了系统论的思想，他的视野很快超出了生物学，于1937年提出一般系统论原理，为系统论奠定了理论基础。1954年，贝塔朗菲与持有相同观点的另外3位著名学者：经济学家鲍尔丁（Kenneth Boulding）、生物学家杰拉德（Ralph Gerard）和生物数学家拉波波特（Anatol Rapoport）发起成立了"一般系统研究会"，此4人被认为是系统运动之父。他们在加利福尼亚帕罗奥托行为科学高等研究中心合作共事，提出了系统科学研究的4个主要目标：① 研究不同科学领域中概念、规律、模型的相似性，并致力于从一个领域向另一个领域移植；② 鼓励理论探索；③ 尽可能减少不同领域中的重复研究；④ 促进科学家之间的交流，强化科学研究的协调性。研究会每组织召开一次年会，出版一期年刊，就会吸引大批科学家，在西方学术界产生了很大影响，随之而来的便是轰轰烈烈的系统运动。

美国贝尔电话公司在进行电话网络的设计中使用了一种方法，把每一项工程的进程划分为规划、研究、发展、发展期间研究和通用工程五个阶段，1940年，他们把这种方法称为系统工程。1957年，美国密歇根大学的古德和麦克霍尔台合著了《系统工程学》，综合论述了运筹学方法及其一些具体分支。1962年，霍尔写了《系统工程方法论》，把系统工程看作一个过程、一种解决问题的程序，并提出了系统工程的三维结构模型。美国兰德公司倡导了"系统分析方法"，运筹学逐渐形成了许多理论分支，如规划论、博弈论、排队论、决策论等，使得运筹学逐渐发展成为一种独立的系统体系。

2. 基础理论的进一步深化，并融入系统工程实践中

学者们从动态的角度更深入研究一般系统概念和原理，自组织理论发展起来。20世纪60年代，贝塔朗菲曾提出由系统的科学与数学系统论、系统技术、系统哲学构成广义系统论的设想。1976年，萨缪尔森提出将系统论、控制论、信息论综合成一门新学科的建议。现代科学技术的发展对系统思想的方法和实践产生重大影响，具体表现在：① 现代科学技术的成就使得系统思想方法定量化，成为一套具有数学理论、能够定量处理系统各组成部分关系的科学方法；② 现代科学技术的成就和发展为系统思想方法的实际运用提供了强有力的计算工具——电子计算机。

这个时期的自然科学为马克思主义哲学提供了丰富的资料，为唯物主义自然观建立了更加巩固的基础。马克思、恩格斯的辩证唯物主义认为，物质世界是由无数相互联系、相互依赖、相互制约、相互作用的事物和过程形成的统一整体。辩证唯物主义体现的物质世界普遍联系及其整体性的思想，就是系统思想。

系统思想在辩证唯物主义那里取得了哲学的表达形式，在运筹学和其他学科中取得定量的表达方式，并在系统工程应用中不断充实自己实践的内容，系统思想方法从一种哲学思维逐步形成为专门的科学——系统科学。从 20 世纪 60 年代起，西方国家先后建立了一大批专门的系统科学研究机构，许多高等学校竞相开办系统科学系或专业，出版机构积极支持系统科学著作的出版，创办了一批系统科学学术刊物。据资料统计，系统科学论著每 4 年翻一番。随着系统运动的发展，各国学者联合成立了国际性系统科学组织。

3. 复杂系统理论的发展

当前，系统理论的发展正处于一个新的转折点，那就是复杂系统论的兴起。复杂系统论虽还处于萌芽状态，但已被有些科学家誉为"21 世纪的科学"，是跨学科的新兴领域。研究的前沿阵地是圣菲研究所（SFI），SFI 热衷于不同学科之间的深入探讨与相互影响，试图在不同的系统之间找出一些共性。组织管理是 SFI 开展复杂性研究的重要方向之一。另外一个对复杂性进行过长期研究，而且紧密与现代组织管理相联系的研究机构是美国乔治·梅森大学的集成科学现代研究所，以沃菲尔德教授为代表的学者围绕组织管理工作开展复杂性研究，是"复杂性是在人的脑中"一派的代表人物。

20 世纪 50 年代中期，钱学森和许国志把运筹学从西方带到中国，他们在中国科学院力学研究所组建了中国最早的运筹学研究组。此后，钱学森又开创并领导了中国的国防系统分析研究工作。20 世纪 50 年代末期，中国科学家开始将运筹学应用于国民经济发展。华罗庚从运筹学方法中提炼出可直接用来解决系统管理、优化问题的"优选法"和"统筹法"。他带领一批青年科学家在全国范围内推广"双法"，指导工农业生产实践，取得了巨大的社会效益和经济效益，同时还总结出"图上作业法"等中国独特的系统科学方法。20 世纪 70 年代，在钱学森、宋健等人的大力倡导下，中国出现了新的系统科学研究热潮。一批在数学、工程、经济等领域有影响的专家率先转入系统科学研究。1979 年，钱学森提出了建立系统科学学科体系的思想。他认为系统科学应当是与自然科学、社会科学具有同等地位的科学体系，因此应具有工程技术、技术科学、基础理论和哲学 4 个层次。顾基发认为，系统科学应当包括 5 个方面的内容，即系统概念、一般系统理论、系统理论分论、系统方法论、系统方法应用。对于系统科学究竟应包括哪些内容，如何建立一个统一的系统科学学科，还存在多种不同的意见和看法，但系统科学家们正在致力于建立统一的系统科学理论，总目标是一致的。到 20 世纪 80 年代，中国科学院及有关部委相继组建了系统科学或系统工程研究所，不少高等院校建立了研究机构，并开始招收和培养系统工程、管理工程专业的本科生、硕士生和博士生。同时，组建了中国系统工程学会、中国优选法统筹法与经济数学研究会等学术团体。

现代科学技术在高度分化的基础上高度综合的大趋势，导致了系统科学学科群的产生和迅速发展。系统科学改变了人类的思维方式，为人们研究现代社会、经济和各个科学领域中的复杂问题提供了新思路、新途径。系统科学的发展代表了当代科学技术发展的新潮流。

系统科学思想方法应用于中国各级管理决策、发展战略、区域规划及重大建设工程项目的论证，取得了一批重要成果。如"国家 12 个重要领域政策"的制定，参加单位有 670 个，动员了 3 500 多位各个领域中的专家，历时 6 年完成。"2000 年的中国""世界新技术革命及对策""国家经济发展战略"等许多系统科学应用成果，都对中国的发展产生了积极影响。在中国导弹和航天等复杂系统的规划、研究、设计、制造、试验、运行过程中，系统科学得到广泛的应用。

【案例 1 - 2】

"中国式"航天系统工程管理

中国航天事业起步于 1956 年，初创时薄弱的经济、技术和人才条件，决定了我国的航天事业不能照搬国外已成熟的管理经验，"中国式"航天系统工程应运而生。

通过几十年的努力，中国航天目前已拥有以运载火箭、人造卫星、载人飞船和导弹武器系统为主的航天型号系列产品，配套的研究、设计、生产、实验体系和航天工业体系逐步完善。这一切辉煌成绩的取得，系统工程管理的理论和方法功不可没。

1. "1+1＞2"

"中国式"系统工程管理的核心在于其总体设计，即把需求变为工程系统。中国航天从用户任务的需求和上层的系统要求出发，在预算、进度和其他限制条件下，设计一个整体性能优化的系统，然后将其分解到各个分系统，从整体优化的角度协调分系统和总体，既重视对系统内部各组分微观特性的认识，更强调对系统层次之间的结构关系的分析和验证。最终产生的是整体性能优化的系统，实现了整体功能优于各分系统功能之和，即"1+1＞2"。

2. 全寿命周期统筹规划

系统科学理论认为新建系统有一个发生、发展、相变和衰落的动态演化过程，即系统的生命周期。系统工程的整体观念应用于系统演化过程，就是要做到全寿命周期统筹规划，子过程有序展开。这一点在工程研制程序中体现得尤为明显。在中国航天，研制程序既要保证本阶段任务目标的实现，又要充分考虑本阶段工作对系统全寿命周期所有活动，包括研制、试验、制造、部署、培训、使用、维护和弃置等活动的影响。

3. 定性与定量相结合

在对系统定性认识的基础上，对系统进行科学的定量描述，是系统工程在航天工程领域上使用的基本方法。譬如"计算机建模与仿真"，即在利用已知的基本科学定律的情况下，结合以往设计工作的经验，经过分析和演绎建立系统的数学模型，然后把系统的数学模型转化为仿真模型。计算机仿真使设计人员可以用数学模型在计算机上对设想的或者真实的系统进行数学仿真、半实物仿真或实物仿真实验，预测系统可能发生的行为，从而对选定的方案给出总体的评价，优化和确定参数，避免设计失误。

4. "两条指挥线"

中国航天的型号研制组织管理体系可以称为"两条指挥线"，即以行政指挥系统和设计师系统为主干的航天型号系统工程研制组织管理体系。型号设计师系统是设计技术方面的指挥者、重大技术问题的决策者；而行政指挥系统是计划进度和预算控制的指挥者、资源保障方面的组织者。型号设计指挥系统从型号院延伸至厂所，并行于院行政管理体系，在行政指挥调度系统的积极配合下，采用先进的计划、调度、配置、评价和评审等技术与手段，实施动态管理，以保证全系统协调、高效运行以及管理系统的优化。

5. "以人为本"的质量管理

中国载人航天工程要求必须把航天员的安全放在首位，提高工程的安全性和可靠性是工程质量管理的核心。因此，采取了系统整体研制质量和协作配套产品质量并重的方法，全面、全员、全过程地抓质量：一抓"头头"（领导和管理机关）；二抓"源头"（元器件、原材料、设计和工艺），将质量控制点落实到每一个系统、每一个单位、每一个工作岗位上，明确责任，规范制度，层层把关。由此建立了以"载人意识"和"以人为本"为主体的质量文化，形成了全面覆盖、预防为主、事前控制、常抓不懈的质量管理体制。

1.3　系统理论简介

系统思想的出现彻底地改变了人们的思维方式，使人们在向宏观世界和微观世界的进军中，逐步揭示出客观事物的本质联系和内部规律。20 世纪中期产生的系统论、控制论、信息论，冲破了线性思维定式影响，提出了不同因素相互作用的影响绝不是简单相加的观点，而 20 世纪 70 年代，产生的耗散结构论、协同学、突变论则对复杂性产生的环境条件、动力、途径和耦合等问题进行了探索，提出在一定条件下通过系统内各个要素相互竞争并相互合作，能够从无序和混乱中自发、自主地产生秩序；秩序一旦形成，不同层次的演化便超循环地相互缠绕起来，又加强了秩序本身；通过渐进与突跃，通过不同层次的相互嵌套，复杂性从简单中产生出来，而秩序也从混乱中诞生出来。

1.3.1　一般系统论

一般系统论的创始人是奥地利生物学家贝塔朗菲。他在 1952 年发表"抗体系统论"，提出了系统论的思想。他在 1937 年提出了一般系统论原理，奠定了这门科学的理论基础。但是他的论文《关于一般系统论》，到 1945 年才公开发表，他的理论到 1948 年在美国再次讲授"一般系统论"时，才得到学术界的重视。确立这门科学学术地位的是 1968 年贝塔朗菲发表的专著：《一般系统理论——基础、发展和应用》（General System Theory：Foundations，Development，Applications），该书被公认为是这门学科的代表作。

贝塔朗菲在论述一般系统论的原理时指出，把孤立的各组成部分的活动性质和活动方式简单地相加，不能说明高一级水平的活动性质和活动方式。不过，如果我们了解各组成部分之间存在的全部关系后，则高一级水平的活动就能从各组成部分推导出来。因此，为了认识事物的整体性，既要了解其各组成部分，更要了解它们之间的关系。

一般系统论来源于机体论，这是一种与机械论相对立的生物学理论，贝塔朗菲认为机械论有三个错误观点：其一是相加的观点，这就是把有机体分解为各要素，并以简单相加来描述有机体的功能；其二是"机械"观点，把生命现象简单地比作机器，认为"人即机器"；其三是被动反应的观点，认为有机体只有受到刺激时才能出现反应，否则便静止不动。贝塔朗菲指出，这种机械论的观点完全不能正确地解释生命现象，他总结了机体论发展的成就，把协调、秩序、目的性等概念用于研究有机体，提出了 3 个基本观点。

1. 系统观点

一切有机体都是一个整体系统，这个整体是由部分组合而成的，其特性和功能不只是各部分特性和功能的简单相加的总和。他认为系统就是"相互作用的诸要素的复合体"，系统的性质取决于复合体内部特定的关系，不仅要知道它的组成要素，而且还必须知道它们之间的相互关系，才能确定出系统的性质。

2. 动态的观点

一切有机体本身都处于积极的运动状态。贝塔朗菲认为一切生命现象始终处于积极活动的状态，生物的基本特征是组织，有机体之所以能有组织地处于活动状态并保持其有活力的生命运动，是由于系统与环境不断地进行物质与能量的交换。他把这种能与环境进行物质和能量交换的系统称为开放系统，生命系统本质上都是开放系统。任何一个开放系统，都能在一定条件下保持其自身的动态稳定性。

3. 等级观点

系统中的各种有机体都按严格的等级组织起来。贝塔朗菲认为生物系统层次分明、等级森严，通过各层次逐级的组合，而形成越来越高级、越来越庞大的系统。处于不同层次上的要素都具有不同功能，而处于同一层次的事物，尽管形态各异，但都具有类似的结构和功能。系统就是由结构和功能组成的统一体，同一等级的结构具有同一等级的功能，而不同等级的结构则表现出不同等级的功能，系统的等级观点正是系统结构等级与功能等级统一的反映。

一般系统论有着十分广泛的含义，贝塔朗菲在论述这门学科的性质和任务时指出：一般系统论是一门新学科，属于逻辑和数学的领域，它的任务是确立适用于各种系统的一般原则，既不能局限在"技术"范围内，也不能当作一种数学理论来对待，因为有许多系统问题不能用现代数学求出解答，而要从系统观点来认识和分析客观事物。一般系统理论用相互关联的综合性思维来取代分析事物的分散思维，突破了以往分析方法的局限性。它的任务是确定认识和分析各种系统的一般原则，为解决各种系统问题提供了新的研究方法。运用一般系统理论，可以帮助我们摒弃那种用简单方法解决复杂系统问题的习惯，如实地把对象作为一个有机整体来加以考察，从整体与部分相互依赖、相互制约的关系中揭示系统的特征和运动规律。

一般系统论的研究领域十分广阔，几乎包括一切与系统有关的学科和理论，如管理理论、运筹学、信息论、控制论、科学学、哲学、行为科学等，它给各门学科带来新的动力和新的研究方法，它沟通了自然科学与社会科学、技术科学与人文科学之间的联系，促进了现代化科学技术发展的整体化趋势，使许多学科面目焕然一新。一般系统论为系统工程的发展，奠定了理论基础。

1.3.2　控制论

控制论是 20 世纪 40 年代末期形成的一门新兴学科。第二次世界大战期间，由于自动化技术、导弹和电子计算机的发展，要求自然科学在理论上进行系统研究和科学总结。1948年，美国数学家维纳总结了前人的经验，创立了控制论这门学科。

控制论的定义曾有过各种表达方式，但其基本概念则相差无几。维纳把控制论定义为"关于在动物和机器中控制和通信的科学"。钱学森教授将其定义为"控制论的对象是系统"；"为了实现系统自身的稳定和功能，系统需要取得、使用、保持和传递能量、材料和信息，也需要对系统的各个构成部分进行组织"；"控制论研究系统各个部分如何进行组织，以便实现系统的稳定和有目的的行为"。由此可见，控制论是研究系统调节与控制的一般规律的科学，它是自动控制、无线电通信、神经生理学、生物学、心理学、电子学、数学、医学和数理逻辑等多种学科互相渗透的产物。

控制论的发展过程大致分为三个阶段：20 世纪 50 年代末期以前为第一阶段，称为经典控制论阶段；50 年代末期至 70 年代初期为第二阶段，称为现代控制论阶段；70 年代初期至今为第三阶段，称为大系统理论阶段。经典控制论是主要研究单输入和单输出的线性控制系统的一般规律，它建立了系统、信息、调节、控制、反馈、稳定性等控制论的基本概念和分析方法，为现代控制理论的发展奠定了基础，它研究的重点是反馈控制，核心装置是自动调节器，主要应用于单机自动化。现代控制论的研究对象是多输入和多输出系统的非线性控制系统；其中重点研究的是最优控制、随机控制和自适应控制，主要应用于机组自动化和生物系统。而大系统理论的主要研究对象是众多因素复杂的控制系统（如宏观经济系统、资源分配系统、生态和环境系统、能源系统等），研究的重点是大系统的多级递阶控制、分解—协调原理、分散最优控制和大系统模型降阶理论等。

在实际应用中，有关控制理论的具体内容主要有以下几种。

1. 最优控制理论

这是现代控制论的核心。在现代社会发展、科学技术日益进步的情况下，各种控制系统的复杂化与大型化已越来越明显。不仅系统技术、工具和手段更加科学化、现代化，而且各类控制系统的应用技术要求也越来越高，促使控制论进入多输入和多输出系统控制的现代化阶段，由此产生了最优控制理论，这一理论是通过数学方法，科学、有效地解决大系统的设计和控制问题，强调采用动态的控制方式和方法，以满足各种多输入和多输出系统的控制要求，实现系统最优化。最优控制理论主要是在工程控制系统、社会控制系统等领域得到广泛的应用和发展。

2. 自适应、自学习和自组织系统理论

自适应控制系统是一种前馈控制的系统，所谓前馈控制，是指环境条件还没有影响到控制对象之前，就进行预测而去控制的一种方式。自适应控制系统能按照外界条件的变化，自动调整其自身的结构或行为参数，以保持系统原有的功能，如自寻最优点的极值控制系统、条件反馈性的简单波动自适应系统等。随着信息科学和现代计算技术的发展，自适应系统理论得到了进一步完善和深化，并逐步形成一种专门的工程控制理论。自学习系统就是系统具有能够按照自己运行过程中的经验来改进控制算法的能力，它是自适应系统的一个延伸和发展。自学习系统理论也是用于工程控制的理论，它有"定式"和"非定式"两个方面。前者是根据已有的答案对机器工作状态作出判断，由此来改进机器的控制，使之不断趋近于理想的算法。后者是通过各种试探、统计决策和模式识别等工作来对机器进行控制，使之趋近于理想的算法。自组织系统就是能根据环境变化和运行经验来改变自身结构和行为参数的系统。自组织系统理论的主要目标是通过仿真，模拟人的神经网络或感觉器官的功能，探索实现人工智能的途径。对自组织系统理论的研究在 20 世纪 60 年代就已经成为控制论的重要领域，从控制论观点讲，系统不仅能被组织而且又是能够自组织的。对自组织系统新模型的探索和研究，将给组织系统的控制、组织与有机体系统的控制，带来很大的影响和变革。

3. 模糊理论

模糊理论是在模糊数学的基础上形成的一种新型的数理理论。它主要是用来解决一些不确定性的问题。模糊数学包括模糊代数、模糊群体、模糊拓扑等。我们知道，在现实社会中，存在大量不够明确的信息和含糊的概念，人们只能根据经验对事物进行估计、推理和判断。因此，在一个复杂系统中，往往就有一些不确定性的问题需要处理。对此，仅用一般的数学模型和计算机是难以完成的，这就必须根据模糊数学来求得解决问题的结论。

4. 大系统理论

大系统理论是现代控制论最近发展的一个重要领域。它是以规模庞大、结构复杂、目标多样、功能综合、因素繁多的各种工程或非工程的大系统自动化问题作为研究对象的。大系统理论的研究和应用涉及工程技术、社会经济、生物生态等许多领域。例如，城市交通系统、社会系统、生态环境保护系统、消费分配系统、大规模信息自动检索系统等。尤其在生产管理系统方面，如生产过程综合自动化管理控制系统、区域电网自动调节系统、综合自动化钢铁联合企业系统等。大系统理论所要研究的问题，主要是大系统的最优化。

目前，控制论已经形成了以理论控制论为中心的四大分支，即工程控制论、生物控制论、社会控制论（包括管理控制论、经济控制论）和智能控制论。它横跨工程技术系统、生物系统、社会系统和思维领域，并不断地向各门学科渗透，促进了自然科学和社会科学的紧密结合。

1.3.3 信息论

信息论是一门研究信息传输和信息处理系统中一般规律的学科。它起源于通信理论，是1948年由美国科学家申农提出的。信息论可分为狭义信息论与广义信息论。狭义信息论是研究通信和控制系统中信息传递的共同规律，以及如何提高信息传输系统的有效性和可靠性的。广义信息论是利用狭义信息论观点来研究一切问题的理论，它研究机器、生物和人类对于各种信息的获取、交换、传输、存贮、处理、利用和控制的一般规律，设计和制造各种智能信息处理和控制机器，以便部分模拟和代替人的功能，从而提高人类认识和改造客观世界的能力。

信息论的基本思想和特有方法完全撇开了物质与能量的具体运动形态，而把任何通信和控制系统看作是一个信息的传输和加工处理系统，把系统的、有目的的运动抽象为一个信息变换过程，通过系统内部的信息交流才使系统维持正常的有目的性的运动。任何实践活动都可简化为多股流：人流、物流、财流和信息流等，其中信息流起着支配作用，通过系统内部的信息流作用才能使系统维持正常的有目的性的运动，它调节着其他流的数量、方向、速度、目标，并控制人和物进行有目的、有规律的活动。因此，信息论可以说是控制论的基础。

人们通常把消息、资料、数据、情报、指令看作信息。如果从信息论严格的科学观点看，并非任何消息都是信息，那些事先不知道其结果的消息才是信息。所以，信息论提出者申农把信息定义为"不确定度的减小"。为此，他又提出信息量的概念，信息量就是把某种不确定度趋向确定的一种量度，对信息进行数学定量化描述。如果某事物具有 n 个独立的可能状态：$x_1, x_2, \cdots, x_n$，每一状态出现的概率分别为：$P(x_1), P(x_2), \cdots, P(x_n)$，且

$$\sum_{i=1}^{n} P(x_i) = 1 \qquad (1-1)$$

为了消除这些不确定性所需的信息量是：

$$H(x) = -k \sum_{i=1}^{n} P(x_i) \log_2 P(x_i) \qquad (i = 1, 2, \cdots, n) \qquad (1-2)$$

当对数的底数取为 2 时，且 $n = 2$，$P(x_1) = P(x_2) = 1/2$ 时，令

$$H(x) = -k \sum_{i=1}^{n} P(x_i) \log_2 P(x_i) = 1$$

信息量的单位称为比特（bit），这时 $k = 1$。1 比特信息量就是含有两个独立等概率可能状态的事物所具有的不确定性被全部消除所需要的信息。在此单位制度下，式（1-2）可写成

$$H(x) = -\sum_{i=1}^{n} P(x_i) \log_2 P(x_i) \qquad (1-3)$$

维纳曾指出：“信息量是一个可以看作概率的量的对数的负数，实质上就是负熵。”所以，信息量和熵（无序）意义相反，表示的是系统获得信息后无序状态被减少甚至被消灭的程度。

目前，信息论已经超过通信领域而广泛渗透到其他学科范围，特别是进入对大系统和复杂系统领域的信息研究，需要从更为广泛的领域来探求一般特征、规律和原理，形成更为一般性的理论，这就导致信息科学的产生。信息科学是以信息论为基础，与计算机和自动化科学技术、生物学、数学、物理学等科学相连而发展起来的新兴学科，它所研究的领域要比信息论的范围更广。信息科学的出现将把信息论的研究和应用推向更高的阶段、更新的范畴，为进一步提高人类认识和改造世界的能力，开拓了新的途径。

1.3.4　耗散结构理论

耗散结构理论的创始人是比利时物理学家普利高津（Prigogine），它是布鲁塞尔学派的首领。1969 年他在国际“理论物理与生物学会议”上，发表了“结构、耗散和生命”一文，其中提出了耗散结构理论。耗散结构理论回答了开放系统如何从无序走向有序的问题，由于这一贡献他荣获了 1977 年诺贝尔化学奖。这一理论自问世以来，已在化学、生物学、医学、激光等方面得到很多的应用，并在经济、管理领域展现出广阔的前景。

耗散结构是相对于平衡结构的概念提出来的，主要探讨一个系统从混沌无序的初态向稳定有序的终态演化的机理、条件和规律。长期以来，在物理学中人们只研究平衡系统的有序稳定结构，并认为倘若系统原先是处于一种混乱无序的非平衡状态时，是不能在非平衡状态下呈现出一种稳定有序结构的。普利高津从热力学第二定律出发，通过研究非平衡态热力学，指出：一个远离平衡态的开放系统，在外界条件变化达到某一特定阈值时，量变可能引起质变，系统通过不断地与外界交换能量与物质，就可能从原来的无序状态转变为一种时间、空间或功能的有序状态，这种远离平衡态的、稳定的、有序的结构称为“耗散结构”（dissipative structure）。在这一理论中，普利高津着重阐述以下几个基本观点，这些观点在企业管理实践中发挥着重要作用。

1. 开放系统是形成耗散结构的基础，是企业存在和发展的关键

以普利高津为首的布鲁塞尔学派认为，系统按其与外界环境的关系，可以分为三大类：孤立系统、封闭系统和开放系统。在孤立系统中，因不能与环境交换物质、能量和信息，所以只能按照热力学第二定律，自动地走向无序化。封闭系统只能在低温条件下形成“死”的

有序结构，如晶体。在温度低时，其分子呈有序排列，当温度逐渐达到一定阈值以后，就会由有序结构变为无序结构。只有在开放系统中，才能从与外界物质、能量和信息的交换中不断获得负熵流，使系统向有序化发展。开放系统是产生耗散结构的必要前提。

耗散结构强调系统的开放性，对于一个企业而言，"开放"是至关重要的，它需要与外界环境永不间断地进行人、财、物、知识、信息及文化的交流。企业需要从外界采购原料、购进先进的技术设备、拓展融资渠道、招入优秀的人才；企业必须与外部环境进行信息交流，具体包括关心国家的宏观经济状况、洞悉消费者的消费偏好、注意竞争对手的情况等，以增强对市场需求和市场竞争状况的了解；企业还需要与外部进行广泛的知识交流，吸取先进地区的最新科研成果、聘请专家进行讲演、派遣员工到优秀的企业学习培训等，以吸取和引进当代人类文明的优秀成果来完善自己；同时企业文化也需要充分地开放与交流，在继承和发扬自身优秀文化的基础上博采众长。只有不断地与外界进行交流与借鉴，才能使企业系统不断引入负熵流，令系统总熵不断减少，增加有序程度，增强企业竞争力。

2. 非平衡态是有序之源，是企业持续竞争优势之源

普利高津认为，开放系统是耗散结构形成的必要条件，但不是充分条件。他指出，"一个开放系统并没有充分的条件保证出现这种结构"，耗散结构只有在系统保持"远离平衡"的条件下，才有可能出现。"非平衡是有序之源"，这是普利高津研究问题的一个基本出发点。这里所说的非平衡态是指系统远离平衡态的状态，平衡态和近平衡态都被排除在外。因为系统在平衡态和近平衡态线性区，系统是处于稳定状态或趋于稳定状态，系统总的倾向是趋于无序或趋于平衡。

应当强调的是，耗散结构与平衡结构是有着本质差别、截然不同的两种结构。平衡结构是一种"死"的静态的结构，系统一旦进入这种"死"结构的平衡状态，便很难取得进步和发展。在平衡态下，系统内部混乱度最大，无序性最高；组织最简单，信息量最小。从表面上看比较平衡，实际上对企业的发展有着极大的阻碍作用和窒息作用，使企业变得死气沉沉，没有差异，缺乏竞争，陷入低效率、低效益的僵局。而耗散结构是一种"活"的动态的结构，它是一种远离平衡态的稳定态。这种结构只有在开放和非平衡条件下才能形成，只有在系统与外界保持连续不断的物质、能量、信息交换的过程中才能维持，它的存在强烈地依赖于外部条件。所以，耗散结构是系统的一种非平衡态。正是这种非平衡，才使系统产生和具备了与外界进行物质、能量、信息交换的势能和要求。

欲使企业持续发展，必须设法驱使企业越出平衡态和近平衡态的区域范围，进入远离平衡态的非线性区域。首先，利益驱动力是促使企业系统远离平衡态的有效因素。例如，美国无线电公司在1965年之前，其电视机在市场上一直处于绝对优势，但由于他们满足于既有的利润和竞争优势，企业停止发展，最终被美国通用电气公司兼并。其次，有效的企业激励机制是促使企业系统远离平衡态的催化剂。比如，我国近年来各地推行"裁员增效"，提出"竞争上岗机制"，那么这种"竞争"就是一种非平衡态；具体体现在企业内部，工作人员为了获得更高的工资或使自己级别职称得到提升，会更加努力，扩充自己的知识，提高自己的业绩。最终会使企业的整体生产效率得到提高。另外，企业的生产、采购等都要遵循效率原则，必要时可采用外包生产、招标采购等开放式方法；在管理结构上要改变机械式的管理模式，向柔性化的管理模式转变；管理方式上避免官僚作风，管理系统的权力要由集中的、等级式的权力结构逐步演变为分散的、网络式的权力结构。只有企业中各要素均远离平衡态，

企业系统才会从低级向高级、从无序向有序演化。

3. 涨落导致有序，导致企业持续发展

普里高津非常重视随机涨落在耗散结构形成过程中的作用，提出了"涨落导致有序"的观点。所谓涨落，是指系统的某个变量或某种行为对平均质的偏离。涨落是偶然的、随机的、杂乱无章的，在不同状态下有不同的作用。在平衡态和近平衡态，涨落是一种破坏稳定性的干扰，起消极作用。在远离平衡态，它是系统由不稳定状态形成新的稳定有序状态的杠杆，起着积极的建设性作用。当系统处于远离平衡态时，随机的小涨落可以通过非线性的相干作用和连锁效应被迅速放大，形成系统整体上的"巨涨落"，从而导致系统发生突变，形成一种新的稳定有序状态。在此时，涨落对耗散结构的形成起了一个触发和激化的作用，即偶然的随机涨落为耗散结构的形成提供了良好的条件。

普里高津曾用一个循环图式来描述系统的结构、功能和涨落之间的关系，具体如图 1-1 所示。它们相互联系又相互作用，导致"来自涨落的有序"，即由于涨落被放大破坏旧序的稳定性并且通过与外界交换物质、能量和信息，使新序获得最终的稳定。普利高津认为，涨落可能引起功能的局部改变，如果缺乏适宜的调节机制，这种局部改变会引起整个系统结构的改变，反过来，这又决定未来涨落的范围。因此，结构通过涨落规定和主导着功能，而功能通过涨落又影响和改变着结构。在系

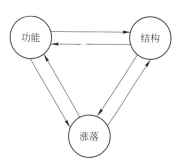

图 1-1   "涨落导致有序"循环图

统物质世界的发展过程中，结构和功能通过涨落形成结构决定功能、功能改变结构的无限动态序列。

普里高津在研究涨落与进化的过程时，还引入非线性微分方程的分支数学理论对耗散结构演化过程进行定量描述。耗散结构理论是综合性理论，具有普遍科学方法论的性质，是科学、技术、经济、管理等领域用以解决一系列综合问题的方法论工具。它表明以物质、能量和信息为基本要素的复杂系统可以用一种普遍适用的概念和规律来描述，如有序、涨落、失稳、分支等。耗散结构理论推进了系统自组织理论的发展，对系统科学的发展有重要理论意义。

在管理过程中，涨落的出现是正常的，我们应努力利用并创造条件，使管理朝有利于目标的方向发展。在企业管理中，管理者应该善于运用涨落导致有序原则实现企业的飞跃。管理者应根据企业的具体情况，制造有利于企业发展的涨落，如竞争上岗等，在无形中给组织原有员工施加压力，激发斗志，从而产生"鲶鱼效应"。当企业发展停滞，甚至出现倒退时，管理者要根据环境和企业的具体情况制定相应的措施推动企业管理创新，促使企业系统发生巨涨，实现企业质的飞跃。

1.3.5   协同学理论

协同学亦称协同论或协和学，是研究不同事物共同特征及其协同机理的新兴学科，它着重探讨各种系统从无序到有序的演化规律，是近十几年来获得发展并被广泛应用的综合性学科。Synergetics（协同学）一词来源于希腊文，意为共同工作的科学。

协同学的创始人是德国著名理论物理学家赫尔曼·哈肯（Harmann Haken）。哈肯 1971

年首次提出"协同"概念，1977 年发表了《协同学导论》，1983 年出版了《高级协同学》及近 20 本关于协同学的专著。

客观世界存在各种各样的系统：社会的或自然界的、有生命的或无生命的、宏观的或微观的等。协同学认为，千差万别的系统尽管其属性不同，但在整个环境中各个系统间存在相互影响、相互合作的关系。其中也包括通常的社会现象，如不同单位间的互相配合与协作、部门间关系的协调、企业间互相竞争的作用，以及系统中的互相干扰和制约等。协同学研究的是由性质完全不同的大量子系统所构成的各种系统，研究系统内部各子系统通过怎样的相互协作而在宏观尺度上产生空间、时间或功能有序的结构，尤其集中研究以自组织形式出现的结构，从而寻找与子系统性质无关的支配着自组织过程的一般原理和普遍规律。

协同学理论所研究的从无序到有序的临界转变，深刻地反映了自然界和人类社会不断发展与演化的机制，这种理论不仅对自然科学的研究做出了一定的贡献，近年来对现代经济管理、城市规划、系统工程等方面的研究，愈来愈显示出它的重要作用，成为系统科学的重要理论基础。协同学中的协同效应原理、支配原理和自组织原理对企业管理提供了有益的启示。

1. 协同是决定现代管理成效的关键机制

协同学理论强调协同效应，协同效应是指在复杂大系统内，各子系统的协同行为产生的超越各要素自身的单独作用，从而形成整个系统的统一作用和联合作用。协同作用是任何复杂系统本身所固有的自组织能力，是形成系统有序结构的内部作用力。哈肯指出："协同学的精神，就是通过将控制参量做出一个全局性的变化，在自组织的作用下，让系统发生一个质变化。"

协同效应理论的简易概括就是"1+1＞2"。这在企业管理中也是很重要的。法国管理学家法约尔等人曾说过：管理就是由一个或更多的人来协调他人的活动。协同学理论不仅在于人与人之间的协同，还映射到部门与部门之间的协同、组织与组织之间的协同。一方面，在管理企业过程中，作为一个管理者必须注意本企业与社会上其他企业或部门之间的协调。为了能够顺利经营和发展，企业必须与银行等金融机构搞好合作。同时，还必须与当地政府部门搞好关系，积极配合政府部门的指示，响应政府部门的号召，甚至积极参加政府部门组织的活动等，从而此企业才能获得政府的优惠政策及各部门给予的支持，并得到更顺利的发展。另一方面，在企业内部，各部门之间也要相互配合，达到目标作用一致性。销售部需要人事部举荐人才，提高销售量；生产部门需要根据销售部门的销售业绩来改善生产模式、研发新产品；财务部需要销售部及时回笼资金，以维持企业正常运营，等等。这些均是各部门之间合作的具体体现。

2. 以支配理论指导企业管理发展方向

支配理论又称伺服理论，这一理论指出大量的系统通过不稳定性可以自发产生空间结构、时间结构或功能结构。协同学把表征子系统状态及它们之间耦合的所有量的临界行为分为两类。一类是临界处阻尼大衰减快的快参量，它们虽然在临界过程中此起彼伏、活跃异常，但它们对系统演变过程的性质并不起主导作用，处于次要地位。系统中的变量成千上万，但绝大多数状态变量的临界行为都是这类快参量。另一类临界行为是慢参量，这类所谓的慢参量，在临界点前的行为不见得与快参量有什么明显区别，但当系统达到临界点时，它们出现了临界无阻尼现象（这往往是由于环境条件和边界条件对它们的生长有利）。这类参量数量极少，但却驱使着其他快变量的运动，系统演变的最终状态或结构是由它们决定的。

影响企业管理的因素很多，能够找出对当下的企业管理起决定作用的序参量，就能够把握管理发展的方向。也就是说要审时度势，抓主要矛盾。管理系统应围绕支配原理构建自己的核心管理功能，围绕核心管理功能寻找其实现途径。核心管理功能及其实现途径的扩展，形成管理系统的功能、组织结构、运行机制。

以管理变革为例，要注意以下两点：一是当管理变革处于发生质变的临界点之前时，要积极创造条件，通过管理创新，有意识地促使管理系统朝预定的方向发生涨落；二是当管理变革处于关键的临界点时，要沉着冷静、把握时机、因势利导，及时控制序参量的变化，使管理系统涨落向管理者所希望的分支跃进，朝着机制完善的方向发展。

3. 以自组织达到管理系统稳定有序

自组织原理是协同学理论的核心，它反映了复杂系统在演化过程中，如何通过内部诸要素的自行主动协同来达到宏观有序的客观规律。协同学理论正是在研究各类自组织现象所遵从的这种共同规律的基础上产生和发展起来的。协同学主要研究系统内部各要素之间的协同机制，认为系统各要素之间的协同是自组织过程的基础，系统内各序参量之间的竞争和协同作用是系统产生新结构的直接根源。对自组织的含义，哈肯特别强调它是指系统在没有外部指令的条件下，其内部子系统之间能够按照某种规则自动形成一定的结构和功能，它具有内在性和自主性。正如哈肯在 1976 年发表的《协同学导论》中所举例说明的那样，在一个工人集体中，如果每个工人按照经理发出的外部指令以一定的方式活动时，我们就称它为组织，或更准确地讲，它有组织的功能。如果经理不发出外部指令，工人们会按照互相默契的某种规程，各尽其责地协调工作，能很好地完成任务，就称其为自组织的功能。这充分说明了自组织的演化过程是开放系统中大量子系统集体的、自发的、自动的协同合作效应，它是系统自身内部矛盾运动的结果。

根据此原理，企业组织要达到自组织状态，就必须建立和谐型企业，首先，建立企业系统的共同愿景。企业要素之间能否做到协同，根本原因在于能否把部门和个人愿景转化为企业的共同愿景。为形成实现共同愿景的合力和凝聚力，有效的途径是构建具有自组织能力的企业组织形态：学习型组织。学习型组织是一种通过不断学习来改革组织本身的组织，它是自组织的。彼得·圣吉将学习型组织发展成为相对定性的系统思考的学问，并且形成了自我超越、改善心智模式、建立共同愿景、团体学习、系统思考五项修炼。通过不断的学习，每个人都能够实现自我优化、自我设计、自我创造、自我监控、自我修正。组织中管理者、专业人员和雇员不再像严格等级制中的一台机器那样，是必须啮合在一起的齿轮牙，而是组织中的知识贡献者、决策点或节点。每一个节点能够直接与其他节点交流，每一个职能都成为一种资源。学习型组织鼓励共同合作和团队学习，在组织中，所有人员在前进中发展规则，角色是流动的，任务是与其他团队合作开展跨职能的工作。其次，采取以人为本的管理方式，实现系统自组织。"以人为本"强调的是联合、聚集、沟通与协调。它主张通过人性化的管理唤醒员工的潜在力量，实现员工的自主管理，彻底改变以强制力量来管理员工的方式。只有在这种管理方式下，企业才能做到无论管理者在与不在，员工都会依照企业目标进行自发的协调和自我管理，真正实现企业系统的自组织。

1.3.6　突变理论

在自然界和人类社会活动中，除了渐变的和连续光滑的变化现象外，还存在大量的突然变化和跃迁现象，如水的沸腾、岩石的破裂、桥梁的崩塌、地震、细胞的分裂、生物的变异、人的休克、情绪的波动、战争、市场变化、经济危机、股市崩溃等。"突变"一词，法文原意是"灾变"，是强调变化过程的间断或突然转换的意思。

1972 年，法国著名数学家托姆（Renē Thom）发表了一份重要的研究成果，题为《结构稳定性和形态形成学》，该成果的问世，标志着突变理论（catastrophe theory）的诞生。突变论以更为高深的数学理论为工具，来研究自然界和社会现象中的各种形态、结构的非连续性突变，从而引起了数学家、哲学家、生物学家、社会科学家及系统科学家的广泛注意和极大兴趣，有人高度评价突变论是"自牛顿、莱布尼兹以来，数学界的又一次最伟大的智力革命"。因为牛顿、莱布尼兹用他们的理论——微积分解释了所有连续的、渐变的现象，而托姆的突变理论则解释了所有不连续的、突变的现象。

在突变论中，把那些作为突变原因的连续变化因素称为"控制变量"，把那些可能出现突变的量称为"状态变量"。以水为例，给水连续不断地加温、加压，其温度和压强都是连续变化的，但当这些连续变化的量一旦达到某一临界点——沸点，即水在一个大气压下，温度达 100℃时便会引起不连续的突变——水突然沸腾，转化为水蒸气。在这个水的相变（指水从液态转变为气态）模型中，"控制变量"就是由人们控制、掌握的两个量——温度和压强，它们始终是连续变化的；而"状态变量"则是能表示水的不同形态特征的密度（密度高的状态对应着液态，密度低的状态代表气态）。显然，是控制变量温度和压强连续不断的变化，导致了状态变量密度的"突变"。

突变论以结构稳定性理论为基础，通过对系统稳定性的研究，说明了稳定态与非稳定态、渐变与突变的特征及其相互关系，广义地回答了为什么在客观事物的发展过程中，有的是渐变，有的则是突变，从而揭示了突变现象的规律和特点。托姆认为，自然界或人类社会中任何一种运动状态都有稳定态与非稳定态之分，在微小的偶然扰动因素作用下，仍然能够保持原来状态的是稳定态，一旦受到微扰就迅速离开原先状态的则是非稳定态。非稳定态不能固定保持，因为实际上偶然的微扰是不可避免的，所以它总是不断地变动着，直至达到某一稳定态才宣告结束。因此，从非稳定态到稳定态的变化，是客观世界运动变化的一种普遍趋势。突变论指出，事物的各种状态，包括稳定态与非稳定态，是相互交错的，在外部控制因素的影响下，事物既可以处于稳定态，也可以处于非稳定态。系统从一种稳定状态进入不稳定状态，随参数的再变化，又使不稳定状态进入另一种稳定状态，那么，系统状态就在这一刹那间发生了突变。突变论给出了系统状态的参数变化区域。

突变论还对自然界生物形态的形成做出解释，用新颖的方式解释生物的发育问题，为发展生态形成学做出了积极贡献。突变论对哲学上量变和质变规律的深化，具有重要意义。很长时间以来，关于质变是通过飞跃还是通过渐变，在哲学上引起重大争论，历史上形成三大派观点："飞跃论""渐进论""两种飞跃论"。突变论认为，在严格控制条件的情况下，如果质变中经历的中间过渡态是稳定的，那么它就是一个渐变过程。质变的转化既可通过飞跃来实现，也可通过渐变来实现，关键在于控制条件。应用突变论还可以设计许许多多的解释模型。如经济危机模型，它表现经济危机在爆发时是一种突变，并且具有折叠型突变的特征，而在经济危机后的复苏则是缓慢的，它是经济行为沿着"折叠曲面"缓慢滑升的渐变。此外，还有"社会舆论模型""战争爆发模型""人的习惯模型""对策模型""攻击与妥协模型"等。

突变论能解说和预测自然界和社会上的突然现象，无疑它也是软科学研究的重要方法和得力工具之一。突变论在数学、物理学、化学、生物学、工程技术、社会科学等方面有着广阔的应用前景。《大英百科年鉴》1977 年版中写道："突变论使人类有了战胜愚昧无知的珍奇武器，获得了一种观察宇宙万物的深奥见解。"突变理论对企业管理具有非常重要的启示意义。

1. 认清突变与渐变的关系，化解突变危机

突变论认为，在严格控制的情况下，如果质变经历的中间过渡态是不稳定的，那么客观存在就是一个飞跃过程，也就是发生了突变；如果过渡的中间状态是稳定的，那么客观存在就是一个渐变的过程。在一定的条件下，只要改变控制条件，一个突变的飞跃过程可以转化为渐变，而一个渐变的过程也可以转化为突变的飞跃。所以突变可能随时产生，同时突变也是可以避免的。只要管理者能充分认识突变与渐变的相互关系，并加以有效的引导，变化的状态就可以向着有利于企业的方向发展。2000 年 11 月，国家药检部门发布禁止使用 PPA 的禁令，"康泰克"被媒体第一个曝光。面对这场关系前途命运的突发危机，"康泰克"的生产厂家中美史克公司施展妙手，逐渐化解了这场突变危机。危机一出现，公司迅速成立危机管理小组，制定应对策略，并向外界宣布坚决执行政府法令，暂停康泰克生产和销售，"将在国家药品监督部门得出关于 PPA 的研究结果后，为广大消费者提供一个满意的解决办法"。经过一番努力，终于取得了不凡的效果，中美史克并没有因为康泰克的问题影响其他产品的生产和销售。随着时间的推移，PPA 风波的影响渐渐远去，中美史克逐步走出阴影。

2. 以管理创新实现反梯度推移

突变理论中的一个重要思想是反梯度推移，即渐进过程的中断。反梯度推移是非平衡发展的突变，即飞跃阶段。当边缘区积蓄了一定的力量，且又具备外部经济的条件可供利用，就可中断渐进过程而发生突变，也就是反梯度推移，在一些领域实现从旧质转化为新质的爆发式飞跃，最终彻底改变边缘区的落后面貌。企业要实现反梯度推移，最需要做的就是进行管理创新。通过管理创新，能够避免和克服企业管理体制的僵化，防止和克服企业病，充分发挥企业各项专业管理职能的作用，不断提高企业的组织效率，提高企业的整体竞争力和应变能力。在企业快速发展时需要管理创新，在企业经营出现危机时，更需要比较彻底的管理创新来帮助企业起死回生。我国大型钢铁企业中的鞍钢、武钢、宝钢等，都是通过管理创新得到飞越的。

3. 把握"度"的概念，做好管理预测与控制

任何一种管理活动的发生都会带来一定的影响，但这种影响不是永远有规律可循的，正如突变论描述的那样，其期初会带来稳定的变化，但当管理达到一定程度时，就会有一定的意外，即突变现象发生。比如，某些企业为了使自己产品的价格在竞争中更具威慑力，不惜一切可能的手段降低生产成本。当这种管理达到一定限度时，就会导致产品的质量不能保证、售后服务严重不足，企业面临倒闭的危险。戴尔公司中国分公司极度强调降低成本，充分利用人力，而轻视企业文化，开业几年来未组织过一次集体活动，致使几年下来仅有 5 位员工能在岗位上坚持下来，其他的均跳槽离去，如此频繁的人员跳槽给戴尔公司带来了不可

估量的损失。这就是公司管理不善达到一定限度时所带来的突变。所以在管理过程中，"度"的概念是十分重要的，突变是随时可能发生的，但管理者应极力地去预测、控制，使其变得有规律可循。

突变论的主要特点是用形象而精确的数学模型来描述和预测事物的连续性中断的质变过程。突变理论也被普利高津和协同学研究者认为是耗散结构与协同学的数学工具和基础。突变论与耗散结构论、协同论一起，在有序与无序的转化机制上，把系统的形成、结构和发展联系起来，成为推动系统科学发展的重要学科之一。

【案例1-3】

鞍钢成功秘诀之灵活运用系统理论

鞍钢集团公司成立于2010年5月，由鞍山钢铁和攀钢集团联合重组而成。目前已经形成跨区域、多基地、国际化的发展格局，成为国内布局完善、最具资源优势的钢铁企业。先后获得国家首批"创新型企业"、首批"全国企事业知识产权示范单位"等荣誉称号。

鞍钢集团一路走来并非顺风顺水，而是经历了很多挫折，但通过在组织架构改革、引进国外技术与合作、人才培养等方面做出的努力，已然成为中国钢铁企业的翘楚。鞍钢成功的秘诀就是灵活运用系统工程管理理论。

1. 综合局部优势，实现整体优化

鞍钢用相互关联的综合性思维取代分析事物的分散思维，运用一般系统的分析方法，把鞍钢作为一个整体加以考察。加快推进"四个转变"，即在长大方式上，从投资新建为主向投资新建与兼并重组并重转变；在产业布局上，从内陆发展向沿海发展和国际化经营转变；在自主创新上，从核心技术的"追随者"向"领跑者"转变；在对外输出上，从单一的产品输出向技术输出和管理输出转变。

在国家的大力支持下，鞍钢利用各个地区的自然优势和地理优势，在东北地区，形成了鞍山本部、鲅鱼圈新区、朝阳新区三大基地；在西南地区，拥有攀枝花、成都、江油、西昌、重庆生产基地；在华北地区，天津天铁冷轧项目已建成投产；在东南地区，福建莆田项目建成投产。鞍钢使分散的分部各自强大，建立并综合利用其相关关系，使之有机复合，为整个鞍钢集团带来更强的实力。

2. 实施合资合作项目，维持企业竞争优势

耗散结构理论认为开放系统是形成耗散结构的基础，是企业存在和发展的关键。对于一个企业而言，开放是至关重要的，企业需要与外界环境不间断地进行人、财、物、知识、信息以及文化的交流。

鞍钢两次收购澳大利亚金达必公司共36.28%的股份，成为第一大股东，并合资开发卡拉拉铁矿项目，建立了第一个海外原料生产和供应基地；与全球最大的钢铁贸易商英国斯坦科集团在西班牙组建合资公司，建立了第一个海外销售合资公司；与美国钢发展公司签订协议，成为中国第一家在美国投资建厂的钢铁企业……这一系列合资合作项目的成功实施，使鞍钢集团公司多角化产业的核心竞争力得到显著提升，成为新的效益增长点。正是鞍钢加强与国外良好的钢铁企业进行交流合作，一方面学习到了对方先进的技术，提高了自身的竞争力；另一方面也使自己的招牌走向国外，为自身的发展开拓了良好的平台。

3. 建立学习型组织，达到自组织状态

协同学理论要求以自组织达到管理系统稳定有序。而企业要达到自组织状态，就必须建立和谐型企业，最有效的途径就是建立学习型组织。通过不断的学习每个人都能够实现自我优化，自我设计，自我创造，自我监控，自我修正。

鞍钢不断优化人力资源结构，有效合理配置人力资源，提高全员整体素质，努力开创人尽其才、才尽其用、用当其时、人才辈出的局面，为构建和谐鞍钢、成为能够引领世界钢铁工业发展的特大型跨国集团提供强有力的人才保证和智力支持。总体思路是，以能力建设为核心、以结构优化为主线、以高层次人才开发为重点、以机制创新为动力、以职业生涯设计为手段、以创建学习型企业为载体的人才培养新途径，实现管理人员职业化、技术人员专家化、操作人员专业化。

关 键 术 语

管理系统工程	management system engineering
突变论	catastrophe
协同学	synergetics
耗散结构	dissipative structure
系统	system
一般系统论	general system theory

本 章 小 结

习近平主席指出：全面深化改革是一项复杂的系统工程。面对新形势、新任务，学习和掌握系统工程理论与方法，对于提高管理人员的基本素质具有战略性的指导意义。

本章开章明义，简要概括系统、系统工程和管理系统工程。系统是由相互作用和相互依赖的若干组成要素结合而成的、具有特定功能的有机整体。系统是以不同的形体存在的。系统工程（systems engineering，SE）是在 20 世纪中期才开始兴起的一门新兴实用学科，是软科学的重要组成部分。它不仅是一门综合性很强的实用技术科学，而且是运用系统工程理论与方法提高管理系统整体优化水平的组织管理技术。

系统的概念来源于人类的长期社会实践，人类很早就有了系统思想的萌芽。朴素的系统思想虽然强调对自然界整体性、统一性的认识，但缺乏对整体各个细节的认识能力。新的方法论——还原论帮助人类认识这些细节，也因此构建起了自然科学，乃至社会科学的大厦。然而还原论给我们留下了一种习惯：把自然界的事物和过程孤立起来，撇开广泛的总的联系去进行考察，造成了最近几个世纪所特有的局限性，即形而上学的思维方式。20 世纪，在自然科学和社会科学的各个领域都开始探索一种新的方法论，称为现代整体论。系统工程就是在现在整体论的探索中形成的非常重要的一门学科。

　　系统思想的出现彻底改变了人们的思维方式，使人们在向宏观世界和微观世界进军的过程中，逐步揭示出客观事物的本质联系和内部规律。20 世纪中期产生的系统论、控制论、信息论，冲破了线性思维定式影响，提出了不同因素相互作用的影响绝不是简单相加的观点，而 20 世纪 70 年代，产生的耗散结构论、协同学、突变论则对复杂性产生的环境条件、动力、途径和耦合等问题进行了探索，提出在一定条件下通过系统内各个要素相互竞争并相互合作，能够从无序和混乱中自发、自主地产生秩序；秩序一旦形成，不同层次的演化便超循环地相互缠绕起来，又加强了秩序本身；通过渐进与突跃，通过不同层次的相互嵌套，复杂性从简单中产生出来，而秩序也从混乱中诞生出来。

复习思考题

1. 联系实际说明对系统概念的理解。
2. 简述系统工程的产生与发展。
3. 论述系统理论的基本内容。

第 2 章

管理系统分析

学习要点

- 管理系统分析的一般含义
- 管理系统分析的工作原则及其理论依据
- 管理系统分析的工作思路及其实施要点
- 系统目标确定的基本步骤及应注意的重点问题
- 管理流程图的基本形式、绘制步骤及改进内容
- 效果分析运筹化的作用及基本工作步骤

管理系统分析现多从具体职能视角加以研究，如生产管理系统、物流管理系统、质量管理系统、信息管理系统、人力资源管理系统……"根深"才能"叶茂"，本章着重介绍各职能管理系统分析的共性基础。

有了新思路，才有新出路。管理系统分析应遵循基本工作原则：整体优化、相关原则、目的导向和环境适应。管理系统分析的基本工作思路为：规范化→灵活化，程序化→耦合化，模型化→集成化，最优化→满意化。管理系统分析涉及问题繁简不一，因此具体工作内容千差万别，但最基本的三项工作是：目标分析科学化、过程分析图形化、效果分析运筹化。

2.1 基本工作原则

关于管理系统分析，至今还没有一个比较完整和严谨的科学定义。一般认为，系统分析就是对一个系统内的基本问题，用系统观点思维推理，在确定和不确定的条件下，探索可能采取的方案，通过分析对比，为达到预期目标选出最优方案的一种辅助决策的方法。也可以说，系统分析就是为决策者选择一个行动方向，通过对情况的全面分析，对可能采取的方案进行选优，为决策者提供可靠的依据。但是，系统分析人员应当尽量避免自己成为决策者，也不应代替决策者进行决策。系统分析在管理系统应用时应当遵循的基本工作原则有 4 项。

2.1.1 整体优化

系统的整体功能不是各组成要素功能的简单叠加，也不是由组成要素简单地拼凑，而是呈现出各组成要素所没有的新功能。概括地表述为"系统整体不等于其部分之和"，而是"整体大于部分之和"。

$$F_s > \sum_{i=1}^{n} F_i \qquad (2-1)$$

式中：F_s——系统的整体功能；

F_i——各要素的功能（$i=1$，2，$\cdots$，n）。

整体等于部分之和，是系统的第一类属性。由于整体功能不是各要素所单独具有的，因此相对于各要素来说，这种整体功能的产生就不仅是一种数量上的增加，更表现为各部分交互之后的涌现，也可以说是一种质变，使得系统整体的质不同于各要素的质，所以系统整体能产生新质。俗话说，"三个臭皮匠，顶个诸葛亮"，就是这个道理。各部分交互的产物又称为涌现，是系统的第二类属性。

系统的整体优化原则对现代化管理工作有重要指导意义。

（1）依据确定的管理目标，从管理的整体出发把管理要素组成一个有机系统，协调并统一管理中诸要素的功能，使系统功能产生放大效应，发挥出管理系统的整体优化功能。

（2）把不断提高管理要素的功能作为改善管理系统整体功能的基础。一般是从提高组成要素的基本素质入手，按照系统整体目标的要求，不断提高各个部门特别是关键部门或薄弱部门的功能素质，并强调局部服从整体，从而实现管理系统的最佳整体功能。

（3）改善和提高管理系统的整体功能，不仅要注重发挥各个组成要素的功能，更重要的是要调整要素的组织形式，建立合理结构，促使管理系统整体功能优化。

随着竞争的国际化和电子网络的迅猛发展，管理实践的内容和性质都变得日趋复杂，达到前所未有的程度，每一项管理工作都与其他问题有着千丝万缕的联系，企图在整个管理工作中找到一个突破口，其他问题就迎刃而解，组织整体绩效就自然达到改善是很不现实的。在管理系统日趋复杂、管理要素无形化且交织紧密的新形势下，仍然沿用面向问题的思考方法，无异于"头痛医头，脚痛医脚"，有可能陷入"按下葫芦浮起瓢"、顾此失彼的怪圈之中。只有树立面向全局的思想，从整体上考虑和分析问题，才能实现系统的整体优化，保证管理活动的效率。

强调整体优化，决不排斥抓重点、攻难点，问题是不可把整体优化丢在一旁而去抓重点、难点，更不可将其与"单项冒尖"等同起来。没有系统优化、整体提高，即使某一难点攻克了，依然是一盘散沙，很难形成整体作战能力。所以，应当在整体优化的基础上去抓重点、攻难点，通过重点、难点的解决，带动整体优化。

在局部和整体的关系上，整体工作不是局部工作的简单相加，而是整体大于各个孤立局部之和。整体优化的原则就要求根据已确定的目标，在整体效益最优的前提下，处理好整体与局部、眼前与长远的关系。

整体优化原则要求我们在设计管理系统基本架构的时候，要有整体观，正确处理好局部和全局的关系。在认识和研究需解决重点问题时，要有整体观念，避免盲人摸象，只见树木，不见森林。在处理问题时，要考虑整体效应，整体效应要大于个体作用的简单相加，即所谓的"一加一大于二"。同时也要重视在特定的情况下，局部问题可能会对整体产生巨大的影响，一定要谨慎从事。著名混沌学者 E. N. 洛伦兹提出的经典命题：在巴西的蝴蝶拍打翅膀，通过多重叠加效应，会引发得克萨斯州的一场龙卷风，讲的就是这个道理。

2.1.2 相关原则

系统内的各要素是相互作用又相互联系的。系统中任一要素与存在于该系统中的其他要素是互相关联，又是互相制约的，它们之间某一要素如果发生了变化，则对其他相关联的要素也要相应地改变和调整，从而保持系统整体的最佳状态。

贝塔朗菲用一组联立微分方程描述了系统的相关性：

$$\begin{cases} \dfrac{\mathrm{d}Q_1}{\mathrm{d}t}=f_1(Q_1,Q_2,\cdots,Q_n) \\[2mm] \dfrac{\mathrm{d}Q_2}{\mathrm{d}t}=f_2(Q_1,Q_2,\cdots,Q_n) \\[2mm] \qquad\qquad\vdots \\[2mm] \dfrac{\mathrm{d}Q_n}{\mathrm{d}t}=f_n(Q_1,Q_2,\cdots,Q_n) \end{cases} \qquad (2-2)$$

式中：Q_1，Q_2，$\cdots$，Q_n——1，2，$\cdots$，n 个要素的特征；

　　　t——时间；

　　　f_1，f_2，$\cdots$，f_n——相应的函数关系。

式（2-2）表明系统任一要素随时间的变化，是系统所有要素的函数，即任一要素的变化会引起其他要素的变化以致整个系统的变化。

系统的相关原则对现代化管理工作的指导意义在于以下方面。

（1）在实际管理工作中，当我们想要改变某些不合要求的要素时，必须注意考察与之相关要素的影响，使这些相关要素得以相应的变化。通过各要素发展变化的同步性，可以使各要素之间相互协调与匹配，从而增强协同效应以提高管理系统的整体功能。

（2）管理系统内部诸要素之间的相关不是静态的，而是动态的。要素之间的相关作用是随时间变化而变化的，因此必须把管理系统视为动态系统，在动态中认识和把握系统的整体性，在动态中协调要素与要素、要素与整体的关系。现代化管理的实质就是把管理要素在运动变化情况下，有效地进行组织调节和控制，以实现最佳效益。

（3）管理系统的组成要素，既包括系统层次间的纵向相关，也包括各组成要素的横向相关。协调好各要素的纵向相关和要素之间的横向相关，才能实现系统的整体功能最优。

企业管理系统是一个极其开放的复杂的巨系统。它既是一个随机系统，又是一个有着自组织功能的耗散结构系统：由于非线性相互关系的存在，它的内部各要素既按照一定规则组成一定结构，又按照一定规律时刻处于变化之中，永远不会处于完全确定的状态。管理耗散结构必须使企业具备以下 4 个前提条件：① 企业系统必须是远离平衡态的开放系统；② 企业系统内部各要素之间存在非线性的相互作用；③ 系统外部条件变化有一定的阈值；④ 系统同环境进行物质、能量和信息交换，使系统总熵为负，强化系统有序。在远离平衡状态的非线性区内，系统处于一种动态平衡中，系统内的一个随机微小扰动就会通过相关作用放大，然后跃迁到一个新的稳定的有序状态。通过这种自我调整从而形成充满活力的企业管理系统。

2.1.3　目的导向

"目的"是指人们在行动中所要达到的结果和意愿。系统的目的是人们根据实践需要而确定的，人造系统是具有目的性的，而且通常不是单一的目的。例如，企业的经营管理系统，在限定的资源和现有职能机构的配合下，其目的就是为了完成或超额完成生产经营计划，实现规定的质量、品种、成本、利润等指标。

　　由于复杂系统是具有多目标和多方案的，当组织规划这个错综复杂的大系统时，常采用图解方式来描述目的与目的之间的相互关系，这种图解方式称为目的树，如图 2-1 所示。

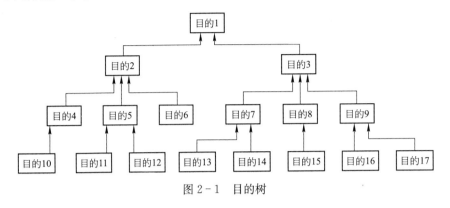

图 2-1　目的树

　　从图 2-1 中可看出，要达到目的 1，必须完成目的 2 和目的 3；要达到目的 2，必须完成目的 4、目的 5 和目的 6；以此类推。可以明显地看出在一个复杂系统内所包括的各项目目的，即从目的 1 到目的 17，层次鲜明，次序明确，相互影响，而又相互制约。通过图解可对目的树各个项目的目的进行分析、探讨和磋商，统一规划和协调。

　　系统的目的导向要求人们正确地确定系统的目标，从而运用各种调节手段将系统导向预定的目标，达到系统整体最优的目的。现代化管理的目标管理（management by objectives，MBO），就是在系统目的性原则指导下，将企业适应市场变化，实现经营目标的各项管理工作协调起来，完善经济责任制，体现现代企业管理的系统化、科学化、标准化和制度化。然而，目标管理遇到了很多问题：目标的制定非常困难，Y 理论并不符合实际的人性，诉诸理性的目标体系受到重重挑战……目标实际上是各种因素在理性、情感和文化等三个维度相互作用下的产物。理性的选择出自于决策者的利益。由于理性只代表了决策者某一时期的利益，所以它不一定是明智的选择。在企业这一多思想系统中，多方的理性选择会产生冲突。与理性选择体现了工具性价值观不同，情感维度和文化维度是由个体的情感状态衍生出的享受和满足感。另外，文化会用群体的伦理规范制约目标的选择。著名的管理学家马奇认为，很多企业的目标并不是理性的。他以成人和儿童的成长模式来类比理性的目标与非理性的目标。在儿童模式下，选择是经验的源头，通过经验扩展儿童的视野，增进儿童对世界的了解。在成人模式下，选择是意图的结果，在稀缺资源的限制下试图采取尽可能实现目标的行动。这一观点也反映了目标的三个维度。

2.1.4　环境适应

　　环境是指存在于系统以外的事物（物质、能量、信息）的总称，也可以说系统的所有外部事物就是环境。所以，系统时刻处于环境之中，环境是一种更高级、更复杂的系统，在某些情况下它会限制系统功能的发挥。

　　环境的变化对系统有很大的影响，系统与环境是相互依存的，系统必然要与外部环境产生物质的、能量的和信息的交换，因此，系统必须适应外部环境的变化。能够经常与外部环境保持最佳适应状态的系统，才是理想的系统；不能适应环境变化的系统是难以存在的。一个企业必须经常了解同行业企业的动向、用户要求、市场需求等环境信息，并从许多经营方案中选取最佳决策,否则它就不能生存。系统所处的环境又是系统的约束条件。环境对系统的作用表现为对系统的输入,系统在特定环境下对输入进行工作,就产生了输出,把输入转变为输出,这就是系统的功能,系统又可理解为把输入转换为输出的转换机构,系统与环境的转换示意图见图 2-2。

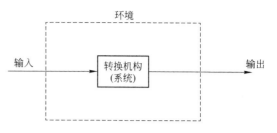

图 2-2 系统与环境的转换示意图

从辩证唯物主义关于客观事物发展中外因与内因辩证关系的原理出发,绝不能认为系统能够脱离环境而独立存在,它处于与环境的密切联系之中,它既要通过环境的输入受到环境的约束,又要通过对环境的输出而对环境施加影响。由于客观事物的发展要经过量变到质变的过程,所以当系统处于量变阶段时,系统与环境之间的关系是相对稳定的,这就表现为系统对于环境的适应性。因此,从本质上说,系统对于环境的适应性,可以说是系统稳定性在系统外部关系上的表现。

系统与环境因素是密切相关的,在确定系统的具体环境因素时,往往会遇到一定的困难,这就是如何明确系统与环境的边界问题。边界就是把系统和环境分割开的设想界线,它并不是严格不变的。例如,若以某企业及其活动作为一个经营系统,则系统主要包括的是人力、资金、厂房、原材料和设备等;环境主要包括的是用户、竞争者或协作者、政府法令、市场信誉、污染及技术发展水平等。这些因素究竟是划归系统还是划归环境、划归的比例是多少,这要按所解决的问题来确定。例如,对于技术发展水平来说,当考虑到投入产出率时应划归系统内部;而在考虑科学技术对经济发展的影响时则应划归环境。

我们可以通过系统的转换机构与环境对系统的输入及系统对于环境输出的相互关系,对系统进行内部描述和外部描述。通过输入与输出来描述系统变量的方法称为系统的外部描述,"黑箱理论"就是在系统外部描述的基础上发展起来的一种考察系统的方法,根据黑箱理论可以将系统内部状态认识不清的复杂对象看作一个黑箱,把外部对它的作用看作输入,而把它对外部的作用看作输出。通过研究任何一个"黑箱"的输入和输出的相互关系,即使还不知道这个"黑箱"的内部状态,也可以按照输入和输出的情况来预测"黑箱"的行动。系统的内部描述就是通过系统的状态变量来描述输入与输出的一种考察系统的方法。以工业企业的生产系统为例,企业的生产要靠来自环境的资源(人力、物力、财力)等输入因素,通过生产转换机构为市场提供各种产品和服务,既可通过资源等输入因素及产品等输出因素的变动情况来分析企业的生产情况(外部描述),也可根据企业的生产情况来分析资源的输入状况并预测企业的生产产量(内部描述)。

系统的进化是系统对环境的认知过程。系统不断认知环境,作出适应环境的改变。适应环境即在受到环境的干扰后还能继续生存下去。这就需要借助系统内部要素之间的交互与涌现。也可以说,自组织是分化后的有效整合。为了生存,系统中的子系统会产生有别于其他子系统的分化,这种分化在系统范围内,又被整合起来。产生有序的复杂,有序的复杂产生的过程其实就是一个自组织的过程。在社会系统中,表现为人与人或者组织与组织之间的交互。竞争的过程加剧了个体间的分化,这种分化并没有混乱地进行,而是通过信息沟通建立起了关联。比如在创新生态系统中,存在各种类型的组织、企业、高校科研机构、投资机构、供销体系中的企业等，他们依靠逐渐形成的社会规范，形成明确的行为约束，每个经济主体都知道什么是该做的，什么是不该做的；各组织之间有连接关系，这种连接关系可以是基于交易的，也可以是随机的，如在咖啡馆中的偶遇。他们之间建立起彼此的信任关系后，在为什么要这样做上达成共识，使得创新成为一个整体的涌现过程。

坚持环境适应性原则，就是说不仅要注意系统内各要素之间相关性的调节，而且要考虑系统与环境的关系，只有系统内部关系和外部关系相互协调、统一，才能全面地发挥出系统的整体功能，保证系统整体向最优化方向发展。

【案例 2 - 1】

神华集团：新模式释放原动力

神华集团有限责任公司（简称神华集团）是于 1995 年 10 月经国务院批准设立的国有独资公司，是实行产运销一条龙经营，集煤矿、电力、铁路、港口、煤制油与煤化工为一体的特大型能源企业。2009 年年初，神华集团提出"科学发展，再造神华，五年实现经济总量翻番"的发展战略，力争用五年时间实现经济总量在 2008 年销售收入 1 400 亿元的基础上翻一番。而在 2012 年刚开始的时候，神华集团就提前两年实现了该集团 2009 年年初定下的目标。优异的发展成果来自于神华集团坚持科学发展、自主创新的管理思路。那具体是怎样实现的呢？

1. 独具特色的一体化运营模式

神华创造和引领了中国煤炭企业新的运作模式——"神华模式"，即：矿、路、港、航、电、油一体化，产、运、销、储一条龙的经营模式，并以数年磨一剑的韧劲、专注和执着，不断完善、延伸、加固这一模式，实现了企业集团内部深度合作、资源共享、协同效应和低成本运营。

神华一体化运作最直观的优势就在于路、港、航资源的资产专用性，使其能够独特服务于煤的生产和销售。一方面它连接生产与销售，起联动作用，实现生产与销售之间的快速传导；另一方面它匹配生产与销售，起协调作用，实现生产与销售的平稳发展。

2. 与时俱进的"五型企业"管理模式

经过多年的实践探索，神华集团自创了一套闻名于煤炭行业的管理模式——"五型管理"。这套管理模式的内涵是，以本质安全型、质量效益型、创新驱动型、节约环保型、和谐发展型为基础，全面优化企业管理，推进企业走内涵式发展道路。在这套管理模式的指导下，神华集团与时俱进，不断进行管理体制改革，不断实施资源整合，从集团总部到业务板块，再到各个子公司，不断加强专业化分工、集约化运营和精细化管理。

而且，神华集团为了摆脱大企业冗杂的用人制度的制约，从人才队伍建设入手，不断创新管理模式。在中央企业，神华集团率先启动了面向社会的公开竞聘机制，并大力引进海外高端人才；在基层公司，神华集团开展了基层党组织公推直选，取得了良好的效果，得到了中组部和国资委的充分肯定与高度评价。

3. 科技资源整合型创新模式

在神华集团，人人知道"支撑神华持续发展、引领行业科技进步、提升国家科技实力、领先全球煤炭科技"的企业战略愿景。这些年，神华集团快速发展所取得的业绩和成果，大部分源自于企业坚持走自主科技创新的发展道路。神华的产业特点，概括起来主要有：一是创新需求多；二是创新难度高；三是自身研发力量相对较弱。

　　基于以上特点，神华集团积极探索创建以"三个突出"为核心、以科技资源整合为特点的科技创新模式。一是突出企业的主体地位，充分发挥创新基地作用；二是突出产学研合作，充分发挥企业创新动力源作用；三是突出多方共赢，坚持以市场为导向，充分发挥市场导向作用。以风险共担、资源共享、优势互补、互利共赢为原则，以战略合作及战略联盟为主要方式，整合科技资源，追求"聚合效应"。不断提升科技创新支撑神华可持续发展、引领行业科技进步、增强国家核心技术竞争力的能力。

　　经过多年的实践探索，神华集团借助信息化全面创新提升管理水平，在全集团范围内建设综合自动化矿井，逐步形成了集成、高效、覆盖矿区生产全过程的综合管理信息系统。如今，神华集团在遍布全国各地的企业之间可以做到信息通信便捷稳定，极大地提高了办公效率，集团整体管控能力得到了有效提高。

2.2　基本工作思路

　　思维是具有意识的人脑对客观世界的反映，思维具有物质性，也具有自觉性。由于人脑中已有知识和自觉摄取知识习性等意识的驱动，人脑对客体的反映具有不同程度的自觉性。

　　中国企业要在新世纪面对新形势，就要打破过去的思维定式的条条框框，有了新思路，才有新出路。海尔张瑞敏谈到海尔在世界性的竞争中取胜的原因时说：主要不在于有形的东西，而恰恰相反在于无形的东西，这就是观念、思维方式的彻底全新变革。

　　在发展社会主义市场经济的过程中，我国企业不仅要面对传统计划体制遗留下的老问题，还要面对经济发展出现的新问题，新老问题交织在一起，使不少企业领导一筹莫展。从20 多年企业改革实践来看，一些企业发展不快，甚至日子难过，一个重要原因就是企业经营管理者没能在观念、思维方法上跟上时代的步伐。管理决策观念、思维方法的改革与创新，已被形势的发展推到了第一线。

　　下面从 4 个方面简要介绍管理系统分析的基本工作思路。

2.2.1　规范化→灵活化研究

　　管理系统分析是一种有目的的行动，最基本的问题就是从提示各个子系统之间相互依赖、相互制约的关系入手，寻求实现系统整体优化的捷径。"管理是一门科学，又是一门艺术，是科学与艺术的有机结合体。"企业管理从本质上包括科学性和社会性两个方面的内容，二者相互影响，不可分割。

　　科学性方面的内容要求我们以现代自然科学和技术科学的最新成果（如先进的数学方法、电子计算机技术及系统论、信息论、控制论等）为手段，运用数学模型，采取规范性的分析方法，对管理系统进行定量分析，探求有效的工作方法或方案，以做到心中有数、事半功倍。

　　社会性的内容则难以进行量化，难以运用规范、标准的方法解决，而必须强调灵活性，在管理实践中发挥积极性、主动性和创造性，依靠人的知识、经验、能力并结合实际状况灵活处理。

中国古代思想家韩愈有句名言："行成于思而毁于随。"因此不能把"理"变成空中楼阁，既要讲"理性"，又要讲"灵性"，只有灵活地、创造性地应用，才能取得更大的实效。"学理论，理性思考；讲效果，理性创新"是进行管理系统分析应该注意的关键。

我们从组织的两个方面，对知识管理进行了考察，如图 2-3 所示。在灵活性方面，个人直觉、在正式组织结构之外形成的人际思路、人们之间偶然的接触、为了寻找更好的工作方法而放弃标准规程时所做的变通等，都构成了知识产生和发展的源泉。在制度方面，工作是结构化的、受控制的，并且要接受度量的，知识明确地写在程序、报告、备忘录和资料库中，通常是通过一些命令键来有选择地共享。

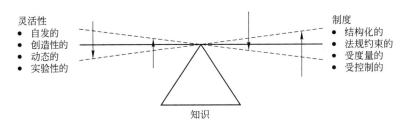

图 2-3　知识管理与组织结构

如果灵活性太大，创造性工作与目标市场之间缺乏坚实的连接，就会使很多很好的想法无法走向市场。另一方面，如果环境太制度化，可能会使开拓性和开放性的交流受到窒息，从而妨碍构想独特的产品和服务，以至于不能迅速抓住新的机会。最好的方案是，使用恰好原则（just-enough discipline，JED）来保持灵活性与制度之间恰当的平衡。这样，公司通过不断调整自由与控制之间的组合，既能获得创新性和灵活性，又能取得运行效率，以利于在激烈的市场竞争中取得成功。

规范化与灵活化在管理系统的基层、中层和高层的要求是不一样的，如果拿一个尺度去要求就会犯类似"邯郸学步"的低级错误。一般来讲，企业经营决策的知识大体上可以分为3 个层次：基层的业务知识，如成本会计，应用的重点在于依法决策，照章办事，这就要求对会计法及有关规定的变动及时了解掌握；中层的方法知识，如盈亏分析方法，应用的重点在于需要与可能、范围与条件之间的平衡，这就要求在线性方法与非线性方法之间加以选择；高层的哲理知识，应用的重点在于把握实质，随机制宜，灵活运用，这就要求工作中能够高瞻远瞩，纲举目张，提高理性创新的水平。面对众多有关业务知识、方法知识，从综合交叉中加以升华、提炼，强化在企业经营决策中理性思考与理性创新的观念，做到"以我为主，博采众长，融合提炼，自成一家"，层次化管理思维如图 2-4 所示。

规范化→灵活化，就是要强调规范和灵活的结合，既要注重运用完善的科学理论知识，又要充分发挥人的创造性和自主性；既要注重运用规范程序标准处理各类既定的管理问题，又要根据实际情况不断"比较、试错""从错误中吸取教训""从成功中学习经验"，选择那些虽然可能出错，但可迅速发现、及时纠正且所花费代价不大的启发性决策。管理中自觉地循规借势、加快企业改革步伐，提高经营决策水平；有利于我们摆脱整天陷于头痛医头、脚痛医脚、忙而低效的工作方式；有利于我们克服"别人干什么我们干什么""领导让干什么我干什么"定式思维的影响。避免学习先进典型经验中存在的只学外在形式没学内在实质的"短路"情况。充分体现规范与灵活的良性互动，以提高管理成效。

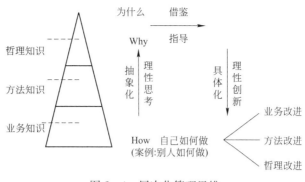

图 2-4　层次化管理思维

2.2.2　程序化→耦合化研究

H. A. 西蒙从方法论的角度，将决策分为"程序化"和"非程序化"两类。程序化决策是重复出现的一类决策问题，这类决策因为过去有过反复处理的经验，在长期处理这类决策的实践中，逐渐摸索出这类决策问题的规律性，从而可能制定出一套固定的程序，凡是遇到这类决策问题，就可以依据以往的经验，用常规的办法和已确定的程序来进行处理。

非程序化决策，指的是这类决策问题比较新颖，过去尚未发生过，或因其性质和结构尚捉摸不定，处理这类问题没有以往的经验可以借鉴，因而无法用常规的方法和已确定的规范、程序来进行处理，而必须依靠决策者的知识、经验，以一种探索性的方式来解决这类问题。由于程序化与非程序化是按是否重复出现来进行划分，所以也有人把程序化决策称为重复性决策，而称非程序化决策为一次性决策。

耦合在物理学上是指两个或两个以上的体系或两种运动形式之间通过各种相互作用而彼此影响，以致联合起来的现象。如两个线圈之间的互感是通过磁场的耦合。借此推而广之，在社会科学领域中，我们也可以把两种社会现象通过某种条件，使二者有机结合起来发挥作用的客观事物，称为耦合。在管理中，程序化与非程序化的相互结合、共同作用，亦是一种耦合现象。

正如西蒙要求人们经常要自我提醒的那样，"世界大都是灰色的，只有少数几块地方是纯黑或纯白的"，在许多非程序化决策过程中，也可能包括某些部分是过去曾经处理过的。因而，程序化与非程序化并非截然不同的两类决策，"而是像光谱式的统一体，可以找到不同灰色梯度的决策，而我采用程序化和非程序化两个词也只是用来作为光谱的黑色频段与白色频段的标志而已"。

21世纪，知识经济将逐步占据国际经济的主导地位。知识经济的发展，不仅改变着世界经济结构，也改变着传统观念。在知识经济时代，企业生产经营进入网络化、信息化和国际化，信息传播交流速度加快。这使得技术扩散更加迅速，企业因创新带来的收益期更短、收益量减少，比较优势丧失。同时，新技术不断涌现，技术生命周期不断缩短，这在客观上要求企业不断进行创新。

随着经济全球化程度的提高，企业竞争环境发生了剧烈的变化，整个经济和企业运行系统节奏加快，企业面临的经济环境、行业结构和竞争态势也空前复杂，所有一切都处在转型和巨变之中，单靠企业以往的经验无法保证在未来的竞争中取胜。

管理的模糊性是一种客观存在，客观事物既具有精确属性，也具有非精确属性。制定常规性程序化决策的传统方式由于运筹学和电子数据处理等新的数字技术的研制和广泛的应用而发生了革命，而制定非程序化决策的传统方式包括大量的人工判断、洞察和直觉观察还未经历过任何较大的革命，但在某些基础研究方面正在形成某种革命，如探索式解决问题、人类思维的模拟等。自动化方面的进步和人类决策方面的进步会把组织中人的部分和电子的部分结合起来构成一种先进的人－机环境系统。

人类社会发展的历史，就是一部人、机（包括工具、机器和计算机）、环境三大要素相互关联、相互制约、相互促进的历史。由于环境的影响，高级灵长目动物演变成为人类；人类的诞生导致了机的出现；机出现又产生了新的环境；新的环境又在影响人类的生活、工作和生存。

人－机－环境耦合是运用系统科学理论和系统工程方法，只有正确处理人、机、环境三大要素的关系，才能实现人－机－环境系统的最优组合。系统中的"人"，是指作为工作主体的人（如操作人员或决策人员）；"机"是指人所控制的一切对象（如汽车、飞机、生产过程等）的总称；"环境"，是指人、机共处的特定工作条件。系统最优组合的基本目标是"安全、高效、经济"。所谓"安全"，是指不出现人体的生理危害或伤害，并避免各种事故的发生；所谓"高效"，是指全系统具有最好的工作性能或最高的工作效率；所谓"经济"，就是在满足系统技术要求的前提下，系统的建立要投资最少。

2.2.3 模型化→集成化研究

信息时代的经营管理在通过企业重组来解决其基本原则和非量化方法后，21世纪最值得注意的动向是以数学模型和电子信息技术为基础的运筹管理的大发展，就是说在快速准确地提供信息的基础上，利用管理学和运筹学，建立数学模型，对资金、物资等资本运作提供可选择的最优方案的定量化管理方法。这将是现代企业决策真正科学化的关键一步，也是构成现代化企业决策的主旋律，因此，信息化和管理结合将成为未来企业管理的主流。

模型，通常是指原型的样本，是对现实系统的描述和模仿。系统的模型化研究是依据对系统的内部结构和外部环境的分析，按照系统的目标要求，用数学的或逻辑的表示，从整体上反映系统的主要组成部分和各部分的相互作用、系统与环境关系的模拟手段。

构成模型的要素，主要有4个部分。

1. 模型的成分

它是对组成系统各部分的模拟。系统的模型化过程，首先要选定系统的成分。

2. 模型的变量

包括外部变量、状态变量和内部变量。变量是对系统各组成部分之间关系的描述。外部变量是模拟的输入变量，它反映了系统与周围环境的关系。外部变量可划分为可控变量和不可控变量，前者反映系统与环境之间可以人为控制的关系，后者描述系统与环境之间不可人为控制的关系，相当于模型的干扰变量。内部变量是模型的输出变量，根据模型的外部变量、状态和系统的工作特性确定。对于一种变量来说，究竟是外部变量、状态变量，还是内部变量，要取决于系统边界的界定。

3. 模型的参量

在表示系统特性的变量系数模型确定后，参量一般为常量；参量改变意味着模型的性质发生改变。

4. 模型的函数关系

它是对模型间的相互关系的一种描述。这种函数关系一般可分为恒等式和函数方程式两种。

模型一般具有 3 个特征：① 对现实经济系统实质的抽象描述；② 由一些与所分析问题有关的主要因素构成；③ 能清晰地表明这些有关因素之间的相互关系。

模型可将复杂问题简化而使之易于处理，并可运用模型预测决策结果。模型大体上可分为概念模型、图形模型、数学模型 3 类。例如，城市交通图就是人们熟悉的一种图形模型，交通图对客观现实简化到了极点，但对为了到达目的地而进行行车路线选择的司机来说，已经提供了足够的信息。

企业管理决策从本质上包括科学性与社会性两个方面，二者相互影响，不可分割。企业管理现代化水平的提高，不仅取决于数学模型应用的水平，也取决于其他管理工作的水平，由于数学模型应用的难度往往大于社会性工作，因此一些企业在管理决策中，对数学模型应用的内在动力不大、积极性不高。保证模型精确性在于它能否真实反映客观经济活动的规律，数学模型是运用数学表达式对现实经济活动加以抽象和简化。模型必须高于现实，如果企图用模型来"复制"现实活动，实际上是对精确性的误解，那样会使模型过于复杂，求解困难，甚至失去实用价值。

模型化→集成化是适应管理系统发展的趋势，即从市场分析、产品设计、产品制造、营销管理到售后服务的全部活动必须构成一个不可分割的整体，各部分要紧密连接，统筹安排，以提高管理系统的整体功能。

提高定量分析模型应用的集成性是知识共享的重要内容。模型集成的概念是 20 世纪 80 年代初期才提出的，其基本理论和技术方法尚属探索阶段。关于模型集成的主要思路，一种是利用经济理论、专家经验，对模型进行组合，称为先验组合；另一种是利用数理统计方法，通过确定模型组合的一致性、矛盾性等来进行组合，称为后验组合。下面仅简述先验组合的共享思路。

运用先验组合进行模型集成必须符合管理工作的要求，如模型集合应形成纵横交错的矩阵式结构，纵向可以按管理业务划分，横向可以按管理层次划分，如图 2-5 所示。根据不同的应用，从中抽取不同的子集，以最大限度地提高知识共享的数量。具体说明如下。

（1）面向环境。与战略管理层相对应，模型共享的主要功能在于提高管理者综合分析与逻辑推理的水平，启发管理者有所创新，力争主动地适应外部环境。如根据假定条件，利用有关模型，对不同管理方案的前景进行模拟仿真，比较选优。这个层次模型多属于非结构化模型，定性概念模型、逻辑模型也占有一定的比重。

（2）面向资源。与业务管理层相对应，模型共享的主要功能在于合理组织企业内部的各种资源，实现人尽其才，物尽其用，提高业务管理科学化的水平，如后面章节介绍的线性规划模型与网络分析模型组合，就可以完善业务管理体制的"期、量"标准。这个层次的模型多属于半结构化模型，对于各种管理业务的优化控制，并无直接可以套用的公式，只能参考以往的经验，提高模型的共享程度。

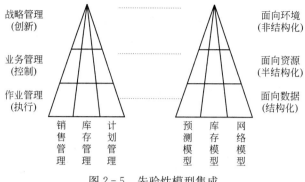

图 2-5　先验性模型集成

（3）面向数据。与作业管理层相对应，模型集成的主要功能在于提高数据处理的效率和共享性，实现模型间数据的沟通。如现实经济生活中存在季节性生产和季节性消费的情况，搞好产品季节性预测，认识和掌握各类产品生产和消费的季节性规律，对于加强计划性，使产品适销对路，提高经济效益，具有十分重要的意义。

最基本的季节性预测模型为：

$$Y=(a+bX)\times S_t \tag{2-3}$$

式中，S_t 为季节性系数，S_t＝实际值/趋势值。

从式（2-3）中可以看出，季节性预测的基本思路是在一元线性回归模型 $Y=a+bX$ 的基础上，增加了一个修正系数 S_t，这两种模型的集成，提高了数据的共享范围，从而提高了工作效率。这个层次的模型多属于已有较规范处理方法的结构性模型。详见 5.3 节有关内容。

2.2.4　最优化→满意化研究

传统经济学的经济人假设认为，经济人是自利的，无法克服急功近利的短期行为和机会主义动机，导致外部性长期存在。传统经济学的"理性经济人"假设，使管理学在相当时期也打上了"最优化"的烙印。

基于"经济人"认识所提出的科学管理理论对调动工人工作积极性有积极的作用。在科学管理理论中，要求工人严格按照资方所研究的"科学"办事，"在日常操作时，不允许（工人）随便使用自己认为合适的工具和办法"。所以科学管理理论的应用"给人一个印象，所有这些都趋向把工人变成一个个像机械一样操作的人——一个呆板的人"。

从管理的实践看，人们认识到按"经济人"假设所建立起来的管理理论，不能充分地调动企业员工的工作积极性。在霍桑试验基础上，梅奥批评了大卫·李嘉图关于人的"群氓假设"，提出了关于人性的"社会人"认识：企业中的工人不再是单纯追求工资和奖金的经济动物，不再为了获取最大经济利益而被动地按上级指令行事的机器或机器的附属物。管理当局通过社会的、心理的手段使工人的需要得到满足，而工人通过提高生产效率给予回报。其逻辑是"满意的工人才是有效率的工人，令人满意的组织才是有效率的组织"。

麦戈雷格认为科学管理理论是基于"强硬的"X 理论假设，人际关系学说是基于"温和的"X 理论假设。他认为这种基于 X 理论假设的"指挥、控制和管理哲学——不论这是严厉的或温和的——已不适合于作激励之用。……我们需要一种更恰当的对人性和人的动机假设，对人进行管理工作的不同的理论"。麦戈雷格把这种新的管理理论称为 Y 理论。

洛希和莫尔斯提出了"超 Y 理论"，超 Y 理论的基本思想就是权变的思想，超 Y 理论所认识的人是"复杂人"，这种"复杂人"有各种各样不同的需要，有效的管理就是要针对不同的人采取不同的管理方式。

巴纳德在《经理人员的职能》中写道，每个正常的、身体健康的、适合合作的人并不像科学管理法所讲的那样，是"机器的附属物"，也不是单纯接受命令的"被动的生产工具"，而是具有"选择能力、决定能力、自由意志"的人。"但是，这种选择能力是有限的。"

西蒙继承了巴纳德关于人的决策能力有限性的思想，着重分析了心理因素对企业中人的决策行为的影响作用，认为人的决策行为是受学习、记忆、习惯等心理因素影响的过程。并在此基础上提出更符合现实的"管理人"（或决策人）认识，对纯粹的"理性人"认识进行了修正，认为"管理人"是在有限合理性的基础上，追求满意化而不是最优化决策的。他在《管理决策新科学》一书中认为："单独一个人的行为，不可能达到任何较高程度的理性。由于他所必须寻找的备选方案如此纷繁，他为评价这些方案所需的信息如此之多，因此，即使近似的客观理性，也令人难以置信。"

西蒙认为，人们在对自己的行为进行决策时，要实现完美的理性决策必须满足以下几个条件：

第一，能找出所有可行的行动方案；

第二，能对每一个行动方案的可能结果予以预先的估计；

第三，要有一套价值体系，能对每个方案结果的优劣给予连续而一贯的排序。

但由于人们认识能力的有限性、知识的不完备性，使得人们不能找出所有可行的行动方案；未来环境的复杂多变和人们预见能力的有限性，使得人们不能对所有方案的未来可能结果进行预先准确的估计；各种方案的预期结果的不可比性使得决策者不能用一套统一的价值体系进行衡量和比较。因此，人的行为动机是"愿意理性，但只能有限地做到"。这种有限理性的特征就是人只能在客观条件许可的条件下去寻找能使自己感到满意的行动方案。

在一定的限制条件下，管理者对各个入选方案总希望选出最优者。在评价目标只有一个定量指标，而且备选的方案个数不多时，容易从中确定最优者，而当备选方案数很多，评价目标又有多个，并且彼此之间又有矛盾时，要选出一个所有指标都最优的方案一般是不可能的。企业进行管理决策时，尽管首先要以利润的多少为标准，但还必须兼顾其他目标，因此得到的不是最多的利润，而是满意的利润。即企业决策的目标不是最优解，而是满意解。

著名管理学家德鲁克曾经说过："企业唯一的真正的资源是人，管理就是充分开发人力资源以做好工作。"而人力资源之所以有待于开发，是因为人力并不等于现实的生产力，人是具有巨大潜能的。一般认为，人平常只发挥了 $20\%\sim30\%$ 的潜能，有效的激励及开发可使潜能发挥到 $80\%\sim90\%$。因此，这就需要我们必须采取各种切实有效的手段，充分发掘人的潜能，激发人的积极性，以促使人与企业其他资源的结合处于最佳状态，从而取得最大的效益。

最优化→满意化，要求企业组织应能形成这样一种机制：它能激发每个企业成员的工作积极性——识别和满足企业成员的各种不同需要，使个人的目标能得到实现；又能约束和规范每个成员的行为——使个人目标的实现，有利于而不是不利于企业整体目标的实现，即不会损害所有利益相关者的共同利益。

【案例 2 - 2】

从竞争到合作

2012 年 6 月，小桔科技在北京成立并推出嘀嘀（滴滴前身）打车 App；并于 2015 年 2 月，与快的结束贴补大战，宣布战略合作，从而坐稳了中国网约车老大的位置。优步则于 2010 年 10 月在美国旧金山上线，并于 2012 年开始全球化的步伐，2014 年 7 月正式进入中国，同年 10 月在天津、深圳、上海等七个城市推出人民优步拼车服务，进一步拓展在中国的市场。至此，滴滴与优步中国展开了一场没有硝烟的战争。

从 2015 年全年的数据来看，滴滴专车已经占据了 80% 的市场份额，优步占据了不到 10% 市场。但是我们发现在决定企业生死的用户、资金、资源三个方面，滴滴与优步不相上下。一是资金方面，截止到 6 月份，滴滴已经募集远超 35 亿美元的融资。而优步的 G 轮融资累计高达 60 亿美元，且优步在美国地区已经实现盈利。从双方的资金量上对比，优步略胜一筹。二是资源方面，滴滴有腾讯、阿里巴巴和苹果三大网络巨头的支持。而优步中国背后则有谷歌、优步全球和百度地图的支持，所以从资源方面看，双方的优势是半斤八两。三是用户体验方面，从界面操作、叫车后的应答速度以及支付的便捷性等方面，优步中国与滴滴出行基本实力相当。但是在服务水平、车内环境和司机沟通水平上，优步距离滴滴有一定差距，且在软件的使用界面上，滴滴设计得更加人性化。综合这三方面的因素可以看出，滴滴与优步基本战成和局。

自从优步进入国内市场，滴滴与其之间的价格战从未停歇。但在 2016 年 8 月 1 日，滴滴突然宣布与优步中国合并，那么它们为什么会从"剑拔弩张"到"相亲相爱"呢？一是巨额亏损，不愿烧钱。优步 CEO 曾透露，公司每年至少花费 10 亿美元来扩张中国区业务，2015 年优步在华亏损超过 10 亿美元；而滴滴在 2015 年至少亏损 100 亿美元。在胜负暂时难分的背景下，停止烧钱、合并公司且谋求上市，似乎是最好的获利途径。二是合并有利于共同应对外部竞争。滴滴、优步中国之外，中国网约车市场还有易到、神州专车等，易到在被乐视收购后，依靠大肆补贴重新夺回市场地位，神州专车则凭借安全、高档的定位获得了不错的口碑。滴滴、优步合并，有利于减少彼此间的消耗，从而用规模优势遏制易到和神州专车的继续壮大。三是网约车新政成催化剂，虽然网约车新政让出行行业看到了春天，但在各地落实还要遵循地方规定，对于优步中国而言，政府和媒体的公关一直是其弱项，专车新规出台后其劣势会进一步凸显，因此，选择和滴滴站到一起，共同开拓市场才是明智之举。

两家合并之后，优步甩掉了亏损最严重的中国市场，滴滴获得了优步中国的品牌、业务、数据等全部资产。并且滴滴出行和 Uber 全球将相互持股，成为对方的少数股权股东。疯狂补贴烧钱的时代已过去，专车市场格局将迎来较大变化，寡头化进一步提升，市场竞争将进入新的阶段。对于其他专车服务商而言，竞争压力将进一步增大，并倒逼其他企业加快产品和服务创新，以增加用户量和提升现有活跃用户黏性。

2.3 基本工作内容

管理系统分析涉及问题繁简不一，具体工作内容也千差万别。一般来讲，系统分析人员要追求一系列的"为什么"，直到问题取得圆满的答复为止，如表 2-1 所示。

表 2-1 系统分析内容表

项目	提问	决定	对象
目的	为什么确定这个？	应是什么？	删除工作中不必要的部分
对象	为什么要找这个？	应找那个？	
地点	为什么在这里做？	应在何处做？	合并重复的工作内容，考虑重新组合
时间	为什么在这时做？	应何时做？	
人	为什么由此人做？	应由谁做？	
方法	怎样做？	怎样去做？	使工作简化

管理系统分析基本工作内容，大体上可以概括为：目标分析科学化、过程分析图形化、效果分析运筹化 3 个基本环节。对于一个完善的分析，首先要明确分析的目的，只有通过对目的全面了解，才能缩小范围，考虑有哪些真正可供选择的方案来达到我们的目标。进而要依靠分析人员的知识和经验的定性分析，确定实现目标的最佳工作流程，同时通过计算工具找出系统中各要素的定量关系，借助这种互相结合的分析方法，才能从许多可行方案中选优。

2.3.1 目标分析科学化

1. 基本步骤

对某一系统进行分析时，首先必须明确所要分析问题的目标。确定目标是系统分析的前提，是系统分析的首要步骤。目标是系统所希望达到的结果或完成的任务。确定目标在系统分析中的地位和重要性，很多人往往认识不足，考虑也不周密，没有认识到确定目标的重要性。如果没有目标，方案将无法确定，如果对目标不明确，匆忙地做出决策，就可能导致决策失误。目标又是根据所要研究的问题来确定的，这就要进行问题分析，问题分析的关键是界定问题。所谓界定问题，就是把问题的实质和范围准确地加以说明。系统分析人员一般认为：如果把一个问题说明得清清楚楚，等于问题已经解决了一半。

界定问题要全面考虑各方面的需要和可能，在需要方面，除了考虑本单位的需要以外，还要考虑有关单位的需要；在可能方面，要考虑客观环境是否允许及本单位的条件是否可能。当然，没有条件有时也可以创造条件，但创造条件也要有一定的基础，条件不是可以随意创造出来的。界定了问题以后，还不能立即确定目标，因为这样的目标太抽象，还抓不住要害。为使目标准确，就要对目标进行落实，也就是说目标必须具体化，在系统分析中常采取"目标－手段系统图"进行目标的结构分析，如图 2-6 所示。

目标－手段系统图就是把要达到的目标和所需要的手段，按照系统层层展开，一级手段等于二级目标，二级手段等于三级目标，以此类推。这样层层分解下去，可以逐步明确问题的重点，并找出实现目标的手段和措施。

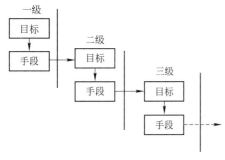

图 2-6　目标-手段系统图

在系统分析时，常常会遇到随着工作的进展出现与原来目标相偏离的情况。这就要分析产生问题的原因，既要进行横向分析，也要进行纵向分析。横向分析，是指要从许多错综复杂的因素中找出主要因素。在复杂的情况下，一种现象的产生可能同时与多种因素有关，但其中必有一些是主要的因素。纵向分析，是指从表面的原因入手，通过各层次找出根本原因。然后，纠正偏差，确保预定目标的顺利实现。

此外，在实际分析中要考虑到时间、人力和费用的约束，并确定这些约束条件。确定目标的过程如图 2-7 所示。

2. 重点问题

管理系统分析是面向应用的学问，是设计性的诊断，而不是单纯试误性的诊断。因此，首先要运用有关理论，经分析研究，确定工作方向，有的放矢。"对症"准确，"下药"才有意义，否则就会劳而无功，甚至因"误诊"或"力不从心"造成不良后果。从管理工作的特性出发，在明确目标的过程中，还应注意以下 3 个问题：主题意识、辩证求解、有限合理。

1）主题意识

系统分析工作大多数是在委托情况下开展的，系统分析人员必须弄清委托者的本意、要求，把有限的时间和智慧专注于主题，避免南辕北辙。

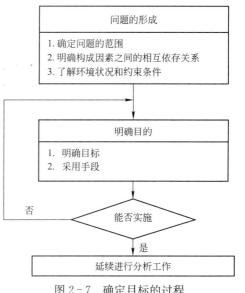

图 2-7　确定目标的过程

为了弄清主题，常用一连串"为什么"提问，以使问题浅显化、直观化，并找出系统分析实质性要求。美国管理学专家德鲁克在从事实际工作时，面对企业提出的一大堆难题不是一一解答，而是提出一连串的反问，"你最想做的事是什么？""你为什么要做这件事？""你现在正在做什么事？""你为什么这样做？"……德鲁克的方法不是立即替企业"解决"问题，而是帮助企业界定问题，找出主题，在一团乱麻中理出头绪，达到纲举目张。

有时委托者对自己的目的半遮半露，甚至遮而不露，这种情况常是委托者想用系统分析人员的嘴说出他们自己不好直接讲出的话，所以系统分析人员自己内心也要多问几个为什么。"主题"是在实际材料的基础上运用科学知识分析而得出的，不能毫无原则地成为委托人的传声筒。

2）辩证求解

系统分析可以理解为以"实现目标"为一方，以"资源环境"为一方，寻求连接二者捷径的工作过程。但大多数企业面临的问题按线性规划求解的思路，根本无解。系统分析与数学规划不同之处，在于"目标"和"资源"都不是僵化的，而是辩证的，具有一定的"弹性"。

换位观察，打破思维定式的束缚，换个角度重新认识目标，就可能出现"山重水复疑无路，柳暗花明又一村"的情况。如施乐公司在研制出复印机后，因价格较高，销量有限，它们及时把目标由销售"产品"改为销售"服务"，收效十分明显。因为买台复印机投资大，常要领导审批，而复印几份文件，费用很少，工作人员就可以做主了。通过出售"服务"，提高了公司的知名度，用户也切身感受到复印机对提高办公效率的作用，从而刺激了购买"产品"的需求，推动了"产品"的销售。

系统分析也常通过改变资源环境来实现目标，这是系统分析的特色所在。系统分析的重点是创造新条件、新方法、新思路，改善环境条件来实现目标。

3）有限合理

复杂的管理问题常具有多目标和多方案，使目标明确化、条理化是一项十分重要的工作，通常采用图解方式来描述目的与目的之间的关系，管理问题诸目的之间的关系示例如图2-8所示。

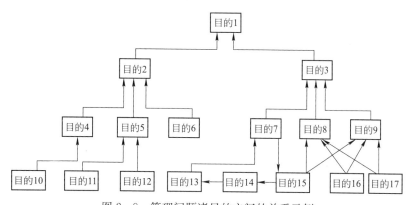

图2-8　管理问题诸目的之间的关系示例

从图2-8可以看出，要达到目的1，必须完成目的2、目的3，要达到目的2，必须完成目的4、目的5、目的6，以此类推，结果形成一个增幅放大的树形结构。而且还有更复杂的情况，如目的7、目的13、目的14、目的15之间的环形关系，即如猜拳中的老虎—棍子—虫—鸡—老虎的"克星循环"及目的8、目的9、目的15、目的16、目的17之间的网络关系。

对于复杂问题掌握有限合理原则是十分重要的。有限合理就是"在给定条件和约束的限度内，适于达到给定目标的行为方式"。具体来讲就是在掌握目的内部结构的基础上，第一，在分析问题时，不能局限于特定的问题探索解决办法，而要从整体结构协调来确定解决局部问题的方案。第二，不能急于求成，问题主线有时一下难以明确，往往要在解决问题时才能逐步明确其关键所在。第三，要量力而行，先易后难，确定合适的工作范围，避免盲目行动；否则解决还不如不解决，产生的问题比解决的问题更多、更严重。

2.3.2 过程分析图形化

管理系统分析中，绘制流程图是经常采用的一种方法。管理流程图是对各部门或专业业务的工作过程进行科学的划分和界定，对管理过程的规律进行系统的总结和表述的工具。其最显著的特点，是系统化、规范化和条理化。流程图把整个管理过程作为一个系统，用直观和标准的形式表述出来，如同一份份的管理工艺，形成了管理的标准和规范。它可以提高管理的科学性，严密管理过程，减少主观随意性。它可以使每个职能人员都科学地有条理地安排和开展工作，建立正常的工作秩序，并提高效率。有了管理程序以后，还可以将前人长期积累起来的丰富的管理经验，通过形成并不断地改进流程图而得以继承和发扬，并不断总结使之完善。

描述管理过程的流程图可分为两种形式，其一是描述单项管理工作的业务流程图；其二是描述工作系统情况的系统流程图。

1. 业务流程图

业务流程图以一项相对独立的管理业务为单位，用标准图例和简单的文字说明将其业务内容、步骤和要求绘制出来，其目的是对管理业务进行规范化和标准化，是企业中管理规程一类的文件。

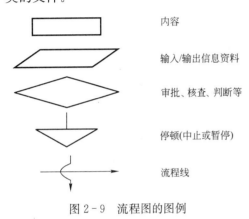

内容

输入/输出信息资料

审批、核查、判断等

停顿(中止或暂停)

流程线

图 2-9　流程图的图例

1) 业务流程图的绘制步骤

绘制业务流程图一般可按以下顺序进行。

① 选择和确定绘制对象。实践中，业务流程图的图例可以有 20 余种。符号多，描述起来自然方便。但为了便于掌握和推广使用，一般只采用如图 2-9 所示的 5 个图例。

② 收集资料，分列工作步骤。即先不考虑每项处理由谁做和根据什么做及有何具体要求，只是单单列出工作内容。

③ 加入信息资料的输入和输出。此处的信息，包括内部环节之间的交流，也包括与外界的交流。前者一般只列正式的部分，后者则应更具体。

④ 列入部门。即按实际情况将每一处理步骤安排在相应的部门/岗位的位置之下，也是确定由谁做的问题。至此已形成了业务流程图的草图。

⑤ 反复核实和修正草图。特别是涉及多部门、处理环节复杂和传递信息量大的业务，应仔细斟酌其中的每一步骤和环节。

⑥ 加入有关的要求或说明。加入要求或说明，绘出正式的业务流程图。

2) 业务流程图绘制基本方式

绘图时，对现状的调查了解是最主要的工作。因为我们工作的基础，是以现状为出发点，因此现状调查显得特别重要。怎样通过调查完成初步的草图，可采用下述 3 种方式。

① 亲临现场，自始至终追踪一个业务处理的全过程，将各处理细节记录下来。例如，在绘制仓库领料业务时，可以从车间领料员填写领料单开始，一直到他办理完领料手续将材料领回为止，跟随这样一个全过程，加上必要的询问和其他资料，即可绘出。该方法适合于处理时间比较集中的业务。

② 召集有关部门人员，采用座谈调查的方式，由各方描述各自负责的工作内容。由于业务处理的当事人均在场，遇到部门或岗位之间衔接的部分较易了解清楚，因此更适合参与

的部门或处理环节较多的管理工作。

③ 对各业务部门的有关人员进行简单培训后，由这些人员自行绘制。这种方式可减少大量的现状调查的工作量，特别是进行全企业大范围的管理设计时，但不易反映出系统的问题。适用于经过初步调查认为原业务程序基本可行的情况。

草图绘制完成后，一般要将该图拿到现场，由涉及的有关人员审定，看是否符合实际情况。将原图放大后，向在座的业务人员讲解，然后由后者指出有出入的地方，收集意见后进行修改。重复上述过程，直到绘制的流程图准确无误地反映出现状为止。这一过程的结果，标志着设计人员完全掌握了现场的情况。

因此，画图的过程，实际上就是一次详细调查现状的过程。这种调查不应该是走形式的，而是很严肃的，来不得半点马虎和偏差。

2. 系统流程图

系统流程图以一个部门或一个组织为单位，描述其职责范围、主要工作、内部主要关系和同外界的信息联系等内容，是一种示意性的流程图，用以标明和使其上级领导或其他部门人员了解该组织或部门工作概况。

1）系统流程图的内容

按照系统论的观点，作为统一的整体并具备一定功能的任何一项管理工作，都是通过组织元素之间的联系实现的。不管是物流还是信息流，都表现为一系列的相互交换关系。这些交换关系都要直接或间接涉及很多部门、机构或人员，这些部门、机构或人员大多也属于串联耦合。因此，这些部门、机构之间应特别强调整体观点。总的看来，这样一个系统包括以下方面。

① 全体有关的机构、部门、岗位或人员。

② 有严格时间关系的，按时间顺序描述并标明具体时间；否则按逻辑顺序描述。

③ 同一图中相同图形符号规格应统一，图形内不能描述清楚的内容，在说明一栏中加以简要描述。

④ 涉及多部门、多岗位的业务应会同有关部门或岗位分析、确认后再行绘制。

⑤ 流程的方向一般是从左到右，自上而下，表示其时间或逻辑顺序。当流程不按此规定时，要用箭头指示流程方向。无论何时，为了线路指向的清晰，都可利用箭头指示流程方向。

⑥ 两条或两条以上的流程线可汇集成一条流程线，一条流程线亦可引出两条或两条以上的流程线。

⑦ 除流程线外，所有图例一般均应绘制在相关部门或岗位的位置之下，若有两个或两个以上的部门或岗位参与时，应绘制在主要参与部门或岗位位置之下，并在"说明"一栏用文字说明其他共同参与的部门或岗位。

⑧ 每一处理都必须有出口，可连接其他处理、载体或审核。如为终止处理则接终止符号。

⑨ 信息载体可只有入口或只有出口，即其可暂时存储，或从存储处随时输入系统加以使用。前者亦可作为流程的终止处。

系统流程图不像业务流程图那样能够准确、细致地反映实际管理业务程序，起着指导、规范管理行为的作用，它是一种示意性质的流程图。因为反映的是某一管理领域，如生产管理、技术管理或财务管理，甚至是一个企业整个的管理工作，因此不可能也不必描绘得那样精确和细致，而是一个整体的概念。它借助组织设计、信息系统设计和业务流程图的资料完成，并与业务流程图结合使用。系统流程图与业务流程图的关系很像一张全国地形图与分省（县）地形图的关系。分省（县）地形图描述的是局部，比较详尽；而全国的整图描述的是整体，反映出在各省（县）地形图上反映不出来的整体地貌。在全国的图上查不出某省某县的水利资源或森林植被情况，但却可看出该省（县）周围的大致地形、该省（县）在一个较大范围内处于何种地位等情况。省（县）图提供给省（县）领导使用，而国家管理部门更关注全国的图。同样，系统流程图则用来向高层领导展示全局管理的概况。一般来说，高层领导很推崇这种图。如在厂长办公室里挂上一张类似部队参谋部中大作战地图一样的全厂工作系统流程图，厂长在制定战略、筹划未来、掌握全局，甚至于在向来宾介绍情况时，会显得自如和潇洒。

2）发现问题与改进

如果是一项新工作，只要按照工作的要求与安排把业务流程图作为管理标准交由有关部门执行即可。但实际中大多是首先绘制原系统的现状图，然后在改进与完善的基础上绘出正式图。如果是后面这种情况，在按上述步骤和规则绘好现状图后，即可开始整理和改进。如果有必要，还可能会对其中一些处理环节，甚至全部处理过程推翻并重新设计。这里的关键，是发现现状中的问题，或证实现实程序的基本可行。

发现问题主要产生在两个环节上。第一是在调查现状时，即可听到、看到和观察到一些问题，这时要及时记录下来。如哪个环节处理方式不合适，哪个接口职责不清，哪个环节是多余的或者尚缺少哪个环节。第二就是从绘制好的流程图上进行具体的分析，直接找到问题。当然，这样做的前提仍是建立在对现状深刻理解的基础上。流程图的改进，一般称为ECRS四原则：

E（eliminate），排除、取消；

C（combine），合并；

R（rearrange），重排；

S（simplify），简化。

具体分析如下。

①"取消"所有不必要的工作环节和内容。有必要取消的工作，自然不必再花时间研究如何改进。某项处理、某道手续，首先要研究是否可以取消，这是改善工作程序，提高工作效率的最高原则。

②"合并"必要的工作。如不能取消，可进而研究能否合并。为了做好一项工作，自然要有分工和合作。分工的目的，或是因工作量超过某一组织或人员的负担，或是由于专业需要，再或是从提高工作效率出发。如果不是这样，就需要合并。有时为了提高效率、简化工作甚至不必过多地考虑专业分工。而且特别需要考虑使每一个组织或每一个工作人员保持满负荷工作。

③"重排"所必需的工作程序。取消和合并以后，还要将所有程序按照合理的逻辑重排顺序，或者在改变其他要素顺序后，重新安排工作顺序和步骤。在这一过程中还可进一步发现可以取消和合并的内容，使作业更有条理，工作效率更高。

④"简化"所必需的工作环节。对程序的改进，除去可取消和合并之外，余下的还可进

行必要的简化。这种简化是对工作内容和处理环节本身的简化。

程序改进的四原则列表如表 2-2 所示。

表 2-2 程序改进的四原则

原则	内 容	原则	内 容
排除	从追求目的出发，排除不必要功能	重排	可否与其他工作转换顺序
合并	不能排除的可考虑合并	简化	余下的则尽可能地加以简化

2.3.3 效果分析运筹化

分析评价是系统分析中复杂而重要的一个工作环节。分析评价就是利用模型和各种资料，对比各种可行方案，对各种方案用技术、经济的观点予以评价，权衡各方案的利弊得失，从系统的整体观点出发，综合分析问题，选出适当而且可能实现的最优方案。运筹学模型是分析评价最基本的方法。

英国学者帕金森（Parkinson）与拉斯托姆吉（Rustomji）合著《精打细算》，用深入浅出的语言，令人捧腹的漫画，把著名管理学家孔茨、德鲁克等人的管理思想和方法的精粹变为深受大众欢迎的通俗读物。德鲁克阅后曾发表评论："我认为你们正从事的工作是非常重要的，非常有益的，并且的确构成了一项重要贡献。"帕金森在这本书中，有一节专门介绍了系统分析中运用优化方法——运筹学的意义[①]。

——从前的决策主要是靠碰运气，现在运筹学的方法则是分析所有的因素，从而帮助人们取得较为合乎逻辑和情理的决策。为了达到较为实在的决策，通常借助于计算机。

——运筹学并没有什么新奇之处，它完完全全属于常识，其所依据的原理早在埃及人修建金字塔时就用过了。当代运筹学与过去相比，不同之处只不过是数学和逻辑学方法加上计算机而已。

——运筹学方法意味着列出所有可能的不同决策，而人们往往有从黑白两个截然相反的极端来观察问题的倾向。

——运筹学还要求列出上述任何一种决策所需资源及这些资源是否能得到，然后通过比较，找出其中最经济的解决问题的途径。举一个极端的例子：打麻雀用导弹是很不合适的。

运筹学是一门应用学科，它主要研究的内容是在既定条件下如何对系统进行全面规划，用数量化方法（主要是数学模型）来寻求合理利用现有人力、物力和财力的最优工作方案，统筹规划和有效地运用以期达到用最少的费用取得最大的效果。

运筹学的具体程序，大致可归纳为 5 个步骤。

第一步，收集资料，归纳问题。大量收集所要处理问题的现象和有关数据资料，经归纳提炼后，确定问题的性质、特征和类别。

第二步，建立相应的模型。用第一步获得的资料，建立各种相应的数学模型。

第三步，求解模型。有关运筹学问题的求解，往往需要复杂的计算，目前，由于高功能电子计算机的发展，已研制出多种软件，有利于模型的求解。

第四步，检验和评价模型的解。利用模型进行判断、预测，并对各种结果进行比较，以

---

① 帕金森，拉斯托姆吉 . 帕金森通俗管理丛书：精打细算 . 北京：国际文化出版公司，1988：141.

确定出最优值（极值）。

第五步，参考所获得的最优值，作出正确的决策。

可以看出，运筹学是系统工程重要的技术内容，它为系统工程的发展和应用奠定了重要的技术基础。运筹学的主要分支有：规划论、对策论、库存论、决策论、排队论、可靠性理论、网络理论等。

1. 规划论

规划论主要是研究对有限资源进行统一分配、全面安排、统筹规划，以取得最好效果的一种数学理论。其研究的问题一般可归纳为：① 对一定数量的资源合理安排，以完成可能实现的最大任务；② 用尽可能少的资源，来完成给定的任务。规划论的作用是，在满足既定的条件下，按照某一衡量指标，从各种可行方案中寻求最优的方案，为科学决策提供可靠的依据。规划论通常把具体问题所必须满足的条件或既定要求，称为约束条件；把衡量指标称为"目标函数"，它反映着所要达到的目标。因此，一般规划问题的数学表达，就表现为求目标函数在一定约束条件下的极值（最大值或最小值）问题。

规划论的方法主要包括：线性规划、非线性规划、动态规划等。

1）线性规划

线性规划是运筹学中比较成熟、比较重要的组成部分，其应用范围极为广泛。线性规划是研究在线性约束条件下，使一个线性目标函数最优化（极大化或极小化）的数学理论和方法。应用线性规划的数学理论和方法，能够确切地解释和合理地处理由人员、设备、物资、资金、时间等要素所构成的系统的统筹规划问题。因此，它在系统工程中能够广泛地应用于经营计划、交通运输、工程建设、能源分配、生产安排等方面。

2）非线性规划

非线性规划是研究目标函数或约束条件的变量关系不完全是线性的一种数学规划问题的理论和方法。在实际工作中，有很多定量问题很难采用线性规划来求解，如工程设计、生产过程控制等问题。只能应用非线性规划来寻求最优方案，以便达到预期的最佳效果。由于非线性规划的求解难度较大，应用范围较窄，因此，在实际应用上没有线性规划来得普及。

3）动态规划

动态规划是研究具有时间性的多阶段的规划问题，是使总效果最优的数学理论和方法。主要用于解决多级决策过程的最优化问题。所谓动态，是指所考虑的规划问题与时间有关。多级决策过程是指系统在运行过程分为若干相继的阶段，而对一个策略空间的每个阶段分别作出决策。动态规划在经营管理系统中，适用于解决设备更新、存储、运输等规划问题。

2. 对策论

对策论又称博弈论。它是运用数学方法来研究有利害冲突的双方在竞争性活动中是否存在一方制胜他方的最优策略，以及如何找出这些策略的问题。随着对策论的不断发展，不仅考虑只有双方参加的竞争活动，还考虑有多方参加的活动，在这些活动中，参加者不一定是完全对立的，还允许他们结成某种同盟。对策论的思路对解决实际问题很有启发，过去在军事上应用较多，现在应用的范围更加广泛。

3. 库存论

它是研究物资最优储存量的理论和方法。在经营管理工作中，为了保证生产系统的正常运转，往往需要对原材料、零配件、器材、设备等各类物资，确定必要的储备量。例如，在生产管理中，要根据最佳生产批量，确定原材料、在制品、成品的最优储存量等；在物资管理中，要确定最高与最低储存量、经济订购量、库存量等。库存论实质上是研究"最优储存量"的问题，也就是研究在什么时间、以多少数量、从何种供应来源补充所需要的物资储备，以便使库存数量和采购总费用最少。

4. 决策论

它是研究决策问题的基本理论和方法。其研究内容是通过对系统状态信息的处理，并对这些信息可能选取的策略和采取这些策略对系统状态所产生的后果进行综合研究，以便按照某种衡量准则，选择出一个最优的策略。决策理论大致可分为传统决策理论和现代决策理论两类。传统决策理论是建立在安全逻辑基础上的一种封闭式的决策模型。它把决策人看作具有绝对理性的"经济人"，决策时会本能地遵循最优化原则来选择实施方案。现代决策理论则不然，它的核心是"令人满意"的决策原则。现代决策理论认为，现代人的头脑能够思考和解答问题的容量，要比复杂问题本身渺小得多，在现实社会中，要采用客观的很合理的举动是很困难的，要取得绝对最优化的决策更是不可能的。因此，运用现代决策理论进行决策时，必须对各种客观因素和各种可能采取的策略及这些策略可能造成的后果加以综合研究，并确定出一套切合实际的衡量准则，才能使人们按照这些衡量准则，来选取满意策略。

5. 排队论

这是一种用来研究用于公用服务系统工作过程的数学理论和方法。在这个系统中，服务对象何时到达及其占用系统的时间的长短，均无法事前预知。这是一种随机聚散现象，它通过对每个个别的随机服务现象的统计研究，找出这些随机现象平均特性的规律，从而改进服务系统的工作能力。

6. 可靠性理论

它是研究系统可靠性的基本理论和数学方法。在给定的时间、区间和规定的运用条件下，一个实体系统（设备、部件或元件）有效地执行其任务的概率，称为系统装置的可靠性。对任何正常工作的系统，尤其是在自动化控制系统中，都必须有一定的可靠性。一般来讲，实体系统越庞大、所用的零件或元件越多，则可靠性就越差，系统整体的可靠性决定于各单元可靠性的调整。因此，对于庞大、复杂和价格昂贵的系统，如通信系统、精密机床自动加工系统、电子计算机系统等都必须把可靠性研究作为系统技术评价的重要内容。

7. 网络理论

它是利用网络图把庞大复杂的工程项目的各个环节合理地衔接起来，使之相互协调，以实现工程项目在时间和费用上达到最优目标的一种理论和方法。网络理论的研究着眼于整体系统，即将整体工程中各个环节的相互联系与时间关系组成统一的网络形式，清晰地反映整个工程的主要矛盾、关键环节和各种工作顺序。通过网络图的绘制和网络时间计算，可以预计影响进度和资源利用的各种因素，做到统筹规划、合理安排和使用资源，从而保证顺利地完成工程项目的预定目标。网络理论主要应用于大型、复杂的工程系统，但它的应用范围正在日益扩大。在多数情况下，应用网络理论来处理庞大的工程系统的组织问题，必须以电子计算机作为运算工具和手段。网络理论不仅是运筹学的一个重要分支，它在系统工程实践中，已发展成为一门新兴的组织管理技术，对系统工程的推广应用起着重要的促进作用。

【案例 2-3】

国企改革：中粮标杆模式已出鞘

中粮集团有限公司（简称中粮集团）是全球领先的农产品、食品领域多元化的产品和服务供应商，集农产品贸易、物流、加工和粮油食品生产销售为一体，为接近全球四分之一的人口提供粮油食品。立足全球视野满足市场需求，通过国际化战略布局，创造全新商业模式，打造从田间到餐桌的全产业链，是一家布局全球、经营主粮产品的国际化粮油企业。2014 年 7 月份，中粮集团成为中央改组国有资本投资公司试点之一，这是国资改革落地的第一步，也是中粮集团面临的重大发展机遇。

1. 整合全球粮油资源

近年来，中粮集团重组中谷、华粮、华孚，收购尼德拉和来宝农业，业务从国内扩展到了全球。近期，中粮集团又重组中纺，打造国际化大粮商。重组后，中粮集团国内油脂加工产能将达 2 400 万吨，整体市场份额提升至 18%，成为国内第一，位居全球油脂加工企业产能前列。双方覆盖全球主要产销区的经营网络对接，将进一步完善中粮集团全球布局，在粮油领域具备更强的上游掌控能力、物流保障能力、综合加工能力和市场覆盖能力，有利于资源整合和专业化、集约化经营。

2. 分权放活，瘦身健体，打造专业化公司和平台

依据业务聚焦原则，中粮集团组建了 18 个专业化公司（平台）。专业化公司（平台）的目标是解决产业发展中专业化不足的问题，以资产、经营、管理的专业化为核心，是资产经营层面和管理体系改革。专业化公司（平台）是资产运营实体核心，对资产运营的盈利回报负责。中粮集团要求专业化公司（平台）以核心产品为主线加快整合，全面建立现代企业制度，努力实现股权多元化，真正成为依法自主经营、自担风险、具有核心竞争力的市场主体。

3. 推行职业经理人制度，科学考核，刚性激励

中粮集团改革触及了国企改革深层次问题——选人用人制度改革。中粮集团通过职业经理人制度、市场化选聘等措施，在各级单位实现职务能上能下、人员能进能出的合理流动机制。集团总部职能部门和下属各级企业总经理及经营班子均实行市场化选聘，按照职业经理人制度管理。职业经理人从社会招聘或从集团内部人员中产生，鼓励内部管理人员先与本单位解除劳动关系，重新签订聘任协议和劳动合同成为职业经理人。采取市场化原则确定薪酬激励水平，建立业务一把手能上能下、责任追究的刚性约束机制。通过这些体制机制创新，发挥各类人才积极性、主动性、创造性，激发各类要素活力。

4. 优化资本，推动混改，打赢提质增效攻坚战

中粮集团探索的是一条有进有退的优化资本布局之路。聚焦核心业务的同时，推动非核心业务的混合所有制改革，淘汰非主业不良资产，实现资本证券化，打赢提质增效攻坚战。根据管理层级和不同业务情况，分类分层地推进混合所有制与股权多元化：农粮业务保持中粮集团绝对控股地位，在现有股东基础上，积极引入国内外各类资本，中粮集团通过层层控股的形式，充分放大国有资本功能；食品业务保持中粮集团相对控股或仅保留第一大股东地位，积极引入各类资本；金融业务通过产融结合提高服务主业的能力，地产业务通过混合所有制改革优化资本结构，提升盈利水平，服务主业发展。

　　中粮集团围绕做强做优做大，推动企业转型升级，提高核心竞争力，在战略定位、体制机制创新、专业化公司发展、职业经理人制度、瘦身健体、提质增效等关键环节进行了一系列系统化改革，成为打造国际一流公司的表率，为维护国家粮食安全、推动经济秩序发展做出了巨大贡献。

关 键 术 语

管理系统分析	management system analysis
目标—手段图	targets & measures graph
系统流程图	system flow chart
运筹学	operational research

本 章 小 结

　　一般认为，管理系统分析就是对管理系统内的基本问题，用系统观点思维推理，在确定和不确定的条件下，探索可能采取的方案，通过分析对比，为达到预期目标选出最优方案的一种辅助决策的方法。系统分析人员不能代替决策者进行决策，管理系统分析过程应遵循 4 个工作原则：整体优化、相关原则、目的导向和环境适应。

　　思维是具有意识的人脑对客观世界的反映，思维具有物质性，也具有自觉性。有了新思路，才有新出路。管理系统分析的基本工作思路主要包括：规范化→灵活化，程序化→耦合化，模型化→集成化，最优化→满意化。坚定不移把握努力方向和随机制宜把握适度水平，必须统筹兼顾，不可偏废。

　　管理系统分析大体上可以概括为目标分析科学化、过程分析图形化、效果分析运筹化 3 个基本环节。

　　目标分析科学化：确定目标是系统分析的前提，是系统分析的首要步骤。"目标—手段系统图"是目标结构分析的常用方法，从而逐步明确问题重点，找出实现目标的手段和措施。在明确目标过程中，应注意"主题意识、辩证求解、有限合理"3 个工作重点。

　　过程分析图形化：使用管理流程图对各部分或专业业务工作进行科学的划分和界定，对管理过程的规律进行系统的总结和表述。管理流程图根据界面的不同可分为业务流程图和系统流程图。在调研基础上完成草图后要进行改进，主要包括"取消、合并、重排、简化"4 个工作环节。

　　效果分析运筹化：运用有关运筹学方法，对比各种可行方案，对各种方案用技术、经济的观点予以评价，权衡各方案的利弊得失，从系统的整体观点出发，综合分析问题，选择出适当而且可能实现的最优方案。运筹学是一门应用学科，它主要研究在既定条件下如何对系统进行全面规划，用数量化方法（主要是数学模型）来寻求合理利用现有人力、物力和财力的最优工作方案，统筹规划和有效地运用以期达到用最少的费用取得最大的效果。管理人员必须注意要从管理角度学习数学模型，学习的重点不是烦琐的计算过程，而是要把数学模型当作一把钥匙，从整体上分析，从实质上研究，提高理性思维能力并开启管理决策的新思路。

复习思考题

1. 系统分析的基本概念是什么？
2. 联系实际，说明管理系统分析应遵循哪些原则？
3. 简述管理系统分析基本工作的思路。
4. 在管理系统分析中，如何确定系统目标？
5. 什么是业务流程图与系统流程图？改进的基本原则是什么？
6. 管理系统分析应用运筹学的作用与意义是什么？

第 3 章
管理系统环境

学习要点
- 管理系统环境、系统边界的内涵
- 管理系统边界的变化分析
- 不确定性的基本概念及产生原因
- 针对不确定性的四个层次，企业制定不确定性管理基本对策的思路
- 机遇的概念、特点及机遇价值链管理的基本内容
- 风险的概念、特点及风险价值链管理的基本内容

企业作为市场经济体系中的一个要素、国民经济整体中的一个细胞，必须从全局角度看待其地位与作用。一方面，外部环境决定着企业的生存和发展，企业要明确整个外部环境对企业管理决策的要求；另一方面，企业也要发挥内在主动性，把握好管理决策的总体方向，对外部环境产生积极的反作用。

本章首先解释系统环境的基本概念，强调管理系统必须与环境产生互动。其次，介绍根据不确定性程度划分的点、线、面、体四个层次和分析方法。最后，阐述企业驾驭机遇和风险的基本思路。机遇价值链就是要"增正"，获得最大的收益值；风险价值链就是"减负"，实现最小的损失值。双链互动就是管理系统在寻机、乘机和创机的过程中，同时关注机遇的风险识别、评估和防范，兼顾机遇和风险双重因素，实现企业的稳步发展。

3.1 系统、环境与边界

系统与系统外部的环境相互影响，管理系统也不例外。管理系统环境的多变性和复杂性增加了管理系统运行的不确定性，产生了丰富多彩的管理实践，也推动着管理理论的不断发展。

3.1.1 管理系统环境的内涵

任何系统都要与系统之外的其他事物发生联系，这些系统之外的与系统发生相互影响的事物总和，就是系统的环境。换句话说，系统的环境是为系统提供物质、能量和信息输入或接受输出的各种因素的集合。这些因素的属性和状态的改变会对系统产生影响，促使系统发生改变。反之，系统通过输入与输出也会对周围的环境产生影响，导致环境中各要素的属性和状态发生改变。

系统和环境是由系统的边界分隔开的。对于物质系统来说，系统与环境之间的边界是清晰的。但对于非物质系统来说，系统与环境之间的边界是模糊的。由于系统和环境都在发展，系统与环境之间的影响关系也会发生变化，从而导致系统与环境之间的边界发生变化。

任何一个企业都处在环境当中。管理系统环境是指一些影响管理系统的、相互依存、互相制约、不断变化的各种因素的集合，是影响管理决策和生产经营活动的各因素的集合。这一定义，既不是专指管理系统的外部环境，也不专指管理系统的内部环境或内部环境的某些方面，而是指一个环境系统；既反映了管理系统环境的内容、作用，也反映了管理系统环境的基本特征。

管理系统环境非常复杂，包括了各种要素，这些要素或者单独影响管理系统，或者多个要素共同影响管理系统。受到影响的管理系统发展变化后又反过来影响环境，出现一种管理系统与环境共演的复杂局面。

管理系统环境是多变的。有的变化是比较缓慢的，如社会文化的变化；而有的变化是非常快的，如技术的日新月异。环境的变化，可能为企业带来发展的机会，也可能导致企业的经营困难，关键在于企业如何管理。

3.1.2　传统分析方法

管理系统环境的分析方法最经典的莫过于战略管理中的环境分析方法，利用 PEST 分析、五力模型和 SWOT 分析方法，分析企业内外部环境，以制定企业战略。下面简要介绍前两种方法。

1. PEST 分析

管理系统外部环境通常包括四大方面：政治法律（political&legal）环境、经济（economical）环境、社会文化（social）环境、技术（technological）环境。因此，对这四个方面环境的分析又称为 PEST 分析。

政治法律环境是指企业所在国家或地区的政治体制与制度、政治形势、政策方针、法律政策（包括税法、劳动法、反不正当竞争法等）。经济环境包括企业所在国家或地区的通货膨胀率、利率水平、个人储蓄率、商业储蓄率、货币政策和财政政策、贸易赤字或顺差、国内生产总值、财政赤字或盈余、社会失业程度、市场机制和市场需求等。社会文化环境是指企业所在国家或地区的人口构成、民族特征、文化传统、教育水平、人们对待工作的态度、消费者的需求偏好、民族风情等文化方面的特点。技术环境的分析，涉及企业所在国家或地区的技术水平、技术政策、技术创新能力等。

2. 五力模型

波特在 1980 年的《竞争优势》一书中提出了五力竞争模型。该模型分析了对企业利润产生威胁的五种竞争力量，指出了公司战略的核心，应在于选择正确的行业，以及在行业中争取最具吸引力的竞争位置。所谓的"五力"具体是指新进入者威胁、供应商讨价还价能力、购买者讨价还价能力、替代品威胁、行业现有企业间的竞争。

1）新进入者威胁

新进入者威胁取决于进入壁垒和对来自于当前企业报复的预期。进入壁垒就是给公司进入行业造成困难的那些障碍。进入障碍包括：资金需求、转换成本、进入分销渠道、与规模经济无关的成本劣势等。

2）供应商讨价还价能力

供应商的讨价还价能力往往表现在提高价格，降低所提供产品的品质或者服务的质量。决定因素就是：供应商所处行业的集中化程度、供应商产品的标准化程度、供应商提供的产品对企业生产流程的重要程度、供应商所提供的产品在企业整体产品成本中的比例、供应商所提供产品的成本与企业自己的生产成本的比较、供应商所提供的产品对企业的产品质量的影响、企业原材料采购的转换成本、供应商前向一体化的战略意图等。

3）购买者讨价还价能力

购买者能够强行压低价格，或者要求提供更高的质量或更多的服务。为达到这一点，他们可能使生产者之间相互竞争，或者不从任何单个生产者那里采购商品。影响购买者讨价和还价能力的因素有：集体购买、产品标准化程度、购买者对产品质量的敏感性、替代品的替代程度、大批量购买的普遍性、产品在购买者成本中所占的比例以及购买者后向一体化的战略意图等。

4）替代品威胁

替代品是指那些与企业所生产的产品或者提供的服务具有相同功能或者类似功能的产品或者服务。能决定替代品威胁的因素有：替代品的盈利能力、替代品生产企业的经营策略以及购买者的转换成本等。

5）行业现有企业间的竞争

影响行业内现有的企业之间竞争激烈程度的主要因素有：竞争者的力量对比、多寡及市场增长率、库存成本和固定成本、服务或产品的转换成本和差异性、行业生产能力的增加幅度还有行业内企业所采用的策略和背景的差异以及竞争中利害关系的大小、退出壁垒等。

3.1.3 管理系统边界的变化

系统内是可控的，环境是不可控的，但对系统是有影响的。传统的 PEST 分析和五力模型分析明确了企业系统与环境的边界。随着我们对环境的了解逐渐增多，我们将不可控制的变量转变成可影响变量的能力也得到增强。在企业系统越来越开放的背景下，我们需要重视环境中一个特殊的部分，也就是与企业系统发生交互影响的部分，称之为交互环境。如图 3-1 所示，传统的分析思路重视环境与系统间的物质、能量、信息交换；而对交互环境的重视强调企业系统对交互环境的"向上管理"，如图 3-2 所示。

图 3-1 传统管理中的环境描述

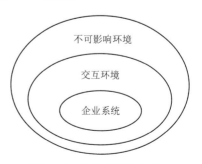

图 3-2 企业系统向上管理

　　管理系统的交互环境对理解系统的开放性和企业系统的目的非常重要。交互环境包括了和系统相关的重要利益相关者：客户、供应商、投资人甚至企业员工本身。客户正变得越来越容易受到影响，而客户的行为也越来越难以预测。企业必须通过向上管理顾客，影响顾客，从而能够更有效地预测顾客的行为。供应商也不再是企业的附属品，很多供应商通过自行发展核心技术掌握话语权，成为行业的主导者。随着开放式创新在企业系统发展中越来越重要，供应商在企业交互环境中也起到非常重要的作用。企业的员工也不再是可控的处于系统内部的元素。传统的管理理念将企业看成一个单思想系统，也就是说员工是没有思想的，被动接受控制。但实际的情况是员工是有思想的，随着知识型员工在企业中的作用越来越显著，员工之有思想成为一把双刃剑。员工的创意是企业创新的源泉，挖掘员工创新的力量是企业创新的关键；但是有思想的员工会对集权的管理模式提出挑战。

　　向上管理的管理思想也呼应了企业战略管理中出现的一种新理论：关系租金。1998 年，杰弗里·戴尔和哈伯·辛格经过长期对日本丰田汽车生产网络的研究后发现，在汽车制造商和供应商之间的特定关系投资对企业绩效产生正向的影响关系。戴尔和辛格开创性地指出，关系租金是从企业之间彼此的交换关系中产生的，单一企业无法产生。关系租金突出的是关系，而非单纯的超额利润。这种关系由企业与其他组织之间的一系列关系组成，包括了企业与供应商、分销商、顾客、竞争对手以及其他组织之间的相互关系。

　　随着技术的发展和新的商业规则的出现，管理系统的边界仍在不断发生变化。为了提高组织的有效性，组织往往采取两种不同的思路进行管理。一个是持续改进和提高效率，通过设计更高效的组织流程来控制最值的有效性；另一个是采用灵活、无边界的、以学习为导向的流程去应对环境的挑战。这两种思路在企业系统中同时存在，但又相互对立，巧妙地处理好两者间的平衡是管理系统有效运行的关键。

【案例 3 - 1】

信息化支撑下的苏宁"向上管理"

　　苏宁云商集团股份有限公司（简称苏宁）的前身是苏宁电器股份有限公司，2004 年 7 月，苏宁电器在深圳证券交易所上市后，成为全球家电连锁零售业市场价值最高的企业之一，得到了投资市场的高度认可。2011 年以来，苏宁持续推进新十年"科技转型、智慧服务"的发展战略，逐步探索出线上线下多渠道融合、全品类经营、开放平台服务的业务形态，认为未来中国的零售模式将是"店商＋电商＋零售服务商"，称之为"云商"模式。

　　苏宁"云商"模式的建立就是一个庞大的信息化工程，信息化的管理后台是苏宁背后最主要的力量之一，也是苏宁发展的核心驱动力。凭借这个管理后台，苏宁才得以实现全国 300 多个城市、数千个前后台店面、物流、售后和客服终端的协同运作，十多万人的一体化运营管理；凭借这个管理后台，苏宁才能够与上游供应商实现对接，通过分工合作，提高整个供应链的效率；凭借这个管理后台，苏宁才能够将传统的简单、粗放、体力化的运作，全面提升为现代化、信息化、智慧型的商业运作。依托于信息化管理平台，苏宁完成了很多前人根本无法想象，或者虽有构想但无法做到的事情。

英国供应链专家马丁·克里斯多夫说过，21 世纪的竞争不是企业和企业之间的竞争，而是供应链和供应链之间的竞争。苏宁打破了传统供应链只专注供应商和渠道商之间的衔接问题，建立了一种全程供应链的思想。

在 B2B 系统上线以前，苏宁的订单都是通过线下传递的，现实中一些需要权变的情况会使原本清晰的开发票、采购、进货、送货的业务流程被打乱，让事情变得复杂起来。在 B2B 系统上线以后，通过对接的渠道，所有供应商获取信息都要通过这个平台，避免了线下人工传递的行为。更重要的是，信息的传递变得及时起来，即使出现了需要权变的情况，被更改后的信息也能很快地反映在系统上。从不透明到透明，业务的风险以及人员的工作量都大大降低了。信息的传递在苏宁经历了由分散到集中，由分公司到总部，由因为工作量大而不得不放弃信息的及时性到信息实现实时的过程。苏宁通过系统对各个仓库进行了整编，对信息进行了集中化处理，国内店铺产生的所有数据都可以在这套系统里面得到体现。

依托信息化的管理平台，苏宁也开始为自己的合作伙伴——上游的供应商提供信息共享服务。对于供应商而言，他们可以在苏宁的信息系统上查到自己在苏宁全国的销售情况，甚至每个星期都能看到自己的产品在苏宁的渠道中的销售数据和库存情况。几乎所有业务全部由线下转移到了线上，或者至少能得到线上的支持。信息系统不仅为上游的供应商提供了服务，对下游的消费者而言，所能得到的服务也得到了很大的改观。从依靠人工服务到依靠系统服务，苏宁不仅大大减少了服务的差错率，也大大提高了服务的速度。依托信息系统，苏宁的工作效率、交易成本、客户满意度等关键性指标都得到了提升，并且信息系统还不断地促使苏宁本身发生裂变。

人们都说商场如战场，在这样的思维和心理下，人与人之间、企业与企业之间只剩下利益争夺的关系。中国家电行业的竞争一直十分激烈，但张近东心中却一直希望能通过合作共赢的理念与行动，共筑有中国特色的商业生态圈。厂商之间精诚合作，共同优化产业价值链，共创共享；商家之间文明竞争，共同维护行业秩序与利益，推动行业发展，共享行业发展的成果；商家与消费者之间，商家诚信服务、优质服务，消费者理性消费、文明消费。最终，"产""商""消"三者之间良性互动，共同把市场竞争推进到现代商业文明的新时代。

苏宁通过信息化关系系统的构建，实现了全信息化支撑的全程供应链，与上万家供应商整合对接，实现信息系统推动苏宁的长久和谐发展。

3.2　不确定性管理

这是一个变革的时代。基于信息技术的新的管理理念和模式，正在逐步取代传统工业经济时代的管理模式。技术变革和经济发展正使周围环境发生着深刻的变化。变化带来了更高度的不确定性，节奏越来越快，情况越来越复杂，前景越来越难以预料。企业再也不能像市场环境稳定时期那样，先订一个计划，再分步实现；或像在传统模式下进行变革，先做出决定，再逐步实施。如今，游戏规则已经改变，在这样一个"十倍速"时代，企业真正需要的是懂得如何面对环境的不确定性、如何迅速制定新的战略，构建新的核心竞争力，以适应瞬息万变的市场变化。

企业要适应多变的环境，掌握思考方法，注意从决策的具体业务知识上升到决策分析的方法论，对于企业经理人员尤为重要，因为具体问题层出不穷，千变万化，掌握分析问题的方法，就能以不变应万变，提高工作效率和决策水平。

3.2.1　基本概念

所谓的不确定性，是指事件发生的可能性完全不可知的情形。更确切地，是指没有概率分布能与所考察的事件的结果相联系的情形。

不确定性理论最早来源于物理科学家对世界和宇宙的探讨。1927 年春天，25 岁的德国物理学家维尔纳·海森贝格发表了一篇论文，提出了不确定性原理。他发现粒子表现出了波的性质，而光也表现出粒子束的性质，这就是著名的"波粒二相性"；他还推导出一系列计算不确定性程度的数学公式，对因果概念提出了挑战，削弱了人们准确预测未来的能力。这一理论用统计学上的可能性取代了物理学中的绝对确定性。1928 年，乔治·加莫夫演示了不确定性原理如何让粒子"挖掘隧道"逃出原子核并引起放射现象，进一步证实了不确定性原理可以解决一个重大的科学问题。1935 年，爱因斯坦提出一项实验，旨在"证明"不确定性原理是不成立的，但随后被诺贝尔奖获得者丹麦物理学家尼尔斯·玻尔找出了这个实验的漏洞。1957 年，索尼实验室的江崎玲於奈实现了不确定性原理的首次实际应用——发明了隧道二极管，它利用量子学的隧道效应完成了一次高速电子转换，这是第一个量子电子设备，它的功能就像一个速度极快的开关。

不久，不确定性理论被广泛应用于天文学领域。从 20 世纪 70 年代初开始，物理学家就推测"暗能量"可能在宇宙大爆炸中起了关键作用。1997 年，研究遥远的超新星的天文学家发现了"暗能量"存在的第一个证据。它的作用和引力相反，似乎正在使宇宙越来越快地扩张；种种迹象表明，这种力量是凭空出现的，是不确定性原理的产物。

与此同时，不确定性也被引入管理学领域，成为探讨企业管理的工具。

不确定性从原因看，可分为外生不确定性（与系统无关的因素如羽绒服厂家的气候因素、一般厂家的国家政策因素等）和内生不确定性（与企业经营管理有关的不确定性）两大类。在一般的情形下，内生和外生不确定性是相互作用的，如一座桥梁由于建筑者的偷工减料（内生）和意外严重的暴风雨（外生）的联合作用而倒塌。

不确定性从程度上看，可以分为 4 个层次：环境前景清晰明显、环境有几种可能、环境前景有一定范围、环境前景不明确。由此可见，不确定性本身内含着一定程度的确定性。休·考特尼（Hugh Courtney）博士是麦肯锡公司华盛顿办事处的管理顾问，他研究的重点集中于不确定性下的战略开发以及博弈论的应用。他认为面对这种不确定性的环境，一定要避免一种非白即黑的态度：要么低估环境的不确定性，轻易对企业规划或资本预算作出预测；要么因高估环境的不确定性而摒弃所有分析，单凭直觉行事。他认为前景清晰明显时，要运用全套传统战略手段的分析方法；当有几种可能的前景时，要运用选项评估模型、博弈论等分析方法；当前景有一定变化范围时，要运用潜在需求调查、技术预测、未来情境规划等分析方法；当前景不明确时，要运用类比和类型确认、非线性动态模型等分析方法。他还提出面对非确定性环境的三种基本类型的行动：大赌一把、多方下注和稳妥举措。这 4 个层次的不确定性如图 3-3 所示。

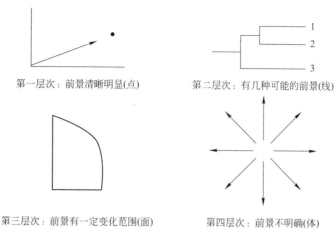

第一层次：前景清晰明显(点)　　　　　　第二层次：有几种可能的前景(线)

第三层次：前景有一定变化范围(面)　　　　第四层次：前景不明确(体)

图 3-3　不确定性 4 个层次

不确定性环境给管理工作提出了严峻的挑战，它要求我们充分考虑经营管理的不确定性环境，进行多次论证，充分估计各种意外和可能的风险，在多种决策方案中反复选优，而且还要针对各种可能的意外情况给出备选方案。

【案例 3-2】

互联网时代，唯有以变应变

青岛红领集团有限公司，成立于 1995 年，创立初期主要生产并销售高端男士西服，后转型为集生产、销售、配送及售后服务于一体的男士西服"个性化定制平台"。

红领集团成立后，依靠批量生产、贴牌代工、商场销售的传统模式。可是，随着劳动力等要素成本越来越高，商场等流通环节占用的费用越来越多，利润越来越少。公司意识到，传统发展方式终将难以继续。

2003 年以来，红领集团借助互联网的东风，不断探索转型新模式，利用数据工厂和规模化的效率做个性化定制：C2M＋O2O 模型下的战略——个性化定制战略。（C2M 即 customer-to-manufactory，顾客对工厂；O2O 即 online to offline，是将线下的商务机会与互联网结合）① 运用互联网技术，构建 C2M 个性化定制平台：个性化定制平台将工厂与消费者直接对接，在快速收集顾客分散、个性化需求数据的同时，消除了传统的中间流通环节，极大降低了交易成本。② 运用大数据和云计算技术，将顾客需求数据转变成生产数据：个性化定制平台囊括了几乎全部的流行元素设计数据，能满足 99.9％的个性化设计需求。顾客既可进行自主化设计，又可用数据库提供的多种款式、版型、工艺、尺寸等版型进行自由搭配组合。③ 借助互联网和大数据，进行生产流程改造，实现大规模个性化生产：通过全程数据驱动，使传统生产线与信息化深度融合，实现了以流水线的生产模式制造个性化产品。

站在"互联网＋"的风口上，红领模式试图重新定义制造环节在微笑曲线中的地位和价值，它的价值不限于一个服装企业，也不限于传统服装产业，它对传统制造业转型升级具有重要的价值和借鉴意义。海尔集团的"智能工厂模式"与"红领模式"如出一辙，它的核心价值是探索出互联网与工业深度融合的新范式。

而创建于 1979 年的雅戈尔集团有限公司，作为宁波服装的龙头企业，在互联网时代，也面临着用工成本升高、传统销售渠道萎缩、国际服装品牌的冲击等问题，正在试图通过互联网和个性定制，谋求转型。

2016 年 8 月 3 日，雅戈尔在宁波银泰商场（东门店）推出了首家 200 平方米的大型服饰体验馆，雅戈尔试水的这家体验店拥有量体定制、绣签名等个性化服务。消费者既能网上购物，又能享受在线导购、预约试衣等服务。雅戈尔希望通过这家店的线上销售吸引更多的年轻消费者，并将消费者引流到实体店。雅戈尔推出一元微订制和全定制的服务展示，只要扫描微订制服务二维码，即可购买 1 元微订制券，进行衣袖尺寸更改、花式订包、装饰点缀、个性绣等微订制服务。根据目前雅戈尔试水电商的进度，很快"扫一扫，衣服送到家"的景象就会变成现实。根据雅戈尔宁波分公司最新一条微信显示，消费者可通过手机扫描二维码或直接点击微信，在线上订购商品，而且目前宁波银泰商场（东门店）的雅戈尔专厅已经可以开展预约量体定制服务了。

O2O 时代来临，整个零售行业的游戏规则也将发生巨大变革，当线上和线下一个从空中走向地面，一个从地面走向空中时，一种全新的商业经济将应运而生。雅戈尔试水的 O2O 大型服饰体验馆算是一个革命性的创新。尽管它本质上是一个体验店，在服装界并不新鲜，但在新的零售业态之下，雅戈尔却给了它新的含义。

同样是服装行业的龙头老大，红领定制探索出了一条个性化大规模定制之路，为我国传统制造业带来了改革的福音；而雅戈尔却将个性化定制同当前最热门的即时通信工具——微信联系起来，在指尖世界网住了近万名微会员。企业的发展离不开时代的背景，只有以变应变，采取符合时代需求的营销渠道和模式，才能获取预期的收益，赢得足够的生存空间。

3.2.2　不确定性管理方法

系统地进行战略决策，避免使用非黑即白的观点，即高估环境的不确定性或低估环境的不确定性，使企业单凭自身状况或感觉行事。哲学家怀特海指出："19 世纪最伟大的发明是发明方法的发明。"环境分析具有一些基本的工具，关键问题是要有一个新思想。在不确定性管理中，通过预测环境可能发生结果的变化范围，确定环境变化的不确定层次而采取不同的对策。

1. "点"管理方法

在该层次，不确定性与进行战略决策是无关的，企业环境是不确定的，但预测可以精确到单一战略方向，经理人员可以进行单一性前景预测并精确到足以进行战略开发。

"点"管理方法，有助于对第一层次的未来前景进行精确有效的预测，管理者可以运用传统全套常用分析手段，如市场调查、竞争对手的成本和产量分析、价值链分析、迈克尔·波特（Michael Porter）的五力模型等。"点"管理方法的要点在于，必须具备明确的管理目标和管理标准，以及各个因素之间清晰的函数关系。

基本方法可概括为两类，一类是静态平衡点，如 CVP 分析的平衡点；另一类属于动态最优点的选择。如在市场供需量不平衡的状态下，市场价格是上下波动的。这两类方法都是在环境相对确定的情况下的决策方法。

下面仅以 CVP 分析的平衡点为例简要说明。

CVP 分析，又称盈亏分析或保本分析。它是根据企业的成本、产量（或销售量）、利润三者之间的相互关系，进行综合分析，用以提高企业经济效益。

进行量本利分析，关键是确定盈亏平衡点。盈亏平衡点是指使企业销售收入与总成本相等的一点，在此点上利润为 0，既无盈利也无亏损。这一点可以是生产量、销售量，也可以是其他收支平衡点。这一点是盈利与亏损的转折点，高于此点盈利，低于此点亏损，掌握这一分界点，对管理决策是十分重要的。

最基本的确定盈亏平衡点的计算公式如下：

$$销售收入＝总成本$$
$$单价\times产量＝固定成本＋变动成本$$
$$＝固定成本＋单位变动成本\times产量$$

若 P 为单价；Q 为盈亏平衡点的产量（销量）；V 为单位变动成本；F 为固定成本，则上式可以写成：

$$P\times Q＝F＋V\times Q$$

移项、整理后可得：

$$Q＝\frac{F}{P-V}$$

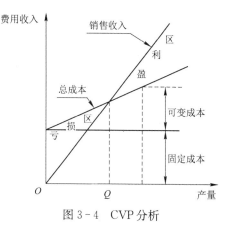

根据确定盈亏平衡点的思路，可绘出相应的盈亏平衡图，如图 3-4 所示。

图 3-4　CVP 分析

2. "线"管理方法

时间序列分析模型是一种线的分析方法，所谓时间序列分析模型，就是根据按时间顺序排列的一组观测值，利用数理统计方法加以处理，来预测事物未来的发展趋势。这种方法是建立在事物发展具有延续性的基础上，又称为外推法。对于观测值的随机波动，可采用简单的算术平均或加权平均方式处理，故准确程度不高，一般只适于短期预测。由于事物发展规律而决定的数据散布形式不同，预测的要求也不一样，因此时间序列分析模型种类很多，下面仅概要介绍季节性预测模型。

现实经济生活中存在季节性生产和季节性消费的情况，搞好产品季节性预测，认识和掌握各类产品生产和消费的季节性规律，对于加强计划性，使产品适销对路，提高经济效益，具有十分重要的意义。季节性波动比较复杂，它包括有趋势性波动、随机性波动等，因此对具有这类变化波动事物的分析和预测，需要应用多种方法进行综合分析。举例说明如下。

【例 3-1】　某企业生产某种产品，2003 年、2004 年各月销售量数据如表 3-1 第（1）、（2）栏所示，现要求预测 2005 年 1、2、3 月份的销售量。

表 3-1   各月销售量数据表

月份		销售量 Y/万件	趋势值	季节性系数 (4)=(2)/(3)
(1)		(2)	(3)	(4)
2003 年	1	59.1	49.5	1.19
	2	55.0	50.1	1.10
	3	50.2	50.7	0.99
	4	46.9	51.3	0.91
	5	46.2	51.9	0.89
	6	46.1	52.5	0.88
	7	46.5	53.1	0.88
	8	47.2	53.7	0.88
	9	49.5	54.3	0.91
	10	58.1	54.9	1.06
	11	64.4	55.5	1.16
	12	66.2	56.1	1.18
2004 年	1	65.6	56.7	1.16
	2	63.2	57.3	1.10
	3	59.2	57.9	1.02
	4	55.7	58.5	0.95
	5	54.3	59.1	0.92
	6	53.7	59.7	0.90
	7	54.0	60.3	0.90
	8	54.8	60.9	0.90
	9	56.3	61.5	0.92
	10	62.6	62.1	1.01
	11	69.1	62.7	1.10
	12	71.9	63.3	1.14

季节性波动预测模型的建立过程如下。

1) 标示数据分布图，确定波动形式

将各月份销售量以坐标图方式表示，横轴为月份，纵轴为销售量。如图 3-5 所示，数据组包括两种变动：一是季节性波动，12 个月为一个变动周期，冬季为旺季，夏季为淡季；二是趋势波动，销售量逐月呈增长趋势。

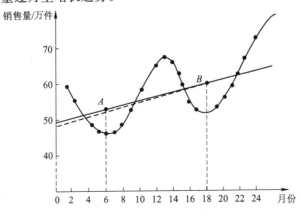

图 3-5   各月销售量

2) 确定长期趋势波动

利用一元线性回归模型。将表 3-1 中第（1）、（2）栏数据按规定代入，则可求出：

$$Y = 48.85 + 0.611X$$

经过相关检验，$r(0.56)$ 和 $r_a(0.404)$ 符合要求，运用这种方法确定长期趋势变化的质量较高。

3) 计算各月份的趋势值

将各个月份值分别代入上面求出的趋势回归模型，得到各个月份的趋势值，记入表 3-1 中第 3 列。

（1）2003 年 1 月趋势值：

$$Y_{(1)} = 48.85 + 0.611 \times 1 = 49.5$$

（2）2004 年 1 月趋势值：

$$Y_{(13)} = 48.85 + 0.611 \times 13 = 56.7$$

4) 确定季节性系数

季节性系数由表 3-1 第 2 列的实际值除以第 3 列趋势值得到，即

$$季节性系数 \ S_t = \frac{实际值}{趋势值}$$

如表 3-1 内 1 月份季节性系数的算法为：

2003 年 1 月份：$59.1 \div 49.5 = 1.19$

2004 年 1 月份：$65.6 \div 56.7 = 1.16$

因为从实际数据观察，这是两个完整的循环周期，因此应将每年相同月份的季节性系数进行平均，取其平均值，作为预测时不同月份的季节性系数，如：

1 月份季节性系数：$S(1) = \dfrac{1.19 + 1.16}{2} = 1.18$

其余各月季节性系数，如表 3-2 所示。

表 3-2　各月季节性系数表

月份	1	2	3	4	5	6	7	8	9	10	11	12
2003 年季节性系数	1.19	1.10	0.99	0.91	0.89	0.88	0.88	0.91	1.06	1.06	1.16	1.18
2004 年季节性系数	1.16	1.10	1.02	0.95	0.92	0.90	0.90	0.90	0.92	1.01	1.16	1.14
季节性系数（平均值）	1.18	1.10	1.01	0.93	0.91	0.89	0.89	0.89	0.92	1.04	1.13	1.16

5) 建立季节预测模型进行预测

季节性预测模型的一般形式为：

$$Y_i = (a + bX_t) \cdot S_t$$

式中，S_t 为第 t 月的季节性系数。应用模型时应注意 X_t 的取值，如 2005 年 1 月份的 X_t 值应为 25，而不是 1。

将预测月份的 X_t 值 S_t 值，代入季节性预测模型，进行预测。

$$Y_i = (48.85 + 0.611X_t) \cdot S_t$$

则 2005 年 1、2、3 月份的产品销售量分别为：

1 月份：

$$Y_{(25)}=(48.85+0.611\times25)\times1.18=75.7(万件)$$

$$Y_{(26)}=(48.85+0.611\times26)\times1.10=71.2(万件)$$

$$Y_{(27)}=(48.85+0.611\times27)\times1.01=66.0(万件)$$

3. "面"管理方法

在第三层次，人们可以确定未来可能发生的有些变化范围。这个范围是由一些有限的变量确定的，实际结果可能是存在于此范围中的点，不存在离散的情境，因此又被称为"面"的分析。

第三层次的情境分析与第二层次中的情境分析在程序上十分相似。二者都要确定一组描述可能出现结果的未来情境，集中关注那些显示能够向某未来情境发展的事件。由于面的分析可以确定未来结果的大概范围，即变动范围区间的两个端点，却不可能确定所有未来情境和相关概率，所以也就不可能计算不同战略的期望值。

面分析对未来结果的确定，更是一种技巧。首先，要设计有限的未来情境，因为未来情境的复杂性（4个或5个以上）会影响决策。其次，要避免设计对战略决策没有独特意义的多余未来情境；确保每一个未来情境都能够反映行业结构、行为和特性的一个独特情况。另外，设计一组未来情境说明未来结果的大概变动范围，而非全部的变化范围。

面分析有定性和定量两种分析方法。定性分析方法有SWOT分析法等；定量分析方法有求解线性规划的最优解区间等。

下面以SWOT分析法为例加以简要说明。

为了综合分析内外环境因素对企业战略的影响，达到内外环境的协调和最佳配合，从而选择最佳经营战略方案，企业通常采用SWOT（strengths，weaknesses，opportunities，threats）分析。

1）SWOT分析的内容

企业目前的地位是否巩固？

如果企业按照现行战略或稍加调整，今后是否会保持或改善或恶化企业的地位？

企业相对于关键竞争对手而言，在其重要的竞争变量及产业的关键要素方面地位如何？

企业最终能获得的真正竞争优势有哪些？

企业应付产业的竞争压力及竞争对手的预期攻势的防卫能力如何？

2）SWOT分析评价的步骤

根据产业分析，竞争对手的SWOT分析所得出的结论，列出决定企业成败的关键战略要素与企业的主要竞争对手。

对企业本身及主要竞争对手，根据其在每个关键战略要素上所具有的竞争力的强弱情况进行评分。

将本企业自身与主要竞争对手在每个战略要素上的得分加总，然后比较总得分值的大小，排出本企业与竞争对手在竞争力量总体水平上的相对强弱顺序。

通过这种分析，即可以了解企业总体优势与劣势。

3）SWOT分析框架

SWOT方法还可以作为制定企业战略的一种方法。因为它为企业提供四种可供选择的战略，即 SO 战略、WO 战略、ST 战略、WT 战略，如表 3-3 所示。企业还能据内外部条件的分析，进行管理定位，确定自己的易胜之地，扬长避短，如图 3-6 所示。

表 3-3　SWOT 战略分析方法

	内部优势（S）	内部劣势（W）
	1、2、3…	1、2、3…
外部机会（O） 1、2、3……	SO 战略　　依靠内部优势 利用外部机会	WO 战略　　利用外部机会 克服内部劣势
外部威胁（T） 1、2、3……	ST 战略　　依靠内部优势 回避外部威胁	WT 战略　　减少内部劣势 回避外部威胁

SO 战略：是利用企业内部优势去抓取外部机会的战略。

WO 战略：是利用外部机会来改进内部劣势的战略。

ST 战略：是利用企业内部优势去避免或减轻外在威胁的打击。

WT 战略：是直接克服内部劣势和避免外部威胁的战略。

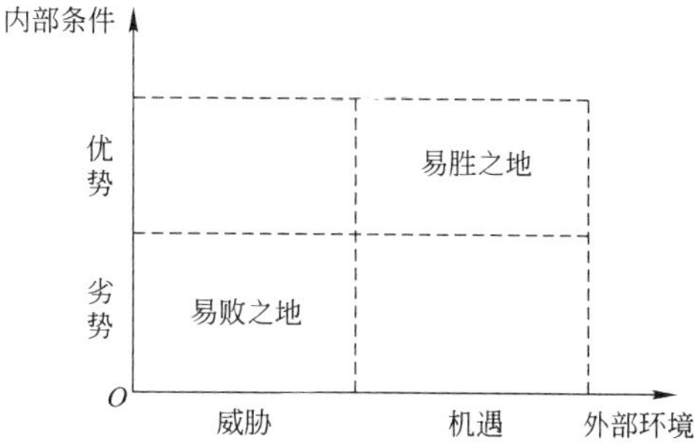

图 3-6　SWOT 战略

4. "体"管理方法

在该层次，影响因素是多维关系，内在联系错综复杂，另外它还会随着时间的推移而不断变化。处理这种情况的最基本思路就是降维法，即通过分析，抓住关键因素，以求纲举目张。

基本步骤如下。

① 企业管理者应先进行整体分析，明确工作目标，建立整体思维框架，通常确定一组变量，这些变量决定市场随着时间的推移而如何发展。同时，确定这些变量的有利或不利指标，通过这些指标了解市场发展，获取最新信息，及时地进行战略调整。

② 对有关因素的多维关系分门别类归纳，以简化复杂的因素关系，进一步明确分析思路的重点。一般来讲，对目标影响有规律性的因素是重点因素。如分析市场需求量，商品价格 P 与需求量 Q 成反比变化，所以价格是重点因素。

③ 分析重点因素与非重点因素变化的规律性。

尽量利用数学模型描述，以提高管理决策理论思考的水平。如借助线性规划模型进行分析和预测。

线性规划的定义是：求一组变量的值，在满足一组约束条件下，求得目标函数的最优解。因此，线性规划的模型结构包括 3 个部分。

1）变量

变量是指系统中的可控因素，也是指实际系统中有待确定的未知因素。这些因素对系统目标的实现和各项经济指标的完成具有决定性影响，故又称为决策变量，如决定企业经营目标的产品品种和产量等。其描述符号是 X_i 或者 X_{ij}，用一个或几个英文字母，附以不同的数字下标，表述不同的变量。模型变量中除决策变量外，还有一种辅助变量，它包括松弛变量和人工变量。它们是为模型运算需要而设定的，在模型中一般不起决策性作用，但可能在计算机运算输出结果中出现，可反映某种资源的剩余值。

2）目标函数

目标函数是指系统目标的数学描述。线性规划目标函数的重要特征之一是线性函数，即目标值与变量之间的关系是线性关系，这是线性规划模型的基本条件和假设。目标函数特性之二是单目标，实现单目标的最优值。一般是求效益性指标如产值、利润等的极大值，或者是损耗性指标如原材料消耗、成本、费用的极小值。极值标准的确定要根据系统的具体情况和决策的要求来定。

3）约束条件

约束条件是指实现系统目标的限制因素，它涉及系统内外部条件的各个方面，如内部条件的原材料储备量、生产设备能力、产品质量要求；外部环境的市场需求和上级的计划指标等。这些因素对实现系统目标都起约束作用，故称其为约束条件。根据约束因素对系统的约束要求和作用不同，约束条件的数学表达形式也不同。线性规划的约束条件有三种形式：大于等于（≥）；等于（＝）；小于等于（≤）。前两种形式多属于效益性指标或合同要求，必须按计划及合同要求超额或如数完成；后者多属于资源供应约束，由于供应数量有限，一般不容许超出。因为线性规划的约束因素涉及的范围较广，约束幅度较大，因此，约束条件多用数学不等式形式来描述。

另外，线性规划的变量皆为非负值。

综上所述，就可列出线性规划的一般形式为：

$$Z_{\max(\text{或 min})} = C_1 X_1 + C_2 X_2 + \cdots + C_j X_j + \cdots + C_n X_n$$

满足于

$$a_{11} X_1 + a_{12} X_2 + \cdots + a_{1j} X_j + \cdots + a_{1n} X_n (\leqslant = \geqslant) b_1$$
$$a_{21} X_1 + a_{22} X_2 + \cdots + a_{2j} X_j + \cdots + a_{2n} X_n (\leqslant = \geqslant) b_2$$
$$\vdots$$
$$a_{m1} X_1 + a_{m2} X_2 + \cdots + a_{mj} X_j + \cdots + a_{mn} X_n (\leqslant = \geqslant) b_m$$
$$X_j \geqslant 0 \quad (j = 1, 2, 3, \cdots, n)$$

根据线性规划模型的一般形式分析，线性规划具有下列特性。

① 线性函数。线性规划的目标函数与约束条件均为线性函数（变量均为一次项），这是线性规划建模的前提。实际系统中的非线性关系，应属于规划论另一分支——非线性规划研究的范围。

② 单目标。这与经济管理中多指标的实际要求是矛盾的。一般处理方法是抓主要矛盾，确定一个主要目标，实现最优，带动其他目标的实现，或者单目标多方案择优。不然就要用目标规划来实现多目标优化分析，这属于规划论另一分支——目标规划的研究范围。

③ 连续函数。线性规划的最优解值是连续的，可以是整数，也可以是分数（或小数）。如果实际系统要求实现整数最优，而这时线性规划最优解是分数，满足不了解为整数的要求，这就属于规划论中另一分支——整数规划研究的范围。

④ 静态的确定值，对于提高企业竞争能力，提高经济效益有重要作用，当企业生产所需资源数量，如设备能力、原料供应量等条件已定时，对经营管理的要求就是如何根据市场需求，充分利用这些资源，使企业的经济效益最大。

5. 应用举例

【例 3-2】 某五金产品制厂利用金属薄板等生产四种产品,生产过程须经过五个车间,每个车间根据现有条件,所能提供的工时数量及每种产品生产过程所需工时定额情况,如表 3-4 所示,各种产品的价格、单件成本以及销售趋势如表 3-5 所示。

表 3-4 工时定额表

车 间	单位产品的工时定额/小时				可利用工时/（小时/月）
	产品 A	产品 B	产品 C	产品 D	
冲压	0.03	0.15	0.05	0.10	400
钻孔	0.06	0.12	—	0.10	400
装配	0.05	1.10	0.05	0.12	500
喷漆	0.04	0.20	0.03	0.12	450
包装	0.02	0.06	0.02	0.05	400

表 3-5 产品价格、单件成本、销售趋势表

产 品	单位产品价格/元	单位产品成本/元	市场销售/件	
			最小	最大
A	10	6	1 000	6 000
B	25	15	—	500
C	16	11	500	3 000
D	20	14	100	1 000

现已知下月制造产品 B 和产品 D 的金属板供应紧张,最大供应量为 2 000 平方米,若产品 B 每件需 2 平方米,产品 D 每件需 1.2 平方米,要求拟订出下月实现最大利润的产品搭配计划。

解: 设 X_1、X_2、X_3、X_4 分别为产品 A、B、C、D 的计划产量。

目标函数:

$$Z_{max} = (10-6)X_1 + (25-15)X_2 + (16-11)X_3 + (20-14)X_4 = 4X_1 + 10X_2 + 5X_3 + 6X_4$$

约束条件如下:

(1) 可用工时的约束

冲压:$0.03X_1 + 0.15X_2 + 0.05X_3 + 0.10X_4 \leqslant 400$

钻孔:$0.03X_1 + 0.12X_2 + 0.10X_4 \leqslant 400$

装配:$0.05X_1 + 0.10X_2 + 0.05X_3 + 0.12X_4 \leqslant 500$

喷漆:$0.04X_1 + 0.20X_2 + 0.03X_3 + 0.12X_4 \leqslant 450$

包装:$0.02X_1 + 0.06X_2 + 0.02X_3 + 0.05X_4 \leqslant 400$

(2) 金属板供应的约束

$$2X_2 + 1.2X_4 \leqslant 2\,000$$

(3) 市场销售的约束

$$X_1 \geqslant 1\,000$$

$$X_1 \leqslant 6\,000$$

$$X_2 \leqslant 500$$

$$X_3 \geqslant 500$$

$$X_3 \leqslant 3\,000$$
$$X_4 \geqslant 100$$
$$X_4 \leqslant 1\,000$$

非负值 X_1，X_2，X_3，$X_4 \geqslant 0$

线性规划模型通常要用计算机求解，求出最优解为：

$$X_1 = 5\,500 \text{ 件} \quad X_2 = 500 \text{ 件}$$
$$X_3 = 3\,000 \text{ 件} \quad X_4 = 100 \text{ 件}$$
$$\text{最大利润} \quad Z_{\max} = 42\,600 \text{ 元}$$

应用模型分析评价是流程控制的重要特点，但必须认识到流程控制不等于简单的数学求解过程（电脑应用），更要刻意追求观念、思路上的升华（人脑创新）。结合本例具体内容，至少从观念、思路上有 3 点启示。

第一，提高企业利润的关键在于现有资源的合理配置，而不是哪种产品单件利润高，就多生产。流程控制的重点不是比较"单件利润"，而是"资源配置"。

第二，利用线性规划建立资源配置模型，并不涉及高深的数学问题和财务投资的业务知识，只需要把管理常识问题用数学方式加以表达。管理人员一方面要破除对模型应用的畏难心理，另一方面要努力提高流程控制的科学水平。

例如，本例中涉及的均是常识：

总利润＝产品 A 利润＋产品 B 利润＋…＝产品 A 单件利润×产品 A 产量＋产品 B 单件利润×产品 B 产量＋…

使用资源总量＝产品 A 用量＋产品 B 用量＋…＝产品 A 使用定额×产品 A 产量＋产品 B 使用定额×产品 B 产量＋…

第三，线性规划模型求解过程比较复杂，但用电脑求解轻而易举。对企业经理人员，主要工作是整理、核实企业现有资源总量和各种消费定额的数据，运用相应电脑软件，把电脑应用从一般财务报表处理提高到辅助管理决策，利用电脑帮助企业"挖掘数据潜力"，提高企业资源优化配置的科学水平，实现管理优化控制的目标。

下面再以微观经济学中的需求函数为例加以简要说明。

需求函数是需求量和影响需求量的因素之间多维关系的数学描述，需求量与影响这一变量的诸因素之间关系的数学表达式为：

$$Q_d = f(P; P', I, E, \cdots)$$

式中：

Q_d 为需求量，指在一定时期、一定条件下，消费者愿意购买并能够买得起的某种产品或劳务的数量。

P 为该产品价格。通常情况下，需求量变化与价格变化相反。价格是影响需求量的一个最重要、最灵敏的因素。

P' 为相关产品价格。相关产品包括替代品和互补品，一种产品的需求量与其替代品的价格呈同向变化。如照明用的白炽灯和日光灯是可以替代的。一种产品的需求量与其互补品的价格呈反向变化。如相机和胶卷必须配套使用。

I 为消费者的平均收入水平。一般地说，需求量和消费者的收入之间呈同向变化。

E 为消费者的心理因素。如消费者的习惯、偏好、对未来产品价格期望等，消费者对产品的需求，包括物质和精神两个方面。

其他影响产品需求量的因素还有很多，如广告费用、法律政策、时间地点等。

运用"体"的分析思维框架可以将需求函数简化为：

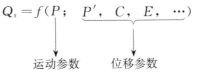

$$Q_s = f(P;\quad \underbrace{P',\ C,\ E,\ \cdots}_{})$$

运动参数　　　位移参数

决定需求量的参数可以分为两类：运动参数（价格）和位移参数（除价格以外的所有影响需求量变化的因素）。假定所有位移参数的值不变，这样一来，我们就可以直接用需求曲线来表达运动参数（价格 P）和需求量间的函数关系，即 $Q_d = f(P)$，如图 3-7 所示。图中，垂直坐标轴表示价格（自变量），水平坐标轴表示需求量（因变量），与一般代数中横轴为自变量、纵轴为因变量有所不同。

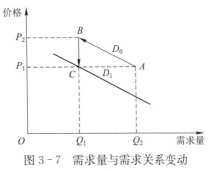

图 3-7　需求量与需求关系变动

需求量变动与需求关系变动是两个不同的概念。

需求量变动是指在一定时期内，所有非价格因素不变的条件下，需求量随价格变化而发生的变化。价格上升，需求量减少；价格下降，需求量上升，价格与需求量成反比关系，需求曲线具有负的斜率。当价格由 P_1 升到 P_2 时，需求量由 Q_2 下降到 Q_1，即沿原需求曲线由 A 运动到 B。由于价格变化是造成这种沿原需求曲线运动的唯一原因，因此，价格被称为运动参数。反之，运动参数价格的变化，只能引起需求量沿原需求曲线运动。这种运动机制可概括为"沿线变量"。

需求关系变动是指消费者在每一种价格下购买的商品数量都与以前不同了。如由于收入下降或个人偏好的改变，消费者在同一价格 P_1 下的需求量由 Q_2 降到 Q_1。A 点和 C 点是在相同价格下处在不同的需求曲线上的两个点，因此，从 A 点到 C 点的移动表示需求关系的变化。实际上，最初的那条需求曲线 D_0 已经消失了，代之以一条新的价格与需求量关系的曲线 D_1。这种变化只有当一个或多个位移参数发生改变时才会发生。反之，位移参数的变化，会导致整个需求曲线的位移，如图 3-7 所示，这种运行机制可概括为"位移关系变化"。

利用需求函数这个数学模型，进一步把握市场需求变化的脉搏，在瞬息万变的市场中，随时正确地调整航向，进而提高理性思考、理性决策的水平。① 确定目标是任何工作的首要步骤，市场导向的量化，集中表现为对市场需求量的估计。② 需求函数提示我们影响需求量有很多因素，但大体上可以分为价格因素和非价格因素两类。要从多因素中找出对需求量产生影响的重点因素，即有规律变化的因素。价格与需求量之间成正比变化，因此对市场需求量的分析应以分析价格变化为重点，即 $Q = f(P)$。③ 要确定重点因素和非重点因素与目标相互影响的具体运作机制，即重点因素是沿线运动，非重点因素是位移运动。④ 实施操作，即提炼反映运动规律的具体方程式，并依此进行管理决策。

假设可以求出需求量和价格之间的函数方程为：$Q = 100 - 2P$，即需求量与价格之间的变化规律为每降低 1 元价格，就会增加 2 个单位需求量，管理决策就可以应用这个函数议程假设价格、预测需求量；也可以假设需求量、预测价格，即代入方程求解。

对于位移运动则是求新的方程式，再进行有关计算。

整理归纳其思路框架如图 3-8 所示，

$$Q_d = f(P; P', I, E, \cdots)$$

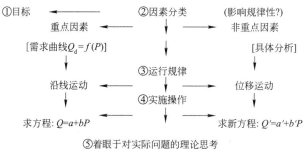

图 3-8　需求函数的分析框架

3.3　机遇与风险管理

机遇与风险并存。机遇中蕴藏着风险；风险中蕴含着机遇。机遇与风险都是重要的无形资源，两者的关系是对立统一的。机遇价值链就是要"增正"，获得最大的收益值；风险价值链就是"减负"，实现最小的损失率。双链互动就是在寻机、乘机和创机的过程中，同时关注机遇的风险识别、评估和防范，兼顾机遇和风险双重因素，实现快速增长。

3.3.1　机遇管理

1. 机遇的特征

机遇（opportunity，即 a good chance）是指为实现某种目的提供可能的形势，适于或有利于从事某一特定的活动时间和地点的结合。也就是说，机遇就是为了实现某种特定的目的，客观形势在最集中的一段时间和空间内提供的各种有利因素、有利条件的总和。这个定义的主体可以是政府、组织、企业，也可以是个人；客体是各种有利因素和条件；特点是在最集中的时间和空间内；环境是客观形势。

机遇具有普遍性、偶然性、开发性和时效性四大特征。

1）普遍性

企业经营活动中到处充满机遇，只要认真研究，细心观察，随时可以发现机遇。首先，机遇普遍存在于各种经营活动过程之中。在市场经济条件下，企业只要是进行经营实践活动，无论是生产活动、产品开发、企业管理，还是销售活动，都会存在没有满足的市场需求、没有发现的新趋势，进而都存在机遇，问题是我们能否认识与发现这些机遇。其次，机遇"一视同仁"，对每一个经营者都具有均等的认识和利用的可能性。你可以去认识和利用，我也可以去认识和利用，而不是对某一些经营者来说存在机遇，或者概率特别高，对另一些经营者来说不存在机遇，或者是概率很低。

2）偶然性

机遇的发现、利用是没有固定模式的。机遇在被发现的时候往往表现为"踏破铁鞋无觅处，得来全不费功夫"，所以机遇又被人称为"偶然机遇"。偶然与普遍是事物发展辩证的两个方面。首先，机遇的产生与外界环境有着密切的联系，环境变化的混沌性决定了机遇产生存在很大的偶然性。其次，机遇的发现和捕捉是不确定的。机遇价值的大小，对于企业经营者也是不确定的，常存在"有心种花花不开，无心插柳柳成荫"的情况。

3）开发性

开发性是指机遇多处于隐而不露，间接迂回，有待开发的状态之中。机遇蕴藏在事物的发展过程之中，尤其是突变阶段。开发性要求充分发挥人的主观能动作用，按照认识事物的基本规律，去粗取精、去伪存真，透过现象，转潜为显，进而像勘查探宝—开采提炼—加工利用矿产品一样，把寻找机遇—抓住机遇—利用机遇，作为一个前后连贯的有机整体加以统筹规划，有效利用，才能称为认识论上的质的飞跃。机遇总是处于潜伏状态，不易被发现，只有那些有准备而又勇于探索的人才能捕捉利用它。首先，可以让机遇在更长的时间和更大的范围内发挥作用；其次，开发机遇的潜在和附加功能。

4）时效性

时效性是指机遇只在一定时间内起作用。机不可失，失不再来。机遇不是事物发展中的常态现象，而是在特殊环境下出现的偶然契机，瞬间即逝。所以，企业应具有超前意识，在各种错综复杂、内外交织的环境中，预测可能出现的机遇，一旦机遇到来，立即行动，把有利的机遇及时转化为现实的优势。时效性要求企业必须培养敏锐的观察力，重视信息资源开发，善于抓住苗头，提前思考，快节奏、高效益，机遇只与捷足先登者结缘。"先"是时间要求，"登"是具体行动，"捷"是方法技巧，三者合一，才能取得成效。

2. 机遇价值链

美国管理大师德鲁克（Drucker）在《变革时代的管理原则与实践》中指出："成功的企业家不是坐等灵感的降临，寻求突然的灵机一动"，而是要"系统地分析创新机遇""有组织地加以运用"成为"日常工作的一部分"[①]。他在《21 世纪管理挑战》中，又提出"系统地每 6～12 月定期检查""机遇窗口"[②] 等具体措施。因此，寻机管理不是一时的"灵机一动"，而是企业日常管理工作中主动进行的系统工程。

美国学者迈克·波特首先提出价值链的理念，并将其解释为"一连串互动式的工作"。借鉴这一观点，机遇价值链管理就是企业经营者把机遇作为一种稀缺资源，把寻机、乘机和创机作为一个有机的整体，努力提高三者之间的有机联系，促进整体的优化升级，从而最大限度地提高机遇的收益值。机遇价值链理性思路的分析框架如图 3-9 所示。

机遇价值链管理就是企业经营者把机遇作为一种稀缺资源，在经济学和管理学理论的指导下，把寻机、乘机和创机作为一个有机整体，以便探索付出最小的成本最大限度地利用机遇创造效益的一门科学与艺术。

1）寻机——捕捉机遇

机遇的最大价值就是实现企业内部条件与外部环境的最佳衔接。美国著名战略管理学家

---

① 德鲁克. 变革时代的管理原则与实践. 北京：工人出版社，1989：39.
② 杜拉克. 21 世纪的管理挑战. 上海：上海三联书店，2000：82.

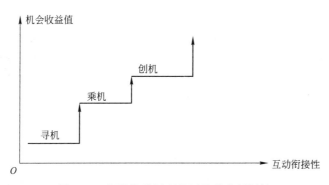

图 3-9　机遇价值链理性思路的分析框架

安索夫（H. I. Ansoff）在新著《策略控制》一书中，提出了分析机会产生、利用的 ESO（environment serving organization）模式。任何企业都是生活在一定的社会环境内，企业的机遇管理策略（strategy）就是组织（organization）通过改变内部的资源配置和行动方式主动与环境（environment）相互作用达到最佳衔接的过程。

　　加强寻机管理，是当今企业资源管理与配置的重点从有形资源（人、财、物）向无形资源（时间、信息、知识）转移的大趋势的需要。

　　寻机管理一直是当代管理科学重要的研究内容之一，美国著名学者哈罗德·孔茨（Harold Koontz）在其所著《管理学》中，明确地提出："有效的管理总是一种随机制宜的，因情况而异的管理。……管理概念的含义，包括设计（design）一种环境，使处身其间的人们能在集体内一道工作，从而实现目标。设计就是敢于把假设在某种具体情况下，有可能取得最好结果的知识，用于解决实际问题。"

　　首先，寻机管理与常规业务管理和例行管理不同。管理科学的发展，已经形成了许多规范化、制度化的管理理论和方法，诸如市场预测统计分析模型，生产作业计划编制方法等，至今在企业管理中，仍是不可缺少的内容。但一切事物都是动态发展的，过去成功的方法，换了另一种环境就可能失效。寻机管理要求既要充分发挥现有管理理论与方法的指导作用，又要树立动态发展的思想，随机制宜，不断创新。

　　其次，寻机管理与风险管理既有联系又有区别，在企业管理科学的发展中，一些学者先后提出了例外管理、风险管理等理论。风险与机遇是事物发展矛盾的对立统一体。风险管理旨在通过克服经营上的不利因素，以保证企业顺利发展，侧重于"避害"。寻机管理旨在通过开发经营上的有利因素，促进企业更快的发展，侧重于"趋利"。企业在制定经营战略，发展目标等重大决策时，正确地把握风险与机遇的辩证关系，避害与趋利二者兼顾，进而使害趋向最小，使利趋向最大，是衡量管理设计水平的重要尺度。例如，诸葛亮"草船借箭"之所以成为千古流传的典范，就在于抓住了下大雾的时机，曹军不敢贸然出击，只好放箭防御，使风险大大减小，同时不用人工材料，片刻之间就得到十万只箭，实现了趋利的最大化。

　　最后，充分准备。寻机工作难度大，对准备工作要求高，主要包括以下 4 个方面。

　　（1）思想准备。

　　著名科学家巴斯德有一句名言：机遇偏爱那种有准备的头脑。而有充分思想准备的经营者，他的注意力特别集中，也特别留心观察经营中每一个变化，哪怕是细微变化，同学、朋友无意中的一句话、一件事，就可能捕捉到一次机遇。

（2）勤于调查。

进行调查的目的，就是从发现和捕捉经营环境的任何变化及其差异中掌握新的情况、新的问题。掌握的情况越多，捕捉机遇的可能性就越大。

（3）积累资料。

一个企业的经营者必须积累大量的经营资料，建立自己的经营数据库。只有对大量的文献数据进行分析，才能更有把握捕捉机遇。著名的管理顾问公司麦肯锡最大的优势就是拥有许多行业的数据库。

（4）组织准备。

所谓组织准备，就是企业应有专门机构、专门人员从事这项工作，并进行专门研究。现在有的企业设立市场部或策划部，就属于组织准备，对成功捕捉和利用机遇有重要作用。

2）乘机——利用机遇

乘机就是指企业经营者根据所捕捉到的机遇，结合本企业经营实际情况，制定新的经营方案，有组织有计划地开展经营活动，以获取最大的经营业绩。具体内容包括以下几个方面。

（1）机遇的利用要及时。

机遇的及时利用，起码包含几个要素：一是一旦捕捉到机遇，利用机遇也就开始，尽可能缩短机遇从发现到利用的时间周期；二是指多种形式的利用尽可能同时进行，采取几种形式，从不同角度、不同侧面进行利用；三是在利用过程中要特别珍惜时间因素；四是在利用机遇的过程中要善于延长机遇利用的时间。

（2）机遇的利用要充分。

充分利用机遇，包括几方面的要求。一是指既要利用机遇的直接经营作用，又要利用机遇的间接经营作用。二是指既要在利用中开发机遇的直接价值，也要注意开发机遇的各种附加的、间接的价值。三是指要多种形式、多个方面来共同利用机遇。

（3）机遇的利用要有效益。

利用机遇的最终目的是取得良好的经营业绩，使企业经营能获得最大的成功。这也是衡量利用机遇的唯一标准。如中国广告"标王"现象，某厂第一年抓住机遇乘机而上赢得白酒标王，对提高品牌的知名度产生巨大效应。但第二年、第三年又不惜血本，争抢第一，结果企业经营陷入困境，就违背了机遇价值链的根本要求。

3）创机——创造机遇

创机是机遇链管理中最高级的形式。德鲁克教授讲的"成功的企业家不是坐等灵感的降临"而要"有目的地和有组织地探索"机遇的变化，"系统地分析哪些是可能提供经济或创新的变化"，[①] 指的就是创机。现代企业经营管理中，经营者必须发挥内在的主动性，营造有利于企业发展的各种有利条件，有组织地加以应用来创造各种各样的机遇，才能使企业经营获得巨大成功。

著名管理学家德鲁克把机遇的来源系统化，归纳为以下七种情况。尚未意识到的产业与市场结构的变化。如知识经济的来临给产业与市场结构带来变化，原来意义上的工厂也发生了变化，潜伏着巨大的机遇。人口变化：如随着独生子女们长大，他们的价值观念和消费习

---

① 德鲁克. 变革时代的管理原则与实践. 北京：工人出版社，1989：40.

惯都发生了根本的变化，如果针对他们的特点设计和生产一些新、奇、特的商品将蕴含着巨大的商机。观念转变：如过去经营管理思路和方案一般靠企业自己研究，现在大多数企业家都认识到战略咨询、营销策划、企业培训、人力资源规划等咨询产业给企业带来的巨大变化，这种观念的转变，给知识咨询产业带来了新的机遇。意想不到的事情（包括意想不到的成功、失败或外部变化）：例如，海尔集团创业当初，出现了电冰箱质量问题，这本来是一次意想不到的事故，可海尔集团硬是从这起质量事故中看到了机遇。从砸烂这批有质量问题的冰箱事件中孕育了其下决心树立品牌的机遇。不协调的现象（包括客观与主观的不协调）：例如，随着长途运输业的发展，出现了装货、卸货和货物数量争议等不协调的问题，引发了集装箱运输的机遇。过程需要创新：如随着超市的发展，超市的补货、库存成了突出问题，这种补货过程引起了超市供货流程的变化，产生了许多超市配货中心。科学与非科学领域的新知识：如随着纳米科学的兴起，纳米在社会生活中得到广泛运用，各种纳米材料的生活用品层出不穷。

德鲁克指出这七个机遇的来源之间并没有清晰的界限，但又各具特长，就好像一栋建筑物的七个窗口，每个窗口看到的部分景色均可以从另一个窗口看到，但从每个窗口正中看到的景色却是截然不同的，德鲁克成功地把系统是由若干不同的、相互联系、相互影响的有机整体的概念运用到提高寻机管理水平的工作之中，为管理科学的发展做出了杰出贡献。德鲁克七个创新机遇的来源要引起我们足够的重视，这是我们创机的指导思想。

3.3.2 风险管理

1. 风险的特征

风险的一般定义为：在某项事件的未来发展中，可能出现多种不同的结果，其中某些结果将对事件主体产生损失。这种损失的可能性就称为风险。风险可以通过一定的方法加以识别和评估。简而言之，风险是指可以评估的事物发生损失的一种可能性。

风险具有 5 个方面的特征。

1）突发性

风险的爆发往往是偶然的，具有极大的随机性。因此，当人们面对风险时，常常会有一种突如其来的感觉。突发性是指风险的实际发生时间很短，以至于让人在尚未意识到时就已处于风险状态之中。例如，山东三株药液公司就是由于湖南常德的一位老大爷在服用期间突然死亡，许多媒体以"三瓶口服液要了老汉的命"报道，退货单雪片般飞到公司，三株公司一时遭到灭顶之灾。这种风险表现为突发性，但三株公司没有进行及时的危机公关处理，以至于风险蔓延，最后到了无法收拾的地步。

2）客观性

风险的存在是不以人们的意志为转移的客观事物，它就像一个幽灵一样蕴含在企业的经营过程里。这主要是因为决定风险的各种因素都是客观存在的。不管风险主体是否意识到它们的存在，这些风险因素都始终存在于一定的时空状态之中，一旦条件具备，它们就可能转变为现实的风险。所谓"天有不测风云，人有旦夕祸福"，说的就是这个道理。

3）无形性

风险是看不见、摸不着的一项无形要素。尽管人们能够意识并且感觉到风险的存在，但是，由于风险的无形性，人们很难精确地将其描绘出来，想要对它进行定量的预测和考察则更加困难。因此，在分析企业风险时，一般只能采取相对精确的估计办法，即用比较模糊、弹性的概念来对它加以界定。风险的无形性给人们增加了认识的难度。但是，只要认真地把握企业风险产生的内、外条件，了解并且识别风险的发生仍是有可能的。

4）多变性

风险的多变性是指风险本身具有极强的不确定性。它的种类、大小、性质等内在要素均会随着企业内、外条件的变化而呈现动态变化的特征。例如，企业面临的市场风险就是一个动态的变量，当市场容量、消费偏好、竞争结构、竞争强度等环境要素发生变化时，风险的性质也将随之改变。

5）损失与收益的对称性

风险会对事物造成损失，因而它常常和不利性联系在一起。但是，与风险相随的，不仅有潜在的损失，也有获益的可能。风险是利益的代价，利益是风险的报酬。换言之，风险具有双重影响，一方面，它会对事物的正常发展产生不利作用，因而人们唯恐避之不及；另一方面，它又隐藏着获利的可能，所以才有人愿去冒险。一般来说，风险越大，报酬率就越高。风险损失与收益的对称性要求风险主体在建立利益机制的同时也要考虑风险防范机制，使两者相互制约平衡。

2. 风险价值链

价值链管理是美国学者迈克尔·波特在《竞争优势》中提出的。一般来说，企业的运作主要包括设计、生产、销售、服务等环节，在其中的每一个环节，都会发生相应的投入产出，从而导致价值的创造和转移。所有这些活动按流程顺序的联结就组成了一个价值链。价值链反映了企业生产经营过程中各个环节之间的联系和作用。

传统的价值链概念却并未考虑风险的影响。事实上，企业生产经营活动的每一环节都潜藏着风险，因此有必要在价值链分析中增加风险的影响和作用。借鉴波特价值链的理念，风险价值链是在传统价值链的基础上，将风险影响注入其中，从风险角度考虑各项活动的价值创造和转移，探索企业风险识别、评估和防范的整个过程，从而最大限度地降低风险损失值。风险价值链理性思路的分析框架如图3-10所示。

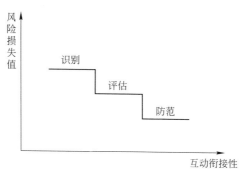

图3-10 风险价值链理性思路的分析框架

1）风险识别

风险识别是企业从事风险价值链管理的必要程序。风险识别的内容主要有两项：找出风险点和判别风险类型。

根据前面对风险成因的分析，可以发现基本的风险区域，找出关键的风险点，并在此基础上判别风险类型。风险点可能潜藏于企业外部环境、内部条件以及资源配置的任何方面，但其中最常见也最重要的企业风险主要有以下几类：环境风险、市场风险、技术风险、信用风险、生产风险、财务风险和人事风险。

风险识别的方法主要有三阶段法、故障树法两种。

2）风险评估

风险评估是在风险识别的基础上，对可能发生的某类风险的预计、度量和估测工作。

$$广义风险成本＝预防费用＋实际损失＋处置费用$$

显然，这是一个着眼于整体的概念，它从风险的发生过程入手，将预防费用、实际损失、处置费用都包含其中，从而反映了企业风险的全部影响。

狭义的风险成本就是指风险引发的实际损失。公式如下：

$$狭义风险成本＝（风险）实际损失$$

狭义风险成本的大小主要取决于风险本身的性质，如风险的影响强度和影响范围等。如果风险对事物造成的破坏较大，风险成本就高；反之则小。狭义角度的风险成本具有较强的针对性和实用性。它建立在风险的实际损失基础上，以局部为着眼点。

风险收益的最主要特征，是它比正常收益具有更高的数额。例如，在无风险条件下，如果企业对某项目的期望收益是 1 万元，那么在风险条件下企业的期望收益就会高于 1 万元，显然，多余部分是用来抵补风险损失的。也就是说，当企业决策者在风险条件下制定某项决策时，不仅会希望获得正常的回报，还会要求一定的补偿风险的收益。这部分多出来的收益称为风险溢价。风险收益也有广义和狭义之分。广义的风险收益可用下面的公式表示：

$$广义风险收益＝正常收益＋风险溢价$$

狭义的风险收益就是指弥补风险的获益，即：

$$狭义风险收益＝风险溢价$$

一般而言，风险越大，风险溢价就越高，反之则越小。可见，风险收益与风险成本是成正比的，风险成本越高，风险收益越大；风险成本越低，风险收益越小。

风险的评估方法主要有德尔菲法和幕景分析法两种。

3）风险防范

企业风险防范是风险价值链管理中最重要的一环，也是我们对风险实施管理的最终目的。在实际的企业运作中，人们一直非常重视风险的防范工作，并常常采用保险、组合投资等各种各样的措施减少或分散风险损失。然而，随着社会的发展，企业运营的各项条件都发生了巨大的变化，不仅导致风险影响因素的范围扩大，而且性质也与以往大不相同，这就使得传统的风险防范思路和方法越来越无法满足现实的需要。结合知识经济时代企业经营及竞争的特点，在此提出企业风险防范的一些新思路，力图为企业筑起一道抵御风险的"铜墙铁壁"。

第一是利用信息进行企业风险防范；第二是利用博弈策划进行企业风险防范；第三是利用规范化的管理进行企业风险防范，如建立预警系统、分析处理系统和应急系统等。

企业的风险价值链管理要理性思考、三思而后行。应建立相应的工作程序，如国际上广泛应用的五个风险防范"过滤区"，如图 3 - 11 所示。

风险防范的五个"过滤区"就是在 5 个方面对风险进行防范和排查：第 1 个是法律政策过滤区，考察企业经营是否在法律政策上存在风险；第 2 个是技术考核过滤区，不是最好的

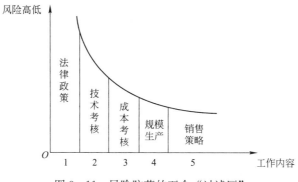

图 3-11 风险防范的五个"过滤区"

产品才畅销,而是市场最需要的产品才能畅销;第 3 个是成本考核过滤区,主要考核企业产品的寿命周期成本;第 4 个是规模生产过滤区,主要考核企业产品量本利的分析;第 5 个是销售策略过滤区,主要考虑产品策略、价格策略、营销网络和促销手段等方面的风险。

【案例 3-3】

从国美电器之争看现今中国民营企业风险管理

民营经济是公有制经济的有益补充,同时对中国 GDP 的增长、市场经济的活跃以及国家税收的增长有着不可磨灭的贡献。但由于各种客观条件的限制,同时也由于民营企业自身的局限性,导致民营企业在发展的同时给社会造成了一定的负面影响,关于民营企业的争议也从未间断。

民营企业一般都是家族企业,这一现象意味着家族企业的经营权与所有权是一体的。而一个现代企业要想良好运营,经营权与所有权分离是基本的要求。所以我国大多数民营企业在发展了十几年之后,便积极寻找持续高效发展之路,向国外企业学习先进的公司制度与管理技能,学习结果的一个最明显体现即为采纳与实施所有权与经营权分离。国美正是实行这一制度的民营企业之一。

黄光裕在 1987 年创办的国美电器是一家典型的民营企业,是中国最大的以家电及消费电子产品零售为主的全国性连锁企业。2010 年之前,国美的经营权一直都是在职业经理人陈晓的手中,而控制权则在以黄光裕为首的黄氏家族大股东的手中。在引进贝恩资本之前,这一运行模式并未给国美招致多大的风波。

随着企业的不断发展壮大,出现的问题也越来越多。到黄光裕被捕,陈晓开始着手引进贝恩资本,2010 年国美的控制权之争,可以说是中国民营企业发展几十年以来关于民营企业管理转型与风险管理问题的集中体现。

虽说国美之争最终以陈晓离职,张大中执掌帅印落下帷幕,但通过国美之争民营企业的确能汲取更多的风险管理教训。一是避免刑事法律责任。黄光裕因非法经营罪、内幕交易罪、单位行贿罪三罪并罚,执行有期徒刑 14 年,罚金 6 亿元,没收财产 2 亿元。公司及高管刑事法律风险,是最为严重的法律风险之一,无论给公司还是高管本人,都会造成巨大伤害。国美电器及黄光裕遭遇上述刑事法律风险,不仅影响了国美电器的业绩与声誉,更严重影响了作为上市公司的国美电器的良性发展。也正是因为黄光裕刑事法律风险的爆发,导致了"国美战争"的发生。二是股权激励计划悬而未决引发了法律风险。股权激励制度在现代企业人才激励体系中不可或缺，体现了企业应对人才竞争的迫切需要。国美电器早在2005年4月15日的临时股东大会上就通过了国美电器股票期权计划的决议，但是迟迟没有实施，这给公司高层的稳定性带来致命的风险。三是做企业最根本是做强做大自己的实体，不是有钱之后就玩资本游戏。这就要求真正想将自己的企业做大做强的企业家们，不以自己的公司为基础玩弄资本，而应该脚踏实地地干实事。四是创始人突遭罪责，失去领导权。真正良性发展的企业是不会依赖于创始人的，反而是在持续发展的道路上越来越独立、越来越有效地运营，只要企业的制度安排合理，企业就能保持良性健康发展。五是企业创始人与职业经理人的困境。国美电器控制权之争，披露了家族企业在转型过程中，大股东带来的巨大风险，其中既有公司治理的失衡，又有职业经理人的背信挑战。大股东的利益要如何协调才能在家族企业的转型之中得以维护，这也是民营企业在转型过程中值得思考的问题。

除了上述民营企业转型中常见的问题外，因企业的行业性质或所处环境不同，企业在转型过程中还有可能出现一些不可预见的风险，因此要求企业加强对风险的管理。具体可以从风险识别、风险评估及风险防范这三个方面去做。风险识别可以运用危险因素分析、假设状况法、鱼骨图等识别方法找出风险点与判别风险类型；而风险评估则可以运用德尔菲法及幕景分析法对风险成本与风险收益做对比；风险防范则要求企业首先利用信息进行风险防范，其次利用博弈策划进行企业风险防范，最后可以通过规范化的管理进行企业风险防范。

总之，民营企业必须在持续发展的过程中，积极做好风险管理，这样才能避免或将风险对企业的冲击最小化。

3.3.3　双链互动

机遇价值链与风险价值链"双链互动"的基本思路，就是在寻机过程中识别风险的因素，对比评价机遇和风险的价值，并且在乘机的过程中防范风险。

机遇与风险是事物发展矛盾的对立统一体。寻机管理旨在通过开发经营上的有利因素，促进企业更快发展，侧重于"趋利"。风险管理旨在通过克服经营上的不利因素，保证企业顺利发展，侧重于"避害"。双链互动，就是企业在制定经营战略、发展目标等重大决策时，正确地把握机遇与风险的辩证关系，在寻机过程中同时识别可能会出现的风险因素，趋利与避害二者兼顾，进而使害趋向最小，使利趋向最大。

在企业经营管理过程中，最大的敌人就是自己。管理科学的发展，已经形成了许多规范化、制度化的管理理论和方法，诸如市场预测统计分析模型，生产作业计划编制方法等，至今在企业管理中，仍是不可缺少的内容。但一切事物都是动态发展的，过去成功的方法，换了另一种环境就可能失效。在环境巨变的时代，如果不创新，成功就可能成为失败之母。因此，寻机管理要求既要充分发挥现有管理理论与方法的指导作用，又要树立动态发展的思想，随机制宜，不断创新。创新就面临着机遇，但在机遇来临的时候，同时又要识别可能出现的风险。

在利用机遇的同时，一定要坚持"双链互动"原则，进行风险分析，如果风险比较大，就必须采取防范风险的方法。在乘机的过程中，如果风险太大，就应该及时放弃机遇的利用，进而防范风险。

3.4　五·七矩阵

因为企业所处的环境复杂多变，所以机遇价值链与风险价值链如何实现双链互动就异常复杂。世界是平的，世界变更是网的。网的原理就是"经纬线密集交织，因此疏而不漏"。面对复杂的环境，"整合"是趋势，危与机整合分析，居安思危，化危为机。从提高适应环境的理念入手，借鉴大成智慧学的方法，本书提出统筹兼顾机遇与风险，并提出机遇与风险双链互动的五·七矩阵。"五"指的是美国管理学界提出的五个风险过滤区方法，"七"指的是著名管理学家德鲁克在《创业与创新精神》一书中提出的机遇的七种情况。机遇与风险双链互动五·七矩阵如图 3-12 所示。

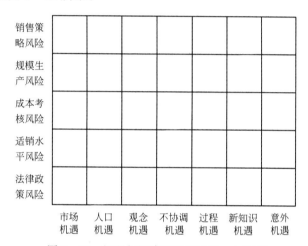

图 3-12　机遇与风险双链互动五·七矩阵

机遇与风险双链互动的五·七矩阵就是要同时评估机遇价值和风险成本。我们借鉴经济景气预警的方法来实现五·七矩阵评价机遇和风险的目的。

市场经济条件下，经济景气波动是经济运行的常态。宏观经济当局为了调控经济运行，使之稳定在一个可以接受的区间内，就必须对社会经济运行的趋势进行检测，了解现状，预告其走势。经济景气预警方法经历了一个多世纪的发展历程。

1888 年巴黎统计学大会上，法国经济学家开始用黑、灰、淡红和大红几种颜色测定法国 1877 年到 1881 年的经济波动。

1903 年英国用"国家波动图"描述宏观经济波动。

1909 年美国巴布森统计公司发布了巴布森经济活动指数。

1911 年美国布鲁克迈尔经济研究所，编制并发布了涉及股票市场、商品市场和货币市场等的景气指标。

1917 年哈佛大学编制了"经济晴雨表"和"哈佛指数"。

1920 年英国伦敦与剑桥经济研究所编制了英国商业循环指数。

1922 年瑞典经济统计学家编制了瑞典商情指数。

1925 年德国景气研究所发布了德国一般商情指数。

1950 年 NBER 经济统计学家建立了新的景气监测体系，采用了扩散指数。

1961 年起宏观经济景气监测预警系统从民间研究走入官方实际应用阶段，景气监测预警系统在指标构成和体系构造方面取得了迅速发展，出现了合成指数、预警信号指数，季节调整方法日趋成熟。

20 世纪 70 年代经济景气监测预警系统初步定型，并出现国际化趋势。

1979 年美国建立了国际经济指标系统，欧共体也开始研究成员国景气状况监测系统。

1984 年日本开始研究区域景气变动。

20 世纪 80 年代中期更多的亚洲国家开始建立经济景气监测预警系统。

经济景气预警方法的基本方法和步骤如下。

第一，选择具有较高灵敏度的超前、同步和滞后三类重要经济指标，构建经济景气分析指标体系。对于经济指标的选择遵循重要性、一致性、敏感性、全面性、时效性、可操作性等原则。

第二，采用恰当的统计方法，对指标资料进行处理。

第三，计算扩散指数、合成指数。

第四，对计算结果进行分析，了解当前经济状况，预测未来经济波动。

我们借鉴经济景气指数用颜色表示的方法来简单、明了地表明预测结果。

根据五·七矩阵的描述，企业需要统筹兼顾五大风险和七大机遇，用白、灰、黑三种颜色来测定某一创新活动的风险机遇，绘制出总体趋势图，为面向全局制定决策路线图提供依据。我们以中关村企业市场开拓与支持平台的自主创新产品认证活动为例介绍具体的步骤。

1）面向风险分析机遇

本书以销售策略风险、规模生产风险、成本考核风险、适销水平风险、法律政策风险为基点分析企业创新活动中机遇的价值。以销售策略风险为例，具体的方法为：将某一创新活动的销售策略风险的成本设定为 1，分别分析此创新活动的市场机遇、人口机遇、观念机遇、不协调机遇、过程机遇、新知识机遇、意外机遇的价值与销售策略风险成本的比值。可以采用德尔斐法进行定性评价（评价值介于 0～10 之间），最终的结果取参加德尔斐评价的多位专家评价值的中位数，得到与图 3-12 中空格相对应的 35 个数值，如表 3-6 所示。

表 3-6　面向风险分析机遇表

机遇价值 风险成本	市场机遇	人口机遇	观念机遇	不协调机遇	过程机遇	新知识机遇	意外机遇
销售策略风险	1	0.1	1.5	0.2	2	0.2	0.1
规模生产风险	0.8	0.2	4	0.2	5	0.4	0.2
成本考核风险	2	1	4	1	7	1.5	1
适销水平风险	0.5	1.2	5	1	4	1	0.8
法律政策风险	1.8	1	5	1	6	0.9	1.2

2）面向机遇分析风险

本书以市场机遇、人口机遇、观念机遇、不协调机遇、过程机遇、新知识机遇、意外机遇为基点分析企业创新活动中的风险成本。以市场机遇为例，具体的方法为：将某一创新活动的市场机遇的价值设定为 1，分别分析此创新活动的销售策略风险、规模生产风险、成本考核风险、适销水平风险、法律政策风险的成本与市场机遇价值的比值。也采用德尔斐法进行定性评价，最终的结果取参加德尔斐评价的多位专家评价值的中位数，得到与图 3-12 中空格相对应的 35 个数值，如表 3 - 7 所示。

表 3 - 7   面向机遇分析风险表

风险成本 \ 机遇价值	市场机遇	人口机遇	观念机遇	不协调机遇	过程机遇	新知识机遇	意外机遇
销售策略风险	1	2	1	2	0.5	2	3
规模生产风险	1.6	2	0.4	2	0.3	1	3
成本考核风险	0.5	1	0.7	1	0.2	0.9	1
适销水平风险	2	0.7	0.5	1	0.5	1	2
法律政策风险	0.6	1	0.3	1	0.3	1	0.8

3）分析相关性互动性

经过前两步后，可以形成面向风险分析机遇表和面向机遇分析风险表两个表格，通过对比两个表格的数据最终形成最终趋势图，如图 3 - 13 所示。若面向风险分析机遇表中数据大于面向机遇分析风险表中对应的数据，则将图 3 - 12 中对应的区域涂成灰色；若面向风险分析机遇表中数据小于面向机遇分析风险表中对应的数据，则将图 3 - 12 中对应的区域涂成黑色；面向风险分析机遇表中数据等于面向机遇分析风险表中对应的数据，则将图 3 - 12 中对应的区域涂成白色。

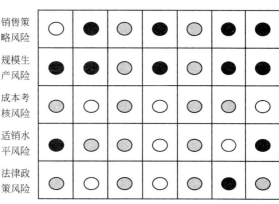

图 3 - 13   五·七矩阵总体预测图

灰色区域指的是机遇价值大于风险成本的区域，在此情况下，可大胆地利用机遇开展创新活动；黑色区域指的是机遇价值小于风险成本的区域，在此情况下，最好不要用此机遇，同时注意规避风险；白色区域指的是机遇价值与风险成本相等的区域，在此情况下，要扬长避短，如有可能，采取措施化避为利。

从图 3 - 13 中可以很直观地看出创新的机遇和风险的对比情况。企业可以通过机遇与风险双链互动的五·七矩阵来定位某个时间点上所面临的机遇和需要迎接的挑战，以机遇风险分析公式来使得创新的成本最小，收益最大，以指导企业更快更好的发展。

关 键 术 语

系统环境	system environments
系统边界	system boundary
不确定性	uncertainty

CVP 分析	cost volume profit analysis
决策树	decision making tree
SWOT 分析	strength-weakness-opportunity-threat analysis
降维法	dimensionality reducing solution
机遇价值链	opportunity value chain
风险价值链	risk value chain

本 章 小 结

　　管理系统环境是指一些影响管理系统的、相互依存、互相制约、不断变化的各种因素的集合，是影响管理决策和生产经营活动的各因素的集合。管理系统环境非常复杂，环境要素或者单独影响管理系统，或者多个要素共同影响管理系统。受到影响的管理系统发展变化后又反过来影响环境，出现一种管理系统与环境共演的复杂局面。管理系统环境是多变的。有的变化是比较缓慢的，如社会文化的变化；而有的变化是非常快的，如技术的日新月异。环境的变化，可能为企业带来发展的机会，也可能导致企业的经营困难，关键在于企业如何管理。

　　系统环境决定着系统的生存和发展，系统环境的变化充满了不确定性。掌握科学方法洞察环境变化的规律，主动适应环境的变化，引导环境向有利于企业的方向变化是管理系统与外部环境互相制约，又互相促进、辩证统一的两个方面。

　　环境变化的不确定性可以归纳为点、线、面、体四个层次。"点"一般具备明确的管理目标和管理标准，各因素之间的函数关系清晰，如 CVP 分析中盈亏平衡点的求解。"线"一般表示变化前景可能出现多种结果，如用决策树方法寻求最优解。"面"一般表示变化前景在一定范围内，如用线性规划的可行解区、SWOT 分析表示易胜之地或易败之地。"体"一般表示变化受多种关系复杂的因素影响，难以确定变化的前景。处理这种情况的最基本思路是降维法，即通过分析，抓住关键因素，以求纲举目张，如微观经济学中对需求函数的分析。

　　对处于转型期的中国经济而言，市场相对于成熟的市场经济带有更大的投机性。改革开放中的中国市场是一个机遇与风险并存的市场；机遇中蕴藏着风险，风险中蕴含着机遇。机遇与风险都是重要的无形资源，二者的关系是对立统一的。机遇价值链就是要"增正"，获得最大的收益值；风险价值链就是要"减负"，实现最小的损失值。双链互动就是在寻机、乘机和创机的过程中，同时关注机遇的风险识别、评估和防范，兼顾机遇和风险双重因素，实现快速增长。管理者主动对机遇和风险进行管理，有利于企业系统通过能动的调整主动适应外部世界，同时影响外部环境。

复习思考题

1. 举例说明管理系统边界的变化。

2. 举例说明管理系统与环境的共演。

3. 什么是不确定性管理？不确定性管理的特点是什么？

4. 举例说明不确定性管理的 4 种基本方法。

5. 简述五·七矩阵的内涵。

第 4 章
管理系统结构

学习要点

● 系统结构与系统功能各自的基本特点，以及二者之间的辩证关系
● 总体结构等级分析方法的特点及工作难点
● 系统调整与发展分析方法（SAD 法）的基本工作步骤及应用意义
● 企业结构进化的规律

系统与功能的研究是系统科学的基本范畴。系统结构是功能的内在根据，功能是系统要素与结构的外在表现。一定的功能总是由一定的系统结构决定，一定的系统结构总是表现为一定的功能。在电路设计中，几个可靠性都是 95% 的元件，如串联则系统整体可靠性大大降低，如并联则系统整体可靠性大大提高。经济管理系统也是如此，通过结构调整提高整体功能是深化企业改革的重要内容。

为了实现系统功能，组成要素缺一不可的结构，称为基本结构；又能实现要素关系协调的结构，称为完整结构；进一步能够主动适应外界环境变化的结构，称为优化结构。

为了提高结构调整的科学性，本章简要介绍结构等级分析方法和系统调整与发展分析方法的基本步骤。为了把握企业结构进化的规律，本章论述了基于双重思维转变的企业结构进化历程。

4.1 系统的结构与功能

系统的结构与功能是系统科学的基本范畴，是一切系统不可分割的两个方面。系统的结构是系统保持整体性及具有一定功能的内在依据，系统科学就是从系统的结构与功能的观点出发去研究整个客观世界。探讨系统结构与功能是理解系统的基本特性和系统方法应用的一个重要环节。

4.1.1 系统的结构

1. 基本概念

所谓结构，是指系统内部各组成要素之间相互联系、相互作用的方式或秩序，即各要素在时间或空间上排列和组合的具体形式。结构是系统的普遍属性。没有无结构的系统，也没有离开系统的结构。无论是宏观世界还是微观世界，一切物质系统都无一例外地以一定结构形式存在、运动和变化着。目前，"结构"一词已被广泛地应用到自然、社会和人的思维等

领域中，自然领域中有宇宙结构、生态环境结构、人体结构等，社会领域中有经济结构、产业结构、区域结构、企业结构、组织结构、人才结构等，思维领域中有逻辑结构、概念结构等。

2. 基本特点

结构是系统要素内在有机联系的形式，通常具有以下特点。

1）稳定性

稳定性是系统存在的一个基本特点。系统之所以能够保持其有序性，是因为系统各要素之间有着稳定的联系。稳定是指系统整体状态能持续出现，可以静态稳定存在，也可以动态稳定存在。系统由于受到外界环境的干扰，有可能偏离某一状态而产生不稳定，但一旦干扰消除，系统又可恢复原来状态，继续出现稳定。系统结构的稳定性，就是指系统总是趋向于保持某一状态。系统中各要素之间，只有在稳定的联系情况下，才构成系统的结构。在系统中各要素的稳定联系又可分为平衡结构和非平衡结构。

各构成要素之间的联系排列方式保持相对不变的系统结构称为平衡结构，如晶体结构。这类系统结构中各个要素有固定位置，其结晶体的结构依晶体内部原子或分子的排列方向而异，即方向异性。它的结构稳定性非常明显，一旦晶体结构形成，其系统内部的分子和原子的相互作用就不会随时间而改变。

系统的各组成要素对环境经常保持一定的活动性，系统处于必须与环境不断进行物质、能量、信息交换才能保持有序性的结构，称为非平衡结构。这种结构与平衡结构明显不同，不仅各要素之间的位置可以改变，而且组成要素总是处于活动状态中。这类结构存在两种表现情况。一种情况是对有机程度高、结构严密的系统而言，该系统中各要素的结合虽然不能随便变动，但经常与环境进行物质和能量的交换，这就是结构的动态稳定。结构的动态稳定是非平衡系统能够自我保持并对环境发挥作用的一个必要条件，生物体就属于这类非平衡结构。另一种情况是对那些非严密结构系统而言的，非严密的非平衡结构系统，其组成要素及其位置总是处于变动中，例如，管理系统中的销售系统，在一定时期内由于销售对象不断地变换，使销售活动出现很大的随机性。为了保持要素之间的有机联系，可以通过数理统计方法从整体上求出随机现象所呈现的偶然规律，这种联系方式也是系统结构稳定性的一种表现。一般认为，社会系统、经济系统、企业系统、交通运输系统等人造系统，都是属于动态稳定性的非平衡结构系统。

2）层次性

系统结构的层次性包括等级性和多侧面性两重含义。等级性是指任何一个复杂系统，都可以从纵向上把它分为若干等级，即存在不同等级的系统层次关系，其中低一级的系统结构是高一级系统结构的有机组成部分。如在社会系统中，有人们极其熟悉的等级层次；在国家体制上，从全国到省（自治区、直辖市）到市、县、区、乡；在企业组织上，从企业到厂、车间、工段、班组、岗位等。多侧面性则是指任何同一级的复杂系统都可以从横向上分为若干相互联系又各自独立的平行部分。如公司经营活动的组织形式可分为研发公司、销售公司、制造公司、物流公司、投资公司等。

研究和理解系统结构的层次性，有助于人们根据各类系统结构层次的特殊规律去进行科学预测的决策，以便进行合理调整和管理，从而提高系统的功能。

3）开放性

在系统世界中，任何类型的系统结构，都不会是绝对封闭和绝对静态的，任何系统总存在于环境之中，总要与外界进行能量、物质、信息的变换，系统的结构在这种交换过程中总是由量变到质变，这就是系统结构的开放性。任何系统的结构在本质上是开放的，总处于不断变化过程中，这是系统与变化着的外部环境相互作用的必然趋势，坚持系统结构的开放性观点，才是分析事物的科学态度。

4）相对性

系统结构的层次性，决定了系统结构和要素之间的相对性。客观世界是无限的，系统的结构形式也是无限的。在系统结构的无限层次中，高一级系统内部结构的要素，又包含着低一级系统的结构，复杂大系统内部结构中的要素，又是一个简单的结构系统。结构与要素是相对于系统的等级和层次而言的。所以，系统结构的层次性，决定了系统结构与要素的相对性。树立这个观点使人们在认识事物时，可以减少简单化和绝对化：既注意到把一个子系统当作大系统结构中的一个要素来对待，以求得统一和协调；又注意到一个子系统不仅是大系统中的一个要素，它本身包含着复杂的结构，应予以区别对待。一般来说，高一级的结构层次对低一级的结构层次有较大的制约性，而低一级结构又是高一级结构的基础，它反作用于高一级的结构层次，它们之间具有辩证的关系。

4.1.2　系统的功能

1. 基本概念

系统的功能反映系统与外部环境的关系，表达系统的性质和行为。系统的结构与功能的关系是不可分割的一对范畴，理解系统的结构是理解系统功能的基础。与系统结构的概念相对应，我们把系统与外部环境相互作用所反映的能力称为系统的功能。系统功能体现了一个系统与外部环境之间的物质、能量和信息的输入与输出的转换关系。以生产系统为例，在将一定的物质、能量和信息输入系统后，经过生产过程的转换，生产出质量高、品种全、数量多的产品，我们就说这个生产系统的功能完备。

系统结构所说明的是系统内部状态和内部作用，而系统功能所说明的是系统的外部状态和外部作用。贝塔朗菲曾这样解释：结构是"部分的程序"，"内部描述本质上是'结构'描述"；功能是"过程的秩序"，"外部描述是'功能'描述"。功能是系统内部固有能力的外部表现，它归根结底是由系统的内部结构决定的。系统功能的发挥，既有受环境变化约束的一面，又有受系统内部结构制约和决定的一面，这就体现了功能对于结构的相对独立性和绝对依赖性的双重关系。

2. 基本特点

根据 $F_总 > F_1 + F_2 + \cdots + F_n$，即系统的总体功能大于各组成部分功能的简单相加的基本要求，系统功能有以下几个特点。

1）整体性

在系统功能的概念中，要着重强调对其整体性的理解。这里研究的整体是指一个企业的管理系统，它是一个集各种功能、要素于一体的整体。所谓优化，是指在一定资源约束条件下，管理者采取有效的方式和手段，求得最佳管理效果。在功能管理中，优化就是管理者在人力、物力和资金的约束条件下，通过有效的计划、组织、指挥、控制和决策等，使管理取得最理想的经济效益。如果从宏观经济管理结构来讲，企业又是一个细胞，是局部，所以企业功能管理又必须有利于整个国民经济系统功能的提高。

2）易变性

系统功能与系统结构相比是更活跃的因素。一个系统对外部条件发挥功能总要遵循一定的规律，表现为一定的秩序。环境条件的不同将相应地引起系统功能的变化。一个系统的结构在一定阈值内总是稳定的，但功能则不同，只要环境的物质、信息、能量交换有所变动，系统与环境的相互作用过程、状态、效果就会随环境条件的变化而变化。所以系统在发挥功能的过程中，会随着环境条件的变换而相应地调整它的程序、内容和方式，不断地促进系统结构的变革，以使系统不断地获得新的功能。

3）相对性

系统功能与系统结构一样也存在相对性。在一个大系统内部，其要素之间的相互作用本来属于系统结构关系，但如果把每个要素或子系统作为一个系统整体来考察，则子系统之间的相互作用又转化为独立子系统之间的功能关系。例如，企业组织系统可划分为计划职能子系统、生产职能子系统、财务职能子系统、销售职能子系统等，在分析它们的管理活动时，往往又赋予它们以相对独立的性质，这样在企业内部各种职能子系统之间，彼此又构成内部环境，其互相作用过程则成为功能关系。所以，不能认为功能关系就是绝对的功能关系，结构关系就是绝对的结构关系，它们在一定条件下可以相互转化。

4）控制性

在功能管理活动中，要有进行监督和控制的管理机构。管理机构的主要任务是对管理对象进行调查或测定，求出该对象所表示的状态和输出的管理特征值，并与管理目标相比较。通过比较找出差距并进行判断，必要时可采取适当的行动。企业管理系统是一个多级、多目标的大系统。组织和控制企业管理系统，要运用大系统理论分解与协调的基本原则。首先，将大系统分解为适当的子系统，寻求分解以后各系统的最优化。其次，通过相互间的联系，进行适当的协调，减少各子系统之间的矛盾现象，全面统筹，使整个系统接近满意的目标。

4.1.3　系统的结构与功能的关系

结构是功能的内在根据，功能是要素与结构的外在表现。一定的结构总是表现出一定的功能，一定的功能总是由一定的结构系统产生的。因此，没有结构的功能和没有功能的结构都是不存在的。

系统的结构决定系统的功能，结构的变化制约着系统整体的发展变化。结构的改变必然引起功能的改变。例如，石墨和金刚石都是由碳原子构成的，但由于碳原子的空间排列不同，因此其功能完全不同。在企业管理中，同样的劳动者、劳动手段和劳动对象，由于企业组织形式不同，导致劳动生产率大不相同。结构对功能之所以起主要决定作用，原因有二。

① 结构使系统形成了不同于它的诸要素的新质。系统是由诸要素组成的，但它的质不能归结为独立状态下各要素的质的总和。系统的各个要素在相互联系、相互作用中，交流和交换着物质、能量和信息，由此决定，它一方面使系统整体出现了其要素所没有的新质；另一方面又丧失了其要素的某些质。在新质的基础上，系统整体获得了新的功能，整体的功能主要取决于要素之间的结构。

② 组成要素的行为在一定约束条件下的协同作用决定着系统的功能，"约束"和"协同"是由系统的结构赋予的。结构和功能的关系不是一一对应的，而功能具有相对的独立性。例如，电子计算机的结构与人脑有很大的不同，但它们在许多方面具有相同的对信息进行加工的逻辑功能，因而后者在一定程度上可以用前者来代替。由此可知功能并非机械地依赖于结构，而有其独立性。但这种独立性是相对的，计算机与人脑只是在某些方面和某种程度上才具有相同的功能。计算机在处理信息时有高速、准确的性能，而人脑在处理信息时却表现出低速、不够精确的特性，在这方面二者只有一定程度的相同功能。

功能对结构不仅具有相对独立性，而且有巨大的反作用。功能在与环境的相互作用中，会出现与结构不相适应的异常状态，当这种状态持续一定时间时，就会迫使结构发生变化，以适应环境的需要。例如，由于经济环境的变化，企业结构由生产型结构转变为经营开拓型结构。功能对结构的反作用有两种情况：一种是促进系统结构进化；另一种是环境的变化引起系统原有的功能减退、停止，最终出现结构的衰退。

总之，结构决定功能，功能对结构有反作用，它们相互作用又相互转化。根据结构决定功能原理，通过系统结构的变化来分析系统功能的方法称为结构功能方法。对结构和功能的分析有以下 4 种情况。

1. 同构同功

相同的结构表现为相同的功能。例如，天然尿素具有促进农作物生长和发育的功能，人工合成尿素与天然尿素具有相同的结构，因而能发挥与天然尿素同样的功能。

2. 同构异功

统一结构的系统可能发挥多种功能。例如，企业系统可能发挥计划、组织、指挥、控制等多种职能；企业员工需要提倡一专多能；伞既可以遮雨又可以遮阳，等等。

3. 异构同功

一种功能可由多种结构来实现。在人类历史上以计时为例，从古代的日晷到机械手表、石英电子表，结构虽然不同，但同样都有计时的功能。企业组织为了实现最优化设计，往往设计多种模型来模拟同一系统的功能，并从中选择出系统的最优结构。

4. 异构异功

结构不同，表现的功能也不同。例如，在材料科学中，对一种金属材料运用不同的热处理方法，可以改变为多种组织结构，从而改变金属材料的性能。

【案例 4 - 1】

全聚德基于企业文化的发展战略结构演变与调整

全聚德创立于同治三年（1864 年），距今已有 150 多年的历史，积淀了深厚的文化底蕴。其烤鸭和餐饮的烹制技艺与色、香、味、形，其经营、管理、服务、生产的理念、理论、方法、技能、工艺独具特色。公司拥有大陆地区"全聚德"特许加盟店 53 家和海外店5 家。全聚德品牌在国内外享有很高的美誉度，1998 年被国家工商局正式认定为服务业第一家"全国驰名商标"，品牌市值 104 个亿。

从企业初创时期到如今发展成为百年品牌，全聚德始终秉承着"全而无缺、聚而不散、仁德至上"的文化理念，并不断调整企业发展战略结构，扬长避短、突出主业、创新运营模式，逐步形成核心竞争优势。其发展战略结构演变与调整如下：

（1）改革开放后连锁经营发展战略

改革开放初期，政局动荡，一些中华老字号惨淡经营，全聚德借助改革开放的时机以及消费者市场经济不断发展的契机，及时做出调整。由传统的经营模式及时地向现代的连锁经营模式转变。首先，进行集团内部资源整合，建立现代企业制度，成立了"中国北京全聚德烤鸭集团公司"；其次，特许经营阶段，主要是增加店面的数目，使得更多的企业和个人愿意加入连锁总公司这个队伍中，为全聚德吸引了更多的顾客，增加了经济上的收入；最后，逐步向以直营为主转变。全聚德在上市之后先以特许经营为主，合同到期后，公司出资收购特许店并直接转变为直营店，派遣专门的管理人员到直营店进行管理。

（2）集团发展时期三大产业战略

全聚德作为"头号挂炉烤鸭"的百年老字号，其现在挂炉烤鸭的技术几乎应用于所有市面上的烤鸭店。但是，单一的全聚德烤鸭正餐，对于一个追求世界级名牌的企业来讲，其事业领域显得过于窄小，因此必须谋求品牌的合理延伸。即全聚德应该选择全面的事业发展战略——"正餐精品战略""快餐战略""食品加工业战略"。"正餐精品战略"是全聚德集团产业发展战略的中心环节，采取各种必要对策，使全聚德烤鸭能在北京烤鸭中独树一帜，形成产业优势。实施"快餐战略"是全聚德扩大产业规模和市场占有率的必由之路，具有可能性和广阔的市场前景。"食品加工业战略"可以使集团的事业领域由单纯的餐饮业扩展到食品加工业。三大产业发展战略相互补充、相互渗透，将共同推动全聚德品牌的升华。

（3）互联网时代"虚实结合"服务战略

进入互联网时代后，全聚德作为一家老字号传统餐饮企业，面对激烈的竞争，已经不能完全依靠原来的"口口相传""酒香不怕巷子深"等传统的营销推广理念了，企业的营销文化中势必要融入"互联网"的理念。全聚德与各大电商平台合作开展业务的同时完善自身的电子商务平台，在官网推出一系列热门的线上服务功能，并且将线上平台与实体连锁店相结合，实行"虚实结合"服务战略。全聚德与狂草科技有限公司联合投资创立互联网餐饮企业鸭歌科技，大力开展"小鸭哥"外卖O2O，响应了年轻消费群体的需求，标志着全聚德依托互联网、电子商务、移动平台进军简餐市场。

全聚德作为一家中华老字号企业，之所以能够发展至今，离不开精湛的传统工艺，更离不开深厚的文化底蕴和传统的文化背景。在经济发展如此迅速的时代，全聚德能够及时对自身企业发展战略结构做出调整，连锁经营，互联网营销等模式的运用让这个中华老字号知名度得到了进一步的提高，也让这个企业更好地适应当下的经济发展环境，更好地生存发展。

4.2　结构分析方法

为了实现系统功能，系统的组成要素缺一不可的结构，称为基本结构；能实现要素关系协调的结构，称为完整结构；进一步能够主动适应外界环境变化的结构，称为优化结构。管理结构分析目前尚没有形成一组特定的分析方法，主要是根据不同的分析对象及其特点，运用定性与定量相结合的方法进行结构分析，本节只列举几种有助于提高结构完整性、优化性的结构分析方法。

4.2.1　总体结构等级分析法

总体结构等级分析法是以图论中的关联矩阵原理分析复杂系统的整体结构，明确系统内各要素之间的关系，并将复杂系统分解为多级递阶的等级结构。这种分析方法通过关联矩阵的运算，对复杂系统中不易确定的潜在关系予以定性分析，为定量描述提供依据。这种方法可用于分析有关社会、经济、管理等方面的问题，并对指定经济规划、决定方针政策予以辅助决策分析。

1. 系统结构模型的建立

建立系统的结构模型主要用来描述系统内各要素之间的相互关系，这种相互关系可以理解为：因果关系、上下关系、从属关系、主次关系、目的—手段关系等。最常用的描述方式是图形模型。例如，某企业根据市场需求生产某种产品，有关经营管理因素可大体上构成如图4-1所示的管理因素结构模型。

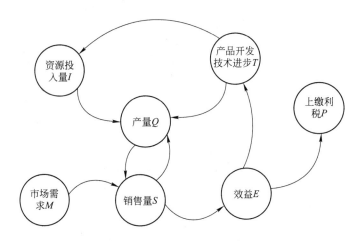

图4-1　某企业管理因素结构模型

图4-1由一些节点和一些支路（弧）组成，由于这些经营管理因素彼此相互影响，因此可用箭头矢线表示它们的作用方向。在图4-1这一有向图中，可看出产品产量和资源投入量、销售量、产品开发技术进步、效益、上缴利税等有多方面的联系，其中市场需求对产品销售量产生影响，同时又影响到产量、效益、产品开发技术进步、资源投入量和上缴利税等各个因素，前者是直接影响，后者是通过某些管理因素而形成的间接影响。这种直接影响与间接影响，可用邻接矩阵与可达矩阵进行定量化描述。

1）邻接矩阵

用来表示有向图中各相邻要素之间直接影响的矩阵称为邻接矩阵，它是一个布尔矩阵。矩阵中相关邻接二要素可由二值关系 R 予以定义。现设矩阵中行元素为 S_i，列元素为 S_j，则

$$S_i R S_j = \begin{cases} 1, & \text{第 } i \text{ 个元素对第 } j \text{ 个元素有直接影响} \\ 0, & \text{第 } i \text{ 个元素对第 } j \text{ 个元素无直接影响} \end{cases}$$

图4-1的邻接矩阵为：

$$
\begin{array}{c}
\quad\quad Q\ S\ T\ I\ M\ E\ P \\
\begin{array}{c}
Q \\
S \\
T \\
I \\
M \\
E \\
P
\end{array}
\left[
\begin{array}{ccccccc}
0 & 1 & 0 & 0 & 0 & 0 & 0 \\
1 & 0 & 0 & 0 & 0 & 1 & 0 \\
1 & 0 & 0 & 1 & 0 & 0 & 0 \\
1 & 0 & 0 & 0 & 0 & 0 & 0 \\
0 & 1 & 0 & 0 & 0 & 0 & 0 \\
0 & 0 & 1 & 0 & 0 & 0 & 1 \\
0 & 0 & 0 & 0 & 0 & 0 & 0
\end{array}
\right]
\end{array}
$$

现以简单系统为例说明系统结构模型的建立过程。设某系统由 4 个要素组成，它们的关系结构模型如图 4-2 所示。

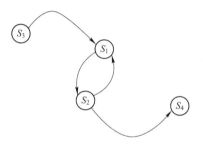

图 4-2 某系统的关系结构模型

图 4-2 的邻接矩阵为：

$$
\boldsymbol{M} =
\begin{array}{c}
\quad\quad S_1\ S_2\ S_3\ S_4 \\
\begin{array}{c}
S_1 \\
S_2 \\
S_3 \\
S_4
\end{array}
\left[
\begin{array}{cccc}
0 & 1 & 0 & 0 \\
1 & 0 & 0 & 1 \\
1 & 0 & 0 & 0 \\
0 & 0 & 0 & 0
\end{array}
\right]
\end{array}
$$

根据 $\boldsymbol{M}$ 矩阵可以分析 S_i 和 S_j 之间的关系，例如，$S_1RS_3=0$，$S_3RS_1=1$，即 $S_1{\rightarrow}S_3$ 是不可达的。如果自从属关系推断，S_1 不从属于 S_3，而 S_3 却从属于 S_1。从分析 S_1 和 S_2 的关系来看，$S_1RS_3=1$，而 S_2RS_1 亦等于 1，即 S_1 和 S_2 之间是相互从属的，这种有循环状态的从属关系称为二要素的强联结。由此，可以联想到运用二值关系的传递律，即

$$S_iRS_j=1, \quad S_jRS_k=1, \quad 则 \quad S_iRS_k=1$$

这说明 S_i 从属于 S_j，且 S_j 从属于 S_k，所以 S_i 也应从属于 S_k，但从 $\boldsymbol{M}$ 矩阵中 S_1，S_2 和 S_4 三要素之间的关系来分析，已知

$$S_1RS_2=1, \quad S_2RS_4=1$$

则按二值关系的传递律则应 $S_1RS_4=1$，但实际上在 $\boldsymbol{M}$ 矩阵中 $S_1RS_4=0$。这说明 $\boldsymbol{M}$ 矩阵中所表示的只是各要素之间的直接关系，未表明它们的间接关系，这就要进一步通过可达矩阵求出。

2）可达矩阵

可达矩阵是用矩阵形式表示有向图中各节点之间通过一定路径可以到达（即间接影响）

的程度。可达矩阵可用邻接矩阵加上单位矩阵，再经过若干次运算后求出。邻接矩阵（**M**）加上单位矩阵（**I**）形成新矩阵 **A**，以图 4-2 为例，得

$$A = M + I = \begin{bmatrix} 0 & 1 & 0 & 0 \\ 1 & 0 & 0 & 1 \\ 1 & 0 & 0 & 0 \\ 0 & 0 & 0 & 0 \end{bmatrix} + \begin{bmatrix} 1 & 0 & 0 & 0 \\ 0 & 1 & 0 & 0 \\ 0 & 0 & 1 & 0 \\ 0 & 0 & 0 & 1 \end{bmatrix} = \begin{bmatrix} 1 & 1 & 0 & 0 \\ 1 & 1 & 0 & 1 \\ 1 & 0 & 1 & 0 \\ 0 & 0 & 0 & 1 \end{bmatrix}$$

A 矩阵中 $a_{ij} = 1$，表明从相应节点 S_i 到节点 S_j 有一条直接到达的路径，但是此 **A** 矩阵还不是所要求得的可达矩阵，只有当依次运算到 $(M+I)^1 \neq (M+I)^2 \neq (M+I)^3 \neq \cdots\cdots (M+I)^{r-1} = (M+I)^r$，则矩阵 $(M+I)^{r-1}$ 即为可达矩阵 **R**。**R** 矩阵中元素 r_{ij} 为 1 者，表示相应节点可以有多至 $(r-1)$ 条路径可到达。**R** 也是布尔矩阵，为 $n \times n$ 方阵。

现仍以图 4-3 为例，按上式演算，求出可达矩阵。应指出以下运算均为布尔运算，即

$$0+0=0 \qquad 0+1=1 \qquad 1+1=1$$
$$0\times0=0 \qquad 1\times0=0 \qquad 1\times1=1$$

$$(M+I)^2 = \begin{bmatrix} 1 & 1 & 0 & 0 \\ 1 & 1 & 0 & 1 \\ 1 & 0 & 1 & 0 \\ 0 & 0 & 0 & 1 \end{bmatrix} \begin{bmatrix} 1 & 1 & 0 & 0 \\ 1 & 1 & 0 & 1 \\ 1 & 0 & 1 & 0 \\ 0 & 0 & 0 & 1 \end{bmatrix} = \begin{bmatrix} 1 & 1 & 0 & 1^* \\ 1 & 1 & 0 & 1 \\ 1 & 1^* & 1 & 0 \\ 0 & 0 & 0 & 1 \end{bmatrix}$$

$$(M+I)^3 = \begin{bmatrix} 1 & 1 & 0 & 1 \\ 1 & 1 & 0 & 1 \\ 1 & 1 & 1 & 0 \\ 0 & 0 & 0 & 1 \end{bmatrix} \begin{bmatrix} 1 & 1 & 0 & 0 \\ 1 & 1 & 0 & 1 \\ 1 & 0 & 1 & 0 \\ 0 & 0 & 0 & 1 \end{bmatrix} = \begin{bmatrix} 1 & 1 & 0 & 1^* \\ 1 & 1 & 0 & 1 \\ 1 & 1^* & 1 & 1^* \\ 0 & 0 & 0 & 1 \end{bmatrix}$$

$$(M+I)^4 = \begin{bmatrix} 1 & 1 & 0 & 1 \\ 1 & 1 & 0 & 1 \\ 1 & 1 & 1 & 1 \\ 0 & 0 & 0 & 1 \end{bmatrix} \begin{bmatrix} 1 & 1 & 0 & 0 \\ 1 & 1 & 0 & 1 \\ 1 & 0 & 1 & 0 \\ 0 & 0 & 0 & 1 \end{bmatrix} = \begin{bmatrix} 1 & 1 & 0 & 1^* \\ 1 & 1 & 0 & 1 \\ 1 & 1^* & 1 & 1^* \\ 0 & 0 & 0 & 1 \end{bmatrix} = (M+I)^3$$

矩阵中" * "号是原矩阵（**M**+**I**）中所没有的，它反映出要素之间的间接关系。由于 $(M+I)^4$ 的计算结果与 $(M+I)^3$ 的计算结果相同，说明再计算下去已无实际意义，因此，$(M+I)^3$ 就是反映总体结构关系的可达矩阵 **R**，即

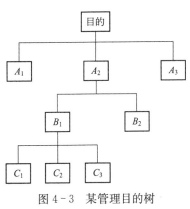

图 4-3　某管理目的树

$$R = \begin{array}{c} \\ S_1 \\ S_2 \\ S_3 \\ S_4 \end{array} \begin{array}{c} \begin{array}{cccc} S_1 & S_2 & S_3 & S_4 \end{array} \\ \begin{bmatrix} 1 & 1 & 0 & 1 \\ 1 & 1 & 0 & 1 \\ 1 & 1 & 1 & 1 \\ 0 & 0 & 0 & 1 \end{bmatrix} \end{array}$$

2. 等级划分

求出可达矩阵 R 以后，下一步工作就是明确系统结构的等级。这时应将矩阵 R 组成两个子集合：① 对每一个要素 S_i 来说，将可能到达的一切有关要素汇集成一个集合，称它为 S_i 的可达集合 $R(S_i)$；② 再将所有可能到达 S_i 的要素汇集成另一个集合，称它为 S_i 的前因集合 $A(S_i)$。从可达矩阵 R 中能比较容易地得出这两个子集合。顺着可达矩阵 R 的各行横向观察，凡是元素为 1 的列所对应的要素都在 $R(S_i)$ 子集合内。再顺着可达矩阵 R 的各列竖向观察，凡是元素为 1 的行所对应的要素都在 $A(S_i)$ 之中。本例中各要素的 $R(S_i)$ 和 $A(S_i)$ 如表 4-1 所示。

表 4-1　各要素的 $R(S_i)$ 和 $A(S_i)$

S_i	$R(S_i)$	$A(S_i)$	$R(S_i)\bigcap A(S_i)$
1	1, 2, 4	1, 2, 3	1, 2
2	1, 2, 4	1, 2, 3	1, 2
3	1, 2, 3, 4	3	3
4	4	1, 2, 3, 4	4

在一个多级结构的最上一级的要素，再没有更高级的要素可以到达，所以它的可达集合 $R(S_i)$ 中只能包括它自身和与它同级的某些强联结要素。这个最上级的要素的前因集合 $A(S_i)$，则包括它自身以及可到达它的下级各要素。这样，表 4-2 中 $R(S_i)$ 与 $A(S_i)$ 的交集对最上一级的要素来说，就和它的 $R(S_i)$ 是相同的。这样就可得出 S_i 为最上一级要素的条件为：

$$R(S_i)\bigcap A(S_i)=R(S_i)$$

得出最上一级要素后，可把它从表中划掉，再用同样方法求得下一级的各要素，这样一直做下去，便可一级一级地把各要素按等级划分出来。在本例中表 4-2 中 $R(S_i)\bigcap A(S_i)=R(S_i)$ 的只有 S_4，因此要素 S_4 是本系统的最上位的元素集合。从表中划掉第四行和其他各行中的 4，而得出表达式如表 4-3 所示。

表 4-2　相关数分析法的矩阵表格

评价基准	评价系数	目的树水平层次项目						
		a	b	c	$\cdots$	j	$\cdots$	n
α	q_α	S_a^α	S_b^α	S_c^α	$\cdots$	S_j^α	$\cdots$	S_n^α
β	q_β	S_a^β	S_b^β	S_c^β	$\cdots$	S_j^β	$\cdots$	S_n^β
γ	q_γ	S_a^γ	S_b^γ	S_c^γ	$\cdots$	S_j^γ	$\cdots$	S_n^γ
$\vdots$	$\vdots$	$\vdots$	$\vdots$	$\vdots$	$\vdots$	$\vdots$	$\vdots$	$\vdots$
κ	q_κ	S_a^κ	S_b^κ	S_c^κ	$\cdots$	S_j^κ	$\cdots$	S_n^κ
$\vdots$	$\vdots$	$\vdots$	$\vdots$	$\vdots$	$\vdots$	$\vdots$	$\vdots$	$\vdots$
τ	q_τ	S_a^τ	S_b^τ	S_c^τ	$\cdots$	S_j^τ	$\cdots$	S_n^τ
合计	1	r_i^a	r_i^b	r_i^c	$\cdots$	r_i^j	$\cdots$	r_i^n

表 4-3　下一级各要素的 $R(S_i)$ 和 $A(S_i)$

S_i	$R(S_i)$	$A(S_i)$	$R(S_i) \bigcap A(S_i)$
1	1，2	1，2，3	1，2
2	1，2	1，2，3	1，2
3	1，2，3	3	3

表 4-3 中 $R(S_i) \bigcap A(S_i) = R(S_i)$ 的有 S_1 和 S_2 的 1，2，则选 S_1 和 S_2 作为本系统的第二等级的要素集合。划掉表中第一行、第二行和第三行的 1，2 后，剩余下来的只有要素 S_3 了，它就成为本例系统结构的最下一级的要素。

根据以上寻求结果，原来的集合 $S = \{S_1 S_2 S_3 S_4\}$ 被等级划分为 $S = \{S_4 S_2 S_1 S_3\}$，它的可达矩阵 R 的各元素的新的排列次序如下式的第二个矩阵：

$$R = \begin{array}{c} \\ S_1 \\ S_2 \\ S_3 \\ S_4 \end{array}\begin{array}{c} S_1\ S_2\ S_3\ S_4 \\ \begin{bmatrix} 1 & 1 & 0 & 1 \\ 1 & 1 & 0 & 1 \\ 1 & 1 & 1 & 1 \\ 0 & 0 & 0 & 1 \end{bmatrix} \end{array} = \begin{array}{c} \\ S_4 \\ S_2 \\ S_1 \\ S_3 \end{array}\begin{array}{c} S_4\ S_2\ S_1\ S_3 \\ \begin{bmatrix} 1 & 0 & 0 & 0 \\ 1 & 1 & 1 & 0 \\ 1 & 1 & 1 & 0 \\ 1 & 1 & 1 & 1 \end{bmatrix} \end{array}$$

上式的第二个矩阵中用虚线圈起来的部分是一个子系统，它的要素皆为 1，这说明有循环存在的强联结。

3. 等级结构图

根据等级划分的结果，可以绘出各要素的 $R(S_i)$ 和 $A(S_i)$，有助于理解系统的等级关系和结构构造细节，如图 4-4 所示。

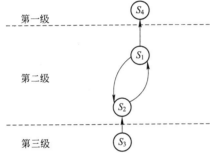

图 4-4　各要素的 $R(S_i)$ 和 $A(S_i)$

【例 4-1】　我国西北某地区拟规划筹建一个石油化工基地，为了分析基地建成后对该地区的社会、经济与环境的影响，特委托某系统分析研究所对此项目做初步研究。该所承接此项任务后进行了有关资料的收集，并结合该地区特点针对与基地建设有关的直接和间接的经济活动进行系统分析，初步认为有 14 项内容与基地建设有关，并拟定系统结构邻接矩阵，如表 4-4 所示。

表 4-4　基地建设各要素的邻接矩阵

		1	2	3	4	5	6	7	8	9	10	11	12	13	14
石油化工基地的建设	1	0	0	0	0	0	0	0	0	0	0	0	0	0	0
基地劳动力的投入	2	1	0	0	0	0	0	0	0	0	0	0	0	0	0
相关产业的发展	3	1	0	0	0	0	0	0	0	0	0	0	0	0	0
增加税收	4	1	0	0	0	0	0	0	0	0	0	0	0	0	1
生态环境污染的可能性	5	1	0	0	0	0	0	0	0	0	0	0	0	0	0
生态环境污染防止对策	6	0	0	0	0	1	0	0	0	0	0	0	0	0	0

		1	2	3	4	5	6	7	8	9	10	11	12	13	14
扩大人口就业机会	7	0	1	1	0	0	0	0	0	0	0	0	0	0	0
增加地区居民收入	8	0	0	0	0	0	0	1	0	0	0	0	0	0	0
减少人口外流	9	0	0	0	0	0	0	0	1	0	0	0	0	0	0
增加地区购买力	10	0	0	0	0	0	0	0	1	1	0	0	0	0	0
繁荣地区经济	11	0	0	0	0	0	0	0	0	0	0	0	0	0	0
增加公共设施的投资	12	0	0	0	1	0	0	0	0	0	0	0	0	0	0
生活及福利设施的筹建	13	0	0	0	0	0	0	0	0	0	0	0	1	0	0
商业及其他产业的繁荣与活跃	14	0	0	0	0	0	0	0	0	0	1	0	0	1	0

从表4-4中可以看出，基地建设引起大量劳动力的投入，可以促进其他相关产业的发展，使地区财政收入增加，同时也会对地区环境生态保护带来一定的影响，因而矩阵第1列的2～5行向量均为1，说明第2～5项活动均与基地建设直接有关，其他各项活动均为间接有关。

经过以上分析，明确了各项活动之间的关系后，可按前述算法求出可达矩阵 $\mathbf{R}$，本例的可达矩阵 $\mathbf{R}$ 如下：

$\mathbf{R}=$	1	2	3	4	5	6	7	8	9	10	11	12	13	14
1	1	0	0	0	0	0	0	0	0	0	0	0	0	0
2	1	1	0	0	0	0	0	0	0	0	0	0	0	0
3	1	0	1	0	0	0	0	0	0	0	0	0	0	0
4	1	1*	1*	1	0	0	1*	1*	1*	1*	0	1*	1*	1*
5	1	0	0	0	1	0	0	0	0	0	0	0	0	0
6	1*	0	0	0	0	1	0	0	0	0	0	0	0	0
7	1*	1	1	0	0	0	1	0	0	0	0	0	0	0
8	1*	1*	1*	0	0	0	1	1	0	0	0	0	0	0
9	1*	1*	1*	0	0	0	0	1	1	0	0	0	0	0
10	1*	1*	1*	0	0	0	1*	1	1	1	0	0	0	0
11	1*	0	0	0	0	0	0	0	0	0	1	0	0	0
12	1*	1*	1*	1	0	0	1*	1*	1*	1*	0	1	1*	1*
13	1*	1*	1*	1*	0	0	1*	1*	1*	1*	0	1*	1	1*
14	1*	1*	1*	1*	0	0	1*	1*	1*	1*	1	1*	1*	1

* 表示邻接矩阵中没有的元素。

求出可达矩阵 $\mathbf{R}$ 以后，可按前述式 $R(S_i) \cap A(S_i)=R(S_i)$ 的做法，找出最上位等级的要素集合、第二位等级的要素集合……直至最下位等级的要素组合，并调整矩阵的等级顺位，本例的 $R(S_i)$、$A(S_i)$ 及 $R(S_i) \cap A(S_i)$ 如表4-5所示。

从表 4-4 可看出最上位等级的要素为 1，然后划掉第一行及各行中的要素 1，继续遵循 $R(S_i) \bigcap A(S_i) = R(S_i)$ 的寻找原则，最后得到本例系统结构的排列顺序为：

表 4-5　基地建设各要素的 $R(S_i)$ 与 $A(S_i)$

S_i	$R(S_i)$	$A(S_i)$	$R(S_i)\bigcap A(S_i)$
1	1	1, 2, 3, 4, 5, 6, 7, 8, 9, 10, 11, 12, 13, 14	1
2	1, 2	2, 4, 7, 8, 9, 10, 11, 12, 13, 14	42
3	1, 3	3, 4, 7, 8, 9, 10, 11, 12, 13, 14	3
4	1, 2, 3, 4, 5, 6, 7, 8, 9, 10, 11, 12, 13, 14	4, 12, 13, 14	4, 12, 13, 14
5	1, 5	5, 6	5
6	1, 5, 6	6	6
7	1, 2, 3, 7	4, 7, 8, 9, 10, 11, 12, 13, 14	7
8	1, 2, 3, 7, 8	4, 8, 10, 12, 13, 14	8
9	1, 2, 3, 7, 9	4, 9, 10, 11, 12, 13, 14	9
10	1, 2, 3, 7, 8, 9, 10	4, 10, 11, 12, 13, 14	10
11	1, 2, 3, 7, 9, 11	11	11
12	1, 2, 3, 4, 7, 8, 9, 10, 12, 13, 14	4, 12, 13, 14	4, 12, 13, 14
13	1, 2, 3, 4, 7, 8, 9, 10, 12, 13, 14	4, 12, 13, 14	4, 12, 13, 14
14	1, 2, 3, 4, 7, 8, 9, 10, 12, 13, 14	4, 12, 13, 14	4, 12, 13, 14

$$S = \{1;\ 2,\ 3,\ 4,\ 5,\ 6,\ 7;\ 8,\ 9;\ 10,\ 11;\ 4,\ 12,\ 13,\ 14\}$$

按此顺序重新排列的矩阵如下：

$$
R = \begin{array}{c|cccccccccccccc}
 & 1 & 2 & 3 & 5 & 6 & 7 & 8 & 9 & 10 & 11 & 4 & 12 & 13 & 14 \\
\hline
1 & 1 & 0 & 0 & 0 & 0 & 0 & 0 & 0 & 0 & 0 & 0 & 0 & 0 & 0 \\
2 & 1 & 1 & 0 & 0 & 0 & 0 & 0 & 0 & 0 & 0 & 0 & 0 & 0 & 0 \\
3 & 1 & 0 & 1 & 0 & 0 & 0 & 0 & 0 & 0 & 0 & 0 & 0 & 0 & 0 \\
5 & 1 & 0 & 0 & 1 & 0 & 0 & 0 & 0 & 0 & 0 & 0 & 0 & 0 & 0 \\
6 & 1 & 0 & 0 & 1 & 1 & 0 & 0 & 0 & 0 & 0 & 0 & 0 & 0 & 0 \\
7 & 1 & 1 & 1 & 0 & 0 & 1 & 0 & 0 & 0 & 0 & 0 & 0 & 0 & 0 \\
8 & 1 & 1 & 1 & 0 & 0 & 1 & 1 & 0 & 0 & 0 & 0 & 0 & 0 & 0 \\
9 & 1 & 1 & 1 & 0 & 0 & 1 & 0 & 1 & 0 & 0 & 0 & 0 & 0 & 0 \\
10 & 1 & 1 & 1 & 0 & 0 & 1 & 1 & 1 & 1 & 0 & 0 & 0 & 0 & 0 \\
11 & 1 & 1 & 1 & 0 & 0 & 1 & 0 & 1 & 0 & 1 & 0 & 0 & 0 & 0 \\
4 & 1 & 1 & 1 & 0 & 0 & 1 & 1 & 1 & 1 & 0 & 1 & 1 & 1 & 1 \\
12 & 1 & 1 & 1 & 0 & 0 & 1 & 1 & 1 & 1 & 0 & 1 & 1 & 1 & 1 \\
13 & 1 & 1 & 1 & 0 & 0 & 1 & 1 & 1 & 1 & 0 & 1 & 1 & 1 & 1 \\
14 & 1 & 1 & 1 & 0 & 0 & 1 & 1 & 1 & 1 & 0 & 1 & 1 & 1 & 1 \\
\end{array}
$$

上式中用虚线围起的部分是一个子矩阵，它的全部元素均为 1，说明它们是有循环存在的强联结，将以上计算结果绘成多基地多层递阶结构图，如图 4-5 所示。

　　运用总体结构等级分析方法分析系统的要素组成是最困难的工作，要求参加的系统分析人员必须熟悉专业，知识面广，通过调查研究在意识中形成初步的概念模型，能够回答所有或大部分的"S_i 是否可达 S_j"的问题，即回答 $S_i RS_j$ 的问题。对比较简单的系统结构分析完全可以用人工手算，但是对复杂结构模型的建立，则要由人和计算机多次对话，人机对话过程如图 4-6 所示。这时可将得到的各种关系输入计算机，通过人机对话构成可达矩阵，再经过一定处理步骤得出结构模型。

　　总体结构等级分析法的最大特点在于可以求出利用其他方法无法找出的间接关系，这些间接关系对研究系统的整体特性具有重要的意义。

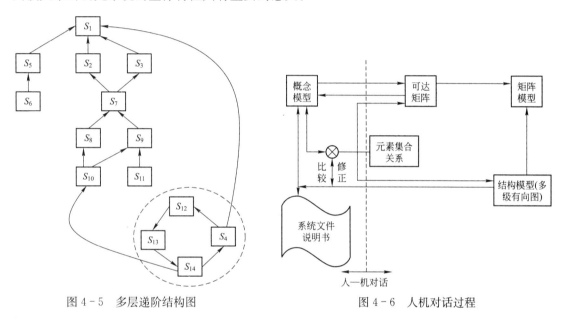

图 4-5　多层递阶结构图　　　　　　　　图 4-6　人机对话过程

4.2.2　系统调整与发展分析方法

　　系统调整与发展分析方法（system accommodation and development，SAD）是由日本的中田信哉和森彰共同提出的，这种分析方法是对影响总体目标完成的各种因素加以整合，并对它们的影响程度定量化，以提出优化改善现行系统的一种系统管理分析方法。SAD 的基本步骤如下。

　　1. 确定改善范围

　　对现行存在的管理问题，可通过直接调查和参考历史资料了解存在问题中各因素的因果关系，一般是召集有关部门人员的专门会议，让大家充分发表意见和主张，集思广益，初步确定改善的范围。整个管理系统能否得到改善，很大程度上取决于这种会议进行得成功与否。

　　2. 构造 SAD 模型

　　SAD 模式是将存在问题的各种因素按因果关系联系起来的图解模型，它实质上是一种带有矢量的方框图。图中将有关因素（方框）用表示因果关系、前后关系的箭线联结起来，

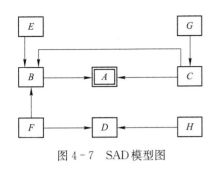

图 4-7　SAD 模型图

SAD 模型图如图 4-7 所示。

从图 4-7 中可以看出最终目标—中间目标—改善手段三者之间的关系。其中改善手段是图中无输入箭线的方框（如 E、F、G、H），称为"外因"问题，最终要解决的目标方框常用双线标出，如图 4-7 中方框 A，其他单线方框称为"内因"问题（如 B、C、D），通常由改善手段到最终目标经过多级中间目标方框才能达到。

3. 定量计算

常用的 SAD 模型中定量计算的数学表达式是线性的，设线性问题的结果为 y，问题的原因为 x_1，x_2，…，x_n，并设

$$1 \geqslant y，x_1，x_2，…，x_n \geqslant 0$$

$$x_1，x_2，…，x_n = \begin{cases} 1，问题完全没有解决时 \\ 0，问题完全解决时 \end{cases}$$

则 y 和 x（$i=1，2，…，n$）之间的关系以一次方程式表示为：

$$y = a_1 x_1 + a_2 x_2 + … + a_n x_n$$

式中，a_1，a_2，…，a_n 为原因 x_i 对结果 y 的影响程度（即权值），它们取从 $0 \sim 1$ 的数值，即：

$$1 \geqslant a_1，a_2，…，a_n \geqslant 0$$

$$\sum_{i=1}^{n} a_i = 1$$

这些权值的确定带有一定主观性，因为 y，x_i 是定性的因素，从原则上讲是难以客观测定的，但决定这些值时，经验方法往往是可取的，一般可按下述情况进行选取：

① 原因仅有一种时，权值应是 1，因果表达式为：

$$y = 1.0 x_1$$

② 原因有两种时，如果各自具有相同的影响，则：

$$y = 0.5 x_1 + 0.5 x_2$$

③ 原因有两种时，如果 x_1 比 x_2 具有更大影响，则：

$$y = 0.6 x_1 + 0.4 x_2$$

$$y = 0.7 x_1 + 0.3 x_2$$

④ 原因有两种时，如果 x_1 具有很强的影响，则：

$$y = 0.9 x_1 + 0.1 x_2$$

对于具有多种原因的情况，应将 1 按比例分配给各个权值。

【例 4-2】 如图 4-8 中所示 A、B、C、D、E 为包含五个问题的管理系统。图中 A、B 为已知外因问题，则：

$$C = 0.6A + 0.4B$$

$$D = 1.0C$$

$$E = 0.7B + 0.3D$$

E 为此系统最终改善的目标，从 A、B 哪一方面改善才能取得明显的效果呢？这就要

分别计算出 A、B 对 E 的影响度（σ），即求影响度 σ_{EA} 和 σ_{EB}。显然对此事务系统的改进应选择影响度最大者作为系统的改进措施。

影响度的具体求法，可运用相关数分析法的如下计算思路：

令

$$y_E = 1.0$$

则：

$$\sigma_{EA} = 0.3 \times 1.0 \times 0.6 = 0.18$$
$$\sigma_{EB} = 0.3 \times 1.0 \times 0.4 + 0.7 = 0.82$$

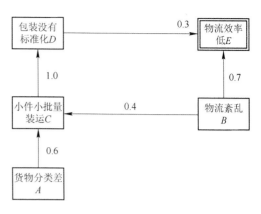

图 4-8 某 SAD 模型

亦即，从图 4-8 中的 E 出发至各外因问题方框，选定直达或闭合环绕路线，凡遇到逆箭头方向时，将各权值相乘；凡遇到顺箭头方向时，则进行相加。从计算结果可看出，当解决了外因问题 B 后，在此事务系统中能使 E 改善 82%。

事实上，对比较简单的事务系统，可用手工进行计算；在改善复杂的事务系统时，由于 SAD 模型极其复杂，只能借助计算机求解。

4. 明确改进责任

通过计算确定出各种外因问题对系统改善的影响度后，用图表定量地描述出有关各部门对事务系统改善所承担的责任，进而寻求改善问题的途径。

【例 4-3】 某营业部门的营业效率很低，企业利润下降，为了加强销售业务，公司给营业部门增加了营业人员进行促销。但是营业效果仍然不佳，效益并没有提高，因而影响了企业其他各部门的经营活动。为了解决营销部门存在的问题，采用 SAD 法进行系统管理分析。

1）建立 SAD 模型

为了解决营销部门的营销效率低的问题，通过调查研究并召开专业会议进行讨论后，提出了解决此问题的 SAD 模型，如图 4-9 所示。

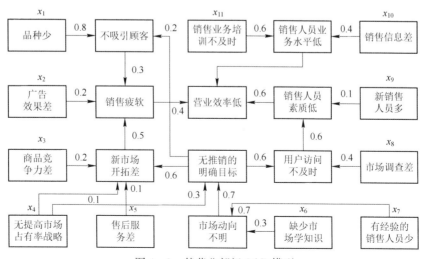

图 4-9 某营业部门 SAD 模型

2）计算外因问题的影响度

设 $y=1$；外因问题为 x_i（$i=1$，2，3，4，5，6，7，8，9，10，11），则：

$$\sigma_{x1}=0.4\times0.3\times0.8=0.096$$
$$\sigma_{x2}=0.4\times0.2=0.08$$
$$\sigma_{x3}=0.4\times0.5\times0.2=0.04$$
$$\sigma_{x4}=(0.4\times0.5\times0.6+0.6\times0.6+0.4\times0.3\times0.2)\times0.3+0.4\times0.5\times0.1=0.128$$
$$\sigma_{x5}=0.4\times0.5\times0.1=0.02$$
$$\sigma_{x6}=0.36\times0.7\times0.3=0.075\,6$$
$$\sigma_{x7}=0.36\times0.7\times0.7=0.176\,4$$
$$\sigma_{x8}=0.144$$
$$\sigma_{x9}=0.06$$
$$\sigma_{x10}=0.072$$
$$\sigma_{x11}=0.108$$

将计算得出的外因问题影响度，绘成问题影响度分布图，如图 4-10 所示。

3）改进方案的制定

从图 4-10 可以看出，影响营业效率的最大问题是"有经验的推销人员少"，其影响度占 17%；第二位的问题是"市场调查差"，其影响度占 14%；第三位的影响因素是"无提高市场占有率战略"，其影响度占 13%；排在第四位的是"销售业务培训不及时"；第五位的是"品种少"。位于前五位的影响因素合计约占 65%，这样可按照上述影响度的分布情况，寻求解决的途径，采取相应措施，使问题得到解决。

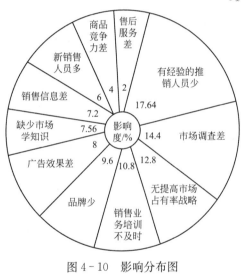

图 4-10　影响分布图

运用系统动力学分析 O2O 商业模式

O2O 是在移动互联网时代，生活消费领域通过线上（虚拟世界）和线下（现实世界）互动融合的一种新型商业模式。产品信息、客户需求信息的推动以及交易支付、结算在线上完成；实体产品生产、供给、交付以及售后服务等活动在线下完成。O2O 商业模式不仅促进了零售业、制造业等行业的转型升级，近年来，更得到了在线旅游业、餐饮外卖平台、汽车服务业等的青睐，饿了么、滴滴打车等企业迅速发展。系统动力学是一种从结构机制上认识与理解动态系统行为的科学思维方法，可在时间和空间上有效地描述整个系统的复杂变化关系。

（1）O2O 商业模式的系统结构分析

O2O 商业模式本质上是一个围绕消费者构建的价值创造系统，可划分为三个价值子系统，即顾客价值子系统、内部运营子系统和供应商子系统。不同的子系统，其内部关键要素及其之间的互动关系不同。顾客子系统主要涉及服务商和消费者两大利益主体，核心为顾客满意度；内部运营子系统互动关系最复杂，涉及服务主体与平台支撑主体之间的互动关系以及服务主体之间的互动关系；供应商子系统的主要利益主体为厂商、品牌商、代理商等产品供应主体，以及零售商等产品采购主体，在不同的经营模式下互动关系不同。在 O2O 零售商业模式中，每一个子系统都包含了若干利益主体，主体之间发生着频繁的物流、资金流和信息流的交换，由此实现了价值在不同利益主体之间的传递。

（2）构建因果关系图

运用系统动力学分析系统结构的一个关键环节是理清系统内部关键要素之间的相互作用关系，即建立系统的主要因果关系图。O2O 商业模式系统运行的基本因果关系图，如图 4-11 所示，反映了 O2O 商业模式各价值维度的互动关系，即在识别消费者需求的基础上，提出价值主张，根据价值主张的要求组织开展相应的价值活动，而企业所拥有的以及可以掌握的资源能力为价值活动的顺利开展提供了支撑。

主要的反馈环节：O2O 企业价值主张→门店互联网化/平台优化/移动端开发应用→平台融合→用户体验→平台吸引力→顾客规模→收入→利润→可用资金→研发投入→IT 能力→大数据营销能力→需求识别能力→O2O 企业价值主张。

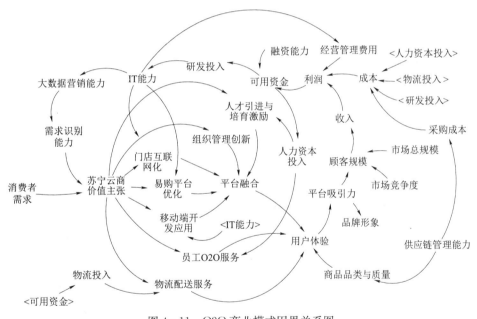

图 4-11　O2O 商业模式因果关系图

（3）系统动态流图和 O2O 整合服务能力影响因素

在因果关系图基础上构建系统动态流图，删除无法收集数据而又非关键的变量，确定关键变量，并选取易观察的、可从侧面反映其特性的辅助变量进行替换。O2O 商业模式的系统动态流图如图 4-12 所示。

O2O 零售成功运行的关键就是线上线下平台的整合，通过系统动态流图可以看出整合服务能力主要受组织管理、信息技术及研发、营销等三种能力的影响。顾客满意度是构建 O2O 商业模式的出发点，而能否准确把握顾客需求以及采用何种营销手段则是关键；组织

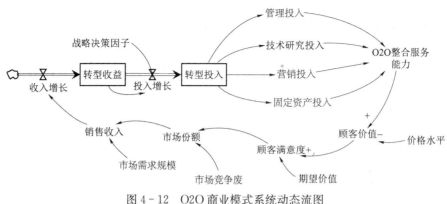

图 4 - 12   O2O 商业模式系统动态流图

管理水平包含了组织管理效率及组织协同水平等，它一方面促进了企业内部资源能力的整合，另一方面可以优化企业成本结构，从而最终提升企业收益，是影响 O2O 商业模式运行的重要因素；O2O 整合既包含了后台基础资源能力的整合，也包含了前台业务流程的整合，而信息技术水平则为企业各种资源、知识的共享以及数据分析能力的提升提供了软硬件支撑。

4.3   管理系统结构进化

21 世纪的世界进入了知识经济时代，我国经济管理改革也进入了全面深化的新阶段。形势发展要求经济管理理论研究必须继往开来、与时俱进，针对新阶段、新问题，提出新方案、新思路。

4.3.1   管理系统结构进化经典理论

1979 年，著名管理学家安索夫在《策略管理》一书中提出了 ESO 模式（environment serving organization），企业结构进化的主线是如何处理企业内部决策组织变化与外部环境变化的相互关系。

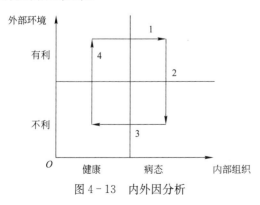

图 4 - 13   内外因分析

1. 内外关系视角

企业外部环境分为有利与不利两种，企业内部组织分为健康和病态两种，综合考虑内外两种因素，可以形成 4 种基本组织状态，如图 4 - 13 所示。

4 种基本组织状态之间是不断动态演变的，演变大致也可以分为 4 种情况。

1）演变 1

健康的组织处于有利的环境下，会表现出强劲的状态。客户数量的增加加速组织的成长，越来越多的优秀人才使组织能力提高，投资者的关注使组织资金充裕。然而，成功也有潜藏的危机，如员工加薪的幅度超过了公司的利润增长幅度、员工要求更多的福利待遇、办公条件日渐奢侈，这种氛围将使组织愈来愈难以维持。此外，有利的环境也为轻松的工作提供了合适的条件，使得组织的进步日趋缓慢，这样，健康组织就会陷于"大企业病"状态。

2）演变2

有利环境不会一直持续下去，陷入安逸状态的病态组织很难维持以前的市场优势与成功。于是过去的老客户开始寻求价格较低、质量较好、更尊重客户的合作伙伴；而同时病态组织还在固守早已过时的经营策略。此时，病态组织开始摇摇欲坠，终于在不利的市场环境下，尝到了"大企业病"的苦果。

3）演变3

摇摇欲坠的组织面临两个选择，不是生存就是死亡。为了继续生存下去，摇摇欲坠的组织必须彻底改变其原有的工作习惯、文化、员工的态度与行为。经过"置之死地而后生"的痛苦转型过程后，摇摇欲坠的组织就会变得斗志高昂，在不利的环境下转入强健的状态。

4）演变4

斗志高昂的组织经过市场锤炼，总结出了最好的管理策略及合适的组织结构。它在不利的市场环境中可以战胜某些竞争者而继续成长，竞争对手逐渐减少。此时，斗志高昂的组织只要继续努力，就能在有所改善的环境中转变为强健的状态。

在以上演变中，会有一大批组织中途出局而无法回到健康状态。即使演变为强健的组织后，还存在一个难以回避的额外难题——如此演变是否会重新循环？大浪淘沙，不进则退，结构进化永远是管理的日常工作。

2. 组织决策视角

基于市场竞争与知识经济为特征的未来社会，企业的组织结构将直接体现为过程性、时间性及关系性3方面的主动适应能力。

1）过程性

表现为组织的纵向结构被逐渐压扁，从直线制组织结构到直线职能制组织结构，再到更加扁平化矩阵制结构，以及网络化的以人为中心的结构，具体如图4-14所示，它是组织的"流程"质量不断改善和管理效率提高的结果。

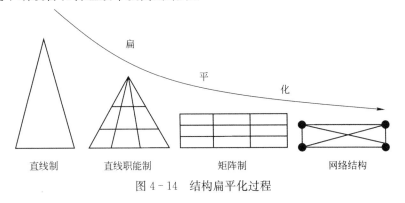

图4-14 结构扁平化过程

2）时间性

表现为组织决策方式的变化，存在 3 种基本决策方法，即独立的分散式决策、集中式决策和连接的分散式决策。独立的分散式决策由于通信需求的限制，无法充分感知外界的变化，难以实现实时响应；集中式决策由于考虑了多方面的信息，相对于独立的分散式决策能够做出更合理的决策，但是，这是以牺牲决策的灵活性和实时性为代价的；连接的分散式决策由于网络技术的进步和广泛运用而得以实现，为提高组织的"时间"质量创造了条件。

3）关系性

表现为企业内部和外部的各种障碍的消除，最终实现无障碍、无界限。无界限就是要打破"三维障碍"。首先是水平界限，在企业中，它指的是职能之间、部门之间、产品线之间或地理位置之间的界限。市场营销应该与产品、产品应该与设计结成紧密的关系，并在一起工作。其次是垂直界限，要淡化等级，实现和谐的上下关系。最后是外部界限，在企业中基于网络平台的支撑，要与顾客、供应商、零售商、合作伙伴等其他人密切联系、充分交流。

企业组织结构，在形态上具有了结构扁平化、网络化的特点，决策也就水到渠成，具有实时化、多维关系紧密化、开放化等特点。

4.3.2　管理系统结构进化过程

1996 年，美国道琼斯指数诞生 100 周年。1896 年的第一批上市公司仅存通用电气参加其 100 年的庆典活动。1982 年，Tom Peter 写了一本书，名为《追求卓越》，作为例证的 47 家公司中的 14 家在不到 4 年的时间里就失去了原有的光辉。同样的，詹姆斯·柯林斯的《基业长青》2002 年出版以后，备受赞誉，也是众多管理推荐书目中必有的一本书。然而，里面提到的基业长青的企业，已经有数家倒闭。有些实业家质疑他，说不可能有长青的基业，没见 IBM 把自己的老本儿都卖给联想了吗？这是英文翻译成中文的一个误导。这本书的英文名字是：*Built to Last*。而对于企业系统来说，生存下去是一个非常艰难的任务。

笼统来说，有如下两大原因：其一，竞争越来越激烈。信息技术、通信技术、逆向工程等的发展，使得技术尤其是产品技术特别容易被模仿。美国以其产品技术著称于世，但它在 20 世纪遭到日本企业的围堵，在 21 世纪又面临德国工业的冲击。日本和德国在工艺流程技术上是著称于世的。他们模仿美国的产品技术，并实现系统地优化整合，把每项新技术的潜能都充分发挥出来。其二，在位者的核心刚性。通俗地讲就是有惰性。一家企业在某项先导技术上越成功，他们应对新技术革命的能力就越差。这在《创新者的窘境》一书中进行了详细的阐释。全部用案例来阐释，不枯燥。一次次地抓不住关键机会，给了竞争对手机会，也致使自己走向了衰亡。诺基亚、柯达是刚刚发生的最好的例子。总结来说，现在的好，不代表一直会好；某一要素的领先，可能会成为希腊神话中的伊卡洛斯（Icarus）。（妄自尊大，越飞越高，最后无限接近太阳，蜡翼融化。）

因为思维范式发生了改变，企业管理系统也在发生巨变。斯塔福德·比尔的格言听起来真实可靠：接受的想法不再有效，有效的想法却还未被接收。在这个模糊的分界区，存在巨大的风险和机遇，也正是在这一时刻，伟大的企业崛起，同样伟大的企业正在陨落。第一重思维转变是：从还原论到整体论。因为企业作为一个整体，变得越来越"相互依赖"。这在第 1 章中已进行了论述。第二重思维转变是从无思想系统，到单一思想系统，再到多思想系统的转变。在双重思维转变下，企业结构进化如图 4-15 所示。

1）从还原论到整体论

从 15 世纪中叶到 19 世纪中叶，还原论作为主导的方法论影响着科学的进展。还原论把整体分解为部分，把高层次还原到低层次，按照从大到小、从上到下、由浅而深的顺序来认识事物，探索宇宙的奥妙。自然科学和社会科学在其研究方法论上打着很深的还原论的烙印。还原论强调的是：整体没有超越其部分的独特性，整体只是部分的集合；部分先于整体，部分是

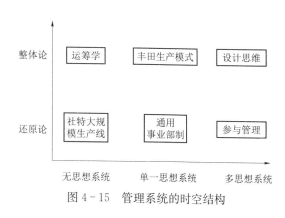

图 4 - 15　管理系统的时空结构

整体的原因，离开部分无法认识整体；只有基于部分至上所建立的理论才是根本的和彻底的。需要说明的是，还原论并非不考虑整体，而是试图用部分说明整体、用低层次说明高层次。还原论认为经过分解和还原，把每一部分、每一个低层次分析清楚之后，再把它们累加、整合，整体的面貌就清楚了，亦即整体等于部分之和。这种方法，实质上是把部分之间的关系、层次之间的关系简化为简单的相加，或成比例发生变化的简单线性关系，把产生复杂性的非线性关系简化掉了。这种方法对认识简单系统是有效的，但当用它来分析管理系统、社会系统等复杂系统时，就出现了问题。

量子力学、混沌学的出现提示人们，还原论的科学所能够认识的世界，只是世界的一部分，而且是世界的一小部分。于是，系统科学提供了一种从整体触发思考和解决问题的观点，引导人们将事物视为一个有机的整体，充分考虑其中所有要素之间相互关联、不断变化的复杂关系，同时强调系统与环境之间的复杂关系。这种方法论被称为整体论。整体论强调：整体大于部分之和，整体具有部分所不具有的更高层次的属性；无法依据部分来预测整体，整体对部分有直接影响，必须考虑下行因果作用；基于部分的理论与术语无法解释整体，只有基于整体的理论才能认识整体。

整体论更适合解决管理系统的复杂性和不确定性问题。但这里所说的整体论并非完全否定还原论的整体论。整体论需要还原论提供微观精确性和自身的宏观准确性，完成对系统的全面认识。从系统的空间结构分析来看，主要的方法仍然是还原法；而从系统的时间结构来看，需要考虑信息交互的整体论方法。那么研究系统的空间与时间结构，就需要结合两种方法共同完成。

2）从无思想系统到多思想系统

我们对组织本质的认识，从无思想系统，到单一思想系统，再到多思想的复杂系统。

在工业化的早期，有人认为组织的构成与拖拉机的构成是一样的：组织中的每个人仅做一项简单的任务，是一个无思想的系统。组织没有自己的目标，它只是一个工具，一个组织的拥有者用来赚取利润的工具。这时的组织可以说是无思想系统。对组织的这一认识有两大优势：一是迅速将大量手工农业劳动者转变为半熟练的工人；二是组织可以简单地按效率来可靠地运作。无思想系统的内部结构是被设计好的，无法自我重组。这一系统只有在环境保持稳定的条件下才能有效运作。

将组织作为单一思想系统起源的是英国和德国，最后在美国发扬光大。单一思想系统是从生物学的角度来思考组织得出的概念。与无思想系统一样简单：组织作为单一思想的生命

系统，就如同人类一样，有自己的意愿。这种意愿类比生命系统的话，就是求生。为了生存下去，组织需要和环境抗争。这就意味着，成长是成功的度量指标，所以有了对百年老店的推崇。与无思想组织不同，单一思想系统的组织不以利润为终点，利润只是达到终点的手段。利润增长对组织的生存与发展，对整个社会的发展都是有好处的。单一思想系统的组织有自己的意愿，但是组成它的各个部分没有自己的意愿，它们是在控制论的原则下，以一个自我平衡的系统方式在运行着，以同样的方式、无差别地对信息作出反应。当系统的某一部分表现出不同的选择时，系统内部就会出现冲突。

多思想系统的组织概念源自于社会文化观点，组织是由一群有志之士组成的群体，组织内的每一部分都可以选择目标和手段。组织是一个有目的的系统，组成它的各个部分也都有相应的目的，同时组织又是一个更大的目的系统的一部分。这就构成了有目的系统的三个不同的层次结构。这三个层次相互关联，缺一不可，使各个有目的的部分的利益达成一致，以及使整体的利益达成一致，是多思想系统的组织面临的主要挑战。单一思想系统把各个部分聚合在一起形成一个整体是一次性的，而对于多思想系统而言，一体化的过程是一个持续不断的奋斗过程。在这个过程中，信息起到非常重要的作用。有效整合多个层次上的有目的系统，需要再给予满足更大系统的需求至上，满足有目的的各个部分的需求。从这种意义上说，组织的目的是服务其成员，同时服务其环境。

3）管理系统时空结构

一个组织若是一个无思想系统，它是没有自己的目的的，它是一个工具，谁的工具呢？谁拥有它，它就是谁的工具。这就是我们管理上的利润最大化、股东权益最大化。它被当成工具，这也被称为机械模式。这一模式的本质是简练的。衡量的手段也很简单，衡量效率。在这样的系统中，每一个部分没有思想，它们都是被动的、被设计的，无法自我重组。

福特大规模生产线是一个典型的代表。亨利·福特通过零部件和工人互换的方式，发明了生产流水线。汽车底盘在传送带上以一定速度从一端向另一端前行，前行中，逐步装上发动机、操控系统、车厢、方向盘、仪表、车灯、车窗玻璃、车轮，一辆完整的车组装成了。第一条流水线使每辆 T 型汽车的组装时间由原来的 12 小时 28 分钟缩短至 10 秒钟，生产效率提高了 4 488 倍！

大规模生产不仅创造了量变，而且引起了质变。原来的问题是如何生产，现在生产效率提升了，销售成了关键的问题。这也揭开了营销的序幕。如何响应顾客差异化的需求是一个挑战；如何管理企业规模增长下的复杂化是另一个挑战。无论是哪一个，基于还原论的无思想系统管理模式都没有办法。老福特当时只生产 T 型车就是很好的例证。在这一模式下，认为必须通过严密的监管来保持可预测性、可靠性和系统内行为的一致性。但竞争的出现，使这一思想危及企业的生存与发展。1960 年，福特二世接管福特，面对通用汽车公司的挑战和混乱的企业管理问题，雇佣第二次世界大战后退役的十位海军老兵进入公司管理层。这些老兵掌握着什么技能？运筹。运筹学在第二次世界大战期间广泛应用于军事领域。而第一个将运筹学完整地运用到企业领域的实例就跟这些人有关。因为他们非常年轻就进入了福特的管理层，所以被福特的一帮老员工称为"神童"。这些神童中有一位大名鼎鼎的McNamara。他运用运筹学改变了福特。在他的主导下，福特开始生产小巧轻便的车型（他认为家庭妇女去买菜是不用开笨重的老爷车的）。这一车型的推出是运用运筹思维的：通过数学方法找到了一系列相互依赖的变量的最佳解决方案。这就是第一重范式的转变，开始考虑整体，考虑系统内各要素之间相互依赖下的优化问题。不过，他并没有在福特待很长时间，1961 年，肯尼迪总统聘任他为美国国防部长（他是福特公司第一位非福特家族的总裁）。

20 世纪 60 年代，系统思维基本上被运筹思维所主导。首先质疑运筹思维的是其发明者：艾柯夫。凯斯理工学院的艾柯夫建起美国大学中的首个运筹学小组，美国各高校纷纷仿效，开设运筹学这门课程。1979 年，艾柯夫在他的一篇文章中说道：运筹学已经成为历史。因为这一方法的影响力，使得他的很多粉丝成了黑他的人。运筹学虽然假设了在系统中有被动的部分、有主动的部分，但是忽略了各部分可以自主选择所带来的至关重要的影响。正是这一质疑，让艾柯夫思考并建立起新的系统思维：设计思维。有人称，"自主选择"的断言使得艾柯夫领先了同行四分之一个世纪。这四分之一个世纪里发生的事情我们还是要做详细介绍的。

从生物学的角度思考，产生了将企业这一组织当作一个单一思想系统的观点。企业作为一个生命系统，就如人一样，有自己的意愿。这一系统是开放的，生命体与生俱来的脆弱性在开放的环境中唯一确定的意愿就是生存。为了生存下去，企业必须成长。这就意味着，成长是企业的终极目标，而在上一个阶段的利润只是实现成长的一种必不可少的方式。虽然企业系统有意愿，但在这种思维模式下，企业内的组成部分是不能有思想的。必须在控制论的原则下，以同样的方式对信息做出反应。就像人体一样，人有思想，但是我们的心脏等器官并没有思想，心脏不会想我为什么要为这个人而跳动，肺也不会揣测心脏是不是跟它过不去。所以，此时企业管理的理论借鉴了控制论的思想。

而在管理上的表现首先是事业部制。公司由两大部分组成：公司总部和事业部门，公司总部就像公司的大脑，能够知道公司的发展方向，并具有控制事业部过程的能力。事业部门就是身体的其他部分，只能听从大脑的命令对各种情境做出反应。事业部门没有自行设计产品或定义产品市场的权利，它们的职责就是听从总部的安排，并坚持到底。不过，它们需要预测产品的需求量，调整自身的生产能力与之相适应。因此，预测与控制是事业部的主要任务。

在事业部制的管理系统中，有一种方法是非常流行的：战略规划。比如借助波士顿矩阵进行战略规划。按照市场占有率与市场增长率将企业业务分成四类：明星型、问题型、金牛型与瘦狗型，并以放弃瘦狗、提升金牛、关注问题、投资明星的原则来执行。这是一种还原思维。在默认情况下，他创造了放弃困难挑战的战略，因为所有的困难都可以标记为瘦狗。

在管理上，事业部制受到两个方面的挑战，一方面来自于方法论的转换，也就是精益生产系统的挑战，另一方面来自于多思想存在的现实。在这两方面，日本人做出了有益的探索。我们先来看精益生产系统。也就是单一思想系统与整体论的交集。丰田公司首席工程师大野耐一把系统思维应用在单一思想系统的组织中，创造出了精益生产系统。

精益生产系统。精益生产是通过系统结构、人员组织、运行方式和市场供求等方面的变革，使生产系统能很快适应用户需求不断变化，并能使生产过程中一切无用、多余的东西被精简，最终达到包括市场供销在内的生产的各方面最好结果的一种生产管理方式。与传统的大生产方式不同，其特色是"多品种"和"小批量"。第二次世界大战后的日本，经济萧条，缺少资金和外汇。那时，丰田的汽车事业正处于萌芽时期，怎样建立日本的汽车工业？照搬美国的大量生产方式，还是按照日本的国情另谋出路，丰田选择了后者。日本的社会文化背景与美国是大不相同的，日本的家族观念、服从纪律和团队精神是美国所没有的，日本没有美国那么多的外籍工人，也没有美国的生活方式所形成的自由散漫和个人主义的泛滥。日本的经济和技术基础也与美国相距甚远。日本当时没有可能全面引进美国成套设备来生产汽车，而且日本当时所期望的生产量仅为美国的几十分之一。"规模经济"法则在这里面临着考验。

事业部制的第二个挑战就是多思想存在的现实。企业这个系统中，不止一个大脑，每一个员工都是一个大脑。企业的员工不会像生物体的各个器官一样，只是对接收到的信息做出被动的反应。虽然信息技术和通信技术飞速发展，但是它并不能消除人际交往中的复杂性，反而把这种复杂性搬上了台面。在这个多思想系统中，仅有信息沟通是不够的，必须有统一的目标，所有成员都认可这个统一的目标，为实现这个目标而奋斗。这是巴纳德说的。组织有共同的目标、有一群为实现这个目标奋斗的人、有好的信息沟通。

也就是说，与单一思想系统比起来，多思想系统首先要解决的就是统一思想的问题。当年，日本在各个产业超越美国时，美国很多学者去日本，了解它们的成功经验。发现除了可以复制的质量管理之外，还有一项是美国不可复制的，在日本管理中起到决定性作用的东西：家长制。日本传承自中国的家长制文化，以忠诚、顺从、承诺为核心美德。在日本的企业中，虽然也存在多思想，但是这些思想的冲突可以通过一个强大家长的干预来化解掉。日本提倡的参与式管理，是在家长制下的参与式管理。

而美国没有这样的文化传统。当员工各行其是、各自为政，冲突不断升级时，管理人员以激励自主为由，放弃了管理者的责任和权利。很多企业都在集权与分权、集体与个体、整合与分化之间摇摆震荡。这个答案在四分之一个世纪前艾柯夫就已经给出了。艾柯夫说，这些看似冲突的倾向之间存在互补性，可以通过设计思维来应对存在的问题：多思想系统的所有利益相关人员一起参与，设计一个他们都共同期望的未来，并通过逐次逼近来实现。设计思维不是预测未来，而是尝试从选择的理性、情感、文化等方面理解并设计出能够满足多种需求的方案。选择在系统的成长中处于核心位置。成长是对选择能力的提升，设计是选择和整体思维的载体。

从福特制到设计思维是从还原论到整体论、从单一思想系统到多思想系统的进化历程，也描绘出了管理系统的时空结构。这个结构中的每一种管理思想在当时都为管理系统创造了最大化的价值。从这种意义上来说，管理系统时空结构分析是不存在绝对价值的，只有相对的价值。一切的价值判断皆因时随势，正如海尔前总裁张瑞敏所言：没有成功的企业，只有时代的企业。

【案例 4-3】

海尔发展历程分析

海尔集团自 1984 年创立以来，经过 30 多年的时间，从资不抵债的小企业成长为最具世界影响力的中国品牌之一，在全球有 21 个工业园，66 个商贸公司。作为当前世界白色家电企业的佼佼者，海尔集团是企业结构进化的典范。企业从最初引进先进技术，采用科学管理，到现今提出，转型为平台化企业，始终因时而变，保持创新基因，其发展史可以作为管理理论史的缩影。

（1）全面质量管理

1991 年之前，国内市场潜力巨大，供不应求，亟须开发。同时，张瑞敏意识到，质量和品牌是企业获得市场的关键。因此，海尔开始进行全面质量管理，制定名牌战略。为了真正唤醒员工的质量意识和市场意识，"砸冰箱"事件成为海尔历史上强化质量观念的警钟。海尔以科学管理为指导理论，以产品质量为核心，进行标准化的大规模生产，引进亚洲第一条四星级电冰箱生产线。

（2）OEC 管理模式

从 1992 年起，海尔在将冰箱做成行业第一后，战略进行了大的转移，进入多元化扩张阶段，连续兼并了 18 家企业，占据了空调、洗衣机、冷柜、微波炉、电热水器等几乎所有白色家电领域，并进军黑色家电，开始制造海尔彩电。海尔多元化战略成功靠的是"吃休克鱼"方式和 OEC 管理模式，其中"O"代表 overall（全方位），"E"代表 everyone（每人）、everything（每件事）、everyday（每天），"C"代表 control（控制）、clear（清理）。OEC 管理法也可以表示为：日事日毕，日清日高。也就是说，当天的工作要当天完成，天天清理并且天天都有所提高。企业的组织结构做了三次大的调整，从 1991 年之前的直线职能制到分事业部、多利润中心的模拟事业部制，再到真正的事业部制，进一步扩展到事业本部制，在财务、质控、技术、规划、文化等方面采取集权形式。

（3）业务流程再造

在 1999—2005 年这一阶段，海尔面临的历史压力是国内市场稳定，国外市场广阔，亟须拓展海外市场。企业意识到全球化的经济是时代的特性。海尔选择国际化战略，进军国际市场并首次跨国并购。但随之而来的"大企业病"大大降低了企业的灵活性和响应市场的速度，因此海尔必须从根本上对原来的业务流程做重新思考和设计，进行以"市场链"为纽带的业务流程再造。海尔开始颠覆科层制，实行倒三角的组织结构，以市场需求为起点，逐步建立内部市场化的管理方式。在内部高度控制的基础上，逐步推动企业内部的自运转机制，如跳闸机制。

（4）"人单合一"管理模式

2006—2012 年，信息技术高速发展，企业间竞争愈加激烈，用户需求日益多元化和个性化。海尔由大规模制造模式逐步向大规模定制转变，实行"人单合一"管理模式，以用户需求为导向，让员工与用户融为一体，使得员工在为用户创造价值的过程中实现自身价值，追求二者的"双赢"。组织结构继续向扁平化转变，以减少沟通成本。企业内部的自运转体系逐步走上正轨。企业采取全球化品牌战略，打造民族品牌。在关系资本上采取跨界合作，与越来越多不同行业的企业进行合作，如阿里巴巴、宝钢等。

（5）多元化商业创新平台

2013 年至今，网络化经济成为热潮，海尔抓住时代机遇，商业模式也作出相应调整。企业的价值主张并不是以产品为核心满足用户需求，而是追求价值共创、资源共享的商业生态系统。海尔组织结构进行平台化演变，建立多元化商业创新平台。目前，海尔主要有三类平台：用户交互平台、创客类平台、融资类平台。海尔发展海尔商城等网络社区为多元化商业创新平台提供支撑作用。多元化商业创新平台为信息和资源提供共享场所，强化信息流通，实现了资源整合的功能。企业与企业间、企业与用户间、用户与用户间通过平台实现价值交换、完成价值创造。

海尔经久不衰、持续发展，是其成立 30 多年来不断变革的结果。海尔结构进化对于其保持持续的竞争力具有极其重要的作用。至此，海尔并没有停下变革的脚步，与时俱进仍是海尔所弘扬的企业文化。

关 键 术 语

系统结构   system structure

系统功能   system function

总体结构等级分析法   overall structural hierarchy analysis

SAD 方法   system accommodation and development solution

本 章 小 结

  结构与功能的研究是系统科学的基本范畴。系统结构是功能的内在根据，功能是系统要素与结构的外在表现。一定的功能总是由一定的系统结构而决定的，一定的系统结构总是表现为一定的功能。

  总体结构等级分析法是以图论中的关联矩阵原理分析复杂系统的整体结构，明确系统内各要素之间的关系，并将复杂系统分解为多级递阶的等级结构。总体结构等级分析法的最大特点在于可以求出利用其他方法无法找出的间接关系，这些间接关系对研究系统的整体特性具有重要的意义。其工作难点在于要求参加的系统分析人员必须熟悉专业，知识面广，通过调查研究在意识中形成初步的概念模型。正确处理定性分析与定量分析的关系，是管理系统结构分析的工作基础。

  系统调整与分析方法是对影响总体目标完成的各种因素加以整合，并对它们的影响程度定量化，以提出优化改善现行系统的一种系统管理分析方法。SAD 法的基本步骤是：① 确定改善范围。② 构造 SAD 模型。③ 定量计算。④ 明确改进责任。

  为了实现系统功能，系统的组成要素缺一不可的结构，称为基本结构；而又能实现要素关系协调、和谐的结构，称为完整结构；进一步能够主动适应外界环境变化的结构，称为优化结构。把握环境发展趋势，是企业结构优化的首要环节。

复 习 思 考 题

1. 联系实际，举例说明系统功能与结构之间的辩证关系。
2. 试述总体结构等级分析法、系统调整与发展分析法的应用范围及前提。
3. 以某企业为例，论述其结构进化的历程。

第5章

管理系统控制

学习要点

- 管理控制、反馈、前馈、优化控制的基本概念
- 优选法的适用范围与运筹学的区别
- 流程控制的基本类型及其各自特点
- 网络计划模型的基本结构及应用优点
- 流程再造与商业模式创新的关系
- 人机协作的条件与前景

控制是指，"为了改善某个或某些对象的功能或发展，需要获得并使用信息，以这种信息为基础而选出的加于该对象上的作用。"① 从中可以看出控制就是施控主体对受控客体的一种能动作用，这种作用能够使受控客体根据施控主体的预定目标而动作，并最终达到这一目标。控制作为一种作用，至少要有作用者与被作用者，以及将作用由作用者传递到被作用者的传递者，三个最基本的元素。由于系统是由一些相互作用、相互制约的元素构成，并具有特定功能的有机整体，所以上述三种元素就组成了相对于某种环境而具有控制功能的系统。控制论作为一门新兴学科对科学技术与科学管理的发展产生重大影响。它的理论已经达到相当高深的程度。本章仅以管理系统为对象，介绍一些最基本的理论与方法。

首先，从系统论、控制论、信息论的观点来看，管理控制应具有输入、处理、输出功能，并通过反馈和前馈的相互补偿，主动适应系统变化，不断提高企业素质的自组织体系。优化控制是由于资源有限性而产生的控制过程。所谓优化控制，就是在各种不同的资源配置方案中，选择一个合适的方案，以最大限度地实现管理目标的要求。

其次，流程控制是管理系统控制的重要内容，即通过对不同工作阶段的有关活动次序的分析研究，找出实现预定目标的捷径。流程设计有连续型、非连续型、混合型 3 种基本方式。流程再造是当前企业改革创新的基本要求。简要介绍流程控制的基本方法——网络计划评审技术。

最后，介绍智能控制。智能控制取得了长足的进展，广泛应用于企业管理系统中。未来的智能控制系统仍然是以人为中心的，人与机器互相协作、互相学习，共同实现系统整体价值创造最大化。

---

① 列尔涅尔. 控制论基础. 北京：科学出版社，1980：1.

5.1 优 化 控 制

从系统论、控制论、信息论的观点来看，管理控制应是具有输入、处理、输出功能，并通过反馈与前馈相互补偿，主动适应环境变化，不断提高企业素质的自组织体系。

5.1.1 反馈

1. 基本概念

所谓反馈，就是将输出回输到原系统中去。这一概念是 1920 年由贝尔实验室的哈罗德·布朗克首先在文献中提出的，一般是指电子放大器输出信号再回输到其输入端。即一个闭环系统的输出值 y 要通过反馈装置回输到原来的输入端，再经过比较器与已给定的目标值 j 相比较，得到偏差信号，其值为 $u = j - y$，它又成为新的输入值，如图 5-1 所示。

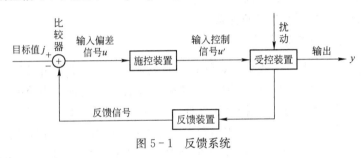

图 5-1 反馈系统

根据闭环控制系统中 $u = j - y$ 这一值的变化特性，可以将反馈区分为正反馈和负反馈。如果目标值与输出值的差值 u 愈变愈大，或是不稳定，这就是说，经过一系列的输入之后，系统的输出值与目标值的偏差愈来愈大，离目标愈来愈远，这就是正反馈。这时的 u 值从总的趋势说是单调上升的，或是发散的。反之，如果 u 值从总的趋势说，是单调下降而趋近于零的，或是收敛的，则是负反馈。说得通俗些，负反馈的特点就是检出偏差，纠正偏差，以达到目标。也就是说，经过一系列的输入、输出值的相应序列从总的趋势说逐渐达到了目标值。从总的趋势说，是指在这个过程中，并不排除有可能出现来回偏离目标值的情况，这一般是由振荡所造成的。例如，大海航行中，航线实际上是达到预定目标不断纠偏的过程。控制论的创始人 Norbert Wiener 就曾用"掌航人"来形容控制论。负反馈有利于制约系统偏离目标的行为，使系统沿着减小偏差的方向运行，最终使系统趋于稳定状态，恢复平衡。因此，控制论认为："一切有目的的行为都可以看作需要负反馈的行为。"这说明负反馈机制在实现系统目标、保持系统的稳定性方面具有重要作用。

如果说，在控制论看来，负反馈是控制的机制，那么正反馈则是越来越偏离目标值，甚至失去控制。这样看来，似乎正反馈只起破坏、消极的作用。其实，这种看法是片面的。事实上，在有的系统中，恰恰需要正反馈作用。例如，在原子弹的引爆装置中，都要用到裂变链式反应，这种裂变链式反应就是一种正反馈过程。当用慢中子碰撞铀（如 ^{235}U）时，所放出的能量和中子就是越来越多的。又如在植物保护中，为了消灭有害的昆虫，往往用大量繁殖这种害虫的天敌的方法来灭虫，这也是一种正反馈过程。由此，在学习控制的基本理论时，在重视负反馈作用的同时，并不能由此推论出正反馈是不重要和可以忽视的。国外有些学者从 20 世纪 60 年代提出所谓第二代、第三代控制论，强调了正反馈的作用。正反馈在一定条件控制下，也是一种促进系统远离平衡态的因素，使开放系统的某项参量值进入临界区，达到阈值，一般小的"涨落"通过正反馈作用，使原有状态失稳产生突变现象，而形成一种新的自组织现象，从而形成耗散结构的动力机制。

从哲学上来说，对立面的斗争与统一的辩证法法则，有助于人们进一步认识负反馈与正反馈的辩证关系。如果对负反馈掌握得不好，因为振荡而破坏了系统的稳定性，负反馈就有可能转变为正反馈。而且，在有的系统中，负反馈与正反馈之间有着互补的或相辅相成的关系。在消灭有害昆虫的例子中，当害虫的天敌由闭环控制系统中的正反馈而大量繁殖时，就相当于在这个开环控制系统中天敌的输入增加，直接导致这种害虫的减少与消灭。在这个控制系统中，包括两个子控制系统，一个是开环控制子系统，另一个是具有正反馈的闭环控制子系统。由这两个子系统组合起来（也可说是耦合起来）就成为一个控制系统。这是一种组合式的控制系统。

正反馈、负反馈是普遍存在于自然、生物与社会经济领域中的两种反馈机制，是事物发展中的一对矛盾，两者既相互对立，又相互联系、相互转化。一个负反馈控制系统会因为各种原因，如施控主体对偏差的方向和性质判断失误，或是调节措施不当而产生正反馈效应，则效果适得其反。当然正反馈也可以通过适当的调节措施转化为负反馈。这里要特别提出，在社会经济大系统中，因素多、层次多，事物内部的因果关系复杂，反馈机制也是复杂的，一般都存在正、负反馈的复合机制，要认真地进行系统分析，掌握系统的内部结构和动态运行机制，才能进行有效的调节和保持系统的稳定和发展。

2. 反馈控制

反馈控制的作用是十分明显的，用于稳定控制中，可以使被控量稳定于目标值的容许偏差范围内，因此一个系统要实现稳定，必须应用反馈控制；用于随机控制中，可以使被控量对应于随机输入量，确保系统对计划目标变化跟踪与适应，如企业的产品结构、规格、质量与品种需随市场需求的变化而变化；用于最优控制中，可以使系统在多因素、多目标的复杂情况下选择最佳方案，实现最佳或满意的效果。

但是反馈控制也具有很多的局限性，而且这些局限中有些是反馈控制系统本身无法克服的，归纳起来有以下几点。

1）正反馈效应

一般来说，利用反馈控制的目的是要获得负反馈效应，增强系统的稳定性。而负反馈效应的获得取决于施控主体对偏差的性质及方向判断的准确程度和调节措施是否得当。如果对偏差的性质及方向判断错误，把正向偏差判断为负向的，或把负向的偏差判断为正向的，或者虽对偏差方向判断准确，但采取了不正确的调节措施，结果恰得其反，从而强化或扩大了偏差，加剧了系统的不稳定，这就是正反馈效应。产生这种正反馈效应的原因有：一是反馈信息失真，对问题的性质或方向判断错误；二是比较器失灵，是非不清；三是调节方法及措施失当，效果相反。

2）反馈失时与反馈失度

反馈失时可能涉及两方面的原因：一是由于对问题认识不足，没有及时发现问题并检测出偏差及时反馈传递；二是虽然发现问题，未能及时加以处理和调控，结果是使控制系统沿着偏差方向偏离了目标，从而扩大了偏差，降低了系统的稳定性。反馈失度是指对问题的认识有程度上的差别，这样涉及两种调控失度：一种是反馈过度，矫枉过正，致使调节过度，这样虽然消除了原有的偏差，却又在另一个方向上偏离了目标，产生了新的偏差，形成一种周期性振荡或者叫恶性循环，严重的可以导致系统正反馈效应的产生；另一种是反馈不足，即调控的力度不够，这样虽然偏差有所克服，但不足以完全消除偏差。反馈过度或反馈不足都会削弱系统的稳定性。

3）控制的滞后性

控制系统的反馈控制是要发现偏差和纠正偏差，但是偏差的发现和纠正都是一个动态发展的过程，任何动态系统都具有保持原来运动状态不变的惯性，这种运动惯性的存在延长了被控制系统在偏差状态下的运行过程和时间。而在社会经济系统由于其复杂性，一种现象掩盖着另一种现象，涉及人们对复杂的社会经济现象本质的认识过程，政策方针的贯彻执行也存在实践过程，从而延长了人们通过现象认识本质的过程，这样就涉及控制的滞后性，一旦出现偏差，要使其消除需要很长时间，而且要付出很大的代价。这种反馈控制的滞后性是其本身无法克服的，必须加强预见性，借助于一种复杂的前馈机制来克服这种滞后性。

由于反馈控制具有以上局限性，因此在实施反馈控制时要遵循下列原则。

（1）准确性原则。

这一原则是为了防止发生正反馈效应要求准确判断偏差的性质和方向，要做到这一点，第一，必须保证信息来源的真实性和反馈渠道不受干扰；第二，必须对原始信息进行分析，去伪存真、去粗取精地处理。

（2）及时性原则。

这一原则的目的是防止反馈失时，要求及时检测出偏差，及时反馈回输，及时根据反馈信息作出相应的调节。

（3）适度性原则。

这一原则的目的是防止反馈失度，要求在准确判断偏差性质、方向和程度的基础上，作出适度调节。

（4）随机性原则。

这一原则的目的是提高控制系统的应变能力。要求：一是确保系统对目标变化的跟踪和适应；二是确保系统的稳定性，采取灵活及时的调控，排除外部的干扰与影响。

5.1.2 前馈

1. 基本概念

反馈作用是要检出偏差、纠正偏差，但在反馈机制中由于受控装置的惯性或滞后现象比较严重，外界的扰动不能立即生效，而只能经过一段时间之后才能影响到输出量的变化，这种惯性或滞后现象必然影响到检出偏差，纠正偏差的时效和作用，从而影响到系统的控制性能，因此，提出前馈回路机制。这种回路主要是与反馈回路相互补偿而耦合成的前馈—反馈系统，前馈回路机制如图 5-2 所示。

这种系统就是不等扰动影响到输出，只要这种扰动是可以测量出来，就把它预先测量出来，通过前馈装置送到系统中去进行调节，使得在输出量变化之前就尽可能地克服或减小扰动的影响。因此，前馈控制就是尽可能在系统发生偏差之前，根据预测的信息，采取相应的

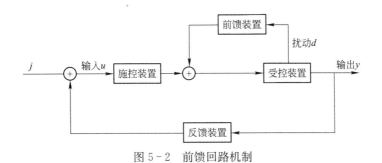

图 5 - 2　前馈回路机制

措施，纠正偏差，这就是前馈。把这种前馈回路与反馈回路耦合起来，构成前馈—反馈耦合控制系统。这种系统可以增强系统抗干扰能力，提高系统的稳定性，弥补反馈控制的不足，解决控制滞后的矛盾。

企业生产经营系统必须是前馈—反馈耦合控制系统。因为单纯采取反馈控制，待产品进入市场，了解到销售情况后再反馈到经营决策部门，时间就有点晚了，如果产品适销，再追加生产，从投料到加工装配上市都需要时间，这样就有可能使产品在市场上脱销。如果产品滞销，就有可能造成产品大量积压，使企业陷于困境。因此，企业经营部门一定要加强市场调查与预测，实施前馈，使企业能根据市场变化的趋势，调整生产，以适应市场的需求变化，求得企业的发展。

2. 优化控制

所谓优化控制，就是在各种不同的资源配置方案中，选择一个合适的方案，以最大限度地实现管理目标的要求。优化控制也是由于资源有限性而产生的选择过程。根据优化控制的要求，管理的重点应由事后算账、事中调整（反馈）转变为与事先优化（前馈）相结合的前馈—反馈耦合控制系统。

20 世纪 40 年代以来，日益发展的运筹学提出了很多通过建立数学模型进行选优的方法。但在管理工作中，有些要求优化的问题，往往很难用数学模型表达；或者即使建立了数学模型，求解也非常困难。因此，实际工作中经常应用直接试验方法，通过分析对比和逐步摸索来寻找各种因素的最佳点。但大量的试验要花费很长的时间，浪费大量的人力和物力，实际生产中不允许这样做。究竟采用什么方法，才能迅速找到最佳点呢？这就是优选法所要解决的具体问题。下面就加以简要介绍。

优选法是以数学原理为指导，用尽可能少的试验次数，尽快找到生产和科学实验中最优方案的一种科学试验的方法。优选法广泛应用于工艺操作条件，配方配比选择等方面，已经取得显著效果。

在应用优选法时，一般可以分为以下几个步骤。

1）明确目标

要优选，首先要搞清目标，也就是通过试验想达到什么目的。

目标可以是一个，如产量或合格率，也可以几个同时考虑。如评定某一橡胶配方的质量指标就有好几个：可塑度、扯断力、伸长率等。采用多目标时，会增加比较方案优选的复杂性，因此实际中常用综合评分方法，通过比较使多目标简化为单目标。

目标可以是定量的，如产量的多少，合格率的高低；也可以是定性的，如某种化学试剂的颜色是否合格，常用人眼直观判断。当然定性与定量之间也是可以互相转化的：判断化学试剂颜色是否合格，如利用光谱分析仪，就可以给颜色以一定的定量分析；对淬火后的零件进行硬度是否合格的定量测定，如出现明显可见的裂缝和变形时，依靠简单定性分析就可以判断零件是废品。

有比较才能鉴别。确定的目标必须是可比的，没有可比性，就谈不上试验方案效果好坏。因此，对于所确定的目标，必须有明确的比较标准和完善的测试手段。如测不出数值又得不到定性的了解，无法比较则不适合作目标。例如，管道焊接质量，常采用通水试验法，把一定数值的水压和不漏水作为比较指标。如把焊接的金相组织作为目标，人眼直接观察不到，就是利用仪器定量分析也比较困难，所以通常都不采用。

2）确定因素

确定目标以后，就要分析影响目标的因素，也就是做试验时需要选择、考察、调整的内容。

因素可以分为可控和不可控两类。

对于控制手段欠缺，不能把因素控制在指定用量上，或测不出因素的数值又得不到定性的了解，看不出因素对目标影响的大小，对于这些不可控因素，可以先不考虑。

对于可控因素个数多少的选择，既要有一定的广泛性，又要注意突出重点，以尽量提高试验效率。重点因素的确定主要依靠总结以往的实践经验，从中找出规律性的东西。对于没有经验的新试验，一般可先根据有关理论来分析。如果限于目前的认识水平，确定不了哪一个是重点因素，常通过实验来解决：对被判断的因素，在一定范围内，选多个点做试验，如各点试验结果差别不大，即对目标影响小，这个因素就不是重点因素。当因素较多时，可采用数理统计方法安排试验，对各因素进行初步分析，找出对目标有显著性影响的因素，优先加以考虑。

3）确定合理范围

选定因素以后，就要进一步确定其试验范围。正确地确定试验范围很重要。范围太大、漫无边际，必然会增加试验次数，影响试验效率。相反范围太小，很可能把最优点漏掉，影响目标的实现。一般来说，可以根据理论和实践经验，范围适当放宽些，以不漏掉合理值为原则。如在热处理中，要考虑到恒温时间这个因素，它的最小值可定为 0，最大值考虑到生产效率不能太低，经商定以 8 小时为宜，所以范围定为（0，8）。在试验范围内，各试验点要适当拉开，有效地反映出不同区间的结果，有代表性地进行比较。

4）确定合适方法

确定了目标和要进行试验的因素及其范围后，就要决定具体安排试验的方法。选优方法名目繁多，方法的确定，首先要掌握客观的可能和要求，如测试、控制条件、试验因素的个数、检验目标个数的多少等。其次要分析选优对象的特殊性：如有的因素的主要矛盾是试验次数，做一次试验需要很长时间或需花很大代价，但是检验结果省时、省力；有的因素试验容易，检验结果费时、费力；有的因素可大幅度调整，有的因素却不允许这样做。再者优选的过程是一个通过试验—比较—分析—再试验……，往复循环直至找到最佳点的过程。在每一新循环中，目标要求、客观条件都可能有所变化，而方法也要随之调整和变换。总之，具体问题必须具体分析，才能确定出行之有效的方法。

5.1.3　常用的优选方法

常用的优选方法，一般以参与试验因素的个数为依据，分为单因素和多因素两类。

单因素中比较成熟的是 0.618 法，所涉及的数学原理是黄金分割。单因素优选是一种序贯的试验方法，一般除第一次、第二次试验外，后一个试验都要决定于前一个试验的结果。

多因素优选还没有一个理论上成熟、大家公认为最优的方法，一般只是通过实际试验的比较，相对地说明各种方法的效果。多因素优选方法繁多，目前借助电子计算机能解决上百个因素的优选问题。由于多因素优选问题比较切合实际，所以发展非常迅速。多因素优选问题方法大体可分为三类：第一类是降维法，即把多因素转换为单因素处理，通过试验把最优值所在的范围逐步缩小；第二类是爬山法，即从已知的信息出发，逐步向更优的方向移动，使目标值不断得到改善；第三类是正交试验法，即利用数理统计正交性原理，通过少量具有代表性的试验，寻找达到预定目标的较优方案。

1. 0.618 法

这种方法的要点是先在试验范围的 0.618 处做第一次试验，再找其对称点做第二次试验，比较两点结果，去掉"坏"点以外部分，在留下部分继续取"好"点的对称点进行试验，逐步缩小试验范围。这种方法每次可以去掉试验范围的 0.382，因此可以用较少的试验次数，迅速找到最佳点。

【例 5 - 1】　某种材料的配方中，需要加入一种稀有金属，估计其最佳加入量为 1 000～2 000 g，如何通过较少的试验找到它，试验过程如图 5 - 3 所示。

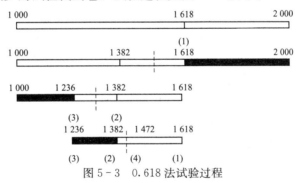

图 5 - 3　0.618 法试验过程

第一步，在试验范围的 0.618 处做第一次试验。

公式：（大－小）×0.618＋小

代入数值 （2 000－1 000）×0.618＋1 000＝1 618(g)

第二步，找出上一试验点（好点）的对称点做试验。

公式：大＋小－上次留下的好点

代入数值 2 000＋1 000－1 618＝1 382(g)

第三步，比较两次结果，决定取舍。

如第二试验点的效果比第一点好，则舍去 1 618 g 以上部分。

第四步，在新的范围内，重复步骤二、三，逐步缩小试验范围，直到找到满意结果为止。

第三次试验点：

$$1\,618+1\,000-1\,382=1\,236(g)$$

第三次试验结果与上次留下的好点，即第二次试验点的效果比较，如果仍是第二点好，则舍 1 236 克以下部分。

第四次试验点：

$$1\,618+1\,236-1\,382=1\,472(g)$$

第四次的试验结果与上次留下的好点，即第二试验点进行比较，如第四点比第二点好，则舍去 1 382 克以下部分。在留下部分按同样方法继续下去就能找到最佳点。

【案例 5-1】

优选法成就酒业大王五粮液

五粮液集团有限公司前身是 20 世纪 50 年代初 8 家古传酿酒作坊联合组建而成的"中国专卖公司四川省宜宾酒厂"，1959 年正式命名为"宜宾五粮液酒厂"，1998 年改制为"四川省宜宾五粮液集团有限公司"，是唯一两次获得国家质量管理奖、唯一两度获得"中国最佳诚信企业"殊荣的白酒企业。公司占地 10 平方千米，职工 4 万多人。2010 年实现销售收入 403.61 亿元，实现利税 111.55 亿元；荣列中国企业 500 强第 186 位，中国制造业 500 强第 89 位，较 2009 年上升 13 位，中国企业效益 200 佳第 90 位。

然而在 20 世纪七八十年代，在国外低度酒还占主导地位，很多外国人对五粮液的高度数望而生畏，有外商提出，希望能销售五粮液低度酒。但国内不少人认为，五粮液好就好在高度，低度就要变味，就不是五粮液。

五粮液的度数为什么就不能降低呢？当时负责五粮液科研技术工作的刘沛龙琢磨起了这个问题。顶着各方压力，刘沛龙做了整整六年试验，但依然没有成功。低度酒不是多掺点水就可以，这是对酒质的全新要求，尤其对于五粮液这样的名优白酒来说，要求就更为严格。

直到 1978 年，我国伟大的数学家华罗庚先生率领一个小分队来四川推广优选法和统筹法，刘沛龙有幸参加了小分队在宜宾的活动，并听了多次讲学。当时的五粮液酒厂也十分重视这项工作，成立了双选办公室。刘沛龙立即学以致用，以优选法来指导实验。

所谓优选法，是华罗庚先生运用黄金分割法发明的一种尽可能减少试验次数、尽快找到最优方案的方法。比如要试制一种新型材料 R，需要加入某种原料 Q 增强其强度，这就有加入多少的问题，加多了不行，加少了也不行，只有完全合适才可以。假设我们预估每吨材料 R 需加入 1 至 1000 克之间的原料 Q，那么我们就可以借用黄金分割规律来减少试验次数，而不必从 1 到 1000 克做 1000 次实验，我们用一个有刻度的纸条来表示 1 至 1000 克，在纸条上找到 618 克（1000×0.618）的点画一条竖线，做一次试验，然后把纸条对折起来，找到 618 克的对称点 382 克（618×0.618），再做一次试验，如果 382 克为最好，则把 618 克以外的纸条裁掉。然后再对折，找到 382 克的对称点 236 克（382×0.618）做试验，这样循环往复，就可以找到最佳的数值。

华罗庚先生的优选法，终于解开了刘沛龙六年的困惑，在一个星期的时间里，刘沛龙用优选法选出了 38 度和 35 度这两个最佳度数，然后将两种酒放进冰箱，静观其变。结果非常成功，而且刘沛龙原来担心的致浊程度和析出物状态也完全达到了预期的效果，过滤之后，瓶中的酒晶莹、碧透，像高度数酒那么无色透明，口感很好，五粮液固有的风格特点并没有改变。

尽管成功只用了六天时间，但曾经摸爬滚打的六年却为刘沛龙奠定了通向成功的基石。

后来刘沛龙又将五粮液从 38 度改成 39 度，口感更加醇净甘爽，在国际市场引起了不小的震动，订货量猛增了 3 倍。国外对酒的税收额是随酒度数高低来收的，度数高税收就越高，度数低税收也更低。因此这一项出口就为国家节约了大额酒税，创造了丰厚的经济效益。

华罗庚先生发明的优选法简单易用，曾在全国各地掀起推广应用优选法的热潮，为我国的科学普及工作走出了一条真正具有中国特色的科普之路，向我国科学家也提出了挑战，即如何把自己所擅长或精通的科学理论与科学方法，转化为深入浅出，通俗易懂，能被广大群众使用的工具，用自己的知识直接为经济服务做贡献，助力创新型国家的建设。

2. 正交试验法

正交试验法是在实际经验与理论认识的基础上，利用一种规格化的表——"正交表"，科学地挑选试验条件，合理安排试验程序，通过少数次试验，找到达到预定指标较优方案的一种科学试验方法。

正交表是已经制作好的规格化的表，是正交试验法的基本工具。下面列出几种常见的正交表：

$L_4(2^3)$ 是最小的正交表，这是由 4 行，3 列及字码 1 和 2 组成。在这个表中：每纵列有两个 1，两个 2；任意两个纵列其横向形成的四个数字对中，（1，1）、（1，2）、（2，1）、（2，2）各出现一次，说明它们之间的搭配是均衡的，如表 5-1 所示。

表 5-1　正交表 L_4（2^3）

试验号	列　号		
	1	2	3
1	1	1	1
2	2	1	2
3	1	2	2
4	2	2	1

$L_8(2^7)$ 由 8 行、7 列及字码 1 和 2 组成。表中每纵列恰有四个 1 和四个 2；任意两个纵列，其横向形成的八个数字对中，恰好（1，1）、（1，2）、（2，1）、（2，2）各出现两次。这就是说对于任意两个纵列，字码 1 和 2 之间搭配是均衡的，如表 5-2 所示。

表 5-2　正交表 L_8（2^7）

试验号	列　号						
	1	2	3	4	5	6	7
1	1	1	1	2	2	1	2
2	2	1	2	2	1	1	1
3	1	2	2	2	2	2	1
4	2	2	1	2	1	2	2
5	1	1	2	1	1	2	2
6	2	1	1	1	2	2	1
7	1	2	1	1	1	1	1
8	2	2	2	1	2	1	2

$L_9(3^4)$ 由 9 行、4 列及字码 1、2 和 3 组成。表中每纵列 1、2、3 出现的次数相同，都

是三次；任意两个纵列，其横向形成的九个数字对中，(1，1)、(1，2)、(1，3)、(2，1)、(2，2)、(2，3)、(3，1)、(3，2)、(3，3) 都出现一次。即任意两列的字码1、2、3之间搭配是均衡的，如表5-3所示。

表5-3　正交表 L_9 (3^4)

试验号	列　号			
	1	2	3	4
1	1	1	3	2
2	2	1	1	1
3	3	1	2	3
4	1	2	2	1
5	2	2	3	3
6	3	2	1	2
7	1	3	1	3
8	2	3	2	2
9	3	3	3	1

正交表都具有搭配均衡的特性，正交表记号的具体含义如图5-4所示。

进行正交试验第一要明确试验目的，确定考核指标；第二要挑选参加试验的因素及其水平，制定因素水平表；第三是选择合适的正交表，确定具体的试验方案；第四是进行试验和结果分析；第五是根据分析结果，提出进一步试验的方案或选定满意的方案正式投产。正交试验基本步骤如图5-5所示。

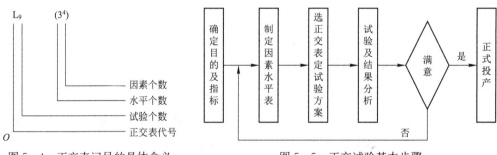

图5-4　正交表记号的具体含义　　　图5-5　正交试验基本步骤

下面通过具体事例，说明正交试验的基本步骤。

【例5-2】　某粉末冶金厂的某种产品，经烧结后废品率一直在10%以上，现在希望通过正交试验，找到基本上不产生废品的烧结工艺条件。

试验过程：

第一步，明确试验目的及考核标准。

目的是改善烧结工艺条件，基本上消灭废品，标准是废品率越低越好。

第二步，挑因素，选水平，制定因素水平表。

影响烧结质量的因素是多种多样的，通过分析，在集思广益的基础上，决定主要考察封泥厚度、恒温温度、恒温时间、排列密度这四个容易控制的因素。对于这四个要考察的因素，分别按具体情况选出要考察、比较的条件，正交试验中称为水平或位级。将两者综合在一起，就制成了因素水平表，如表5-4所示。

表 5 - 4　因素水平表

水平＼因素	封泥厚度/cm	恒温温度/℃	恒温时间/h	排列密度/(个/盒)
1	2	1 200	6	225(15×15)
2	3	800	2	218(15×8＋14×7)
3	4	1 000	4	217(15×7＋14×8)

第三步，利用正交表，确定试验方案。

选择适用的正交表主要考虑：因素个数、水平个数、仪器允许做实验的次数和有无重点因素要详细考虑。

正交表 $L_9(3^4)$ 最多能安排四个三水平因素，本例有四个三水平的因素，因此用这个正交表，恰到好处。应用正交表的具体过程如下。

（1）因素顺序上列。

按照因素水平表中的次序，四列因素顺序地放在正交表的各个纵列上。一般因素个数应与列数相等。如因素个数少于列数，没有安置因素的纵列，等于它在安排试验条件上不起作用，可以省略，如表 5 - 5 所示。

表 5 - 5　试验方案表

试验号＼列号＼因素	封泥厚度 1	恒温温度 2	恒温时间 3	排列密度 4	试验结果 废品率
1	1 (2 cm)	1 (1 200 ℃)	3 (4 h)	2 (218 个/盒)	6%
2	2 (3 cm)	1 (1 200 ℃)	1 (6 h)	1 (225 个/盒)	7%
3	3 (4 cm)	1 (1 200 ℃)	2 (2 h)	3 (217 个/盒)	15%
4	1 (2 cm)	2 (800 ℃)	2 (2 h)	1 (225 个/盒)	8%
5	2 (3 cm)	2 (800 ℃)	3 (4 h)	3 (217 个/盒)	0.5%
6	3 (4 cm)	2 (800 ℃)	1 (6 h)	2 (218 个/盒)	7%
7	1 (2 cm)	3 (1 000 ℃)	1 (6 h)	3 (217 个/盒)	1%
8	2 (3 cm)	3 (1 000 ℃)	2 (2 h)	2 (218 个/盒)	6%
9	3 (4 cm)	3 (1 000 ℃)	3 (4 h)	1 (225 个/盒)	13%
水平 1 结果和	15%	28%	15%	28%	
水平 2 结果和	13.5%	15.5%	29%	19%	
水平 3 结果和	35%	20%	19.5%	16.5%	
极差 R	21.5%	12.5%	14%	11.5%	

（2）水平对入座。

四个因素分别在各列上安置好以后，再把相应的水平内容，按因素水平表所确定的关系对号入座。具体地说，第 1 列即封泥厚度，在 3 个字码"1"的后面，都标明 2 cm；3 个字码"2"的后面，都标明 3 cm；3 个字码"3"的后面，都标明 4 cm。第 2 列即恒温温度，在 3 个字码"1"的后面，都标明 1 200 ℃；在 3 个字码"2"折后面，都标明 800 ℃；在 3 个字码"3"的后面，都标明 1 000 ℃。其他各列填法相同，如表 5 - 5 所示。

（3）列出试验条件。

表 5 - 5 是一张列好的试验方案表。表的每一横行代表一个方案的试验条件，该表共 9

行，因此有 9 种不同的试验方案。

如第 1 号试验的具体条件是：封泥厚度 2 cm，恒温温度 1 200 ℃，恒温时间 4 h，排列密度 217 个/盒。

其他各号试验方案的具体条件，就不一一列举了。

（4）试验及其结果分析。

有了各个试验的具体条件，随后就可按所规定的具体条件进行试验，并记录下试验结果，填入表的最后一列。如第一号试验的废品率为 6％，第二号试验的废品率为 7％……至于 9 个试验，先做哪个，无具体规定。

9 次试验做完，是否可选出达到预定目的的较好的方案，就要进行结果分析。

① 采取直接观察法。根据预定的考核指标废品率观察比较 9 次试验结果。其中第 5 号试验数值最小，基本上达到了预定要求。此时如客观条件不允许继续试验，就可暂时按第 5 号试验的具体条件进行生产。

如果客观条件允许继续试验，以寻求更好的结果，此时就可以通过简单的计算，估计出哪些因素相对比较重要，以及各因素较好的水平是哪个，为进一步试验指明方向。具体计算内容，包括两个方面：

第一方面，计算每个因素各个水平相应的试验结果之和。

如第 1 列因素，封泥厚度各水平试验结果之和的计算如下：

水平 1（2 cm）：6％＋8％＋1％＝15％

水平 2（3 cm）：7％＋0.5％＋6％＝13.5％

水平 3（4 cm）：15％＋7％＋13％＝35％

又如第 3 列因素，恒温时间各水平试验结果之和的计算如下：

水平 1（6 h）：7％＋7％＋1％＝15％

水平 2（2 h）：15％＋8％＋6％＝29％

水平 3（4 h）：6％＋0.5％＋13％＝19.5％

其他各因素以此类推。对于试验水平之和的分析，应结合考核指标。在此例中，考核指标是废品率，当然越小越好。因此对于各因素的水平和来说，数值小的该水平较高。如对于第 1 列因素封泥厚度来说，水平 2 的结果和最小，则封泥厚度 3 cm 这个水平优于其他水平。

第二方面，计算各因素的极差。

每个因素的极差即是该因素各水平试验结果之和中的最大值与最小值之差，一般用 R 表示。

如第 1 列因素，封泥厚度的极差：

$$R = 35 - 13.5 = 21.5$$

又如第 3 列因素，恒温时间的极差：

$$R = 29 - 15 = 14$$

极差大的因素，说明该因素不同水平之间试验结果差距较大，即对试验结果影响较大，一般应列为重点考察因素。各因素不同水平试验结果之和与极差计算的结果如表 5 - 5 所示。

② 根据计算结果画出趋势图。对于数量性的多水平因素，在试验后应该画出各水平用量与试验结果之和的关系图，以便从图形上直接看出试验结果随各因素用量变化的大体关系。趋势图一般以每个因素的实际用量为横坐标，试验结果之和为纵坐标，画出各个水平试

验结果的坐标点，而后连线得出该因素的趋势图。

从图 5-6 可以看出：封泥厚度虽然对试验结果影响度较大，但趋势不明，故进一步试验可维持目前较好的水平 3 cm。恒温温度变化趋势比较清楚，一个合乎逻辑的推理是，如温度继续降低，废品率还有可能下降。恒温时间变化也有规律，废品率越低，但延长时间会降低工效，增加能源消耗，故应酌情处理。排列密度变化趋势也比较明显，故以后试验时可考虑进一步减少每盒的个数。

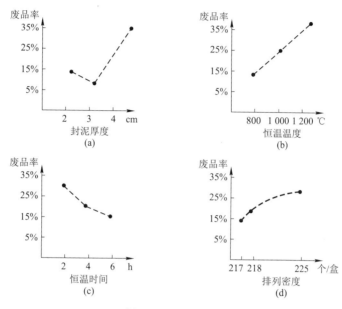

图 5-6　试验结果

（5）确定进一步试验方案。

根据第一次正交试验的结果分析，为了消灭废品，可进一步进行试验，探讨更加合适的生产条件。

首先，制定因素水平表。在参与试验的各个因素中，封泥厚度因变化趋势不十分清楚，故进一步试验时暂不考虑。恒温温度根据趋势图分析，继续降低到 750 ℃和 700 ℃进行探索。虽然增加恒温时间对降低废品率是有利的，但为了提高生产效率，不能太长，故用 3 h和 5 h 两个水平试一试。为了进一步减少受热膨胀挤压变形，又不使产量受太大影响，故排列密度保留上次试验较好水平 217 个/盒，同时增加 196 个/盒看看是否可行。最后可得出进一步试验的因素水平表，如表 5-6 所示。

表 5-6　进一步试验的因素水平表

因素 水平	恒温温度	恒温时间	排列密度
1	750 ℃	3 h	196 个/盒
2	700 ℃	5 h	217 个/盒

然后，用正交表 $L_4(2^3)$ 进一步试验。

进行第二次正交试验后，按第 1 号或第 4 号试验的具体条件进行烧结，基本上都可避免废品的产生，达到了试验目的的要求，如表5-7所示。

表5-7　进一步试验方案表

因素 试验号	恒温温度	恒温时间	排列密度	试验结果废品率
1	1 (750 ℃)	1 (3 h)	1 (196个/盒)	0
2	2 (700 ℃)	1	2 (217个/盒)	0.2%
3	1	2 (5 h)	2	0.4%
4	2	2	1	0
试验结果和　1	0.4%	0.2%	0	
试验结果和　2	0.2%	0.4%	0.6%	
极差 R	0.2%	0.2%	0.6%	

5.2　流 程 控 制

管理流程涉及因素众多，其相互关联、复杂多变，有可能牵一发而动全身，因此，在实际工作中，当要改变某些不合要求的因素时，对其他有关的因素也要相应调整，通过各因素在更高水平协调匹配，来提高管理系统的整体功能。

5.2.1　流程控制的要点与基本类型

流程控制即通过对不同层次、不同阶段的有关活动次序的分析研究，找出实现预定目标的捷径。从控制理论角度来分析，任意一个大系统都要为了实现一定的控制功能而构成一定的流程控制结构。其控制要点大体上可以分为两类。

1. 多级流程控制（因地制宜）

例如，一个大公司的分级管理结构就是一种三级流程控制结构。第一级是车间内部运用一些调节装置进行局部控制。第二级是工厂运用控制计算机进行全厂的生产调度，实现过程控制的最优化。第三级是公司的计算机一体化管理系统，决定各厂控制计算机的最优化指标或策略，进行计划协调与组织管理。第一级称为局部控制级，第二级称为递阶控制级，第三级称为协调控制级，如图5-7所示。

这种结构的一个突出特点是按任务或功能分层，在各层之间存在不同的分工。一般说来，层次越高，任务或功能越复杂，干扰的变化也较慢；反之，低层的任务或功能较单纯，干扰的变化也较快。这就要求管理流程要"因地制宜"，对"流速"应区别对待，低层必须强调"立即就办"，高层必须慎重行事，三思而后行。

2. 多段流程控制（因时制宜）

整体规划，分步实施，即事先有计划，事中有控制，事后有总结，表明了多段流程控制的基本要求在于考虑时间的影响。

下面利用边际值与总值、平均值的相互关系，从边际收益递减法则角度，把工作过程划分为三个阶段：管"量"区、管"理"区、管"条件"区，介绍突出重点的新思路，如图5-8所示。

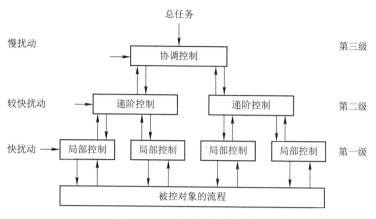

图 5-7　三级流程控制结构

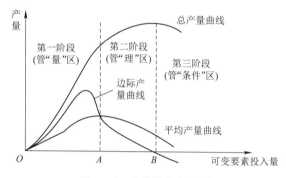

图 5-8　多阶段流程控制

第一阶段：在 OA 阶段，总产量、平均产量均呈上升趋势。这个阶段由于总产量呈上升趋势，所以，单位产品中的固定生产要素成本（固定成本）呈下降趋势；又由于平均产量呈上升趋势，所以，单位产品中的可变投入要素成本（变动成本）也呈下降趋势。两者都呈下降趋势，说明在这一阶段，增加可变投入要素的数量能进一步降低成本。所以，可变投入要素的数量停留在这一阶段在经济上是不合理的。从管理流程角度，重点是增加可变投入要素的数量，以不断提高产量，所以可称为管"量"阶段。

第二阶段：A 和 B 之间。这一阶段生产函数的特征是可变要素的边际产量是递减的，但仍为正值，不过要小于平均产量。平均产量呈递减趋势，总产量仍呈上升趋势。

这个阶段由于总产量呈上升趋势，所以单位产品的固定成本呈下降趋势；又由于平均产量呈下降趋势，故单位产品的变动成本呈上升趋势。固定成本和变动成本的运动方向相反，说明在这一阶段，有可能找到一点使两种成本的变动恰好抵消。在这一点上再增加或减少投入要素的数量都会导致成本的增加。所以，第二阶段是经济上合理的阶段。因为最优的可变投入要素的投入量只能在第二阶段中选择，从管理流程角度，重点是依据有关管理理论确定出最优点，所以可称为管"理"阶段。

第三阶段：可变投入要素的数量大于 OB。这个阶段生产函数的特征是边际产量为负值，总产量和平均产量均呈递减趋势。这个阶段由于总产量呈下降趋势，所以单位产品的变动成本也呈上升趋势。两者都呈上升趋势，说明可变投入要素的数量不能超过 OB，否则就会使成本增加。企业如果在这个阶段组织生产是十分不利的，可变投入要素的数量过多，物极必反，效益必然下降。要改变这种不经济的状况，从管理流程角度，重点是改变前提条件，如生产技术条件、其他要素投入量等，这些条件发生变化，边际收益递减规律就不适用了，所以可称为管"条件"阶段。

流程控制的基本类型有三种：连续型（sequential）、非连续型（non-sequential）和混合型（mixture）。

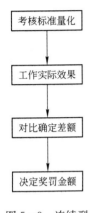

图 5-9　连续型流程控制

连续型又称为流水型（waterfall），其特点是第一阶段完成后，才能进行第二阶段，当进行到第二阶段时，就不能再回到第一阶段的作业。因此，每阶段应有明确的作业范围，在每一阶段完成后，应执行必要的评价，加以确认。也就是说，要一步一个脚印，不准走回头路。这种流程设计，只适用于简单问题工作程序的安排，如图 5-9所示。

非连续型的特点是使用反馈（feed back）修正、完善前一阶段的作业。适用于各阶段无法明确划分、复杂多变的问题，因此采纳"相互作用"（interaction）的作业步骤，基本方法有旋进法与专家法。旋进法又称为永久发展生命周期法（the eternal development life cycle），这种方法第一步和最后一步连接，形成周期循环，每完成一个循环，经过评价，使下一循环有所改进，如图 5-10 所示。专家法又称专家系统生命周期法（the expert system life cycle），这种方法适用于对问题、目标、规则一时难以说清，根据"从错误中吸取教训"的思路，在几个步骤间往复循环，由暗至明，由小到大，逐步增进，如图 5-11 所示。

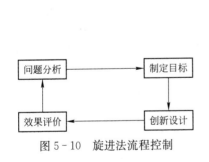

图 5-10　旋进法流程控制

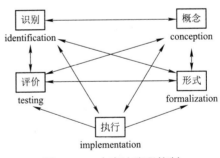

图 5-11　专家法流程控制

混合型又称嵌入阶段法（embedded phase approach）。首先，使用连续型流程控制，确定阶段的划分，然后，每个阶段划分为计划（P）、执行（D）、检查（C）、处理（A）4 个步骤，采用旋进法流程控制，逐步改进整个工作过程，如图 5-12 所示。

在流程控制中，相关的阶段、作业、岗位之间如何衔接，即接口设计是十分重要的。接口不良是滞流或瓶颈问题产生的主要原因。接口设计的原则，一是直达简化，提高效率；二是职责清晰，界限明确；三是适时调整，富有弹性。对于可能发生的想不到的问题，要鼓励相关单位协调配合的主动性，不能"只扫门前雪"。

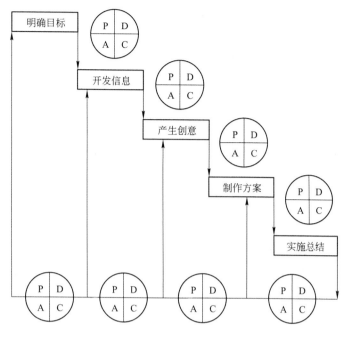

图 5-12　混合型流程控制

【案例 5-2】

华为 IPD 流程管理

华为技术有限公司（简称华为）于 1988 年进入通信行业，专门从事通信网络技术与产品的研究、开发、生产与销售，致力于为电信运营商提供固定网、移动网、数据通信网和增值业务领域的网络解决方案。

1998 年是华为高速发展的一年，但也暴露出很多问题，直接牵制了公司的发展。与此同时，中国加入 WTO，电信市场的竞争变得越来越激烈，交换机市场已从高利润、高增长的市场演变为产品差异小、价格竞争激烈的通用品市场。与国外巨型的跨国公司相比，华为处于很不利的地位，迫切需要对产品开发模式、产品战略进行调整与变革。在这样的背景下，华为公司借助 IBM 顾问的帮助，开始实施集成的产品开发（IPD）流程。华为 IPD 流程主要通过五个阶段来实现。

1. 概念阶段

概念阶段主要对产品机会的总体吸引力及是否符合华为公司的总体策略做出快速评估。产品管理团队（IPMT）在进行概念阶段决策评审时主要考虑产品机会是否值得投资；产品开发团队（PDT）开展概念阶段工作主要关注于分析市场机会，包括估计的财务结果、成功的理由及风险，对产品机会的评估是基于有效的假设，而不是详细的数据。若概念得到批准，则将在计划阶段将假设进行证实；若概念没有得到批准，则项目停止，无须浪费资源。

2. 计划阶段

计划阶段的目标是清晰地定义产品及其竞争优势，进一步优化业务计划，制订详细的项目计划及资源计划，确保风险可以被合理地管理。计划阶段关注于确定最终的产品方案，这一最终方案定义了产品、市场需求及需要的各个业务部门的支持。此时对产品的评估是基于具体的数据，如果计划得到批准，则团队将与 IPMT 签订一个合同来完成产品交付，如果计划没有得到批准，则不会浪费资源。

3. 开发阶段

开发阶段的目标是完成产品包装的设计，并将经过批准的最终产品方案中涉及的技术开发、制造及销售策略和计划内容进行集成。开发阶段关注于产品能否在市场上成功，评审市场及客户需求，产品及财务假设，设计和集成满足产品规格的产品。开发阶段将构建产品的原型机，确保制造系统已经准备就绪，明确、处理及减少风险和非确定性因素，确保产品具有可制造性，准备发布过程文档，验证计划阶段的假设。

4. 验证阶段

验证阶段的目标是根据验证的结果，执行为满足产品需求所做的设计更改，形成产品特点并验证产品，发布最终的工程规格和相关文档。验证阶段将重点关注产品在市场上能否成功，注视市场及客户需求变动，审视产品及财务假设，跟踪发布计划及销售平台开发状态，确保产品在功能方面达成目标，形成最终的产品规格。该阶段还需确保制造准备就绪，形成最终的发布过程文档，验证是否已开发主要的制造工艺并且在可接受的范围内发挥作用，证实开发阶段的假设。

5. 发布阶段

发布阶段的目标在于发布产品并制造足够数量的产品以满足客户在性能、功能、可靠性及成本目标方面的需求，关注验证制造准备计划，评估市场发布计划并根据实际的市场环境进行修改，准备生命周期管理计划，证实验证阶段的假设。发布阶段的交付件包括生命周期管理计划，对 PDT 与 IPMT 签订的合同进行评估。

华为公司 IPD 流程的实施取得了很大成功。引进 IPD 流程后，研发费用比例和研发损失费用骤减，在整个企业范畴内销售收入不断上升。华为公司对外公开的数据是：在 IPD 试点期间缩减开发周期 15%～30%，两年后缩短开发周期 40%～70%。现在公司已全面转向这种新的管理模式，产品线 100% 按照 IPD 流程运行，IPD 已进入正常化、日常化阶段。

5.2.2　网络计划模型

网络计划模型主要应用于企业生产过程的组织和有关计划的管理。它的基本思想就是"统筹兼顾""求快、求好、求省"。据资料统计，应用网络计划模型的工程项目，一般能缩短工期 20% 左右，节约费用 10% 左右，这种效果是在不增加设备、人力和投资，不采用新技术、新工艺、新材料，仅仅是因加强管理而获得的。应用网络计划模型的优点如下。

可以指明整个工程项目的关键所在，便于进行重点管理，合理调配人力、物力，保证整个工程能如期完成。

可以通过网络图反映出整个工程项目的结构和各工序之间的相互关系，便于统筹安排，促进各部门的相互配合，保证自始至终对整体计划进行有效的监督和控制。

可以把一个复杂的、大规模的工程项目分解为若干个小系统，分权管理，调动基层的主观能动性。

可以把无形资源（时间、信息）和有形资源（人、财、物）管理有机结合起来，从许多可行方案中，选择最优方案。

可以利用电子计算机进行计算，为实现管理控制自动化创造有利条件。

网络计划模型是图形模型与数学模型结合为一体的集成性模型，主要结构由网络图及网络时间参数两大部分组成。

1. 网络图

一项任务总是由多个工序组成的，如果在计划安排时，用箭线来表示各工序的相互关系，并通过计算标明有关时间参数的箭线图称为网络图。网络图是网络计划模型的基础。

网络图是由工序、事项、线路 3 个部分组成的。

1）工序（工作）

所谓工序，是指一般要消耗资源（人力、物力等）、占用时间的具体活动过程。工序划分粗细的程度，一般根据管理要求程度高低酌情而定。有些具体活动的过程，虽然不消耗资源，但它需要一定时间才能完成，如水泥浇灌后的凝固、面包制作中的发酵等，也应看作是工序。工序在网络图中用带箭头的直线，即箭线→表示。箭头方向表示工序进行的方向，依此来反映各工序之间前后衔接的关系。在箭线上方一般要标明该工序的名称或代号，下方标明完成该工序所需的时间。同一网络图中，所用的时间单位应该统一。箭线的长短在不附有时间坐标的网络图中与工时的长短无关。此外还有一种工作称为虚工作，它是虚设的，既不消耗资源，也不占用时间，主要作用是为了正确表达各工序之间的相互关系。虚工作用虚箭线┄►表示。

2）事项（结点）

事项是指两个工序之间的衔接点。在网络图中用圆圈 O 表示。事项不占用时间，也不消耗资源，它只是表示某个工序开始或结束的一种符号。一个网络图中，一般只有一个始点和一个终点，其他事项点称为中间事项，中间事项对它前面的工序来说是结束事项，而对它后面的工序来说又是开始事项。例如：①$\xrightarrow{\text{甲}}$②$\xrightarrow{\text{乙}}$③，事项②对工序甲来说，是结束事项；对工序乙来说，是开始事项。

3）线路

线路是指从始点开始，顺着箭头所指方向，连续不断地到达终点的一条通道。例如，在图 5-13 中，从始点①连续不断地走到终点⑪的线路有上、中、下三条。

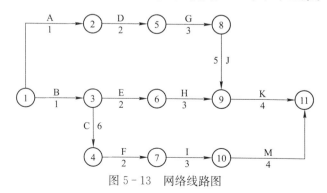

图 5-13　网络线路图

上：①→②→⑤→⑧→⑨→⑪

中：①→③→⑥→⑨→⑪

下：①→③→④→⑦→⑩→⑪

一个网络图中一般有多条线路。每条线路上各工序所需工时的总和，称为该条线路的路长。在图5-13中，各条线路的路长为：

上：$1+2+3+5+4=15$

中：$1+2+3+4=10$

下：$1+6+2+3+4=16$

在所有线路中，总可找出一条路长值最大，即所需工时最多的线路，这条线路在网络图中称为关键线路，从图5-13中看，下面的线路是关键线路。关键线路在网络图上一般用红线或粗线标出，以区别于非关键线路。关键线路的确定，一般不采用上述把各条线路一一列出，然后比较路长值的方法，因为一来计算烦琐，二来当网络图比较复杂时有可能会遗漏某些线路。实际应用时均采用通过计算网络时间参数的方法来确定关键线路。

应用网络计划模型的主要任务之一就是找出关键线路，因为关键线路决定着总工期。如果能采取积极措施来缩短这条关键线路的完工时间，总工期就可能缩短。因此在计划管理中总的原则是：向关键线路要时间，向非关键线路要资源。即为了保证整个任务按期或提前完工，必须抓好关键线路上各关键工序的工作，而非关键线路的路长值小于总工期，时间上有机动的余地，因此可以从非关键线路上的有关工序，抽调一定的人力、物力去支援关键线路。这样既有利于缩短工期，又为资源调度的科学化提供了一种具体有效的方法。

网络图的绘制一般可分为3个步骤：任务的分解和分析、画图、编号。

(1) 任务的分解和分析。

任何一项任务都是由许多工序组成的，在网络图绘制前，首先应将一项任务分解为一定数目的工序。分解的原则是：根据要求，确定粗细，逐步细化，逐步具体。其次是进行任务的分析，即确定各工序之间的先后顺序和相互关系，有紧前工序和紧后工序两种表达方式。紧前工序就是当某项工序开始前，必须先期完成的工作。紧后工序就是当某项工序完成后，紧接着就要开始的工作。除紧前、紧后关系外，还应考虑工序之间的平行、交叉等关系。

任务的分解和分析是一项重要的基础工作，要依靠计划管理人员和熟悉总体工作的工程技术人员的密切配合、深入细致地调查研究才能做好这项工作。

任务经分解和分析后，应将结果编汇成明细表，栏目有三项：工作名称或代号；工作之间的关系（紧前工作或紧后工作）；工作时间，如表5-8所示。

表5-8　工作明细表

工作代号	紧前工作	工作时间 $(a-m-b)$	工作代号	紧前工作	工作时间 $(a-m-b)$
A	—	1-2-3	G	D	1-1-1
B	A	2-3-4	H	E、C	4-5-6
C	A	4-5-6	I	F	4-5-6
D	A	3-4-5	J	F、G	4-6-8
E	B	4-6-8	K	H、I、J	2-3-4
F	C	1-2-3			

（2）画图。

有了明细表，就可以开始画图，要正确地画好网络图，必须注意以下规则。

其一，网络图是有方向的，用箭线指出工作前进的方向，图形从左向右排列，不应有回路，即从一点出发，经过若干点后，又回到出发点。

其二，画出的网络图要正确反映出明细表中所规定的各个工作之间的逻辑关系。一般情况下，网络图应只有一个始点、一个终点，避免箭线交叉，力争简明清晰。

其三，"两点一线"。即相同的两个端点之间，只能有唯一的一条箭线，如图5-14所示。在图5-14中，甲所示的情况是允许的，因为工作A与B的始点虽然相同，但终点不同；乙所示的情况是不允许的，因为在始点、终点完全相同的情况下，点①与点③之间，是表示工作A还是表示工作B无法区别，在这种情况下，就要引入虚工作，见丙。虚工作用虚箭线表示，其作用是为了表达工作之间的逻辑关系。虚工作不占用工时，也没有名称或代号，因此不列入明细表。

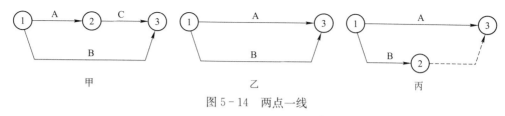

图5-14 两点一线

有了工作明细表，如何判断哪里要引用虚工作，是一件比较难的事。下面作者根据自己的作图经验，介绍一种比较直观、简便判断引用虚线的方法：紧前多个，虚线可能，若无虚线，合二为一，在表5-8中，工作H的紧前工作有两个，E和C，这就叫紧前多个，实际含义是工作H前面的工作E和C属于平行工作，这两个工作终点相同，都与H的始点相连，如工作E和C同一始点，为保证"两点一线"的原则，就要引入虚线。在表5-9中属于"紧前多个"的还有J和K，J的紧前工作是F和G，K的紧前工作是H、I、J。在"紧前多个"的前提下，结合实例，分四种情况加以说明。

第一种情况：紧前多个，部分相同，相同部分，虚线射出。

在表5-9中，M的紧前工作有两个，K和L，其中一部分紧前工作K和N的紧前工作K相同，那么这个相同部分K，应有虚线射出。

画图时，M的前面有两个工作，L和K，M应划在L后面，与K应用虚线连接。一般网络图要求一个始点，一个终点，所以K、L应从始点引出；M、N应汇合到一个终点，如图5-15所示。

表5-9 第一种情况工作明细表

工作名称	紧前工作
K	—
L	—
M	K、L
N	K

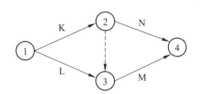

图5-15 紧前多个，部分相同

第二种情况，紧前多个，没有相同，找其紧前，如果相同，任选其一，画为实线，其余部分，虚线射出。

在表 5-10 中，工作 K 的紧前工作有两个，F 和 J，属于"紧前多个"。在其他工作的紧前工作中再找不到 F 和 J，也就是"没有相同"。在这种情况下"找其紧前"，就是分别找 F 和 J 的紧前工作是什么？结果 F 的紧前工作是 B，J 的紧前工作也是 B，"如果相同"是看一下 F 和 J 的紧前工作是否相同？现在就是"B"，相同。在这种情况下，在 F 和 J 中，任选一个，画成实线，而余下的另一个则应引出虚线，如图 5-16 所示的两种情况是等价的，都符合明细表所规定的工作之间的逻辑关系。如果 F 和 J 的紧前工作不相同，就没有虚线，此时应合二为一，即 F 和 J 汇合到一点，再从汇合点引出 K。

表 5-10　第二种情况工作明细表

工作名称	紧前工作	工作名称	紧前工作
B	—	J	B
F	B	K	F、J

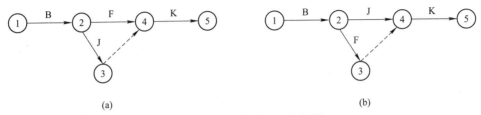

(a)　　　　　　　　　　　　　　(b)

图 5-16　紧前多个，没有相同

第三种情况，紧前多个，完全相同，找其紧前，如果相同，任选其一，画为实线，其余部分，虚线射出。

在表 5-11 中，工作 E 的紧前工作与工作 F 的紧前工作都是 B、C、D，"完全相同"。在这种情况下，分别找 B、C、D 的紧前工作，结果都是"A"，相同，则在 B、C、D 三个中任选一个（如 C）画为实线，其余部分（B 和 D）引出虚线。在明细表中附有工时栏时，"任选其一"可改为"工时长者"，在 B、C、D 三个工作中 C 的工时最长，所以画成实线，B、D 工时较短，则引出虚线。这样画出的图形更加清晰，符合有时间坐标网络图的要求。在表 5-11 中，工作 G 的紧前工作也是多个，E 和 F，在其他工作的紧前工作中，再也找不到 E 和 F，属于第二种情况，"没有相同"，而 E 和 F 的紧前工作都是 B、C、D，相同。又由于 E 的工时较长，在这种情况下，则 E 画为实线，由 F 引出虚线，如图 5-17 所示。

表 5-11　第三种情况工作明细表

工作名称	紧前工作	工时	工作名称	紧前工作	工时
A	—	3	E	B、C、D	5
B	A	3	F	B、C、D	2
C	A	6	G	E、F	2
D	A	4			

第四种情况，同一紧前，分别相同，与其连接，都用虚线。

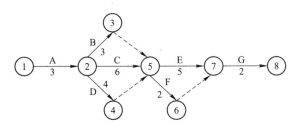

图 5-17　紧前多个，完全相同

在表 5-12 中，工作 E 的紧前工作有两个，B 和 D。其中 B 与工作 C 的紧前工作 A、B 中的 B 相同，而 D 与工作 G 的紧前工作 D、F 中的 D 相同，根据第一种情况"部分相同"的原则，B、D 均有虚线射出，直观上 E 的两个紧前工作，分别与其他工作的紧前工作相同，在这种情况下，只能用虚线与 E 连接。另外工作 C 的紧前工作有两个，其中 B 与工作 E 的紧前工作有"部分相同"的关系，故 B 有虚线引出。同理，工作 G 的紧前 D、F 中，D 有虚线引出。"同一紧前，分别相同"实际上是第一种情况"部分相同"的一种特殊情况。最后，H 的紧前工作是 C、E、G，初步判断属于第二种情况"没有相同"，但 C 的紧前工作是 A、B，E 的紧前工作是 B、D，G 的紧前工作是 D、F，它们的紧前工作是不相同的，所以没虚线，画图时应将 C、E、G 合并到一点，如图 5-18 所示。

表 5-12　第四种情况工作明细表

工作名称	紧前工作	工作名称	紧前工作
A	—	E	B、D
B	—	F	—
C	A、B	G	D、F
D	—	H	C、E、G

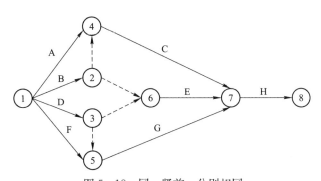

图 5-18　同一紧前，分别相同

总之，在紧前多个的情况下，用这四条原则加以判断，符合者则有虚线射出，不完全符合者则把紧前多个工作合并到一点。

（3）编号。

为便于对网络图的管理和计算，网络图中的事项要统一进行编号，每个事项均应编排一个顺序号，由左向右，箭尾编号要小于箭头编号，不能重复编号，可以跳跃，不一定连续。

根据上述规则和表 5-8 所规定的工作之间的关系，画出的网络图和编号情况如

图 5-19 所示。

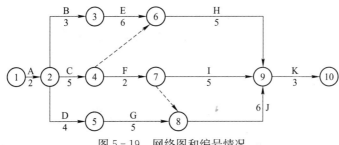

图 5-19　网络图和编号情况

2. 模型时间参数

模型时间参数包括工作时间，以事项为对象的 3 种参数，以工序为对象的 6 种参数。

1）工作时间

工作时间是运用网络计划模型最基本的数据。工作时间单位（小时、日、周、月等）应根据具体情况而定。某一工作如有现成的工时定额，则直接填入明细表，对于第一次干，没有工时定额的工作，可找有经验的人员一起协商，根据正态分布的原理，可用下式求出该工作完成时间的估计值：

$$t = \frac{a + 4m + b}{6}$$

式中：a——该工作最快完工的估计时间；

　　　m——该工作最可能完工的估计时间；

　　　b——该工作最慢完工的估计时间。

例如，表 5-8 中工作 E 的三个估计时间为：4-6-8，运用三时估计法计算公式可得：

$$t_E = \frac{4 + 4 \times 6 + 8}{6} = 6$$

在网络时间参数计算中，工作时间用符号 $t(i, j)$ 表示，i 为该工作箭线尾事项的编号，j 为箭头事项的编号。如图 5-13 所示，工作 E 的工作时间可以用 $t(3, 6) = 6$ 的方式来表示。

2）事项时间参数

事项时间参数有 3 个：事项最早开始时间、事项最迟结束时间、事项时差。

（1）事项最早开始时间。

事项最早开始时间用符号 $t_E(j)$ 表示，j 为箭头所指事项的编号。事项最早开始时间是指从始点到该事项最长路的时间总和。因此，作为一项任务首项工作的始点事项的最早开始时间等于 0；某一箭头所指事项的最早开始时间，由它的箭尾事项的最早开始时间，加上本身工时决定。如果有多条箭线与箭头事项相连，即多箭线射入某一事项的情况下，应选其中箭尾事项最早开始时间与相应工时相加之和的最大值为该事项的最早开始时间。综上所述，用数学公式表示，则有：

$t_E(1) = 0$　　式中 ( ) 里的 1 为始点号

　　　　　　$t_E(j) = \max\{t_E(i) + t(i, j)\}$　　$(j = 2, 3, \cdots, n)$

事项最早开始时间的计算，应从始点开始，从左到右，顺箭线方向前行，结果用"□"括起，标在相应的事项点旁。根据表 5-8 所示数据，各事项的最早开始时间计算结果如图 5-20 所示。

（2）事项最迟结束时间。

事项最迟结束时间用符号 $t_L(i)$ 表示，i 为箭尾事项的编号。事项最迟结束时间，是指如在这个时刻该事项不完工，就要影响其紧后各工作的按时开工及总完工期。作为终点的最迟结束时间就是项目的总完工期，并且数值与终点的最早开始时间相等。一个箭尾事项的最迟结束时间，由它的箭头事项的最迟结束时间减去相应的工作时间决定。如果从此箭尾事项引出多条箭线时，即在多箭线由某一事项射出的情况下，应选其中箭头事项的最迟结束时间与相应工作时间相减之差的最小值为该事项最迟结束时间。综上所述，用数学公式表示，则有：

$$t_L(n) = t_E(n) \quad （式中 n 为终点编号）$$

$$t_L(i) = \min\{t_L(j) - t(i, j)\} \quad (i = n-1, n-2, \cdots, 1)$$

事项最迟开始时间的计算，应从终点开始，从右到左，逆箭线方向进行，结果用"△"括起，与表示最早开始时间的"□"上下排列，标在相应的事项点旁，如图 5-20 所示。

（3）事项时差。

事项时差用符号 $S(i)$ 或 $S(j)$ 表示。i 和 j 分别为箭尾事项和箭头事项的编号。

事项时差是指在不影响整个项目完工期或下一个事项最早开始的情况下，该事项可以推迟的时间。计算方法是用该事项的最迟结束时间减去最早开始时间。用数学公式表示，则有：

$$S(i) = t_L(i) - t_E(i)$$

或

$$S(j) = t_L(j) - t_E(j)$$

若时差为零，并满足条件：

$t_E(j) - t_E(i) = t_L(j) - t_L(i) = t(i, j)$ 的事项，称为关键事项，将它们按编号顺序从始点到终点串联起来，就是所要寻求的关键线路。

3）工序时间参数

工序的时间参数有 6 个：工序最早开始时间、工序最早结束时间、工序最迟开始时间、工序最迟结束时间、工序的总时差、工序的分时差。

（1）工序最早开始时间。

一个工序必须等它的紧前工序完工以后才能开始，在这以前是不具备开始条件的，这个时间值称为工序的最早开始时间，即紧前工序全部完成，本工序可能开始的最早时刻。工序的最早开始时间，用符号 $ES(i, j)$ 表示。计算方法是用该工序的紧前工序的最早开始时间，加上紧前工序的工时，当遇到紧前工序有多个时，应选其中最早开始时间加上该项工序之和的最大值。与始点相连接的各个工序的最早开始时间等于 0。计算时应从与始点相连接的工序开始，从左到右，依次计算。综上所述，用数学公式表示，则有：

$$ES(1, j) = 0$$

$$ES(i, j) = \max\{ES(h, i) + t(h, i)\} \quad (h < i < j)$$

某项工序的最早开始时间，数值上与该工序箭尾事项的最早开始时间相等，即

$$ES(i, j) = t_E(i)$$

如事项时间参数已经算出，某项工序的最早开始时间照抄箭尾事项的最早开始时间即

可。将工序最早开始时间的计算结果，填入相应工序上（下）方的第一个方框中。

（2）工序最早结束时间。

某项工序的最早结束时间是指一个工序必须等它紧前各工序完工后，其自身也完工的时间，用符号 $EF(i, j)$ 表示。其时间值等于该工序最早开始时间加上自身的工时，即：

$$EF(i, j) = ES(i, j) + t(i, j)$$

在网络图上就是把箭线上（下）方第一个方格中的数，加上所在箭线上的工序时间，其结果填入第二个方格中。

与终点相连工序的最早结束时间为总工期，当有多个工序与终点相连时，总工期为各工序最早结束时间的最大值，即：

$$总工期 \max\{EF(i, n)\}$$

（3）工序最迟开始时间。

某项工序的最迟开始时间是指在不影响其紧后各工序按时开始，该工序最迟必须开始的时间值。用符号 $LS(i, n)$ 表示。计算方法是用该工序的紧后工序的最迟开始时间，减去本身的工时。当遇到紧后工序有多个时，应选其中紧后各工序最迟开始时间，分别减去该工序工时之差的最小值。与终点相连接的各工序的最迟开始时间，等于总工期减去各自的工时。计算方向是从与终点相连的工序开始，由右到左，依次计算。综上所述，用数学公式表示，则有：

$$LS(i, n) = 总工期 - t(i, n)$$
$$LS(i, j) = \min\{LS(j, k) - t(i, j)\} \quad (i < j < k)$$

某项工序的最迟开始时间，数值上等于该工序箭头事项最迟结束时间减去自身工时之差，即：

$$LS = t_L(j) - t(i, j)$$

工序最迟开始时间的计算结果，填入相应箭线上（下）方的第三个方格。

（4）工序最迟结束时间。

某项工序的最迟结束时间，是指为了不影响紧后各工序按时开始，该工序本身最迟完工的时间，用符号 $LF(i, j)$ 表示，其时间值等于该工序最迟开始时间加上自身工时之和，即：

$$LF(i, j) = LS(i, j) + t(i, j)$$

某项工作最迟结束时间，数值上等于该项工作箭头事项的最迟结束时间，即：

$$LF(i, j) = t_L(j)$$

（5）工序的总时差。

某项工序的总时差是指该工序的完工期，在不影响整个项目总工期的条件下，可以推迟的机动时间，用符号 $TF(i, j)$ 表示。其时间值等于该工序的最迟开始时间减去最早开始时间，或该工序的最迟结束时间减去最早结束时间。计算结果用方括号括起，标在相应工序箭线的下方。某工序的总时差，数值上等于该工序箭头事项的最迟结束时间，减去箭尾事项的最早开始时间，再减去工时。综上所述，用数学公式表示，则有：

$$TF(i, j) = LS(i, j) - ES(i, j)$$
$$= LF(i, j) - EF(i, j)$$
$$= t_L(j) - t_E(i) - t(i, j)$$

　　总时差在网络图的作业线路中，可以串用，但不是从始至终，而是以关键线路分段，即有时差的工序箭线与关键线路相遇时，就为一段，其时差不能再往下串用。在某一段内，作为该段的总时差是取其中的最大值，而不是各工序总时差之和。例如，在 D→G→J 这段总时差是 3，而不是（3+3+1），这段内的三个工序的总时差可以串用，但这段内三个工序总推迟时间是 3 个单位时间，如 D 已推迟了 3 个单位时间，则 G、J 就不能再推迟了。

　　把总时差为零的各工序依次连接起来，就是关键线路。

　　（6）工序的分时差。

　　某项工序的分时差是指一个工序的完工期，在不影响紧后各工序最早开始的条件下，可以推迟的时间。用符号 FF(i, j) 表示。其时间值等于该工序的紧后工序最早开始时间减去本工序的最早结束时间。计算结果用圆括号括起，标在相应箭线的下方。某工序的分时差，数值上等于该工序箭头事项的最早开始时间，减去箭尾事项的最早开始时间，再减去工时。综上所述，用数学公式表示，则有：

$$FF(i, j) = ES(j, k) - EF(i, j) \quad (i < j < k)$$
$$= t_E(j) - t_E(i) - t(i, j)$$

　　各工序的分时差，只能为本工序所用，不能与其他工序串用，在以关键线路分段的某一段线路内，各工序分时差的总和等于该段内总时差的最大值。在图 5-20 中，D→G→J 这一段中分时差分别是 0、2、1，与此段总时差的最大值相同。

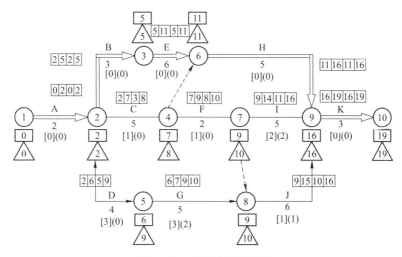

图 5-20　时间参数计算图

　　上述事项时间参数、工序时间参数，均可利用电脑软件实现自动计算。

5.2.3　业务流程再造与商业模式创新

　　业务流程再造的思想最初起源于美国。信息技术革命的出现使得企业的经营环境发生了根本的变化，特别是日本、欧洲等新兴势力的崛起，美国的企业界面临着巨大的竞争压力。美国管理学界于是就这一新的问题展开了讨论：如何才能保持和增强美国产业界的竞争力。

　　在此背景下，哈默和钱皮教授提出了解决"大企业病"，使美国企业保持竞争力的流程再造理论。在以顾客、竞争和变化为主要特征的现代经验环境中，企业要关注市场需求和提高客户满意度，就必须运用一切技术方法和管理手段对企业现有的业务流程进行全面和根本性的再设计，以实现在成本、质量、服务和速度等方面的巨大改善。

业务流程再造理论是将之前的管理理论进行集成的结果，它集成了起源于泰勒科学管理制的流程思想、组织管理理论、组织创新理论、信息化及功能理论、全面质量管理理论和精益生产等。业务流程再造理论提出后，大批学者致力于完善业务流程再造的理论和方法体系。

哈默认为业务流程再造是激进式的，"12个月的时间足够了"。然而，Stoddard（1995）通过三个再造项目的规范研究表明，业务流程再造实施方式随着时间的推移越来越渐进，并将关注的焦点放在了组织的软系统，如人、价值观等方面，而人的再造需要"几年时间来完成"。后来，钱皮也认识到组织结构和企业文化对再造的影响不可忽视，业务流程再造是一项长期工程，甚至需要十年的时间来完成。激进也好，渐进也好，学者们对业务流程再造的研究传递出一个信息：再造的目的是组织更有效率。

卡普兰的战略地图描述了组织如何创造价值，他将流程分为运营管理流程、客户管理流程、创新流程、法规与社会流程，每类流程里面又包含了若干重要的子流程。它认为高效协调的内部流程决定了价值的创造和持续。企业必须关注少数几个关键内部流程，因为这些流程不但传递了差异化的价值主张，而且对提高生产效率至关重要。多数文献认为，信息技术是业务流程再造的"使能器"（enabler）。Holmstrom分析了在企业分销渠道中，通过流程再造将顾客信息系统一体化来提高营销绩效。

业务流程再造有高达70％的失败率，说明至今仍未搞清楚：流程追求的效率与企业的价值之间是什么关系？这一问题在业务流程再造的理论中没有解释清楚。效率与价值需要放到同一个系统中，借助其他要素才能解释清楚二者的关系，这一个系统就是商业模式的逻辑系统。

商业模式的概念中包含了流程。早在1996年，就有学者将商业模式的特定要素概括为全球核心、管制、业务单位、服务、连接，其中业务单位和连接在某种程度上反映了流程的内涵。Timmer是最早研究商业模式的学者之一，他指出商业模式是一个包括多方面内容的复合概念，是由产品流、服务流、信息流及其价值创造过程所组成的体系结构。也就是说，最早的、经典的商业模式定义反映的就是与组织相联系的业务流程及其他关键要素相互协同的商业逻辑。Mitchell和Coles（2004）曾将商业模式创新与企业降低成本的过程创新联系在一起，将商业模式定义为"5W2H"，即：一个组织在何时（when）、何地（where）、为何（why）、如何（how）和多大程度（how much）地为谁（who）提供什么样（what）的产品和服务，并开发资源以持续这种努力的组合。

商业模式是一个整体，在这个整体中流程是非常重要的一环。流程管理中的价值实现，流程管理思想中的环境应对，都在商业模式创新中得以具体的实现和实施。从人们开始关注商业模式之时，商业模式创新与流程管理就密不可分了。商业模式创新系统中包含了流程，流程管理作为一项重要的变革工具催生了商业模式创新。

1. 在流程再造中实现了商业模式要素创新

商业模式创新必须借助流程再造的力量。近年来，企业开始关注商业模式，但商业模式并不等同于盈利模式，后者只是商业模式的重要组成部分。要达成成功的商业模式，实现盈利，需要贯穿于整个企业的流程来"串珠成线"。作为商业模式重要组成部分的流程是商业模式创新的基础。二十多年的流程再造理论与实践，也为基于流程的商业模式创新提供了理论依据和实践经验。

不管是来源于何种途径的商业模式创新，必然会带来组织变革。如海尔的商业模式创新，本质上改变了组织结构，让客户到了金字塔的顶端，一线经理、员工直面客户，原来在最高端的领导，成了组织结构的最下端，从发号施令者变成了提供资源者。这个过程的实现依靠的就是业务流程再造，也可以说业务流程再造的成功最终形成了海尔完美的组织颠覆。

2. 流程再造固化了商业模式创新

流程从内部固化了商业模式。通过流程表现出来的能力往往具备因果模糊性和社会复杂性，牵扯到的各方之间的配合也通常需要一段时间才能达成契合。在这个过程中，流程组织方式成为一种工具完成商业模式创新的价值传递，从而培育了企业的核心竞争力。从商业模式创新的创意到流程磨合，再到企业核心竞争力的形成，完成了商业模式创新的落地，达到了商业模式创新的效果，更重要的是促成了商业模式创新概念的生根发芽。

企业经过流程管理，新的商业模式被流程融合，被组织接纳，与原有的模式融为一体，成为不易模仿的商业模式。之所以不易模仿，是因为商业模式创新中的价值产生、传递与分享过程融入了企业流程中。如果把企业比作人，那么流程就是人体内的血液，流程带着新的商业模式"养分"输送到企业的每一个环节中，成为一个具有高度自主性的新商业模式。

3. 流程再造完成了商业模式匹配

流程是效率的载体，企业从投入到产出之间是流程在起作用；企业的市场响应速度和产品或服务的质量受到流程的显著影响。而市场响应速度和产品或服务的质量对于企业的绩效影响是尤其显著的。

从这种意义上说，流程是实现商业模式创新效率逻辑的关键因素。它是一种内在的力量，触发商业模式其他要素朝着效率的方向运行。通过优化流程能够利用好商业模式创新中建立起来的重要资源，能够降低成本，能够与重要合作伙伴建立更加紧密的合作关系。流程再造中的信息化为商业模式创新的实施带来了提高效率的核心资源，借助信息技术，企业可以搜集更全面的信息，更快地处理信息，更好地实现需求到流程再到需求的转变。以流程为关键的主线落实商业模式创新中的价值主张。

同样的，流程再造必将完成商业模式创新中价值逻辑的匹配。以顾客需求为拉动的流程再造实现了商业模式创新中企业与顾客关系的转变，重构了渠道通路，带来了新的收入来源。流程从顾客开始又回到顾客，在满足细分客户需求的过程中稳固了企业顾客的关系，凝聚了渠道的力量，在为顾客创造价值的同时增加了企业的收入来源。

4. 再造后的流程执行了创新后的商业模式

流程在管理系统中始终是一个内部概念，其与顾客的界面管理需要借助另外的因素来完成。商业模式创新以顾客价值主张为起点，以顾客价值分享为终点。从这种意义上说，商业模式包含了流程。商业模式本身既包含了企业内部的结构，也包含了企业与外部利益相关者的合作界面，流程管理中的顾客界面当然也是包含其中的。所以商业模式可以直接以其价值主张来回应顾客，从而完成流程再造不能直接完成的任务。

商业模式创新或多或少会带来组织内部要素的变化，这些变化能够平稳过渡，使得组织运行"软着陆"，需要的就是流程再造。通过流程再造，将创新中的变化融入新的商业模式中，尽可能克服变革障碍，达成商业模式创新的有效执行。

镶嵌于商业模式中的流程是以商业模式创新为关注点进行再造的，它也成为商业模式创新执行最有利的工具。经由流程再造的商业模式创新，深植于企业土壤中，具备自适应能力和自学习能力，能够完成自我复制，完成了商业模式创新的执行。

5.3 智 能 控 制

控制论发展到今天，经历了三个主要的发展阶段。第一阶段是从 20 世纪 40 年代开始到 60 年代，主要解决单输入单输出的问题，所研究的系统多半是线性定常系统，称为经典控制理论阶段。第二阶段从 20 世纪 60 年代到 70 年代，研究多变量控制系统设计，解决多输入多输出的问题，称为现代控制理论阶段。第三阶段是从 20 世纪 70 年代末至今，控制理论朝着两个方向发展，一个是大系统理论，另一个是智能控制理论。大系统理论代表控制理论向广度方向发展，智能控制理论将人类的智能如自适应、自组织、自学习、探索、创造等能力引入控制系统，使控制系统具有识别、决策等能力，是一门多学科交叉的新兴学科。

5.3.1 主要技术方法与应用

自 1985 年智能控制专业委员会成立以来，智能控制被控制界所公认，形成了智能控制的研究热潮。随着系统论、控制论、信息论和人工智能技术的发展，智能控制技术方法取得了突破性进展。主要的智能控制技术有以下六种。

1. 分级阶梯智能控制系统

分级阶梯智能控制系统又称分级控制系统，在研究早期学习控制系统的基础上，从系统过程出发总结人工智能与自适应控制、自学习控制和自组织控制的关系之后而逐渐形成的，是智能控制最早的理论之一。分级阶梯智能控制系统是智能控制最早应用于工业实践的一个分支，它对智能控制系统的形成起到了重要作用。分级阶梯智能控制系统自下而上分为三级：执行级、协调级、组织级，并规定各级之间实现"智能递增精度递减"的原则。执行级用于高精度局部控制；协调级用于按照知识和实际输出进行控制参数调整；组织级则进行推理、决策和学习。这种分级阶梯智能系统的优点是控制路线明确，易于解析描述，智能表现为传统的"感知、思考、动作"等有意识行为。它已成功应用于机器人智能控制、交通系统智能控制等领域。

2. 专家控制系统

专家控制系统是将人的感知经验与定理算法相结合的传统智能控制方法，专家控制系统已经获得了非常迅速的发展，广泛应用于医疗诊断、图像处理、石油化工、地质勘探等领域。专家控制系统由知识库、知识获取、推理机和解释器四个基本部分组成。知识库用于存储领域内的原理性知识、专家的经验知识以及有关的实施等。知识获取是修改知识库中原有知识，完成知识扩充的重要手段。推理机根据当前的输入信息，利用知识库中的知识，按照一定的推理策略处理和解决当前的问题。解释器则根据知识的语义，对找到的知识进行解释，向用户提供一个认识系统的窗口。专家控制系统需要具备下述性能：① 高可靠性及长期运行的连续性；② 在线控制的实时性；③ 优良的控制性能及抗干扰性；④ 使用的灵活性及维护的方便性。

3. 模糊控制系统

模糊控制最早提出者之一是美国著名控制论专家 L. A. Zadeh，1965 年他发表了模糊集合论。模糊控制是应用模糊集合理论，从行为上模拟人的模糊推理和决策过程的使用方法，它是一种能够提高工业自动化能力的控制技术，是智能控制的一个十分活跃的研究领域。模糊控制的特点是：① 模糊控制是一种基于规则的控制，它是基于自然语言描述规则的控制方法，现场操作人员或相关专家根据控制经验和知识建立被控对象的数学模型；② 适用于数学模型无法建立或难以建立、动态特性不易掌握或变化非常显著的对象；③ 鲁棒性强，减弱了干扰或参数变化对控制效果的影响，适合于控制非线性、时变及纯滞后系统。

4. 神经网络控制系统

基于人工神经网络的控制，称为神经网络控制。它是从机理上对人脑生理系统进行结构模拟的一种控制和辨识方法，是介于符号推理和数值计算之间的一种数学工具，具有良好的学习和适应能力。神经网络控制系统具有较好的智能性和鲁棒性，可处理高维、非线性、强耦合和不确定性的复杂的工业生产过程的控制问题，它的显著特点是具有学习能力，能够不断修正神经元之间的连接权值，并离散存储在连接网络中。神经网络控制系统对非线性系统、难以建模的系统都能进行良好的映射，通过修正权值（可以认为是修正映射）以达到期望的目标函数。这些特点使得神经网络成为非线性系统建模与控制的重要方法。因此，神经网络成为非线性预测控制的关键技术之一。

5. 进化计算与遗传算法

进化计算是在生命科学与工程科学的相互交叉、相互渗透、相互促进的过程中产生的，它是用生物进化自然选择工程中所表现出来的优化规律和方法来研究复杂的工程技术领域或其他领域所提出的传统优化理论和方法难以解决的优化问题。进化计算包括遗传算法、进化规划、进化策略三方面的内容。遗传算法是基于自然选择和基因遗传学原理的搜索算法。遗传算法的主要特点是群体搜索策略和群体中个体之间的信息交换，搜索不依赖于梯度信息。它尤其适用于传统搜索方法难以解决的复杂和非线性问题，可广泛用于组合优化、机器学习、自适应控制、规划设计和人工生命等领域。

6. 集成智能控制系统

集成智能控制系统融合了多种智能控制方法或机理，它不仅是方法研究的交叉，而且也是多学科研究的交叉和发展，在工程实际中可以获得很好的控制效果。它既能发挥智能控制的优点，也能发挥传统控制方法的优点。这些交叉和结合包括模糊变结构控制、自适应模糊控制、自适应神经网络控制、神经网络变结构控制和专家模糊 PID 控制等。

智能控制具有较强的学习能力、适应能力和组织能力，能克服被控对象和环境所具有的高度复杂性和不确定性，实现有效控制，应用范围非常广泛，生活中看到、听到、用到的高新前沿技术装置都存在智能控制系统。目前，智能控制主要的应用领域有以下几个方面。

（1）工业过程中的智能控制。

在工业过程中智能控制的应用包括智能 PID 控制器、专家控制器、模糊推理控制器等。许多工业生产过程中，如化工、材料加工、轧钢等，由于对其系统运行状况和过程的信息了解较少，需要运用智能控制。生产过程的智能控制主要由局部级和全局级组成。局部级是将智能控制引入工艺过程的某一单元，全局级是将智能控制引入整个操作工艺。针对复杂的被控系统，单一的控制方法很难取得最优的控制效果，将智能控制与常规控制结合起来，取长补短，充分发挥各自优势，吸收新的人工智能和计算智能方法，从全局上提高控制系统的智能化水平的综合智能化控制成为控制理论研究和应用的热点。

（2）机械制造中的智能控制。

智能控制应用于机械制造领域，解决了传统控制不能很好地适应多变复杂对象的难题。智能控制技术在工程机械上的应用大大提高了产品的作业质量和生产效率，节省了能源，保护了环境，简化了操作，方便了日常维护保养和维修。在机械制造过程中我们可以通过模糊集合和模糊关系来选择器械的控制动作；通过神经网络自身的学习能力和并行信息处理能力，对系统模式进行辨识，并进行相应的信息处理。

（3）电力电子系统中的智能控制。

电力电子系统是一个非线性系统，而神经网络具有典型的非线性特性、并行处理能力、强鲁棒性以及自组织、自学习能力。因此，神经网络控制应用于电力电子系统，有非常大的潜力。在电力电子系统中引入智能算法，能够取得较好的控制效果。例如：我们可以通过遗传算法对电力电子设备进行优化处理，用以降低成本，提高产品设计效率；在电流控制PWM 技术中引入智能控制的思想，也能提高控制效率。

智能控制已经广泛应用于工业、农业、军事等多个领域，解决了大量的传统控制无法解决的现实控制问题，呈现出强大的生命力和发展前景。

5.3.2　人机分工协作

随着智能控制的发展和广泛应用，机器会不会代替人，机器人会不会打败人类成为广受争议的问题。早在电脑进入企业领域时，就有此争论。机器人也好，电脑也好，都影响着管理系统，所有争论核心实质上都是人机关系问题。

1979 年著名哲学家 Hubert Dreyfus 发表《计算机不能做什么》一书，提出了一些根本性的问题。他把智能活动分成四类：第一类是刺激—反应，这是心理学家最为熟悉的领域，其中包括同有关活动无关的、各种形式的初级联想型行为。第二类是帕斯卡的思维领域，它由概念世界而不是感知世界构成，问题完全形式化了，并完全可以计算。第三类是原则上可能形式化而实际上无法驾驭的行为，称为复杂形式化系统，包括那些实际上不能用穷举法处理的，因而需要启发式程序的系统。第四类是非形式化的行为领域，包括有规律但无规则支持的、人类所有的日常活动。在该书的最后一节，标题是人工智能的未来，提出了人与机器相结合的观点，从应用上来谈论人脑与电脑的彼此替代未免空泛，不如研究使两者取长补短的人机共生系统，鲜明地提出了"人同电脑一起，能够完成谁也无法单独完成的事"。

关于人机结合的智能系统，我国著名学者钱学森 1991 年 4 月 18 日曾作过专题报告，他说："智能机是非常重要的，是国家大事，关系到 21 世纪我们国家的地位。如果在这个问题上有所突破，将有深远的影响。我们要研究的问题不是智能机，而是人与机器相结合的智能系统，不能把人排除在外，是一个人机智能系统。"这个报告中心内容包括3 个方面：① 人的意识活动是很丰富的，包括自觉的意识、下意识，人是靠这些来认识世界的；② 在认识世界和改造世界中，人始终发挥着主导作用，我们要研究的是人和机器相结合的智能系统；③ 现在还不能很快实现这种人机智能系统，目前只能做些

"妥协"，实事求是，尽量开拓当前计算机科学技术，使计算机尽可能地多帮助人来做些工作。

与国际系统科学的新发展（如复杂性科学、大系统控制等理论）相比，虽然都是针对规模庞大、结构复杂的一类系统，但国外侧重于通过建模和仿真等定量方法对客观系统开展研究，其存在的主要问题是，对类似发展战略、重大项目评估等涉及全局的复杂巨系统问题，建模困难，分析结果可信性不高。

钱学森在提出"定性定量综合集成法（meta synthesis）"后，又发展到了"从定性到定量综合集成研讨厅"①。它的实质是将专家群体、统计数据和信息资料、计算机技术三者结合起来，构成一个高度智能化的人－机结合系统。"研讨厅"是钱学森先生独创的系统科学理论和思想，它集成了现代计算机技术和专家体系，用于解决复杂系统决策问题的、供专家群体（领域专家及决策者）使用的人－机结合的综合集成决策支持环境。"从定性到定量综合集成研讨厅"强调复杂系统中人的能动作用，"把各种学科的科学理论和人的经验与知识结合起来"的思想在系统科学领域独树一帜，通过将领域专家群体引入系统中，利用专家的经验知识和判断对系统进行整体把握，并把各种定性和定量分析模型的分析结果与专家的经验判断结果有机融合在一起，真正实现了定性定量相结合，从而大大扩展了解决实际问题的能力。研讨厅系统的实现以系统工程理论和方法为基础，采用现代信息技术，集系统管理、数据库管理、模型库管理和专家研讨功能于一体，把专家研讨作为实现人机结合的手段，以网络化的领域专家研讨会议为使用方式，基于浏览器－服务器的计算机网络结构，使信息、模型和领域专家三者有机地结合在一起。

"从定性到定量""综合集成""研讨"是系统实现的 3 个关键主题。"从定性到定量"就是把专家的定性知识同模型的定量描述有机地结合起来，实现定性知识和定量变量之间的相互转化，对于复杂巨系统问题，需要把各种分析方法、工具、模型、信息、经验和知识进行综合集成，构造出适合于问题的决策支持环境，以利于对复杂问题的解决，对于结构化很强的问题，主要用定量模型来分析；对于非结构化的问题，更多的是通过定性分析来解决，对于既有结构化特点，又有非结构化特点的问题，只有采取定性定量相结合的方式。"综合集成"是指集成系统的各种资源，建立提供决策支持的开放式系统，在分布网络环境下，包括专家群体头脑中的知识，以及将决策支持所需的数据库、模型库、方法库、知识库和问题库有机地连接成一个整体，并且根据决策问题使各部分实现优化的配置组合，使之在决策中发挥作用。这里的"研讨"是指分析问题人员的群体协同工作，充分地利用定性定量模型和数据库等工具，实现人机的有机结合，研讨过程即是分析人员的知识和计算机系统的数据、模型和知识的不断的交互过程，也是研讨人员群体智能的结合和化合（产生新思路）。这样，通过"人－人、人－机、机－机"之间的协同工作，使专家群体的经验和知识、定性定量模型运算结果及数据相互融合，"研讨厅"按照系统科学的分析方法有层次地组织研讨过程的推进，形成了人－机交互、迭代，逼近优化结果的过程，从而实现定性定量相结合的综合集成。

从定性到定量综合集成法不是一门具体技术，是一种研究问题的思想，是一种指导分析复杂巨系统问题的总体规划、分步实施的方法和策略。这种思想、方法和策略的实现是通过

---

① 胡晓惠. 研讨厅系统实现方法及技术研究. 系统工程理论与实践，2002（6）.

以下几种技术的综合运用：定性定量相结合、专家研讨、综合集成、决策支持技术和分布式交互网络技术等。这几种技术的每一种只能从某一个侧面解决复杂巨系统问题，它们的综合运用是研究复杂巨系统问题的有效途径之一。

企业管理从本质上包括科学性和社会性两个方面，二者是相互影响、不可分割的。管理活动的抽象和简化，模型必须高于现实，如果企图用模型来"复制"现实管理活动，力求精确，就会使模型过于复杂，建模费时，求解困难，甚至失去实用价值。

真实地反映客观实践活动的规律是建模的基本前提。为此，一方面要了解一定的数理技术知识，能看懂用电脑求解的结果；另一方面也必须看到，对于错综复杂、千变万化的管理实践活动，必须去粗取精，去伪存真，才能对其活动规律有所认识，这就要依靠人的知识、经验、分析能力来界定问题边界，选择有关数据，研究模型框架，确定优化目标。模型一旦建立，就有其相对的规范性，而面对现实世界，模型的应用要靠人脑来掌握火候和尺度。现代管理决策实质上是一个"人脑＋电脑"的工作过程，人脑重在管理创新，电脑重在管理效率，人脑与电脑形成一种同事关系，各自完成自己最擅长的任务，依靠合作达到智慧大成。

下面以一元线性回归预测模型应用为例，仅限于从思路视角，对"人脑＋电脑"加以简单说明：

【例 5-3】 某地轻工部门要求预测 2021 年轻工产品销售总额。根据初步分析，销售总额直接同本地区的职工工资总额有关，同时预计 2021 年职工工资总额比 2016 年增加 30％。

一元线性回归模型是描述一个自变量与一个因变量之间相关关系的模型，一般表达式为：$Y＝a＋bX$。式中，Y 是因变量，X 是自变量，a、b 是回归系数。

利用一元线性回归模型预测的基本思路是先根据 X、Y 的历史数据，求出 a 和 b 的值，建立回归模型，再运用模型计算出不同的 X 所相对的不同 Y 值。

具体步骤如下：

(1) 收集历史数据。

假设已知 2006—2016 年逐年的产品销售总额和职工工资总额的数据，如表 5-13 所示。这部分工作主要是人脑，收集数据 X、Y 要成双成对，保证数据的真实性；同时注意数据在时间、地点、收入、职业、年龄等方面的均匀分布，以保证样本数据能代表总体的规律。

表 5-13　样本数据

年份	年销售总额(Y)/万元	职工工资总额(X)/万元	年份	年销售总额(Y)/万元	职工工资总额(X)/万元
2006	19.5	61	2012	41.1	211
2007	22.2	75	2013	46.2	244
2008	24.9	94	2014	53.1	298
2009	25.2	107	2015	61.5	349
2010	29.1	146	2016	66.9	380
2011	34.5	174			

(2) 计算 a、b 系数值，建立回归分析模型。

根据最小二乘法原理，a、b 值可用电脑求出：

$$a＝9.98$$

$$b = 0.147$$

求出模型：$Y = 9.98 + 0.147X$

（3）计算相关系数 r，进行相关性检验。

相关性检验就是判定 Y 与 X 的相关程度或两者之间的线性关系检验。

r 值的大小，反映了 Y 与 X 线性相关的程度，它的值一般为 $-1 < r < 1$。当 $r \approx 1$ 或 -1 时，Y 与 X 密切相关，数据点几乎全部在直线 $Y = a + bX$ 上。当 $r \approx 0$ 时，数据点无规律地散布，说明 Y 与 X 不相关即无线性关系。当 $-1 < r < 0$ 或 $0 < r < 1$ 时，介于上述两种情况之间。用电脑求出 $r = 0.998$，所以相关性检验通过。

（4）确定置信区间。

由于实际存在的误差，预测值不可能是一个确定值，而应该是一个范围或区间，一般要求实际值占这个区间范围内的概率达到 95% 以上，这个标准由人脑依据管理要求而定，这个区间称为预测值的置信区间。置信区间说明回归模型的适用范围或精确程度，当数据点在回归直线附近大致接近于正态分布时，这个区间应为 $Y \pm 2S$，其中 S 为标准离差。用电脑求出 $S = 1.1$。

（5）利用回归方程进行预测。

已知 2021 年工资总额比 2016 年的增加 30%，则 2021 年工资总额为：$380 \times 130\% = 494$（万元）。

将 2021 年工资总额代入预测回归方程，就可以预测出 2021 年产品销售总额。

上限：$Y_1 = 9.98 + 0.147 \times 494 + 2 \times 1.1 = 84.8$（万元）

下限：$Y_2 = 9.98 + 0.147 \times 494 - 2 \times 1.1 = 80.4$（万元）

故 2021 年的产品销售预测值为 80.4 万～84.8 万元。同时依据需求函数 $Q = f(P; P', I, E, \cdots)$，式中，$Q$ 为需求量，P 为该商品的价格，P' 为相关品价格，E 为心理因素。职工工资 I 为收入，只是其中一个因素，因此还要依靠人脑的洞察力，综合其他因素进行分析，以求比较准确的预测结果。上述计算可利用电脑自动求解。学习管理系统工程，与市场营销、统计分析等课程的重要区别之一，在于要把思考方法作为学习的重点。从"智慧大成"角度，横坐标为工作内容，纵坐标为工作步骤。上述内容的归纳列入表 5 - 14 中。

表 5 - 14　电脑与人脑的关系

工作步骤＼工作内容	电　脑	人　脑
1. 收集数据		X，Y 成对
2. 求 a，b	计算求解	
3. 模型检验	计算 $r = ?$	了解标准：$\approx +1$，-1
4. 确定区间	计算 $s = ?$	规定可信度：（95%）
5. 预测	代入求解	综合分析，洞察力

以上从预测决策的视角分析了人脑与电脑的分工协作。随着工业 4.0 时代的到来，在管理系统中存在大量的人机协作问题。根据埃森哲咨询公司的调查，全球 85% 的制造企业预计到 2020 年，制造业的技术焦点将转向"人机协作"。因此，机器人将成为企业的重要组成部分。机器人并不会也不能替代人的工作，而是增强人的能力。机器人具有精确、大规模和一致性等优势，可以完成对于人来说繁重且危险的工作；而企业员工则去

做更多需要发挥灵活性、创造性的工作，更具情境性的工作，处理更加复杂、不确定的项目。在生产过程中，机器人只有与企业的员工频繁的良性协作，才能发挥两者最大的潜能。人与机器人如何"共同"完成不同的任务是智能控制的各个层面应用需要解决的核心问题。就目前的智能控制应用而言，人机协作需要在以下三个方面继续探索完善技术手段和管理措施。

1. 要求机器人走向轻量化，以更便捷地与人进行无缝协作

一直以来，国际机器人市场都是一些由工程师为对应制造业设计的重型、昂贵且笨拙的机器人，但在实践应用中，并非所有的工业流程环节都需要大型机器人来提取较重的负载，取而代之的是轻便、敏捷的机械臂越来越多地承担了组装和提取工作。于是更加灵活的机械臂成为一种承担每天工作的可行性方案，小型的、低噪声的、低功耗的机器人是应对工业企业自动化和合理化需求最简单、最合理的解决方案。顺应市场需求，"协作机器人"悄然诞生，这种新型机器人能够直接和人类员工一起并肩工作而无须使用安全围栏进行隔离，并有望填补全手动装配生产线与全自动生产线之间的差距。迄今为止，部分企业尤其是中小企业依然认为机器人自动化过于昂贵和复杂，因而从不去考虑应用的可能性。然而，轻便灵活的"协作机器人"成了中小企业的福音。以汽车制造工厂为例，很多汽车装备工序都是由人类员工手工完成，这样装配成本很高，而将人工全部替换为机器人在技术上并不现实。如果机器人和人类没有紧密互动，则二者的生产潜力都无法发挥出来。"协作机器人"的出现把人类的灵活性、适应性和解决问题的能力与机器人的力量、耐久性和动作的准确性结合起来，这将能显著改善当今生产装配的困境。

2. 机器人与人交互的友好型需要提高

通过自然语言处理和语音识别技术促进员工与机器人的互动和交流；通过更好的人因工程设计增加友好型，比如保证机器人的表面和关节光滑且平整，不能带有尖锐的转角或者易夹伤操作人员的缝隙；借助可穿戴设备更快速地搜集信息，甚至增强人的身体能力。另外，还应当增强机器人的感知环境能力，通过感知环境改变自身的行为。比如，当机器人手臂撞击到人类手臂时，"协作机器人"可根据力觉传感器感知到人类手臂的存在，并及时做出停止、远离或其他保护人类安全的动作。

3. 提高人与机器人协作的能力

在目前的技术背景下，企业需要培训员工如何与机器人有效地协作，以更好地达成人与机器人能力的互补。启发员工更开放地看待人机协作问题，同时，侧重培训员工的学习灵活度，将重点从专业知识向行业知识转移，提高员工的创新能力，提高员工处理复杂情境的灵活应变能力。随着技术的发展，越来越多的智能机器人成为企业的员工。企业也应当增强对智能机器人的培训。通过培训员工训练机器人的能力来提高机器人的技能和智能。员工与机器人在协作的过程中，员工有效的反馈使得机器人越来越智能，在人机合作中发挥更大的作用。比如，操作工人以任意顺序将物体放入事先备好的钻孔中，机器人通过观察来预测他们放置物体的顺序，然后在工人将物体放入钻孔之前给钻孔涂抹胶水，提高工人的操作效率。再比如，通过有效的人机协作培训，普通的员工可以完成以前只有专家才能做的知识密集型劳动。比如现在已经实现的：借助人机协作，普通人就可以毫不费力地创造自己的应用软件。

就目前的智能控制对就业市场的影响而言，机器人并不会改变就业市场规模，它改变的是就业市场结构。越来越多的传统岗位将被机器人替代。人在这一波浪潮中，不断提升自己，去完成更高职能的工作。从这种意义上来说，技术的发展进一步推动了人类文明的进步。

未来的世界，必定是人和机器协作共同创造出来的世界。用双手和大脑创造价值的愉悦感，用智慧推动人类文明前进的使命感，是人类特有的情感，这个永远不会被机器人剥夺。可以预见的是，未来的智能控制系统仍然是以人为中心的，人与智能机械之间相互学习，发挥各自的特长，共同创造系统的最优效率和效果。

【案例 5 - 3】

"智慧家居"到"双智"战略，美的开放创新之路

2014 年，美的集团有限公司（简称"美的集团"）发布了 M-Smart 智慧家居战略，美的将战略转型为智慧家居。此后，美的集团开放、创新，全力推动美的智慧家居战略的发展落地，不仅联合华为、阿里、TCL、京东、小米等多家企业，还连续发起了东芝白电、德国库卡的多宗海外收购，加快落实了"智慧家居＋智能制造"的"双智"战略模式，战略性进军机器人产业，加速转型智能硬件公司。美的从一个单纯白色家电的厂商一跃变成全球性的制造与智能家电企业，在从传统企业智能化转型升级的道路上，不断地进行着尝试与探索。

2014 年 3 月 10 日，美的集团高级副总裁蔡其武在美的 M-Smart 智慧家居战略发布会上，对外公布了美的在智慧家居领域的战略构想和行动规划。"今后，美的集团将对内统一协议，对外开放协议，实现所有家电产品的互联、互通、互懂。"依托物联网、云计算等先进技术，美的集团将由一家传统家电制造商，（转）变为一家智慧家居创造商。根据规划，美的实施"1＋1＋1"战略，即"一个智慧管家系统＋一个 M-Smart 互动社区＋一个 M-BOX 管理中心"，通过打造"空气智慧管家""营养智慧管家""水健康智慧管家""空能源安防智慧管家"四大智慧家居管家系统来加速布局智能家居市场。

虽然之前国内外不少家电企业都提出了智能化战略，但大部分处于单品智能，或是技术层面、功能层面、操作层面等局部互联的状态，像美的集团这样发布全集团的智能化产品战略，横向打通所有家电产品，凸显美的产品及产业优势，这种成体系的建设智慧家居的战略，在全球范围内尚属首次。美的集团发布 M-smart 智慧家居战略，不仅是美的集团发力智能家居领域的重要里程碑，也是传统家电企业转型互联网思维的标志性事件。

2015 年，美的集团形成了"智慧家居＋智能制造"的"双智"战略模式。美的做到了开放、协作、融入，与安川电机（中国）有限公司合作成立机器人公司，正式进军机器人产业。美的与安川机器人的合作，被看作是强强联手。安川机器人产品技术领先，产业链方面，安川在行业中最齐全，有伺服电机、驱动控制系统等产品；美的熟悉用户的使用习惯及消费习惯，拥有强大的线上线下资源和智慧家居技术研发经验，这些有助于美的进入服务机器人领域。此外，美的内部的机器人需求量也在逐年增加，美的进军机器人产业是美的"双智"战略重要部分。

2016 年以来，美的加速"双智"战略的落地，旗下包括空调、冰箱、洗衣机、厨电、环电等事业部都加大了智能产品的投入和开发，并全面开放了 M-Smart 智慧家居平台，以吸引更多参与厂商，共同做大市场。在智能制造方面，美的先后与安川战略合作、参股芜湖

埃夫特以及收购德国库卡机器人公司。大数据以及云服务方面，美的也与 IBM、阿里云、亚马逊打通数据，共同实现售后服务、智能化、设备单体智能化、系统运作智能化以及跨品类设备联动等功能。美的与 TCL 作为白电与黑电的强者，建立合作关系也会加强双方的亲密感，合作后各取所需，双方携手布局智能家居，打破行业间壁垒，使资源和平台形成相对温和的共享。

无论是智慧家居还是智能制造，它不是某一个企业可以单打独斗的，必须是所有的企业本着开放、协作的基本原则共同去打造这样一个万物互联的系统。今后美的将系统整合旗下产业群优势和技术研发等优势资源，以传感、大数据、智能控制技术为手段，发挥全球最齐全的家电产品横向整合资源能力，实现全品类白色家电产品互联互通，致力于打造全球最齐全的智慧家居互联平台。

关 键 术 语

管理控制	management control
反馈	feedback
前馈	prior-response
优化控制	optimal control
优选	optimal selection
0.618 法	golden division law
网络计划评审技术	program evaluation and review technique
流程控制	flow control
正交试验法	orthogonal testing method
智能控制	intellectualized control

本 章 小 结

一般认为控制是"为了改善某个或某些对象的功能或发展，需要获得并使用信息，以这种信息为基础而选出的加于该对象上的作用"。[1] 管理控制应是具有输入、处理、输出功能，并通过反馈与前馈相互补偿，主动适应环境变化，不断提高企业素质的自组织体系。优化控制就是在各种不同的资源配置方案中，选择一个合适的方案，以最大限度地实现管理目标的要求。优化控制也是由于资源有限性而产生的选择过程。根据优化控制的要求，管理的重点应由事后算账、事中调整（反馈）转变为与事先优化（前馈）相结合的前馈—反馈耦合控制系统。

20 世纪 40 年代以来，日益发展的运筹学提出了很多通过建立数学模型进行优化的方

---

① 列尔涅尔. 控制论基础. 北京：科学出版社，1980：1.

法。但在管理工作中，有些要求优化的问题，往往很难用数学模型表达；或者即使建立了数学模型，求解也非常困难。因此，实际工作中经常应用直接试验方法，通过分析对比和逐步摸索来寻找各种因素的最佳点。优选法就是以数学原理为指导，用尽可能少的试验次数，尽快找到生产和科学实验中最优方案的一种科学试验方法。优选方法一般可按参与试验因素的个数分为单因素方法和多因素方法两类。单因素方法中比较成熟的是 0.618 法，多因素方法中比较常用的是正交试验法。

流程设计即通过对不同层次、不同阶段的有关活动次序的分析研究，找出实现预定目标的捷径。流程控制的基本类型有三种：连续型（sequential）、非连续型（non-sequential）和混合型（mixture）。连续型又称为流水型（waterfall），其特点是第一阶段完成后，才能进行第二阶段，当进行到第二阶段时，就不能再回到第一阶段的作业。一般适用于简单问题工作顺序的安排。非连续型的特点是使用反馈（feedback）修正、完善前一阶段的作业。适用于各阶段无法明确划分、复杂多变的问题。混合型又称嵌入阶段法（embeded phase approach）。首先，使用连续型，确定阶段的划分，然后，每个阶段划分为计划（P）、执行（D）、检查（C）、处理（A）四个步骤，采用旋进法，逐步改进整个工作过程。

网络计划模型主要应用于企业生产流程的组织和有关计划的管理，它的基本思路就是"统筹兼顾""求快、求好、求省"。流程再造与商业模式创新密切相关。商业模式是一个整体，在这个整体中流程是非常重要的一环。流程管理中的价值实现，流程管理思想中的环境应对，都在商业模式创新中得以具体的实现和实施。从人们开始关注商业模式之时，商业模式创新与流程管理就密不可分了。商业模式创新系统中包含了流程，流程管理作为一项重要的变革工具催生了商业模式创新。

人机协作的智能控制系统，实质上是一个"人脑＋电脑"的工作过程，人脑重在管理创新，电脑重在管理效率，人脑与电脑形成一种同事关系，各自完成自己最擅长的任务，依靠合作达到智慧大成。智能机器人并不会改变就业市场规模，它改变的是就业市场结构。越来越多的传统岗位将被机器人替代。人在这一波浪潮中，不断提升自己，去完成更高职能的工作。从这种意义上说，技术的发展进一步推动了人类文明的进步。未来的世界，必定是人和机器协作共同创造出来的世界。用双手和大脑创造价值的愉悦感，用智慧推动人类文明前进的使命感，是人类特有的情感，这个永远不会被机器人剥夺。可以预言的是，未来的智能控制系统仍然是以人为中心的，人与智能机械之间相互学习，发挥各自的特长，共同创造系统的最优效率和效果。

复习思考题

1. 举例说明管理优化控制的基本要点。
2. 举例说明在管理控制中如何达到智慧大成。
3. 简述流程控制的基本类型及适用范围。
4. 为提高某种材料质量，需加入一种稀有金属，估计最佳加入量为 2 000～3 000 g，试用 0.618 法，确定第一、第二试验点？若第二点较好，确定第三试验点？若第三点较好，确定第四试验点。

5. 根据表 5-15 试验结果：

表 5-15　正交试验表

试验号 \ 因素	A	B	C	产量
1	1	1	3	71
2	2	1	1	71
3	3	1	2	58
4	1	2	2	82
5	2	2	3	69
6	3	2	1	59
7	1	3	1	77
8	2	3	2	85
9	3	3	3	84

(1) 指出应按第几次试验的条件进行实际生产。

(2) 进行计算分析，确定重点因素，指出每个因素较好的水平。

(3) 画趋势图，并指出有关因素的调整方向。

6. 已知某种物资需求量呈季节性变化，其趋势模型为：

$Y=46.58+0.147X$，有关数据如表 5-16 所示；

表 5-16　数据表

月份	1	2	3	4	5	6	7	8	9	10	11	12	1
实际需求量	59	55	50	47	46	46	47	47	49	58	64	65	65

预测第二年 4、5、6 月份及第三年 1 月份需求量。

7. 某企业生产 A、B、C 三种产品，各种产品的单件利润、单件资源消耗量、企业现有资源总量及各产品的市场需求预测如表 5-17 所示。

表 5-17　市场需求预测表

资源 \ 消耗定额 \ 产品	A	B	C	现有资源总量
原料甲	5	8	2	500
原料乙	7	2	3	500
原料丙	6	5	7	600
市场需求量	40~60	≥20	≤30	
单件利润	7	8	5	

问：如何安排产品的产量计划，可使企业利润最多。列出线性规划模型（如有条件，可利用电脑求解）。

8. 已知某工程的网络图资料如表 5-18 所示：

表 5 - 18　资料表

工作名称	紧前工作	作业时间/日 (a-m-b)	工作名称	紧前工作	作业时间/日 (a-m-b)
A	—	1 - 3 - 10	F	B	3 - 8 - 15
B	—	2 - 5 - 8	G	C、E	2 - 5 - 9
C	—	3 - 6 - 9	H	D	2 - 4 - 15
D	A	1 - 5 - 8	I	H	1 - 5 - 10
E	B	2 - 6 - 10			

（1）画网络图。

（2）计算出各工作的工时，各事项的最早开始时间、最迟结束时间，并标在图上。

（3）确定并在图上标明关键线路。

（4）假设此任务规定工期为 18 日，进行概率评价。

（5）假设此任务要求有 90% 的把握完工，规定工期应为多少日？

（注：计算过程小数点后保留 2 位）

第6章

管理系统评价

学习要点

- 系统评价的一般含义、理论分类、基本原则、基本步骤和发展趋势
- 加法合成、乘法合成、代换合成、模糊合成各自的适用范围
- 专家咨询法的一般含义、主要工作内容及促进专家取得共识的工作系统框架
- 德尔菲法的基本特点和工作流程及对专家定性评价进行统计分析的常用数学方法
- 通过本书第10章"管理系统工程教学软件包",了解层次分析法的基本原理和工作步骤

所谓系统评价,是指根据预定的系统目标,对各种可选方案进行评审和选择,找出可行或最优方案。通过特定的原则和步骤,依据科学合理的指标体系得出的系统评价结果,是选择方案或衡量系统工作效果的客观依据。

通过学习本章,要正确理解系统评价与系统综合评价的含义,认识系统评价的必要性和复杂性,系统评价过程中应坚持的原则和步骤,科学合理地建立评价指标体系,尤其要理解不同性质的评价指标综合评价问题。

定性评价法是根据专家群体的经验和知识做出评定结果的方法。其优点是简便易用,不足之处是主观性太强。为了提高决策的科学性和民主性,一般采取专家群体的形式。以专家个体的经验评价为基础,将专家群体的意见进行综合,达成共识。专家群体的选择、咨询形式和意见综合的方式至关重要。因咨询形式不同,衍生出多种专家咨询的方法,重点掌握德尔菲法和集成研讨厅法。

常用的管理系统定量评价方法中,层次分析法是将定性问题进行定量分析的一种多准则评价方法,其原理是把复杂问题按属性的逻辑关系逐层分解,形成层次结构,并把主观判断客观量化,进行层次排序。多指标排序法是针对多方案多指标的评价问题,通过统一指标的量纲和极性,使不同性质的指标值具有可加性,实现方案价值的排序。

6.1 系统评价原理

系统评价是系统分析中复杂而又重要的一个环节,其目的是判别解决问题的备选方案是否达到了预定的各项技术经济指标、能否投入正常运行,从而为正确选优和决策提供依据。也就是说,评价方案的效果如何或者解决问题的备选方案哪一个更优,这些都依赖于评价,评价是决策的基础环节。

6.1.1　系统评价概述

1. 系统评价的概念

所谓评价，就是根据预定的目标，对评价系统的价值属性进行测定和度量，测度过程既包括客观定量的计算又包括主观效用的测评。

所谓系统评价，就是综合评定系统的价值。具体地说，它是根据事先确定的系统决策目标，通过资料的收集和提炼，利用综合评估模型，从技术和经济等方面，对系统各种方案的价值属性进行评定，从中选出技术上先进、经济上合理、社会效益好的最佳满意方案。

这里所指的系统价值是指系统的运行效果或决策目标的实现程度。一般来说，价值属性具有两方面的特性。

(1) 相对性。由于系统总是存在于一定的环境条件下，而评价主体因评价时的立场、观点、目的等均有所不同，对价值属性的认识和估计就会持一定的偏爱，并且随着时间的推移，其认识和估计也会产生相应的变化，因此造成了系统价值的相对性。

(2) 可分性。系统的价值属性包括许多价值要素。从影响产品需求的竞争因素而言，其价值要素主要有：产品的功能 F（function）、成本 C（cost）、质量 Q（quality）、时间 T（time）、品种 V（variety）、服务 S（service）、环境 E（environment）、资源 R（resource），构成了产品竞争力测评的大类指标；每一项价值要素还可以进一步细分，组成二级评价指标层次。它们共同决定着企业所提供的产品的总价值。因此，在系统评价时，往往要将系统的价值进行多个方面的衡量与评价，这就要对系统的价值属性进行合理有效的划分。

为了全面、科学地评价系统方案的价值，应该进行技术评价、经济评价、生态环境评价和系统综合评价。技术评价是评定系统方案能否实现所需的功能及其实现程度，主要有可行性分析、可靠性评价等；经济评价是利用经济理论对系统方案的经济效益作出定量评价，主要有价值分析法、成本效益法、利润评价法等；生态环境评价是针对系统全生命周期给生态环境带来的利益和造成的负面影响而进行的评价。这三项评价都是单项目评估。

系统综合评价是以系统思想为指导，统筹兼顾各个子系统的局部性要求，从系统的总体目标出发，对系统的功能或有效度进行的全面衡量。它是在技术评价、经济评价、生态环境评价等单项评价的基础上，对系统方案价值的大小进行综合评定。

2. 系统评价的复杂性

系统评价过程是复杂而困难的，必须运用现代管理的理论和技术，采用科学的、系统的、综合的评价思想、方法和手段，才能作出客观、公正的评价。

1) 评价目标的多样性

如果被评系统是一个比较简单的系统，评价的目标是确定而单一的，其评价工作相对来说是容易进行的。然而，系统工程研究的问题一般非常复杂，多为复杂大系统，其价值属性是多方面的，具有多目标、多指标属性。因此，对其进行系统评价，评价的目标和指标具有层次结构性。正是由于系统方案具有多个不同的属性，一般不能以一种指标的优劣做出决定。从某一种指标出发可以对它作出一种评判，而从另一种指标出发又可以对它作出另一种评判。因而在将它们进行比较与选优的时候，评价指标体系的设计要合理，其权重分配要科学；对指标的评分标准（评语等级）的设置要做到客观、量化、可操作性强；

确定其优劣次序时，常常需要从多个不同的侧面加以评价，这就需要进行系统性的分析与评估。

2）定性指标的主观性影响

度量系统价值的评价指标不仅有定量的指标而且有定性的指标。对定量指标，通过指标的实际取值和评价标准的比较，容易客观地得出评价方案优劣的顺序。但对于定性指标的评价，由于没有明确的数量表示，一般根据评价专家的主观感觉和经验进行打分评测，这是主观性很强的评价。评价信息的全面性与准确性受评价人员的知识水平、认识能力、个人经验和偏好制约，很难做到评价的客观、公正、科学、合理。

3）评价方案各有优势与不足

系统评价一般是多指标多方案评价，有一类评价指标希望越大越好，而另一类指标可能是越小越好，各指标的量纲可能也不一致，各方案同一指标的数值又不完全相等，从而造成无法直接比较方案的优劣。针对某一个评价指标，甲方案可能最好，但针对另一个评价指标，乙方案可能最佳。正因为评价方案各有优势与不足，所以建立评价样本值矩阵的流程要科学，可以先召开研讨会，让评价人员能够理解评价指标的含义及相应的评分准则，提高评分的可信度，这也就增加了系统评价的难度。

4）人的价值观起主导作用

评价是由人来进行的，评价方案及指标的选择都是由人确定的，因此人的价值观在评价中起很大作用。评价本身就是人们依据一定的价值标准对评价客体的一种确定性认识。由于个人偏好不同，对同一评价客体，不同的人可能有不同的价值评定。而价值又是一个综合的概念，从经济意义上说，通常被理解为根据评价主体的效用观点对评价对象能满足某种需求的认识或估计。也就是说，评价对象的价值不是对象本身所固有的，而是评价对象和它所处的环境条件的相互关系相对规定的属性，是由评价主体确定的。评价主体因评价时代表的利益不同，所持的立场、观点和标准将受到相应的影响，对价值属性的认识和估计就会持特定的态度和观点。因此，评价主体选择要恰当，应根据具体情况分组，设立相应的评价人员权重。

6.1.2　系统评价的基本思路

1. 系统评价的理论

有关系统评价的理论，归纳起来大致可以分为三类：第一类是以数理为基础的理论，它以数学理论和解析方法对评价系统进行精确的定量描述和计算；第二类是以统计为基础的理论，通过统计数据来建立只能凭感觉判断而不能测量的评价项目，并建立评价模型，这是一种实验性的评价方法；第三类是仿真和辅助决策理论，主要用来处理不经常或不重复出现的非程序性决策问题，评价者对这类问题缺乏经验，需要制定决策准则和提供评价信息，将定性问题定量化处理，可以采用半定量化方法和计算机系统仿真技术，常用的评价理论如下。

1）效用理论

系统评价是一个复杂的心理过程与行为过程，是多种因素综合影响的结果。各种因素的多重作用表现为评价主体对各备选方案的主观评价，这里的"主观评价"不是评价者主观武断地有感而发，而是一个理智的、周全的、慎重的综合判断。最早科学地提出评价问题的是

von Newmann 的效用理论。我们把备选方案的有用程度，或者说对评价者的主观价值称为效用（utility），效用的量化表现就是效用值。效用具有如下特性：① 效用是主观的，同一事物对不同的人的效用不同；② 效用是多属性的，收益只是影响因素之一，评价者的价值观念、行为偏好等决定了评价方案效用值的大小；③ 效用是评价与决策环境的产物，同一个评价者在不同的环境条件下，对同一个方案会有不同的价值感。评价方案的优劣可以通过评价主体的效用来对各替代方案进行相对比较。"效用"只意味着选择顺序，既没有标准也不是数量，故要建立具有与效用相同的选择顺序的数量函数，即效用函数。所谓效用理论，就是用数学方法来描述效用与效用函数的关系，它是以评价主体个人的价值观为基础而建立起来的数学理论，可以根据评价者给定的效用值的大小进行方案优劣的评价。

2）数量化理论

数量化理论主要是用统计分析的方法数量化，这时需要收集足够数量的样本数据，同时要能识别这些数字所揭示的规律性。其中，概率统计研究的是"随机不确定"现象，着重于考察"随机不确定"现象的历史统计规律，考察具有多种可能发生的结果之"随机不确定"现象中每一种结果发生的可能性大小。其出发点是大样本，并要求对象服从某种典型分布。

3）模糊理论

模糊理论是美国加州大学的 L. A. Zadeh 教授在 1965 年创立的模糊集合理论的数学基础上发展起来的，实际上是模糊集合、模糊关系、模糊逻辑、模糊控制、模糊测量等理论的泛称。早在 20 世纪 20 年代，著名的哲学家和数学家 B. Russell 就写出了有关"含糊性"的论文。他认为所有的自然语言均是模糊的，比如"红的"和"老的"等概念没有明确的内涵和外延，因而是不明确的和模糊的。L. A. Zadeh 教授在 1965 年发表著名的论文——模糊集合（Fuzzy Sets），文中首次提出表达事物模糊性的重要概念：隶属度函数，从而突破了 19 世纪末笛卡儿的经典集合理论，奠定了模糊理论的基础。模糊数学着重研究"认知不确定"的一类问题，其研究对象具有"内涵明确，外延不明确"的特点。由于评价等级之间的关系是模糊的，没有绝对明确的界限，具有模糊性。模糊综合评价就是利用模糊集理论对某一评价方案各指标的实现程度进行综合；凭经验借助隶属度函数进行处理；然后根据给定的标准，得出综合性的评价意见。

4）灰色理论

评价需要信息才能得出结论。可以用"黑"表示评价信息缺乏，"白"表示评价信息充足，而用介于白与黑之间的"灰"表示评价信息不甚全面、不甚确切，也就是说部分信息已知、部分信息未知，具有灰色性。相应地，信息完全明确的系统称为白色系统，信息完全未知的系统称为黑色系统，部分信息明确、部分信息不明确的系统称为灰色系统。系统信息不完全的情况可分为以下 4 种：① 元素（参数）信息不完全；② 结构信息不完全；③ 边界信息不完全；④ 运行行为信息不完全。灰色理论研究对象是"部分信息已知，部分信息未知"的"贫信息"不确定性系统，着重研究概率统计、模糊数学所不能解决的"小样本、贫信息"的不确定性问题，它通过对"部分"已知信息的生成、开发实现对现实世界的确切描述和认识，其特点是"少数据建模"。它是华中科技大学邓聚龙教授 1982 年创立的，其主要内容包括：灰色建模、灰色预测、灰关联分析、灰色统计、灰色聚类、灰色决策和灰色控制。与研究"随机不确定性"的概率统计和研究"认知不确定性"的模糊数学不同，灰色系统理论着重研究"外延明确、内涵不明确"的对象。灰色系统模型对试验观测数据及其分布没有什么特殊的要求和限制，在很多领域得到广泛应用。由于系统评价的样本数据较少，灰色系统理论适合处理小样本的情况，所以可以利用灰色理论来分析某个评价方案各指标的实现程度，根据评价标准得出综合性的评价结论。

5）优化理论

评价客体的数学模型本身也可能成为评价函数。如数学规划方法就是一个典型的例子，它是用来解决管理过程中出现的需要优化的实际问题。数学规划本身具有普遍性和严密性，得到的评价也是比较客观的。这就要求人们凡事有一个优化的观念，带着优化观念去发现问题、分析问题、收集数据、建立模型。典型的数学规划方法有线性规划、整数规划、非线性规划、动态规划、多目标规划等，这些都已在管理运筹学课程中做过详细介绍，在此不再赘述。

此外，还有期望值理论，主要是根据评价方案期望值的大小进行评价与决策，它的使用条件是程序性的、可重复多次的决策问题。

2. 系统评价的原则

为了搞好系统评价，应遵循以下原则。

1）评价的客观性原则

评价是决策的前提，评价的核心任务是"度量"，而决策的核心任务是"选择"，评价结果的质量直接影响着决策的水平。为此，评价必须客观、公正地反映事实，在评价时需注意以下几点：

① 必须注意评价资料的真实性、全面性和可靠性；

② 注意评价人员的代表性和各类专家的比例性；

③ 评价人员要能够自由发表意见，防止评价人员的倾向性。

2）方案的可比性原则

一般情况下，为实现某一目的，总会有几种可以采取的方案或手段，这些方案彼此之间可以相互替换，称之为替代方案或可行方案。因此，评价方案所实现的基本目标和功能要有可比性和一致性，评价所采用的指标和标准也应基本相同。

3）指标的系统性原则

通过系统方案的目标分析，将系统目标分解成一系列具体的分目标（评价指标），以便将系统总目标落到实处。也就是说，系统目标的实现程度需要用不同的评价指标来度量。为了衡量和分析系统目标的实现情况，就需要将评价指标按属性归类分层排列，建立起评价指标体系，进行多指标评价。只有对各种指标进行综合衡量后，才能作出正确的评价。因此，为了保证评价科学可靠，评价指标应尽可能地全面反映被评价问题的主要方面。此外，评价指标还应与国家的方针政策及法律的要求相一致。

4）方法的综合性原则

系统评价要对系统的各个侧面，运用多种方法和工具进行全面综合评价，充分发挥各种方法和手段的综合优势。尤其是将定性评价和定量评价方法结合使用，定性评价是定量评价的基础，定量评价是定性评价的量化和具体化。遵循"定性—定量—定性"的评价思路，在定性评价的基础上，进行方案的量化测评与排序，然后再进行定性解释，使两者有机结合，为系统的综合评价提供全面分析的思路，才能取得合理的系统评价信息。

3. 系统评价的步骤

1) 整理说明评价方案

为了进行科学的定量评价，必须反复调查了解所建立系统的目标以及为完成系统目标所要具有的功能；根据评价的目标，集中收集有关的资料和数据，对组成系统的各个要素及系统的性能特征进行全面分析；对各系统评价方案做出简要说明，使方案的优缺点清晰明了，以便评价人员掌握。

2) 选择合适的评价方法

系统评价的方法很多，每种评价方法都有它的适应性，各有利弊，可以用于解决某一类评价问题。很难说哪种方法最好，哪种方法最差。对同一评价系统方案，影响评价有效性的相关因素很多，即使评价指标体系相同，但由于评价方法不同，也可能造成评价结果不一样。因此应该根据评价的目标和评价的问题特性，选择、集成合适的评价方法。作为管理人员，要对症下药，方法合适才能事半功倍。选用方法不当，不但不能为决策提供参考依据，相反还会造成负面影响，给企业带来经济损失。

3) 确定评价指标体系

根据系统目标分析所确立的系统目标，按照目标—功能展开，形成目标分解体系，再将各项目标抽象成相应的指标，构建评价指标体系。也就是说，评价指标体系是根据评价要求选择的多个评价指标的集合。选择过程首先要注意全面性和可操作性的关系，指标数量多，反映情况全面，但评价过程太烦琐，会给评价造成困难。在基本能满足评价要求和给出决策所需信息的前提下，应尽量减少指标个数。根据国内外的经验，指标幅度最好不超过 10 个为佳。其次，要注意各评价指标之间的相互关系，避免指标的重复和二义性。再次，在条件允许的情况下，尽可能定量化，以减少评价过程中的主观性和片面性。最后，指标设计要成体系，分层排列，以便于聚类分析。

4) 确定评价指标权重

不同的评价指标对系统评价总目标的贡献是不同的，即评价指标的重要程度存在差异。指标权重是以定量方式反映各项评价指标在管理系统总目标中所占的比重。既要确定各大类指标的权重向量，又要确定单项评价指标相对于大类指标的相对权重向量。确定权重的意义在于：首先要解决指标之间的可加性问题；其次要注意指标之间重要程度的一致性，要避免指标间的逻辑混乱现象。如果甲比乙优，乙比丙优，则甲比丙优，才符合逻辑；如果说丙又比甲优，则出现逻辑混乱。权重的确定是管理系统综合评价中难度较大的一项工作，往往需要从整体上多次调整、反复归纳综合才能完成。可以应用的方法有：层次分析原理、灰关联分析方法、主成分分析法等。

5) 进行单项指标评价

进行单项指标评价是查明各项评价指标的实现程度。如果评价问题比较复杂，可以分为大类指标和单项指标两个层次，如经济属性指标中包括成本、利润、税金等多个单项指标。由于评价指标的极性（指标值越大越好为极大值极性，越小越好为极小值极性）或量纲不统一，因此应按照一定法则进行极性变换和无量纲化处理，以统一极性和量纲，达到指标实现值的规范化。然后再与指标的评价标准比较，评定该指标的价值大小或所属等级。需要指出的是：单项评价不能解决最优方案的判定问题，只有综合评价才能解决最优方案或方案优先顺序的确定问题。

6）进行系统综合评价

系统综合评价是从系统整体观念出发，在各单项指标评价的基础上，按照一定的聚类法则，将评价系统各个指标的评价值合成在一起，得到一个整体性的综合评价值，从整体上量化评估系统的价值。对于三层指标体系而言，一般包括两个层次的综合：一是将单项指标的评价结果综合成各大类指标的价值；二是再将各大类指标的评价结果综合成系统整体价值。

6.1.3　系统评价的指标体系

1. 评价指标

系统评价的指标体系是由若干个单项评价指标项所组成的整体，它反映了系统所要达到的目的与功能。系统评价的度量指标具有如下特性。

- 全面性：反映评价系统的主要特征。
- 简洁性：便于使用。
- 经济性：以适当的成本易于获得。
- 无二义性：描述准确、便于评分操作。
- 客观性：体现公平、公正。
- 有效性：正确度量其目标属性。
- 稳健性：对应用领域的变化不敏感。
- 适应性：易于模型扩展。

系统评价指标所包含的因素很多，既要考虑评价方案的性能属性指标和经济属性指标；同时也要兼顾环境属性、资源属性、能源属性等指标。既有定性指标，又有定量指标，且指标体系具有多层次性特点。一般而言，评价指标体系通常可考虑如下方面。

1）政策性指标

政策性指标包括政府的方针、政策、法令、法律及发展规划等方面的要求，它对国防或国计民生方面的重大项目或大型系统尤为重要。

2）技术性指标

技术性指标包括产品的性能、质量、寿命、可靠性、品种多样性、安全性等技术属性。

3）经济性指标

经济性指标包括方案的成本、效益、投资额、回收期、建设周期等度量指标。按成本指标的构成，可以分为建造成本、运行成本和社会成本。

4）社会性指标

社会性指标包括社会福利、社会节约、综合发展、就业机会、污染、生态环境影响程度等。

5）资源性指标

资源包括物料资源、设备资源、信息资源和人力资源，这些资源都是有限的，且要求在满足一定功能的前提下，资源应具有良好的保证程度和环境兼容性。

6）时间性指标

时间是衡量以多快的速度响应顾客的需求。基于时间的竞争要求及时而准确地提供用户所需的产品及服务，包括两方面含义：一是指产品开发周期；二是指生产效率。希望产品的交货期尽可能短。

以上是所考虑的大类指标，每一个指标又包含许多小类指标，在具体条件下，可以有所选择和增减。

2. 指标权重

由于各指标对实现系统目标的重要程度不同，可根据各指标的重要程度赋予其权重，以表示实现系统目标和功能的重要程度。权重分配在评价过程中是一个重要问题。确定权重的方法一般有相对比较法（亦称经验评分法）、专家调查法、层次分析法及关联分析法，其原则如下。

（1）应反复听取各方面的意见，避免轻率行事，使权重分配尽量达到合理。

（2）合理确定权重的赋值范围。当评价指标数值接近时，权重取值范围可以大一些，以便拉开差距，但不宜太大，以免减弱指标价值的重要性。

（3）遵循由粗到细的赋值原则。即先粗略地把权重分配到大类指标，再把大类指标所得权重细分到各个指标。

对于指标权重的计算，人们通常运用层次分析原理，通过两两比较建立判断矩阵，进行层次单排序来确定。

3. 评价标准

为了度量系统目标的达成度，以便对系统方案进行综合评价，确定各方案的优劣次序，对于每一个评价指标都应设立其衡量标准值。这些评价标准值是分析、评价系统方案的基准，它们的集合组成系统评价的标准集。因此，评价标准的制定是系统分析与评价的一个重要环节。

对于非结构化的决策问题，由于人们对评价方案的价值属性的研究不深，缺乏统一的认识，所以尚未制定具体、统一、系统的评价标准。从实际经验来看，评价标准可以采用国家、部门和行业制定的标准，以及地方法规的规定。这些标准具有指导性、强制性特点，是绝对性标准。如环境指标的评价标准可采用国标及行业标准所限定的值。对于没有规定评价标准的指标，可以根据用户的需求，结合市场竞争状况和技术进步，并与现有系统的技术—功能—效益等特性进行比较来确定，或者根据统计数据确定，这是相对比较性的标准。

为了便于综合不同的评价指标值，可以定义评价标准的类别 e_i，如 $i=(1, 2, 3, 4, 5)$ 等。就定量指标而言，可以将数据按相关规定确定的阈值分类归级。就定性指标而言，对评价标准有不同的描述方式，如取"优、良、一般、差、很差"5 级，不同等级的评价标准值用数值来度量，如取 9、7、5、3、1，则阈值为 (9, 7, 5, 3, 1)。相邻等级之间的评价值取相邻标准的平均值。

6.1.4　系统评价的发展趋势

管理系统属于生物型软系统。随着人们认识的不断深入，衡量系统方案优劣的指标体系会因评价时期不同而异。伴随科学技术的进步，尤其是软科学方法的发展与成熟，综合评价的方法也在不断完善，更多是各种方法的综合运用。在信息化时代，计算机和网络通信技术的应用与推广，促进信息处理和传递的手段不断革新。因此，系统评价的理论、评价方法和手段都在不断地发展与演进。对于系统评价的方法、手段而言，大体上可归纳为 4 种趋势。

1. 决策主体群体化

管理决策通常是根据以往的经验或再加上简单的数据分析来实现的。为了保证决策的质量，不能单凭领导者的主观臆断，需要由不同学科、不同领域的专家组成专家群体，充分发挥专家的作用，使专家群体在讨论问题时，相互启发，使得群体的创见远远胜过一个人的智慧。这个专家群体同时具有所需要的合理知识结构。在实际应用中，专家群体还要考虑到部门结构、年龄结构等问题。

2. 通信方式网络化

在互联网环境下，评价系统本身也是一个开放系统。可以利用及时、快速的在线通信，实时交换信息和看法。利用及时在线查询，根据授权原则，评价专家可动态地获得所需的评价信息。在通信方式网络化环境下，专家在虚拟空间相互研讨，既可以是匿名的，也可以是实名的。还可以根据需要，采用网上调查，及时达成共识。

3. 信息支持智能化

复杂系统的评价需要计算机软硬件和网络等现代信息技术的集成与融合，所构成的自动化信息处理系统，要求信息处理从手工操作、手工分析向计算机操作、智能分析方向发展。互联网的网上资源是支持系统评价所需要的各种资源基础，如数据和信息资源、知识资源、模型体系、方法与算法体系等，特别是，在人－机交互过程中，计算机具有更强的动态支持能力，如实时建模和模型集成。将先进技术方法综合起来构成集成式智能化评价支持系统。

4. 方法模型集成化

系统评价是按预定的目标设计评价指标体系，再采用某种评价方法构造价值函数，从而对研究对象系统的价值进行量化描述。因此，需要集成多种评价理论、方法和工具，从不同视角进行综合评价，防止单一方法的运用所带来的评价误差。力求做到定性评价方法和定量评价方法相结合，以发挥各种评价理论和方法的优势互补作用，使评价结果更符合实际。对同一评价对象，采用不同评价方法和不同指标体系，将得到不同的评价结果，将多种评价结果进行优选，可以大大增强评价结果的科学性。将多种方法模型集成应用产生多个评价结论，然后根据多元统计分析理论对评价结果进行优选已经成为目前较为科学的一种方法。

【案例 6-1】

钢铁企业基于"五大能力提升"的对标管理

鞍钢集团公司（以下简称鞍钢集团）是 2010 年 5 月由鞍山钢铁集团公司和攀钢集团有限公司联合重组而成的大型钢铁联合企业，截至 2014 年年末，资产总额超过 3 100 亿元，拥有热轧板、冷轧板、镀锌板、彩涂板、冷轧硅钢、重轨、无缝钢管等完整的产品系列，成为国内布局完善、最具资源优势的钢铁企业。2014 年，实现营业收入 1 615 亿元，完成国务院国资委下达的控亏目标，连续四年联合入围《财富》世界 500 强榜单。

为了克服成本压力、提升企业核心竞争力、克服管理短板、落实国资委对标考核、争创世界一流、实现企业可持续发展，鞍钢集团以科学发展观为指导，以践行"六种发展理念"为主线，以"打胜扭亏增效攻坚战"为目标，以"盈利能力、运营及现金能力、业务发展能力、创新及绿色发展能力、劳动效率能力"等五大能力提升和管理薄弱环节的改善为重点，在集团公司层面构建涵盖总部各部门和所有子企业的对标管理体系，在对标方法上，注重与标杆企业的管理方式、关键成功因素和经济效益进行对比分析，制定符合自身生产经营特点的策略；在指标分析评价上，创建从指标完成值和进步幅度两个维度衡量指标进步或退步状态的评价方法；在改进提升上，以绩效考核促对标，把对标指标的目标值作为考核指标值；在对标成果固化上，依靠鞍钢集团决策支持系统，跟踪监测对标指标完成情况，定期总结评价。主要做法如下。

（1）以"五大能力"提升为导向，确定对标基本原则

鞍钢集团围绕"做强精品钢铁、做大资源优势、打造特强钒钛、壮大非钢产业、着力技术创新、扩展跨国经营"六大发展战略和 2015 年全国全面实现扭亏为盈的奋斗目标，确定 2014—2015 年对标活动的"五大能力"提升重点：一是盈利能力，主要包括利润总额、经济增加值、净资产收益率、营业利润率、成本费用率等；二是运营及现金能力，主要包括总资产周转率、流动资产周转率、资产负债率、现金流量等；三是业务能力，主要包括重点产品市场占有率、营业收入增长率、非钢业务比例、主要技术经济指标等；四是创新及绿色发展能力，包括技术投入比率、申请及授权专利数量、信息化水平等；五是劳动效率能力，主要包括业主劳动生产率、人事费用率、员工满意度等指标。以"五大能力"提升为导向，鞍钢集团确定了对标基本原则：一是先进性和可比性相结合；二是在对标指标选取上，代表性与前瞻性相结合；三是时效性与激励性相结合；四是过程管理与结果相结合；五是持续性与动态性相结合。

（2）建立科学的对标工作流程，完善多层级对标组织

鞍钢集团按照"对比标杆找差距，对照差距定措施，对照措施抓考核，对标考核促改进"的方式开展对标工作，并完善多层级对标组织，在对标工作的组织体系和管理流程上采取"寻标、选标、立标、贯标、评标、奖励"的对标工作六步法，并建立集团层面、子企业层面、工厂层面三级对标组织体系，明确各层级职责分工。鞍钢集团负责审核总部部门、子企业对标活动方案，评价对标活动效果，提出对标奖励等；子企业负责选取标杆单位和对标指标，收集历史数据，制定对标活动方案，并按计划组织实施；工厂层面重点在成本控制、质量控制、绿色制造、劳动生产率、安全生产等方面开展对标。

（3）科学选取对标标杆，构建全方位指标体系

鞍钢集团以行业对标为主，确定对标主体和标杆企业。对于业务涵盖范围较广的子企业，集团公司关注的对标主体为其核心骨干单位；同时，将对标对象选择由企业内部转向企业外部，以行业对标为主。各单位充分利用互联网、报纸杂志、行业协会、信息服务机构等渠道，选择行业认识度好、综合实力强、与本企业有可比性、具有卓越绩效的行业先进企业作为标杆单位。例如，非钢板块子企业围绕核心业务，考虑对标数据获取的难易程度等因素，选择宝钢、首钢、沙钢、中钢等企业的对口单位作为标杆单位。

鞍钢集团围绕"五大能力"，以总体发展战略为指引，结合企业战略规划和生产经营计划，以财务指标和技经指标为主，挑选可量化的、对扭亏增效贡献度较大的重点指标及成本竞争力弱、价值创造能力较低的短板指标作为对标指标，建立包含 5 大类、101 项指标的对标体系。

（4）创新工作机制、建立对标分析系统及评价标准

鞍钢集团对照标杆找差距，制定提升目标，然后开展实地调研，制定对标方案。针对不

同的标杆指标，成立相应的调研小组，通过实地调研学习，了解标杆企业的竞争优势，编制对标分析报告，全方位细化指标，制定整改方案和保障措施，将对标指标全面分解落实到各级经营单元及岗位员工，做到横向到边，纵向到底。

在鞍钢集团决策支持信息系统中设置对标分析功能，每季度对对标指标和改进提升过程进行在线跟踪监测，及时发现指标与目标的偏差，然后由责任部门制定改进措施，形成对标分析总结材料，主管部门对改进计划进度和质量进行评价，并作为对标考核依据。

6.2 定性评价方法

定性评价方法也就是专家咨询法，是指专家根据其经验和知识判断出结果的方法，或者专家群体应用一些群体决策技术得出结论的方法。一般采取专家群体的形式进行评价，它是以专家个人的评价为基础，运用一定的方法将专家的意见进行综合，最后得出专家群体的评价意见。也就是说，在评价过程中，收集有关专家的意见，通过规范化程序，从中提取出最一致的信息，利用专家的知识、经验来对评价方案进行价值评定。

在评价时所遇到的困难之一，是人们对评价方案都不可能有充分的了解，由于数据资料不全或失真而不能得到令人满意的信息。因此，必须充分听取专家的意见，依靠专家的知识和经验获取评价信息。专家评价的准确程度，主要取决于专家的阅历及知识的广度和深度，这就要求参加评价的专家对所评价的方案具有较高的学术水平和丰富的实践经验。

专家咨询法的不足之处在于：专家咨询法是一种主观定性评价法，其客观性不强。需要借助一定的半定量方法进行数据处理（如层次分析、模糊聚类、灰色聚类）。

这种评价方法的应用主要包括专家群体的选择、专家咨询的形式和专家意见的综合方式。专家咨询的常用形式有专家会议评议法、听众调查法、头脑风暴法、德尔菲法、名义群体法、研讨厅法等。

6.2.1 评价主体的确立

评价主体是参加评价的各行专家，专家咨询法的首要任务是确定专家群体的构成。既要确定参与评价的专家类型，又要规划群体规模和群体行为，还可能要考虑评价主体的权重。

1. 专家类型

根据评价任务的特点，选择擅长某方面工作的人员作为参与评价的专家。应选择具有一定专业知识和丰富实践经验、掌握一定信息动态而又愿意参加的人员。所谓专家，一般是指在专业领域内从事多年工作的专业技术人员或有实践经验的技术人员，所请专家应精通业务、有名望、有学派代表性。在选择专家时，既要有权威性专家，也要有能对评价问题可能提供有价值意见的一般专家；既要有本领域、本学科的专家，也要有交叉、边缘学科的专家，尤其应考虑适当选择相邻学科的专家。这样可以集思广益、博采众长，以免由于聘请专家知识面的局限而遗漏了重要方面的信息，进而影响评价的质量。还应将评价人员按不同专业分成不同的评测小组，以便综合评价人员所给的评价信息。

2. 群体规模

群体规模是指参加评价专家的人数。规模的大小主要由评价任务的复杂程度和信息交流的难易程度来定。群体较小，信息交流充分，容易达成一致意见，可迅速得到评价结果，但由于学科代表面过窄，不能保证对复杂评价问题的质量。增加评价主体的人数，信息交流的数量将成几何级数增长，专家意见很难统一，不容易得到较一致的评价结论。为了综合各方意见，需要多次沟通和信息的补充与交流。

3. 群体行为

群体行为是指专家之间相互沟通、协调一致的状况。群体行为根据群体成员的接触程度，分为面对面和背对背两种。

面对面即座谈会法，这种方法是由专家当面阐述意见，有利于互相启发，集思广益，容易形成一致的意见，但由于专家的权威性不同，有时难免产生不良的心理影响，难以做到畅所欲言，所以在专家选择时应尽力避免因经历、职权等因素所形成的复杂微妙的人际关系。

背对背即函询法或网络咨询法，这种方法使专家互不见面，由专职的工作小组将专家的意见进行整理归纳、反馈沟通，专家在群体内更加平等、无拘无束，但意见整理费时，信息交流难度大，影响评价工作的效率。

4. 人员权重

不同评价主体在评估中所提供的评价信息的准确度存在差异，即不同评价人员所作出的评价具有不同的权威性，应考虑评价主体的权重问题。由于不同小组评价人员的专业知识、经验不同，应考虑他们对不同类别的评价指标的权重差异，并确立不同的权重向量。

6.2.2　咨询方法的形式

为了达成一致意见而取得与会专家的共识，一般可以采用如图 6-1 所示的 DMTMC 系统框架。也就是说，为了达成共识（C），就要召集专家举行会议（M）进行反复讨论；为了使讨论会能够达到预期目的，保证会议的质量，就要及时提供相关信息和数据（D）；同时要充分利用网络通信和计算机等先进的工具（T）来支持会议，实现信息沟通便捷，数据汇总处理及时；另外，需要数据分析、形成共识所需的方法（M）。

为了取得一致意见，首先应该充分沟通，专家之间互相通气；其次要有合作的愿望和行动，应该从公立的角度来评价问题，重事实，讲道理，客观判断；最后才有可能达成共识，如图 6-2 所示。在充分沟通且都有合作意愿的基础上，先进行讨论取得一些共识，专家们也可得到一些新的知识；再将遗留的问题作为新的议题，重复这一过程，达成一致意见。

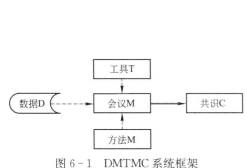

图 6-1　DMTMC 系统框架

图 6-2　3C 型共识形成过程

3C 型共识形成过程可能有四种：充分达成共识、将分歧议题递交委员会裁定、先将分歧大的议题搁置一边、无法取得共识而宣布会议终止。

1. 会议评议法

专家会议评议法是专家们根据评价系统和提供的有关资料，先进行准备，然后召集专家会议，让专家陈述各自的评价意见，经讨论修正后，得出评价结果。该法有助于相互启发，取长补短，具有信息量大、考虑因素全面等优点。其缺点是易受"权威"和大多数人的意见影响，从而忽视少数人的正确意见。与会者常常更注重的是得出一致的结论，而不是一个深思熟虑的、科学合理的结论，而且会议主持人的个人意见也对评价结论有所影响和干预。会议的类型包括以下几种。

（1）科协型会议达成简单共识：组织会议讨论，专家来自各方，讨论结果不一定收敛一个，结论主要供决策层参考。参加者一般是平等的，不考虑权力，也不考虑自己利益。一般大多是即兴发言，不可能在会前会后做很深入的研究。

（2）科委型会议达成研究共识：一般是针对某个立项研究的项目，在项目进行中要组织多次讨论，会前会后深入研究。结论一般是一个或少数几个，结论供上级参考。参加者是平等的，但需要领会某些领导的意图，不考虑自己的利益，但要求有一定的共识。

（3）计委型会议达成决策共识：一般针对某个必须拍板的决策，会组织多次讨论，除了专家，会请高层有决策权的领导参加，但他们不会从头参加到底，只在关键会议出席。会前会后深入研究，会上就可能拍板或者再派人进一步研究。参加者是不平等的，高层领导的意见得到更多的尊重，必要时投票决定。

（4）社会调查型反映民意共识：一般通过派调查组，或发调查表收集群众意见，经过适当整理，加工而成一份调查总结报告，作为调查小组的共识。

2. 听众调查法

听众调查法是通过系统的直接服务对象打分而进行的评价。其步骤是：

（1）向"听众"（直接服务对象）说明评价的要求、调查项目的内容及评分准则；

（2）听众听讲或观看演出，或用户亲自使用产品，等等；

（3）听众填写调查表；

（4）资料汇总处理；

（5）做出评价。

该法的优点是简便易行，既可采取现场调查，又可以信函或网络方式进行调查评价。调查范围广，减少了片面性，真实性较强，但这种方法是事后进行的评价。

3. 德尔菲法

德尔菲（Delphi）是古希腊传说中的神谕之地，城中有座阿波罗神殿可以预卜未来，因而借用此名说明此法的预测功能。美国兰德公司的 Helmer 和 Dalkey 于 20 世纪 60 年代初提出了德尔菲法，它采用匿名函询、反复征求意见的方式，对头脑风暴法作了进一步的改进。

德尔菲法的基本原理是以调查征询表的形式向选定的专家提出一系列的问题，并汇总整理专家意见。每完成一次提问和回答的过程称为一轮。将上轮调查所得意见的一致程度和各位专家的不同观点等信息，匿名反馈给每一位专家，再次征询意见。如此反复多次，使意见趋于一致，从而做出较为满意的评价。

这个方法有 3 个基本要求：① 匿名性；② 反复循环；③ 得出统计结果。通过统计调查结果的反馈再调查，多次循环而达成共识，Delphi 法的过程如图 6 - 3 所示。

4. 名义群体法

名义群体法（nominal group technique）是名义群体在决策过程中限制讨论或沟通，故称为名义群体法。与参加传统会议一样，群体成员必须出席，但他们是独立思考的，首先进行个体决策。其步骤大致如下：

（1）成员集合成一个群体，一般 7～8 人，选出一个组长和记录员。

（2）设定需要讨论的问题。

（3）每个成员就有关问题各自独立地写出自己的观点或看法，而且要快，一般不超过 15 分钟。

（4）经过一段沉默后，每个成员将自己的想法提交给群体，即成员一个接一个地向大家宣读自己的想法，由记录员用一张大纸将大家的想法都记录下来，直到每个人的想法都表达完。所有的想法都记录下来之前不进行讨论。

（5）大家对记录下来的内容进行讨论、修改并将同类进行归纳，最后形成几个建议（解决方案）。

（6）各成员独立地对解决方案进行排序，并且仍然将结果记录在纸上。

（7）全体再讨论，最后排出各个解决方案的次序，取得名义群体的一致共识。

德尔菲法与名义群体法的主要优点在于：使群体成员正式开会但不限制每个人进行独立思考，而传统的会议方式往往做不到这一点。

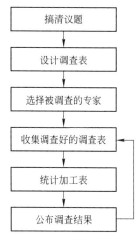

图 6 - 3 Delphi 法的过程

5. 集成研讨厅法

20 世纪 80 年代初，我国著名科学家钱学森提出将科学理论、经验和专家判断相结合的半理论、半经验方法。钱教授根据自己参加各种学术讨论会的丰富经验，结合信息技术、人工智能和灵境（virtual reality）技术等现代新的科技成果，1989 年提出"从定性到定量综合集成法"（meta synthesis），1992 年提出"从定性到定量综合集成的研讨厅体系"（hall for workshop of metasynthetic engineering）。其实质是将专家群体、统计数据和信息资料、计算机和网络通信技术有机地结合，从而把各种学科的理论和人的经验与知识结合起来，在"研讨厅"中畅所欲言，发挥集群整体优势，构成一个高度智能化的人－机结合系统。从定性到定量、综合集成、研讨是三个关键主题。

"从定性到定量"就是把专家的定性知识同模型的定量描述有机地结合起来，实现定性变量和定量变量之间的相互转化。

"综合集成"的实质是将专家群体头脑中的知识、数据和信息、方法和模型、计算机技术有机地结合起来，组成人－机结合与人－网结合的信息处理系统、知识生产系统、智慧集成系统。也就是把各种学科的科学理论和人的知识结合起来，将决策所需的数据库、模型库、方法库、知识库和问题库有机地集成。

"研讨"是指分析人员的群体协同工作，既是分析人员的知识同计算机系统的数据、模型和知识的不断交互过程，也是研讨人员群体智慧的结合和综合。通过"人－人、人－机、机—机"之间的协同工作，实现专家群体的经验和知识相互融合。

"研讨厅"是一个新的概念，"厅"不能简单地理解为建筑学意义上的一种建筑形式，而是由信息网络、现代化的通信设备及计算机的软硬件构成的、使人们共同讨论与解决问题时有身临其境之感的"灵境"技术环境。"研讨厅"为决策过程提供：通用研讨支持，通用数据和通用模型支持，面向特定问题的求解支持。也就是为决策提供信息和数据、各种定性和定量分析模型、领域专家群体的经验和知识。

"研讨厅体系"是一个思想框架体系。通过研讨厅体系，一方面把人的思维、思维的成果、人的经验、知识、智慧及各种情报、资料、信息统统集成起来，把以往只能体现出"个体"的经验知识上升为能体现"群体"的经验知识；另一方面是用语言和符号来表达连接起来的知识体系，提高人的意识，并把意识提高到思维，从多方面的定性认识上升到定量认识。其特点在于：第一，从传统的强调计算机的自动化求解问题转为强调以人—机结合的方式研究问题，支持参与者研讨，并以"研讨"作为一种特征性决策支持方式；第二，从传统的注意从"还原论"角度对系统进行分解，转为从"综合集成"角度对系统进行整体把握和综合，具有专业知识经验的人作为知识源和问题求解组元，使之成为系统的一部分；第三，改变了传统的单纯的定性分析或定量分析的做法，用定性与定量相结合的辅助决策技术，提供定性定量相结合的分析环境。

研讨厅法可以解决传统专家会议法的部分弊端：首先，研究问题是在一个分布式的网络环境中进行的，可免除出差、交通等烦琐问题，信息沟通方便快捷；研讨时间不作严格限制，可以深入地思考问题；集成网络通信和计算机技术，可以方便地利用模型、数据等各种分析工具进行数据分析与处理；可以采用匿名方式，避免权威人士左右研讨局面的结果；每个专家的意见具有同等效用，避免了传统会议研讨可能被某些权威的专家或领导所控制的局面，体现了民主集中制和公正性；主持人可以对研讨进程可能出现的情况进行协调，对专家的意见进行集中，还可通过电子表决的办法及时研究确定某种问题；由于横向协商、征求意见达成共识，传统会议研讨要召开多次论证会，既费时又费力，而通过使用研讨厅则较好地解决了上述问题，使工作效率明显提高。

总之，从定性到定量综合集成法不是一门具体技术，而是一种研究问题的思想，是一种指导分析复杂巨系统问题的总体规划、分步实施的方法和策略，通过定性定量相结合、专家研讨、综合集成、决策支持技术和分布式交互网络技术等的综合运用得以实现。

6.2.3　专家意见的综合

专家群体评价的多数问题属于非结构性决策问题，但客观上又有实现程序化、规范化的要求。因此，如何归纳、综合专家群体的意见，不是靠简单地举手表决，而是要运用一定的科学方法，将定性评价进行半定量化处理，就成为推行专家群体评价法的一个重要问题。

1. 中位数法

统计分析中的中位数是指居中心位置的数值。如果把一系列数据按递升或递降的次序排列，则当数列的项数 n 为奇数时，第 $\frac{1}{2}(n+1)$ 项就是中位数；当 n 为偶数时，则中位数在第 $\frac{1}{2}n$ 项和第 $\frac{1}{2}(n+1)$ 项之间，即两项的平均值。中位数的确定仅取决于它在数据序列中的位置，因此不受少数特大或特小数值的影响。

系统评价中的中位数是指对某事物评价结果专家人数的中分点数，即表示专家中有一半人的评价结果值大于它，而另一半人的评价结果值小于它。在大于中位数的区间内，再找出的中分点值，称为上四分点；在小于中位数的区间内，再找出的中分点值，称为下四分点。这种方法用中位数代表专家们评价结论，用上、下四分点代表专家们意见分散的程度。

2. 算术平均值法

算术平均数是把各个变量的重要程度看作是相等的，而不考虑人员权重。用专家们对某方案评价结果评分的算术平均值，即评价值的总和除以评价值个数所得之商，表示综合评价的结果。设方案 s 的算术平均值为 $M^{(s)}$，参加评价的专家数为 N，专家 p 对第 s 方案的评分为 $d^{(s)p}$，其计算公式为：

$$M^{(s)} = \frac{1}{N} \sum_{p=1}^{N} d^{(s)p}$$

3. 加权平均值法

加权平均数则根据各变量的重要程度不同，将各个变量乘以代表该变量重要程度的权数，所得之积就是加权平均值。加权平均数在管理系统评价中有重要用途，特别是在计算指数时，由于各种指标的重要程度不同，绝不能等量齐视。

考虑人员权重和指标权重，设人员权重向量为 ω，指标权重向量为 α。针对评价指标 U_i，专家 p 对第 s 方案的评分为 $d_i^{(s)p}$，则评价指标 U_i 的评分 $V_i^{(s)}$ 为：

$$V_i^{(s)} = \sum_{p=1}^{N} (\omega_p \cdot d_i^{(s)p})$$

式中，N 为参与评价的专家人数。

综合各评价指标（指标数为 m）的评分，得到总评分 $V^{(s)}$ 为：

$$V^{(s)} = \sum_{i=1}^{m} (\alpha_i \cdot V_i^{(s)})$$

4. 满分频率法

所谓满分频率，就是给 s 方案评满分的专家数 $N^{(s)}$ 与对方案 s 作出评价的专家总数 N 之比。设方案 s 获满分的频率为 $f^{(s)}$，则

$$f^{(s)} = \frac{N^{(s)}}{N}$$

满分频率 $f^{(s)}$ 可作方案优劣的补充准则，$f^{(s)}$ 越大，说明给方案 s 打满分的人越多，方案越重要。

【案例 6 - 2】

基于平衡计分卡的万科经营业绩评价

万科是以房地产开发和物业服务为主营业务的专业化地产公司，是目前中国最大的商品住宅开发企业。公司在中国大陆坚持聚焦城市圈带的发展战略，以"国际化"为发展方向。至 2015 年底，公司进入中国大陆 66 个城市，分别是以珠三角为核心的广深区域、以长三角为核心的上海区域、以环渤海为核心的北京区域，以及由中西部中心城市组成的成都区

域，以及包括旧金山、香港、新加坡、纽约、伦敦等 5 个海外城市。一直以来，公司一直强调并善于在产品以及流程管理方面创新，公司形成了属于万科的企业价值观。比如，销售业绩稳步增长和领跑、人才是万科的资本、客户是万科永远的伙伴、阳光照亮的体制，核心价值观是创造健康丰盛的人生。这些价值观正好与平衡计分卡的财务、内部流程管理、客户、成长和创新的四个维度遥相呼应。

（1）财务指标

财务数据代表着公司过去的经营成果，净利润增长率只是一个方面，为了考核公司实现价值的增长，还考核了土地储备周转期，土地储备周转期越短，该资产带来利润的能力就越强。万科还采用经济利润作为核心考核指标，只有扣除股权资本机会成本之后的经济利润，才是为股东创造的真正价值。

面对波动的市场需求以及政策调控，万科 2014 年的销售收入有所下滑，一方面受宏观环境的影响，另一方面因上一年基数的影响，但万科坚持积极销售、谨慎投资，公司的资金状况良好。2014 年净利润增长放缓，这一年中国住宅市场进入了调整期，销售面积及销售金额均有所下降。2014 年至 2015 年，央行多次下调存贷款基准利率，市场有所恢复。万科 2013 年的加权平均净资产收益率是 21.54%，比 2012 年提升 0.09%；2014 年的是 19.17%，比上年下降 2.37%；2015 年的是 19.14%，比上一年下降 0.03%。万科一直重视对现金流的管控，积极销售，投资较谨慎。2014 年实现经营性现金流净额 417.2 亿元，资金实力进一步增强；2015 年实现经营性现金流净额 160.5 亿元。

（2）客户维度

"客户是万科永远的伙伴"，万科注重维护与客户的关系。经第三方问卷调查，获得客户满意度数据，2013 年客户满意度为 80 分，比上一年提高 1.3%；2014 年客户满意度为 77 分，相比上一年下降 3.75%；2015 年的客户满意度为 87 分，相比上年满意度提高了 12.99%。万科致力于打造三好住房，让客户从购房到住房得到关怀与尊重。

万科 2013—2015 年业务覆盖城市数分别是 68、69、71，其中 2013 年相比上年提高了 15.2%，近两年扩展新城市业务较缓慢，一是因为房地产渐渐进入"白银代"，二是基数增加，增长率较低。

（3）内部流程维度

创新、运营和客户管理流程是平衡计分卡管理和衡量的主要内部流程。万科作为行业的领军企业，一直致力于创新。2014 年，公司提出并推行事业合伙人机制，这要求项目管理人员必须按照一定的比例对新项目进行投资。该机制将项目人员的利益和公司利益结合，提高员工的主人翁意识，激发项目团队的积极性和创造性，提升了整体的项目绩效。2015 年继续推动合伙人机制，为公司创造价值。

（4）学习与成长能力维度

学习与成长是企业取得战略成功的关键因素，也是其他维度高效完成的驱动因素。万科认为员工是公司的资本，要给员工创造健康、正能量的工作环境，实现员工与公司共同成长。万科管理学院于 2013 年成立，开展系列培训。培训体系的三大核心模块包括领导力、专业化、万科化三大体系，并走进阿里巴巴、腾讯、华大基因等七家著名企业交流学习。2014 年，万科推出"蜂巢行动"，开展万科夜校、新课堂、财务课堂、悦读会、简报，让员工获得全面培训。2015 年，继续推动"蜂巢行动"，其中万科夜校参与人次从上一年的

8 351 人次上升到 12 000 人次，并在"思享峰会"开展集团资金管理分享会，旨在推动整体资金效率的提升。

从长远来看，房地产开发商不仅需要雄厚的资金、足够的土地，还应创新经营管理模式，以提高经营业绩，实现可持续发展。万科运用平衡计分卡以企业战略为导向，从企业财务方面、客户评价方面、经营过程方面以及学习成长方面等四个方面全面制定公司战略，实现公司价值与客户价值最大化的目的。

6.3　层次分析法

层次分析法（analytic hierarchy process，AHP）是由美国著名运筹学家萨蒂教授于 20 世纪 70 年代提出来的一种系统分析方法。这种方法把一个复杂的问题按属性的逻辑关系逐层分解，形成一个层次结构来加以分析，以简化分析问题的难度，并在逐层分解的基础上加以综合，给出复杂问题的求解结果。它是用一定标度把人的主观判断进行客观量化，将定性问题进行半定量分析的一种简单而又实用的多准则评价决策方法。AHP 强调决策者的直觉判断的重要性和决策过程中方案比较的一致性，目前已在各个领域获得广泛的应用。

层次分析法的不足表现在其客观性不强：第一，将定量指标主观化处理，仿照定性指标建立判断矩阵。第二，判断矩阵的建立本身会因人而异，针对某一评价准则，层次分析法却又只需建立一个判断矩阵用于层次排序。也就是说，层次分析法难以综合各位评价人员的意见，随意性强。第三，层次分析法的结果只是方案的优劣顺序，不能回答方案是否可行。第四，由心理学的实验可知，人们只能对 7 ± 2 个事物同时进行比较，所以选用 $1\sim9$ 标度。对于因素众多、规模较大的复杂系统（如要素个数大于9），采用层次分析法进行评价时，该方法容易出现问题。因此，采用层次分析法进行管理系统评价时，就要求准则层指标（大类指标）不超过9项，各大类指标下属的明细指标个数也不超过9项。在实际应用中，一般采用这种方法解决评价指标的权重确定问题。

AHP 算法是一种有效地处理那些难以抽象为解析形式的数学模型问题（即非结构化问题），或难以完全用定量方法来分析复杂问题的手段，它为实际应用中的多规则决策问题提供了有力的量化支持。

其基本原理可以归结为：通过分析复杂系统所包含的因素及其相互关系，将系统分解为不同的组成要素，并将这些要素划归不同层次，从而客观上形成多层次的分析结构模型。根据指标的层次结构特点，将每一层次的各要素相对于其上一层次各要素进行两两比较判断，得到其相对重要程度的比较标度，建立判断矩阵。通过计算判断矩阵的最大特征根及其相对应的特征向量，进行层次单排序，得到各层要素相对上层某要素的重要性次序，建立相对权重向量。最后自上而下地用上一层次各要素的组合权重为权数，对本层次各要素的相对权重向量进行加权求和与层次总排序，得出各层次要素关于系统总体目标的组合权重，从而根据最终权重的大小进行方案排序，为选择最佳方案提供决策依据。

6.3.1　层次分析法结构模型

首先将需要求解的目标分解为各种组成因素，将这些因素再按属性关系分解为次级组成因素，如此层层分解，形成一个有序的层次结构，如目标层 O、准则层 U 和措施方案层 A 等；并用层次框图说明层次的递阶结构及其要素间的从属关系。最高层是研究系统的要求，即系统要实现的总目标，为目标层；中间层是为实现总目标而设立的约束层、准则层或指标层等，是系统目标的具体化，即衡量目标能否实现的标准，可以根据问题的复杂性再进行细分，准则层不止一层，一般评价采用大类和小类两层指标；最低层是实现目标的各种措施方案，为方案层。如图 6-4 所示的综合评价指标体系就是这样一种最简单的层次结构，其中，U_i 表示第 i 项影响因素，A_j 表示第 j 个方案。

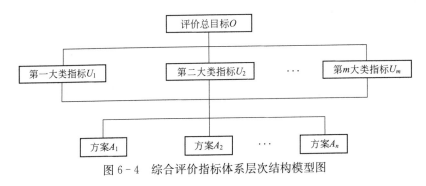

图 6-4　综合评价指标体系层次结构模型图

值得说明的是：评价原则要求一致性，所以目标层与准则层之间、准则层内部各层之间一般是完全层次关系，即上一层次某要素与其下属的相邻层次所有要素均相关联。

6.3.2　构造判断矩阵

一个因素被分解为若干个与之相关的下层因素，各下层因素对该因素的作用大小不同，一般称为权重向量 W。通过各因素的重要程度两两比较，构成一个判断矩阵。所谓判断矩阵，是以矩阵的形式来表述每一层次中各要素相对其上层某要素的相对重要程度。建立判断矩阵是层次分析法中最关键的一步。

针对上层要素 U_i，假设 A_1，A_2，$\cdots$，A_n 是 n 个与 U_i 相关联的下层要素，要分析 A 层各要素间针对 U_i 而言的相对重要程度，构造一个 $n \times n$ 阶的判断矩阵如下：

U_i	A_1	A_2	$\cdots$	A_n
A_1	a_{11}	a_{12}	$\cdots$	a_{1n}
A_2	a_{21}	a_{22}	$\cdots$	a_{2n}
$\vdots$	$\vdots$	$\vdots$		$\vdots$
A_n	a_{n1}	a_{n2}	$\cdots$	a_{nn}

其中，a_{kj} 表示针对 U_i 而言要素 A_k 对 A_j 的相对重要程度的数值，即重要性的比较标度。通常很难马上说出所有 A_1，A_2，$\cdots$，A_n 之间的相对重要程度，但可以对 A_k 与 A_j 间数值两两比较确定，如可以取 1、3、5、7、9 和 2、4、6、8，以及它们的倒数作为衡量的相对数值，用这些标度来量化判断语言，如表 6-1 所示。

表 6 - 1　判断标度

标　　　度	定　　　义	说　　　明
1	同等重要	两个要素相比较，它们间具有同样重要性
3	稍微重要	两个要素相比较，一个比另一个重要一些
5	明显重要	两个要素相比较，一个明显比另一个重要
7	强烈重要	两个要素相比较，一个比另一个重要得多
9	极端重要	两个要素相比较，一个绝对比另一个重要
2、4、6、8	上述两个相邻判断的折中	上述两个相邻标准之间折中时的定量标度
上列各数的倒数	反比较	倒数表示两个相比较要素的不重要程度

a_{kj} 的确定一般是根据资料统计，由专家和分析者一起根据经验反复讨论后，凭定性分析的直觉和判断而确定的，即运用量化标度将思维判断数量化。显然，判断矩阵具有如下特征：

(1) 自比性：$a_{kk}=1$。

(2) 反比性：$a_{kj}=\dfrac{1}{a_{jk}}$　或　$a_{kj} \times a_{jk}=1$。

(3) 一致性：$a_{kj}=\dfrac{a_{kl}}{a_{jl}}$。

应用层次分析法保持判断思维的一致性是非常重要的，衡量判断矩阵质量优劣的办法是检验定性思维是否具有一致性，当判断矩阵中的元素都符合一致性特性时，则说明该判断矩阵具有完全一致性。例如，甲比乙稍微重要 $a_{甲乙}=3$，而乙又比丙重要一点 $a_{乙丙}=2$，则甲比丙的重要程度 $a_{甲丙}=a_{甲乙} \times a_{乙丙}=6$，就具有完全一致性；如果 $a_{甲丙}=5$ 或 $a_{甲丙}=7$，只要 $a_{甲丙} \neq 6$，就不具有完全一致性。

6.3.3　一致性检验

一致性是指判断矩阵中各要素的重要性判断是否一致，不能出现矛盾。然而，客观事物是复杂的，人们不可能完全识别和判断。人们在进行主观评价时，对评价系统方案的认识具有片面性，所建立的判断矩阵不可能表现出完全一致性。上例中，虽然认为甲比乙稍微重要 $a_{甲乙}=3$，而乙又比丙重要 $a_{乙丙}=2$，但人们在判断甲与丙的重要程度时，可能认为甲比丙的强烈重要，即 $a_{甲丙}=7$，就不具有完全一致性。事实上，人们主观确定的判断矩阵不可能完全一致，这就需要对所建立的判断矩阵进行一致性检验，用一致性指标来检验判断矩阵的一致性问题，以防止人们思维出现矛盾现象。只有通过一致性检验的判断矩阵才可以用于层次排序。

根据矩阵理论，对 n 阶判断矩阵，其最大特征根为单根，而且最大特征根 $\lambda_{\max} \geqslant n$。当 k，$j=1$，2，$\cdots$，n，判断矩阵的所有元素如果都满足 $a_{kj} \times a_{jk}=1$，即具有完全一致性，从数学上可以证明，这样的 n 阶判断矩阵具有唯一非 0 的最大特征根，即 $\lambda_{\max}=n$，其余特征根均为 0。

当判断矩阵不能保证具有完全一致性时，其特征根也将发生变化。因此，我们可以利用判断矩阵特征根的变化来判断一致性程度。在层次分析法中引入判断矩阵的一致性指标，来检验人们思维判断的一致程度。一致性指标记为 C. I. (consistency index)，计算式如下：

$$\text{C. I.} = \frac{\lambda_{\max} - n}{n - 1}$$

C. I. 值越大，表明判断矩阵偏离完全一致性的程度越大；C. I. 值小（越接近于 0），表明判断矩阵的一致性越好。

对于不同阶的判断矩阵，人们判断的一致误差不同，其 C. I. 值的要求也不同。阶数 n 越大，需要比较的要素就多，人的思维分辨能力降低，造成判断不一致的可能性增大，C. I. 值就越大；反之，阶数 n 越小，认为造成偏离一致性判断的可能性就小。为度量不同阶判断矩阵是否具有满意的一致性，再引入判断矩阵的平均随机一致性指标 R. I. （random index）。R. I. 是一个系数，平均随机一致性指标 R. I. 如表 6 - 2 所示。

表 6 - 2　平均随机一致性指标 R. I.

矩阵阶数 n	1	2	3	4	5	6	7	8	9
R. I.	0	0	0.58	0.92	1.12	1.24	1.32	1.41	1.45

对于一阶、二阶矩阵，判断矩阵是完全一致的，不必计算一致性指标。当 $n \geqslant 3$ 时，判断矩阵的一致性指标 C. I. 与同阶平均随机一致性指标 R. I. 之比称为随机一致性比值（consistency ratio），记作 C. R.，即

$$\text{C. R.} = \frac{\text{C. I.}}{\text{R. I.}}$$

当 C. R. < 0.1 时，即认为判断矩阵具有满意的一致性；否则，C. R. $\geqslant 0.1$ 时，认为判断矩阵不一致，应对判断矩阵作适当调整，使其满足 C. R. < 0.1，从而具有满意的一致性。

6.3.4　层次单排序

判断矩阵是针对上一层某要素而言，进行两两比较的重要性评比数据。层次单排序就是把本层所有要素针对上一层某要素来说，排出评比的优劣次序，这种次序以相对数值大小表示，称为相对权重向量。这就要利用线性代数知识，计算判断矩阵的特征根和特征向量，计算所得的特征向量，就是相对权重向量。由于运用线性代数求矩阵的特征根和特征向量比较复杂，计算量大，层次分析法中一般采用近似计算，常用的近似计算方法有"方根法"和"求和法"。其中，方根法应用更为普遍。

1. 方根法

（1）计算 n 阶判断矩阵每一行各元素之乘积 M_k，即

$$M_k = \prod_{j=1}^{n} a_{kj} \quad k = 1, 2, \cdots, n$$

（2）计算 M_k 的 n 次方根 $\overline{M}_k$，

$$\overline{M}_k = \sqrt[n]{M_k} \quad k = 1, 2, \cdots, n$$

（3）规范化处理（归一化处理）得特征值 W_k，

$$W_k = \frac{\overline{M}_k}{\sum\limits_{j=1}^{n} \overline{M}_j} \quad k = 1, 2, \cdots, n$$

从而得到特征向量 $\boldsymbol{W} = (w_1, w_2, \cdots, w_n)^{\mathrm{T}}$，就是所求相对权重向量。

（4）近似计算最大特征根 $\lambda_{\max}$，

$$\lambda_{\max} = \frac{1}{n} \sum_{k=1}^{n} \frac{(\boldsymbol{AW})_k}{W_k}$$

式中，$\boldsymbol{A}$ 是 $n \times n$ 阶判断矩阵，其相对权重向量是 $\boldsymbol{W}$，$(\boldsymbol{AW})_k$ 是矩阵 $\boldsymbol{A}$ 与向量 $\boldsymbol{W}$ 乘积所得列向量的第 k 个元素。

2. 求和法

（1）将判断矩阵每一列作归一化处理 $\bar{a}_{kj}$，即

$$\bar{a}_{kj} = \frac{a_{kj}}{\sum_{l=1}^{n} a_{lj}} \quad k, \quad j = 1, \ 2, \ \cdots, \ n$$

（2）完成归一化后，再求每一行各元素之和 $\overline{M}_k$，

$$\overline{M}_k = \sum_{j=1}^{n} \bar{a}_{kj} \quad k = 1, \ 2, \ \cdots, \ n$$

（3）对 $\overline{M}_k$ 进行归一化处理，

$$W_k = \frac{\overline{M}_k}{\sum_{j=1}^{n} \overline{M}_j} \quad k = 1, \ 2, \ \cdots, \ n$$

从而得到特征向量 $\boldsymbol{W} = (w_1, \ w_2, \ \cdots, \ w_n)^{\mathrm{T}}$，就是所求相对权重向量。

（4）近似计算最大特征根 $\lambda_{\max}$，

$$\lambda_{\max} = \frac{1}{n} \sum_{k=1}^{n} \frac{(\boldsymbol{AW})_k}{W_k}$$

6.3.5 层次总排序

所谓层次总排序，就是针对最高层目标而言，本层次各要素重要程度的次序排列。总排序需从上到下逐层顺序进行，最高层次的层次单排序正是相对于总目标而言的，所求相对权重向量也就是其总排序的结果。假定上一层次各要素 U_1，U_2，$\cdots$，U_m 的总排序已经完成，其数值为 w_1，w_2，$\cdots$，w_m；且本层次各要素 A_1，A_2，$\cdots$，A_n 对 U_i 的层次单排序结果是 w_1^i，w_2^i，$\cdots$，w_n^i，则本层次总排序如表 6-3 所示。

表 6-3 层次总排序

层次U 层次A	U_1 w_1	U_2 w_2	$\cdots$	U_m w_m	层次 A 总排序
A_1	w_1^1	w_1^2	$\cdots$	w_1^m	$\sum_{i=1}^{m} w_i \cdot w_1^i$
A_2	w_2^1	w_2^2	$\cdots$	w_2^m	$\sum_{i=1}^{m} w_i \cdot w_2^i$
$\vdots$	$\vdots$	$\vdots$	$\vdots$	$\vdots$	$\vdots$
A_n	w_n^1	w_n^2	$\cdots$	w_n^m	$\sum_{i=1}^{m} w_i \cdot w_n^i$

【例 6 - 1】 价格、质量、品种、时间、服务和环保是影响顾客需求的六大因素，顾客对这六个方面因素的满意度越高，企业就越具有竞争力。其中，成本是顾客要获得和使用产品在经济上的付出；质量反映产品功能的可靠性程度，决定顾客对产品满意程度的高低；时间（交货期）是衡量以多快的速度响应顾客的需求，主要考虑产品制造周期和物流运输周期；品种是顾客对不同产品的选择余地；环保是指产品在生产、使用和回收过程中对环境的负面影响最小。实际应用中，这六大因素作为六项准则，且各项准则还可以进一步细分，构成多层准则。为了简化起见，下面选择成本 U_1、质量 U_2 和品种 U_3 三项准则，介绍运用层次分析法进行产品设计方案优选。

1. 层次结构图

针对新产品开发而言，与产品本身相关的因素是成本低廉性 U_1、质量可靠性 U_2、交货及时性 U_3、品种多样性 U_4 和环境友好性 U_5。每一类衡量指标还可以进一步细分，为简化起见，本书只考虑了大类准则层，新产品开发方案有 A_1、A_2、A_3、A_4 四种情况，进行优选的综合评价层次结构如图 6-5 所示。

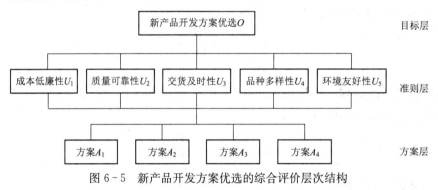

图 6-5　新产品开发方案优选的综合评价层次结构

2. 构造判断矩阵

组织相关人员进行讨论，通过各因素的重要性程度两两比较，构造判断矩阵。本例应该建立 4 个判断矩阵。针对目标层，根据准则层各因素对评价目标的贡献，建立 O-U 判断矩阵；针对准则层，新产品开发方案之间两两比较，建立 U-A 判断矩阵，即 U_1-A、U_2-A、U_3-A，具体如下。

目标 O	U_1	U_2	U_3
U_1	1	1/4	1/2
U_2	4	1	2
U_3	2	1/2	1

准则 U_1	A_1	A_2	A_3	A_4
A_1	1	2	3	5
A_2	1/2	1	2	3
A_3	1/3	1/2	1	2
A_4	1/5	1/3	1/2	1

准则 U_2	A_1	A_2	A_3	A_4
A_1	1	1/2	3	2
A_2	2	1	5	3
A_3	1/3	1/5	1	1/2
A_4	1/2	1/3	2	1

准则 U_3	A_1	A_2	A_3	A_4
A_1	1	2	1/3	3
A_2	1/2	1	1/6	2
A_3	3	6	1	9
A_4	1/3	1/2	1/9	1

3. 层次单排序

下面以 O-U 判断矩阵为例，介绍方根法的具体计算步骤。

（1）计算 3 阶判断矩阵 O-U 每一行元素之乘积 M_k，即

$$M_1 = 1 \times \frac{1}{4} \times \frac{1}{2} = 0.125$$

$$M_2 = 4 \times 1 \times 2 = 8$$

$$M_3 = 2 \times \frac{1}{2} \times 1 = 1$$

（2）计算 M_k 的 3 次方根 $\overline{M}_k$，

$$\overline{M}_1 = \sqrt[3]{M_1} = \sqrt[3]{0.125} = 0.5$$

$$\overline{M}_2 = \sqrt[3]{M_2} = \sqrt[3]{8} = 2$$

$$\overline{M}_3 = \sqrt[3]{M_3} = \sqrt[3]{1} = 1$$

（3）归一化处理得特征值 W_k，由于 $\sum\limits_{j=1}^{3} \overline{M}_j = 0.5 + 2 + 1 = 3.5$，则

$$W_1 = \frac{\overline{M}_1}{\sum\limits_{j=1}^{3} \overline{M}_j} = \frac{0.5}{3.5} = 0.142\ 9$$

$$W_2 = \frac{\overline{M}_2}{\sum\limits_{j=1}^{3} \overline{M}_j} = \frac{2}{3.5} = 0.571\ 4$$

$$W_3 = \frac{\overline{M}_3}{\sum\limits_{j=1}^{3} \overline{M}_j} = \frac{1}{3.5} = 0.285\ 7$$

即准则层 U 的相对权重向量 $\boldsymbol{W}_U = (0.142\ 9,\ 0.571\ 4,\ 0.285\ 7)^{\mathrm{T}}$。

（4）近似计算最大特征根 $\lambda_{\max}$，

$$\boldsymbol{AW} = \begin{pmatrix} 1 & 1/4 & 1/2 \\ 4 & 1 & 2 \\ 2 & 1/2 & 1 \end{pmatrix} \begin{pmatrix} 0.142\ 9 \\ 0.571\ 4 \\ 0.285\ 7 \end{pmatrix} = \begin{pmatrix} 0.428\ 6 \\ 1.714\ 3 \\ 0.857\ 1 \end{pmatrix}$$

$$\lambda_{\max} = \frac{1}{3} \sum_{k=1}^{3} \frac{(\boldsymbol{AW})_k}{W_k} = \frac{1}{3} \left(\frac{0.428\ 6}{0.142\ 9} + \frac{1.714\ 3}{0.571\ 4} + \frac{0.857\ 1}{0.285\ 7} \right) = 3$$

（5）进行一致性检验，

$$\mathrm{C.\,I.} = \frac{\lambda_{\max} - n}{n - 1} = \frac{3 - 3}{3 - 1} = 0$$

$$\mathrm{C.\,R.} = \frac{\mathrm{C.\,I.}}{\mathrm{R.\,I.}} = \frac{0}{0.58} = 0$$

可见，随机一致性指标 $\mathrm{C.\,R.} = 0 < 0.1$，判断矩阵 O-U 具有满意的一致性。

同理，可以计算其他各判断矩阵的层次单排序如下：

$$U_1\text{-}A$$
$$\boldsymbol{W}=\begin{pmatrix}0.483\,2\\0.271\,7\\0.156\,9\\0.088\,2\end{pmatrix}$$

$$U_2\text{-}A$$
$$\boldsymbol{W}=\begin{pmatrix}0.271\,7\\0.483\,2\\0.088\,2\\0.156\,9\end{pmatrix}$$

$$U_3\text{-}A$$
$$\boldsymbol{W}=\begin{pmatrix}0.206\,3\\0.110\,8\\0.618\,9\\0.064\,0\end{pmatrix}$$

$\lambda_{max}=4.014\,5$ $\lambda_{max}=4.014\,5$ $\lambda_{max}=4.010\,4$

C. I. $=0.004\,8$ C. I. $=0.004\,8$ C. I. $=0.003\,5$

R. I. $=0.92$ R. I. $=0.92$ R. I. $=0.92$

C. R. $=0.005\,3$ C. R. $=0.005\,3$ C. R. $=0.003\,8$

4. 层次总排序

层次总排序是针对最高目标层而言，是本层次各要素重要程度的排序。$O\text{-}U$ 层是第一层，其层次单排序本身就是相对于新产品开发方案优选评价总目标而言的，所求相对权重向量 $\boldsymbol{W}_U$ 也就是其总排序的结果。下面以方根法的计算结果为例，进行层次总排序如表 6-4 所示。

表 6-4 层次总排序

层次 A \ 层次 U	U_1	U_2	U_3	层次 A 总排序
	0.142 9	0.571 4	0.285 7	
A_1	0.483 2	0.271 7	0.206 3	0.283 2
A_2	0.271 7	0.483 2	0.110 8	0.346 6
A_3	0.156 9	0.088 2	0.618 9	0.249 6
A_4	0.088 2	0.156 9	0.064 0	0.120 5

可以看出，各种新产品开发方案的优劣次序为方案 2、方案 1、方案 3、方案 4。

总之，层次分析法简洁、直观，特别适用于人的定性判断起重要作用的、难以精确定量的情况，进行多准则、多目标的分析评价，将方案措施层的层次总排序结果作为方案优选的依据。

层次分析评价关键在于评价的递阶结构和判断矩阵的建立，评价指标按属性归类，分层排列成具有层次结构的指标体系。一般考虑两个层次，设大类属性指标 U_i 有 m 项（$i=1$，2，…，m），第 i 大类指标下又设置了 n_i 个次级指标 V_{ij}（$j=1$，2，…，n_i），这是一种常见的层次结构。同样可以用上面所讲方法建立判断矩阵，进行层次单排序，但需要进行两次层次总排序。

【案例 6-3】

基于能力成熟度模型的系统化、定量化军工科研管理

中国科技集团公司第二十八研究所（以下简称二十八所）隶属于中国电子科技集团公司，是主要从事综合电子信息系统顶层设计及总体论证、总部及各军兵种指挥控制系统研制生产、应用软件设计开发、系统专用设备设计制造与装备集成的大型骨干研究所。二十八所目前是国内唯一能同时承担总部、陆、海、空、二炮等各军兵种、各级各类指挥系统研制、生产的专业研究所，是推进我军信息化建设的核心骨干研究所。

CMMI（capability maturity model intergration，能力成熟度模型集成）是美国国防部为军品采购制定的系统/软件开发过程标准模型，从 1991 年开始执行至今已 20 多年，是一个成熟的系统，运营 CMMI 模型管理项目，不仅降低了项目成本，而且提高了项目质量和按期完成率。二十八所最早于 2004 年引入国际 CMMI 管理理念，推行实施，逐步建立了统一的科研生产过程管理规范，实现了科研生产项目的规范化管理。但是随着二十八所的不断发展，新的问题开始出现，为了克服新的问题，二十八所于 2010 年年初开始，导入国际 CMMI 的高成熟度管理，在现有的规范化管理基础上，建立和推行系统化、定量化的军工科研管理模式。其主要做法如下：

（1）系统化军工科研管理模式

二十八所建立"战略引领、市场中心、创新驱动、管理支撑、随需定制、快速交付"的研发模式转型战略，形成战略、市场、项目、产品和技术创新、科研管理、支撑体制机制为一体的研发体系。在这个体系中，战略是引领，是全所发展的纲和路线图。在战略的牵引下，通过主动的市场分析、策划和论证，主动引领市场。技术创新是驱动，通过共性产品为项目提供构架和模块支撑，通过技术为项目研发提供坚实的发展驱动力。科研管理是支撑，为战略规划、市场开拓、项目研发、技术创新提供流程、质量、平台等支撑。项目研发是核心，是全所的产出，通过战略的引领、市场的牵引、创新的驱动和管理的支撑，二十八所的项目研发实现随时定制和快速交付。

（2）量化管理体系框架

二十八所将 CMMI 能力成熟度模型四级要求融入全类别、全流程、全要素的系统化科研管理中，即系统化的军工科研管理的抓手就是对科研生产实施量化管理，用数据来发现科研生产和管理中存在的问题，通过对数据的分析，为科学的领导和决策提供依据。为此，建立支撑系统化军工科研管理的量化管理体系框架，该框架以过程实施为中心，将支撑科研生产过程管理的工具平台、体系规范和量化管理强调的数据分析等要素串连起来，形成一个能够支撑实施推进、持续改进、不断完善的"环型"体系框架。

（3）服务于军工科研管理的规范和方法

基于量化管理体系框架，建立一套服务于系统化军工科研管理的量化过程规范，主要步骤有：一是形成一套支撑提升二十八所生产效率、项目交付能力和科技成果创造及运用能力等核心竞争力的量化指标体系；二是采集支撑量化指标体系的项目历史数据；三是基于历史数据和发展目标建立量化指标体系的基线和目标值；四是基于历史数据和量化指标建立一套用于科研管理决策的数学模型；五是形成支撑量化管理的规范文件和分析方法。

（4）集成化研发管理平台

科研生产项目从立项到实施、交付结项的全过程在平台中进行管理；项目全过程中的计划制定、任务分解、计划跟踪、阶段总结分析、需求分析、方案设计、开发集成等全要素也在平台中进行管理；基于平台，积累任务、人员、工作量、按规模、缺陷问题等一系列基础数据，并实时用直观图表展现计划执行情况、人员任务分布情况、项目工时分布情况、缺陷分布情况、人员使用情况等。

（5）统筹共享科研成果

二十八所基于九级技术成熟度等级模型建立科技成果和评价平台。科研人员将科研生产过程中产生的成果提炼出来，在改平台上面向全所进行发布，实现科技成果的共享，并进行所内转让和交易。同时该平台能够基于技术成熟度等级评价标准自动对发布的科技成果进行等级评价，反映二十八所各类成果的成熟度分布情况，全面充分地体现二十八所各个技术方向的"技术态势"，实现技术的精细化管理。

通过系统化、定量化的军工科研管理的实施，二十八所科研管理体系得到进一步完善，提升了二十八所科研管理能力，推动了企业的稳定发展，实现了一定的经济效益，并取得了良好的社会效益。

关键术语

系统评价	system evaluation
效用理论	utility theory
灰色理论	grey theory
会议评价法	conference appraisal method
德尔菲法	Delphi method
名义群体法	nominal group method
中位数法	median method
算术平均值法	arithmetic mean method
加权平均值法	weighted average value method
层次分析法	anaeytic hierarchy process

本章小结

系统综合评价是以系统思想为指导，统筹兼顾各个子系统的局部性要求，从系统的总体目标出发，对系统的功能或有效度进行的全面衡量。它是在技术评价、经济评价、生态环境评价等单项评价的基础上所进行的整体价值评价，对系统方案价值的大小进行综合评定。

系统评价要遵循四个原则：评价的客观性原则、方案的可比性原则、指标的系统性原则、方法的综合性原则。

系统评价的步骤一般包括：整理说明评价方案；选择合适评价方法；确定评价指标体系；确定评价指标权重；进行单项指标评价；进行系统综合评价。定性评价方法也就是专家咨询法，是指专家根据其经验和知识判断出结果的方法，或者专家群体应用一些群体决策技术得出结论的方法。一般采取专家群体的形式进行评价，是以专家个人的评价为基础，运用一定的方法将专家的意见进行综合，最后得出专家群体的评价意见。也就是说，在评价过程中，收集有关专家的意见，通过规范化程序，从中提取出最一致的信息，利用专家的知识、经验来对评价方案进行价值评定。

专家群体评价的多数问题属于非结构性决策问题，但客观上又有实现程序化、规范化的要求。因此，如何归纳、综合专家群体的意见，不是靠简单的举手表决，而是要运用一定的科学方法,将定性评价进行半定量化处理。常用的方法有:中位数法、算术平均值法、加权平均值法、满分频率法等。

德尔菲法有三个基本要求:匿名性、反复循环、得出统计结果。

层次分析法一般用于多标准、多方案的选优评价。其基本原理可以归结为:通过分析复杂系统所包含的因素及其相互关系,将系统分解为不同的组成要素,并将这些要素划归不同层次,从而客观上形成多层次的分析结构模型。根据指标的层次结构特点,将每一层次的各要素相对于其上一层次各要素进行两两比较判断,得到其相对重要程度的比较标度,建立判断矩阵。通过计算判断矩阵的最大特征根及其相对应的特征向量,进行层次单排序,得到各层要素相对上层某要素的重要性次序,建立相对权重向量。最后自上而下地用上一层次各要素的组合权重为权数,对本层次各要素的相对权重向量进行加权求和,进行层次总排序,得出各层次要素关于系统总体目标的组合权重,从而根据最终权重的大小进行方案排序,为选择最佳方案提供决策依据。

复习思考题

1. 正确理解系统评价与系统综合评价的概念。

2. 正确理解系统评价中价值的概念。

3. 系统评价的原则和步骤是什么?

4. 试举例说明系统评价应考虑的评价指标有哪些?指标选取应注意哪些问题?评价指标的标准如何制定?

5. 不同性质的评价指标进行综合评价时应注意哪些问题?

6. 德尔菲法的特点是什么?

7. 集成研讨厅法与传统专家会议法的区别是什么?

8. 层次分析法的实施步骤如何?

9. 设备购买方案综合评价 O,要求性能先进(U_1),价格低(U_2),便于维护(U_3)。主要型号为:A_1、A_2 和 A_3 等,建立判断矩阵 O-U 和 U-A 如下,试应用层次分析法进行方案排序(R. I. =0.58)。

O-U	U_1	U_2	U_3
U_1	1	1/2	1/3
U_2	2	1	1/2
U_3	3	2	1

U_1-A	A_1	A_2	A_3
A_1	1	1/2	1/5
A_2	2	1	1/2
A_3	5	2	1

U_2-A	A_1	A_2	A_3
A_1	1	1/3	1/2
A_2	3	1	2
A_3	2	1/2	1

U_3-A	A_1	A_2	A_3
A_1	1	5	3
A_2	1/5	1	1/2
A_3	1/3	2	1

第7章

管理系统集成

学习要点

- 集成管理的概念及其基本特点
- 界面管理复杂性的产生原因及集成界面管理的基本内容
- 提高集成效应的经济分析及集成度等级的划分
- 不同类型平台的集成管理特点

本章首先通过集成管理发展过程的回顾，强调集成不是简单系统组成要素数量上的叠加，而是系统整体功能的优化。其次，介绍集成管理理论的基本要点：集成界面、集成效应，以提高"着眼于对实际问题理论思考"的水平，运筹帷幄、决策千里。最后，在上述分析的基础上，强调集成是 $1+1>2$，两全其美？还是 $1+1<2$，两败俱伤？关键在于管理，简要介绍了基于技术、基于市场和基于知识三种平台的集成管理思路。

7.1 集成管理内涵

社会科学与自然科学不同，属于描述性科学，而不是精确性科学。描述性的特点就是：不同的观察角度，不同的立场，不同的范围环境，可能出现不同的认识。集成的含义一般被理解为：组成整体的各要素之间彼此能有机地协同一致，以发挥综合效益，达到整体优化。诸如集成电路，计算机集成系统……但现实生活中集成一词的应用大有泛滥成灾的趋势。有人甚至把一些著作的合订本也称作集成，更有甚者把多种炒菜放在同一盒中的快餐盒饭也称作集成……因此了解集成的概念实质，已经成为开展集成管理的当务之急。

任何一种管理理论和方法的产生都源于人类的社会实践，同时又是一种有目的、有意识地改造自然、改造社会的活动。管理具有鲜明的时代性，管理的理论与方法伴随着社会时代的变革而不断演进。

7.1.1 时代的挑战

1. 互联网时代的冲击

互联网的产生驱动了人类通信技术史上具有划时代意义的革命。与其他技术革命不同的是，互联网技术的不断深入和扩散，引发了世界经济、政治、文化和社会发展的深刻变革，开启了人类文明的新篇章，创造了一个全新的时代。互联网的普及改变了我们工作和生活的方方面面，全方位地颠覆了商业规则。

互联网的出现剥夺了企业在市场上的主动权，相对应的，顾客借助互联网夺取了失去的市场主动权。在过去，由于信息有限和搜索成本过高，顾客不得不"忠诚"于某些企业。这些企业从信息匮乏的消费者手中赚到了不少利润。而现在，顾客能够通过各种途径，特别是借助互联网，掌握充足的信息，不再受企业控制。在与顾客的较量中，企业不再拥有主动权，企业需要付出更多的努力吸引顾客、黏住顾客。

互联网技术使得全球通信费用大幅降低，全球化的进程加速了产业的竞争格局。新的技术降低了行业进入门槛，企业不得不面对更多新的、超低成本的竞争者的挑战。行业的新进入者依托新的技术不断侵蚀着已有企业在成本方面的优势地位。有些企业依靠新的商业模式不断将其核心业务置于世界上成本最低的区域，在全球布局，而很多企业发现很难布局全球。

数字化趋势使得越来越多的企业面临知识产权的威胁，电影院、出版商、制药公司等在信息"期待免费"的时代苦苦挣扎。商业模式的创新成为某些公司保护知识产权的利器，而有的产业面临原有商业模式的颠覆，因为整个产业因互联网带来的"免费"而面临重组，很多产业因为互联网的互联互通产生了产业间的互联与融合。

全球化和网络化的格局下，企业不得不融入全球生态价值系统中，并在网络中努力做出自己最大的贡献。企业与外部的协同成为网络时代的核心。社会化大分工愈演愈烈，在经济系统中，每个企业分担着不同的角色。从整个经济系统来看，表现出来的是越来越多的合作项目和越来越广泛的产业联盟。从单独的企业来看，企业内部的过程不断精简，外包成为常态，处在社会分工链条中的企业对自己命运的控制能力不断降低。

互联网推动了信息技术产业商业模式的创新。新闻门户、社交网络、搜索引擎、电子商务成为信息技术产业商业模式创新的主战场。商业模式的创新频率与行业发展速度呈正比。行业发展得越快，行业内企业的商业模式更新换代得越快，企业时刻处在商业模式创新的状态中，有时不得不面对行业商业模式颠覆性的创新。互联网、数字化、全球化、竞争加剧等也推动了其他传统行业的迅速发展。电子商务的发展促动了经济链条的更替，研发、制造、支付、配送环节无不受到电子商务推进的影响，不得不探求新的适应时代的商业模式。如支付宝、财富通等第三方支付企业在电子商务发展的热潮中迅速壮大起来，传统银行业面临着互联网金融的冲击，迫切需要创新商业模式以迎接挑战。信息技术和网络技术影响着企业的核心技术模块，促进了产业技术的升级换代，也呼唤着新的商业模式来推动技术创新的实现。

面临越来越不确定的环境时，企业管理者被复杂性打败，决策失灵困扰着企业管理层。叱咤风云的大型企业也不能逃脱这一宿命。当英特尔准备从 DRAM（动态随机存储存储器）业务转移到微处理器业务中时，管理决策并没有发挥应有的作用。英特尔没有认识到微处理器将是决定企业命运的重要产品，即使当 IBM 公司选择英特尔的 8088 微处理器作为其新研发的个人电脑"心脏"时，英特尔内部仍认为这是一次设计上的小胜利。现实的不确定性改变了人们对组织的认识。过去人们用机械术语来讨论组织，现在使用各种各样的自然界或科学界的隐喻来描述，比如阿米巴变形虫或随机系统。隐喻对于现实的解释似乎更恰当，但如何超越那些隐喻才是管理者最关心的问题。

狄更斯在《双城记》开篇中的描述是对互联网时代最恰当的概括："这是一个最好的时代，这是一个最坏的时代；这是一个智慧的年代，这是一个愚蠢的年代；这是一个光明的季节，这是一个黑暗的季节；这是希望之春，这是失望之冬；人们面前应有尽有，人们面前一无所有；人们正踏上天堂之路，人们正走向地狱之门。"这个时代的企业必须集成内外部资源，借助集成管理成长并壮大起来。

2. 市场全球化的压力

科学技术发展的复杂性、国际化，必然导致经济活动突破国界而成为全球活动。世界出现了全球统一的大市场，货物和服务、资金、技术、劳力、信息都在全球流动，受国家疆界的限制在缩小，产业布局将在世界范围内重组。经济的区域化和集团化成了经济全球化过程中一种发展需要和阶段表现。全球组织兴起，跨国公司扮演着日益重要的角色，企业总部不一定设在本国而可以迁往地点适中的其他国家。各国企业（包括广大的中小企业）之间的全球合作变得容易了，不会因区位限制而受影响。随着世界性信息网络（如 Internet）的建立和完善，全球经济的依存性更是达到空前紧密的地步，经济系统越来越成为全球系统，经济活动国内和国外的界限变得日益模糊。

全球化对于发达国家来说，其最大的益处是可以凭借已有的资本优势和垄断地位进一步获取更多的资本利益和资本控制。由于发达国家经历了数百年的资本主义经济的发展，在国内，它们拥有成熟并与国际规则接轨的市场经济制度和相应完备的宏观调控体系。在国际，它们控制和操纵国际经济组织，主导和支配国际组织规则的制定与实施。这样一来，当这些发达国家的政府、企业尤其是大的跨国公司进入全球市场开展活动时，它们就可以充分利用这种资源的优势从中获得最大的收益并承担最少的成本，并且反过来又进一步加强了发达国家的优势地位和对国际制度的主导权，使发达国家及其垄断资本在全球化过程中的利益和权势不断扩张和强化。

另外，全球化对于发展中国家来说，最大的不利在于原有的劣势和被动地位不断强化，经济政治风险进一步加大。尽管全球化对发达国家有这样那样的挑战，但由于发达国家已具有经济发达、技术经济、产业结构优化等优势，且处于"中心"，因而能够较为有效地规避全球化的风险。而发展中国家由于不具有这些优势，且处于"外围"，因而受到全球化的冲击最大。因此，当发展中国家参与全球化进程时，就明显地处在劣势地位，形成了与发达国家优势地位相对劣势或相依附的世界经济发展格局。

中国加入 WTO 后的短暂保护期是国内企业按照市场经济规律，调整企业经营大计的关键时期。在市场经济条件下，首先要进行供给和需求的沟通、连接以及一体化的整合集成分析，即解决"市场化"问题；进而要通过供给、需求的变化，确定双方都能接受的利益均衡点，即解决"适销化"问题。从市场化到适销化就是在管理决策中寻求达到均衡点的最短途径、最佳方式，这对提高产销率、提高企业的经济效益有重要的作用。

改革开放初期，优惠政策对企业发展起了很大作用。如今这些优势已明显减弱，要再上新台阶，就要根据时代发展，确立新的经济增长点。既要坚持科学技术是第一生产力，又要根据市场价格形成取决于供求双方的规律。单纯的科技优势不等于商业利润，杰出的科技发明者不等于优秀的企业家。美国《商业周刊》曾报道了 CHIO 咨询公司的调查分析结果：尽管西方科技先进、拥有优势，但在商业方面常输给日本，在制药、家电等方面尤为突出，其秘密就在于技术与市场之间集成水平的差异。

一项技术开发项目的成功可能性一般涉及 3 个因素：① 技术上成功的概率；② 商业化的概率（假定技术上成功）；③ 经济上成功的概率（假定已实现了商业化）。只有将技术发明转化为社会的经济活动，才能推动生产力发展，才能称为真正的、有效的创新。

1999 年 8 月 20 日，中共中央、国务院《关于加强技术创新发展高科技实现产业化的决定》中指出："技术创新，是指企业应用创新的知识和新技术、新工艺，采用新的生产方式和经营管理模式，提高产品质量，开发生产新的产品，提供新的服务，占据市场并实现市场价值。"衡量企业家的标准很多，但最重要的是创造财富的能力，又称为市场增值能力，或市场实现度。俗话说的"大市场，大老板；小市场，小老板；没市场，就破产"也是这个道理。企业的竞争力表现为技术和市场之间的适时动态均衡地集成整合能力。超前开发一流技术，努力挖掘潜在需求，实现"技术顶天，市场立地"两者的集成互动，是企业在市场全球化情况下管理决策设计的基点。

3. 知识经济的呼唤

知识经济时代，知识成为经济增长的内生变量、核心生产要素、价值的主体和主要源泉。美国著名未来学家托夫勒在 1994 年《竞争论》（*War and Anti-war*）中把新兴的第三次浪潮经济体系归纳为十大特点，而"知识成为核心资源"列为十大特点之首。托夫勒指出：土地、劳力、原料、资本，是过去第二次浪潮经济体系的主要生产要素。而知识却是第三次浪潮的核心资源。输入正确的知识，可以减少人力需求、降低库存、节省能源、节约原料，减少生产过程中所需要的时间、空间及金钱。如果运用得当，知识可以成为生产过程中其他要素的最终替代品，传统的经济学家和会计师对这个概念还不是很能接受，因为知识很难量化。但是，第三次浪潮经济体系真正革命性的一点就是：土地、人工、原料甚至资本都可以视为有限的资源；但知识，不论从哪一方面来说，都是取之不尽、用之不竭的。因为知识是最有活性的生产要素，可以用知识生产更多的知识、具有质的飞跃性的知识。

对于知识经济的概念，学术界尚无统一的说法，如吴季松博士在他 1998 年出版的《知识经济》一书中认为：知识经济是以稀缺自然资源为主要依托的新型经济，它以高技术产业为第一产业支柱，以智力资源为首要依托，因此是可持续发展的经济。有两个公式近似地说明知识经济的内涵，第一个等式：知识＋智慧＝财富，随着社会的发展，谁能更善于利用知识的力量，谁就能赢得竞争优势，有人甚至将 IBM 形象地解释为 Information＋Brain＝Money（信息＋头脑智慧＝财富）。第二个等式为：企业财富＝有形资本＋智力资本。其中，智力资本是使公司得以运行的所有无形资本的总和。这种观点一方面说明了智力资本的重要性，智力资本是企业不可缺少的部分，没有智力资本，企业就无法运行；另一方面突出了智力资本与有形资本相区别的无形性。在传统会计中的无形资本只反映了企业智力资本的一部分，即商标、专利等知识产权，大部分关系企业生死存亡的智力资本，如商誉、人才资本、创新能力、新产品开发能力、长期客户关系等，因为传统会计方法的局限，会计报表无法揭示其价值。

Intellectual capital 在国内有三种译法，一是智慧资本；二是知识资本；三是智力资本，我们认为第三种比较贴切。

智力资本就是能够用来创造财富的一切智慧与经验的总和，企业智力资本一般可分成三部分，它们是人才资本、结构资本和市场资本。每一部分又由多个要素组成。

人才资本是指企业员工的知识水平、经验及为客户解决问题的业务能力，同时还包括员工知识更新、共享公司的知识和经验的能力，即学习的能力，以及员工对公司和工作的态度等。人才资本是企业中每个人优秀品质和能力的总和。一方面，由于人是知识的载体，知识价值的实现必须通过人的行为活动才能完成，因此企业应该通过适当的激励机制使员工潜力得以最大限度发挥，使其头脑中的隐性知识得以显性化，从而成为公司的价值源泉，只有员工自愿把自己的智力资本投入日常业务时，公司才能真正获得成功；另一方面，企业的结构资本和市场资本是员工智力劳动的结晶。由于人才资本具有随人员的流动而流失的特点，因此知识管理的关键作用之一是使人才资本转化为企业的结构资本和市场资本。

结构资本是支持人才资本的"基础设施"或"知识平台"，如企业的组织结构、制度规范、企业文化、信息技术系统、组织结构形式、企业形象、知识产权等。结构资本包括一整套的企业特有的能力与系统，如企业促进创新的能力、提高和创造自身价值的能力，以及使得员工学习知识的时间缩短并更快、更容易和更有效地共享公司的知识和经验的能力。微软公司（Microsoft）的和英特尔公司（Intel）的价值不仅在于它们的高智力员工及其拥有的知识，也在于它们根据知识企业的要求建立的激励制度并由此形成的创新能力。

市场资本是指市场营销渠道、营销网络、公司信誉及长期客户关系等。在智力资本向市场价值转化过程中，企业的经营性资本起着桥梁与催化作用，市场资本是人才资本、结构资本发挥作用的主要条件，是企业创造市场价值的重要途径。市场资本常常是企业的市场价值远远大于其账面价值的原因，如可口可乐公司，品牌效应使其市场价值达到其净资产的几十倍。

在智力资本的三个组成部分中，人才资本是核心，是企业价值实现和增值的重要基础；结构资本的作用是为激励人才资源创造知识并发挥知识的增值作用提供环境支持；市场资本的作用就是保证人才资本和结构资本的有效互动和匹配所创造出的知识的价值实现，没有强有力的市场资本，没有必要的营销网络和相应的顾客忠诚，即便是具有价值的知识，也难以走向市场，实现其价值。智力资本通过人才资本、结构资本、市场资本的相互作用、共同整合来推动企业发展，成为企业获得竞争优势的重要因素，是未来创造收益的实际推动力。公司的可持续发展能力来自于智力资本，而不是传统的财务资本。

智力资本的经营，实际上就是通过对它的重组与运用，来寻求其最佳的配置组合，积累和提升其自身的创造性，以创造出更多的价值，知识的集成是智力资本经营的基本内容。知识集成是对分散在企业中、存在于员工头脑中的隐性知识和分散在企业间的知识进行集成。知识有显性和隐性之分，显性知识指可编码化知识（codified knowledge），这些知识易于以硬性数据、科学公式、编码程序等形式传播和共享。隐性知识是指难以规范化和编码化的知识，由形象概念、理念、信念和知觉组成，具有高度专有性。对显性知识的集成是组织将一些分散的显性知识整合成新的显性知识，但这对企业现有知识质的创新推动有限。隐性知识的集成是通过相互间的交流与沟通，促成知识在不同员工、企业间的转移、共享和集成。创新群体的创新能力很大程度上依赖于隐性知识的集成，关键是个人如何积极贡献自己的隐性知识为集体共享。企业文化、管理机制和集成工具是促进知识集成的重要手段。

知识集成管理存在隐性知识的显性化及显性知识的隐性化两个过程。前者的实质是知识外化（externalization）的过程。将隐性知识变为显性知识需要寻找有效的方式将难以表达的隐性知识表达出来，该方式主要是语言和符号的比喻，可以将人的直觉或心灵顿悟表达出来。隐性知识的显性化集成需要激励机制的推动。而显性知识隐性化的实质是知识的内化（internalization）过程。当新显性知识被集成创新群体共享时，集成创新群体中的有关合作组织开始将该显性知识内部化。即通过学习和知识传播工具将显性知识转化为个人头脑中的知识。通过对知识的有效集成，可以提高集成创新群体的能力，丰富创新的知识资源。

时代的变革推动着社会经济结构的变化，也推动着管理思想与观念的转型。管理理论及实践面临着前所未有的冲击和挑战，但与此同时也蕴含着巨大的创新契机。上面对时代特点的简要分析，无不昭示着这样一个事实：只有充分发挥各种资源要素的协同作用，实现优势的综合集成，才能适应当今迅速发展的时代要求。集成管理就是在这一现实背景下应运而生的。

【案例 7 - 1】

电商为何纷纷转向实体店？

近几年，随着电商对传统零售行业的不断冲击，零售实体店的发展现状透着股股寒意。万达百货、百丽、七匹狼、GAP、人人乐、美邦等关店的消息频繁爆出，亏损、利润大跌、客流稀少、被迫转型等词汇不断出现。但同时，"因网而生"的线上品牌，以及天猫、京东等电商大咖也纷纷开始试水线下开起了实体店。

2014 年，刚过完双十二，全国首家淘宝体验厅就在广州南站开业了，这家店其实是淘宝推出的"会员体验厅"计划，重点在于体验而不是售卖；2015 年 2 月 14 日，京东全国首家综合服务中心在山西太原正式投入运营，除此之外，京东首个智能娱乐体验馆"JDSPACE"也于同年 5 月 1 日在蓝色港湾商业区正式营业；2015 年 12 月初，亚马逊在西雅图大学村开了第一家实体书店 Amazon Books，为消费者提供与线上销售同样优惠的价格；除了上述电商品牌以外，麦考林、兰缪、钻石小鸟、珂兰钻石等品牌皆已铺设实体店。

（1）消费者需求的倒逼

线上的顾客增加已遇到瓶颈，而且线上越来越多的同质化产品也导致竞争不断加剧，在线下开店增强顾客体验，提高转化率是一步好棋。体验式营销能更好地"圈"到客户。方建华以茵曼＋上海的体验店为例，其线下店试穿成交率达 65%，而在"双十一"期间，网上也仅有 65% 的转化率。

（2）实体店优势

消费者的感觉和感受是电商无法做到的，实体店能够直接展示商品的效果，能提供专业人员定制服务，比如汽车维修保养的整个过程是无法通过网络模拟的。这一系列活动，都是消费者乐于参与的过程，也是实体店相对于电商的明显优势。另外，随着电商业务的全面铺开，消费者势必会出现怀旧情结，如网络下载的歌曲远远无法企及老唱片的音质。尽管卖家秀做得非常漂亮，也不及实体店进行一次效果展示。这种触感是真实的、可见的、可信的、被线上低价冲昏头脑的消费者们冷静下来后，就会更倾向于亲自参与购买过程来选择自己所需的产品。

（3）线下体验

把实体店当作体验店来做，不再把销售产品作为主要目的，而是转移视线，把用户体验作为重中之重。简单来说，就是不依靠销量赚钱，线下门店销售的是体验。商家可以为客户提供免费体验服务，更可以向顾客普及商品知识。也许，体验店从表面看是不赚钱的，但这也为商家省去了库存和员工的成本，并可以同线上销售结合，提高了订单的转化率。

（4）线上销售

将门店内的产品编上自己企业专有的产品编码，顾客在体验店经过了解和观察后，可以将编码记下，到线上店进行购买（线上店的价格一定要比实体店便宜，否则是产生不了实质效果的)。另外，线上完善的商品信息也能让消费者一览无遗，消费者根据网络数据的分析，在线上选择出最佳商品，再到线下进行体验。

基于比价和搜索的机制，传统零售是无法与互联网做竞争的，而且线上的产品种类和性价比都远远高于线下，但是在满足情感需要和连接需要上，实体可以比互联网做得更好。借助互联网的传播能力，建立企业的口碑和用户群，做到线上线下全方位服务，在网络营销中抢占先机，才能在电商领域获得更多的市场份额。

7.1.2　集成管理回顾

系统思想是集成管理的理论基础。集成管理不仅强调本身的系统性，也强调从系统角度来考虑相关理论的发展。因此，从这一点来看，涉及集成管理思想的相关论述早有出现。正如任何一种理论的创立都必须汲取诸多相关领域的理论精华一样，集成管理的提出和产生也是建构在一系列相关研究成果的基础之上的。

1. 国外研究综述

在国外，最早也最能明显地体现集成思想的研究应该首推系统管理学派。这一学派的代表人物是切斯特·巴纳德（Chester Barnard）。巴纳德不仅是一位造诣颇深的理论研究者，还曾长期担任企业的高级管理人员。他在1927—1948年担任美国新泽西州贝尔电话公司的总经理，从事具体的企业管理实践。这种双重身份使他能够更加深入地洞察企业的本质。他提出，应把企业当作一个由物理的、生物的、个人的和社会的等几方面要素组成的"协作系统"。因而这一学派又被称为"协作社会系统学派"。基于这一观点，他在1938年写的《高级管理人员的职能》中，在探求解释高级主管人员的工作时，进一步指出"高级管理人员的任务，是在一个正式组织内努力经营和维护好一个协作社会系统"。在这里，巴纳德尤其突出了系统协作思想，他把社会系统看作两个或更多人的观念、力量、要求和思想的协作，并认为相互作用是导致协作系统形成的根本原因。巴纳德的研究成果产生了巨大影响，他的协作社会系统概念渗透到许多管理理论之中。其中，社会技术系统学派就是一个典型。英国塔维斯托克学院的E. L. 特里斯特（E. L. Trist）和他的同事们，在采煤问题的研究中发现，"技术系统（机器和方法）对于社会系统有强烈的影响。换句话说，个人态度和集体行为要受人们工作所在的那个技术系统的影响，因此，社会系统和技术系统必须协调"①。特里斯特主要集中研究技术系统对人的影响，并得出结论：如果发现这两者（社会系统与技术系统）不相协调时，通常在技术系统中应进行某些变革。毫无疑问，不管是系统管理学派还是社会技术系统学派，都已经将系统思想引入管理之中（尽管是在某些方面），可以说，这是一个具有重大意义的进步，它开创了将系统思想与管理实践相结合的先河。通过对系统管理的深入分析，不难发现，系统管理从根本上说还只是在处理某些问题时应用系统思想作指导。尽管当时相对于整个管理活动而言，系统性并未得到充分的展现，如巴纳德集中强调经理人员的职责，而特里斯特则关注技术系统的影响。它带给我们的启示仍是相当巨大的，集成管理理论的许多内容更是直接得益于系统管理的有关成果。事实上，在孔茨所说的管理理论丛林里，有不少也是和系统管理思想密切相关的。

---

① 李哲浩. 制造领域中高技术的发展和应用. 科学管理，1994（3）.

集成体现了系统思想指导，但集成管理又不仅仅是系统思想的简单运用，它和技术发展的背景紧密相关。从这一点来看，真正接近于我们所说的集成管理含义的研究则应始于科技管理理论的演化。自从美籍奥地利经济学家约瑟夫·熊彼特（Joseph A. Schumpeter）提出创新理论以后，关于创新的研究便逐渐分化为技术创新和制度创新两大分支。首先是在技术创新研究中，出现了技术和管理的整合思想。例如，迈尔思（Myers）、库珀（Cooper）、罗斯威尔（Rothwell）等人着重研究了创新与市场结构、组织规模等方面的关系①，探讨了相应的管理模式。20 世纪 70 年代中期以后，迪隆（Dillon）、多西（Dosi）、厄特贝克（Utterback）等人则进一步探讨了企业组织、决策行为、学习能力与营销及内外部因素相互作用对于企业技术创新的影响②，指出提高技术创新效果的关键在于合理协调好上述各种要素的匹配关系，发挥协同作用。在这一阶段，技术创新管理的内部要素集成思想已经逐渐明朗。在创新理论中，更高层次的集成即技术创新和制度创新由分化走向融合的趋势是在创新进化论提出后出现的。70 年代，美国学者纳尔逊（R. Nelson）和温特（S. Winter）在生物进化理论的启示和借鉴下，通过对创新过程机理的深入研究，创立了创新进化论这一独特新颖的理论分支③，它推动了技术创新和制度创新的融合，使得人们对于创新理论的研究又开始向熊彼特的初始定义回归，即认为创新是一个系统总体的概念，它包括生产、经营、管理、组织等方面的内容。当然，这种整合性的回归并不是简单的定义回复，而是在分析研究基础上的一种更高层次的统一。此后，许多学者如弗里曼（Freeman）、多西等在更广的范围开展了技术、组织、制度、管理、文化的综合性创新研究，从而促使新管理的集成化趋势越来越明显，集成的思想和原理逐渐在创新管理实践中得到推广和应用。1992 年，美国学者彼得·圣吉（Perter M. Senge）所著《第五项修炼——学习型组织的艺术与实务》，荣获了世界企业学会最高荣誉的开拓奖。彼得·圣吉明确提出，经过 50 年的发展，系统思考已经发展出一套思考的架构，它既具备完整的知识体系，也拥有实用的工具，可以帮助我们认清整个变化形态，并了解应如何有效地掌握变化，开创新局。④

2. 国内研究综述

自古以来我国就曾出现过以天地为对象的整合研究，很早就已形成了系统的萌芽。当然，集成不同于系统综合，一般的系统理论都强调系统具有特定的边界，将系统划分为内外两大部分。而集成却是一种更具动态性的思想，它淡化、模糊乃至打破了这种边界，呈现一种"泛边界化"的态势。因而集成表现的是全方位、开放状的视野。但是，集成管理与系统思想有着千丝万缕的联系。事实上，在我国，关于集成管理的研究正是始于系统理论研究的不断深化。

我国著名科学家钱学森是集成思想的倡导者和奠基人。钱学森通过对系统理论和实践的长期深入研究，全面总结了开放的复杂巨系统的内涵结构，他指出："现在能用的、唯一有效处理开放的复杂巨系统（包括社会系统）的方法，就是定性定量相结合的综合的集成方法。"在此基础上，钱学森进一步概括出："定性定量相结合的综合集成方法，就其实质而言，是将专家群体（各种有关的专家）、数据和各种信息与计算机技术有机结合起来，把各

---

① GERHARD S. Successful innovation management：an integrative perspective. JET-M，1994：11.

② 同①.

③ 张建华. 创新理论研究的新进展. 经济学动态，1997（7）.

④ 圣吉. 第五项修炼. 上海：三联书店，1983：6.

种学科的科学理论和人的经验知识结合起来，这三者本身也构成了一个系统。这个方法的成功应用，就在于发挥这个系统的整体优势和综合优势。"① 紧接着，钱学森于 1992 年 3 月，进一步提出"从定性到定量综合集成研讨体系"及总体设计部方法，探讨了集成思想的方法应用问题。② 可以看出，钱学森已经敏锐地意识到定性与定量的集成是解决复杂问题的关键，由于其站的高度和角度都是在哲学层次之上，因而他所提出的集成思想显然更属于一种具有普适性的管理哲理。由于钱学森等人的努力，引导了众多学者开展有关综合集成的研究。中国科学院自动化所的戴汝为教授等，结合人工智能与系统科学的研究成果，提出了"智能系统的综合集成"③ 方法体系，在深入探讨处理复杂巨系统问题中人与计算机的相互结合基础时总结道：人们面对复杂系统、巨型系统及智能系统的挑战，采取的对策应该"是把人的心智（human mind）与机器的智能两者结合起来，发展人机结合或人机一体化的系统"④，即充分发挥人类和计算机各自的优势。上海交大的王浣尘教授则从方法论角度，详细探讨了系统集成的内在机制，提出了螺旋式前进的方法论、难度自增值系统⑤等一系列新概念，从而为集成运作提供了初步的方法操作指导。

　　与国外的情形一样，人们在对技术创新的案例研究中逐渐发现，各种创新要素的集成是保证技术创新效果的重要条件。我国著名的技术创新专家傅家骥、许庆瑞等人对于影响创新结果的因素、机理进行了大量深入的探索，从中得出了不少蕴含集成思想的研究成果，进一步丰富了集成管理研究的内涵。例如，傅家骥、姜彦福教授等总结性地提出：① 在创新实践中，各主要影响因素不是孤立存在的，其相互之间必然存在错综复杂的联系，一种因素变动不仅直接影响创新，而且波及其他因素而产生多方面附加效应。在同类影响因素中是这样……在不同类影响因素间更是如此……因此，在企业技术创新管理控制中，不但要把握各影响因素的独立变化，还必须考虑诸因素间相关性影响作用。② 各主要影响因素不仅有不同效应及相互紧密联系，更重要的是由于技术创新阶段性决定，这种作用与联系也具有动态特征，即随创新的阶段发展而不断变化……因此，清楚认识各主要影响因素及其相互联系在创新过程中的不同变化，才能及时采取针对性措施，达到全过程动态优化控制。⑥ 以许庆瑞教授为主的课题组也对技术创新做过广泛而深入的研究，通过对大量实际案例的调查分析，揭示出技术创新中各种相关要素的集成互动模式，如在《技术、组织与文化的协同创新模式研究》中指出："一方面，技术创新势必提出进行组织与文化调整的要求；另一方面，组织与文化创新为生产要素的重新组合提供了合适的条件……通过组织与文化创新创造良好的组织结构与文化氛围，协调各部门行动，调动部门成员的积极性，是技术创新成功的关键。"⑦ 显然，上述研究充分展现了技术、组织、文化、制度、管理的集成思想。钱学森以及其他众多系统工程专家学者们所做的工作，为具有中国特色的集成管理研究开启了大门。1998 年 10 月，作为国家教委人文社科"九五"规划项目的研究成果，李宝山、刘志伟编著的《集成管理——高科

①　钱学森，于景之，戴汝为. 一个科学新领域：开放的复杂巨系统及其方法论. 北京：中国科学出版社，1990.
②　戴汝为. 从简单系统与知识系统到人机结合的智能系统. 北京：科学技术文献出版社，1994.
③　戴汝为，王珏. 关于智能系统的综合集成. 科学通报，1993（14）.
④　戴汝为. 智能系统的综合集成. 杭州：浙江科技出版社，1995：22.
⑤　王浣尘. 难度自增殖系统及其方法论. 上海交通大学学报，1992（5）.
⑥　傅家骥. 技术创新. 北京：企业管理出版社，1992：378 - 380.
⑦　张钢. 技术、组织与文化的协同创新模式研究. 科学学研究，1997（12）.

技时代的管理创新》出版发行。明确提出："集成从管理角度来说是指一种创造性的融合过程，即在各要素的结合过程中，注入创造性思维。"2002 年 12 月《中国软科学》出版了《集成创新专刊》，对集成创新理论、集成创新模式、集成创新与中国经济发展开展了更加全面、深入的研究分析。尤其突出的是科技部部长徐冠华《加强集成创新能力建设》一文，从落实 16 大精神、全面建设小康社会、走新型工业化道路的战略高度，阐述了集成创新的理论意义和现实意义，掀开了集成管理研究的新篇章。

7.1.3　集成管理的内涵

1. 一般含义

集成的含义是指将某类事物中各个好的方面、精华部分集中组合在一起，从而达到整体最优的效果。集成的含义在这里主要用来表述事物中好的方面的集合。集成的英语表达为integration。作为一个普通词语，integration 的主要含义是综合、融合、整合、成为整体、一体化等意思；作为术语，integration 先后被用在数学、物理学、生物学、人类学、心理学和哲学等众多学科中。尽管对集成理解的角度各异，但有一点是相同的，即都是将集成看作是对各种要素的汇集、配置的研究。

依据系统原理，集成的一般含义可以理解为：两个或者两个以上的要素（单元、子系统）集合成为一个有机系统，这种集合不是要素之间的简单叠加，而是要素之间的有机结合，即按照某些集成规则进行的组合和构造，其目的在于提高有机系统的整体功能。

集成的概念除了含有整合汇集之意，更值得重视的是其演进和创新的含义。哈肯在《协同学》里引入了序参量概念，使其得到了更为清晰的解释。作为处理自组织的一般判据，不论什么系统，如果某个参量在系统演化中从无到有地发展演化，并能揭示出系统新结构的形成，进而支配和制约着系统的进一步发展演化，那么这个参量就是序参量。这一概念在创新活动中的具体表现是：技术创新过程的集成促进了各种资源要素尤其是知识资源要素的综合运用过程，是创造性的融合过程。技术创新过程的集成促进了各种资源要素的优选，并以适宜的结构形成一个有利于资源要素优势互补的有机整体。以上思想也反映在 Nelson 和Winter 的研究中，他们通过对技术创新活动中知识演进和组织能力之间关系的分析提出了创新系统演进的观点。

一般认为，集成管理就是要通过科学而巧妙的创造性思维，从新的角度和层面来对待各种资源要素，拓展管理的视野和疆域，提高各项管理要素的交融度，以利于优化管理对象的和谐有序性，增强企业的集成效应。

从创新实践来看，集成的对象可分为两类：一类是客观实体自身运动、变化中的一种序化过程，如企业组织构架的演进、企业内部职能部门的融合，以及企业间某种形式的战略联盟都属实体的集成，这是通常所观察到的集成的外在形式；另一类是以客观实体为载体的一些要素的融合，如技术、知识、信息、资源、能力、观念的融合，这更是集成的内在重要表现形式。现实中，我们经常重视集成的外在形式而忽略内在形式，忽略了究竟为什么集成和集成什么，即集成的本质。简单的企业并购、重组并不能促进企业发展，只有通过内在实质性内容的融合，才能真正产生创新。

从创新过程来看，集成的原动力也有两类：一类是由已有系统或系统核心按照某种主导战略，把若干部分、要素联结在一起，使之成为一个统一整体的过程，如企业战略的创新计划、大的项目安排等；另一类集成的原动力是以某种现存的系统或系统核心为基础，按照某种机制设置，使其发挥统摄、凝聚作用，最终演变成一个新的统一系统的建构、序化过程，如以一定区域的文化氛围、基础设施为基础，按照市场机制建立起来的动态联盟等。

集成管理是一种全新的管理理念及方法，其核心就是强调运用集成的思想和理念指导企业的管理行为实践。也就是说，传统管理方式是以分工理论为基础，而集成管理则突出一体化的整合思想，二者的出发点显然是迥异的。由于集成贯穿了管理活动的全局和整个过程，因而各项管理对象、资源要素可以实现全方位、全范围和全阶段的优化，激发单项优势之间的聚变放大作用，从而最终促进整个管理活动的效果和效率的提高。

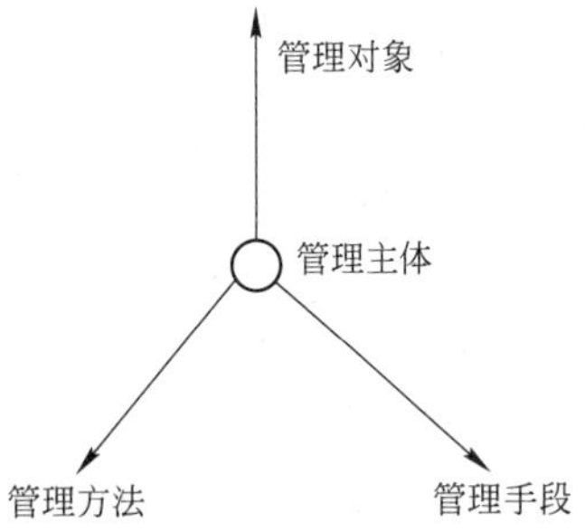

图 7-1　集成管理空间结构

1）总体框架

集成管理空间结构的组成要素主要包括四个方面的内容：管理主体、管理对象、管理方法和管理手段。可以用图 7-1 形象地表示四项要素集成关系。

在图 7-1 中，以管理主体为原点，管理对象、管理方法和管理手段构成坐标图上的三个维线。根据图 7-1 中的关系，上述四项要素形成了一个相互关联、相互作用的复合结构。而且每一个坐标维又都包含诸多项目，其数量由具体的管理和情况确定。下面，用数学公式来表示集成管理总体结构的内部关系。

假设：集成管理系统用 I 表示，用 e_e，e_d，e_f，e_s 分别表示管理主体、管理对象、管理方法和管理手段等内容，集成管理系统 I 的结构可以表示为

$$z = I\{e_e, e_d, e_f, e_s\}$$

考虑到 e_e，e_d，e_f，e_s 四者之间相互联结、相互作用的关系，则有

$$F(Z) = f(e_e, e_d, e_f, e_s)$$

又因为 e_e，e_d，e_f，e_s 分别又包含诸多要素，且这些要素之间是连锁互动的，可用下式表示其各自的函数关系：

$F(e_e) = f(l_1, l_2, \cdots, l_m)$，$m$ 代表管理主体决策因素；

$F(e_d) = f(d_1, d_2, \cdots, d_n)$，$n$ 代表管理对象涉及的要素种类数量；

$F(e_f) = f(f_1, f_2, \cdots, f_p)$，$p$ 代表具体方法数目；

$F(e_s) = f(s_1, s_2, \cdots, s_q)$，$q$ 代表具体应用手段数目。

由此可知，集成管理的结构框架主要包括两个层次关系：第一个层次，是指管理主体、管理对象、管理方法、管理手段等各自体系内部的要素关系，主要反映层次内各要素的相互关联作用；第二个层次，是指管理主体、管理对象、管理方法及管理手段之间的关系，主要反映这四方面内容的相互协调匹配及对整个管理系统构成的影响。

需要指出的是，现实中管理主体的选择往往是一个相对稳定的过程，而且某个管理主体的存在也具有相对稳定的特征。因此，为了更加有效地提示集成管理结构的内在本质及形成机理，我们可以将管理主体视为一个常量，这样，构成集成管理总体结构的要素就主要包括管理对象、管理方法和管理手段等方面的内容。在一个集成管理系统结构中，管理对象处于被控的地位，管理方法是根据管理对象选择的，管理手段则处于支持管理方法应用的位置。这三者之间的联结关系，一方面说明了集成管理系统本身的内存结构；另一方面提示出集成

管理的总体框架构造原理。

上面所讨论的都只是在一般意义上对集成管理所作的描述，由于现实中每个企业所面对的具体管理对象不尽相同，选择的管理方法、手段也各有千秋，因此各个企业的具体集成管理结构的性质和特征也是不一样的。

2) 运作过程

集成管理的本质是要素的整合、优势的互补，其本身的运作就是一个集成的过程。也就是说，在集成管理的动作过程中，首先经历的是一个投入要素的聚集过程，当投入要素积累到一定的量时，集成能量便开始发生膨胀裂变，从而使各种单项要素优势催化出更大的整体优势，管理效果也因而急剧放大。显然，从集成管理的过程中可看出，它有两个关键的点位，即起动规模点和临界规模点。起动规模是指企业实施集成管理所必须具备的最低限度的要素（主要表现为企业实力）积累，临界规模是指企业实施集成管理时，当投入的要素量达到一定标准时，集成能量将产生急剧膨胀，管理效果也将在此点位发生跃变。也就是说，当企业的集成能量在临界规模以上时，其聚变放大的力度要远远大于在临界规模之前的力度。由此可见，在企业实施集成管理过程中，关键在于经过集成投入量的起动规模后，应尽快形成和达到临界规模，只有当集成能量达到临界规模之后，才能使集成管理的效果发生质的飞跃，促进企业实现超常发展。

2. 集成管理的特点

在传统的管理活动中，管理目标一般是针对现有问题来制定的，设计的管理行为主要着力于最终解决问题，因此管理的目标比较单一，以最终能解决问题为管理的追求；集成管理的目标则较复杂，它不仅追求问题的最终解决，而且还关注解决问题的方式，要求以最快的速度、最优的方式、最佳的途径解决问题。这就使得管理的目标既有时间方面的要求，也有成本方面的要求，同时还有效果方面的要求。集成管理目标是一种多元化的目标组合，而且有些目标以常规眼光来看是相互矛盾和冲突的。传统管理目标的定位主要是建立在企业自身可以利用的资源基础之上，即企业在确定管理目标时，是以当前现有的资源条件作为决策依据，强调目标的现实可行性。但在集成管理中，企业的管理目标却往往较少受到自身资源实力的限制。这是因为通过内外资源的集成使用，企业可以超越自身实力来进行管理目标定位，从而延伸企业的目标，显示出超常的性质。因此，了解集成管理的特点，与传统管理的差异所在，从而对症下药，是提高集成管理成效的基本要求。

1) 界面模糊性

从本质上看，企业集成管理行为既是由企业内在本质所决定并受企业支配的各项活动的总和，又是随着外界环境的变化而变化并受外在环境刺激所作出的各种决策和对策的反应。企业集成管理行为所涵盖的不只是企业内部的决策行为，更是涉及一系列广泛而又复杂的社会经济行为。它融合了宏观与微观、纵向与横向、外部环境与内部要素的交互作用，并且彼此之间形成一个密切相关的、动态的、开放的有机整体。而且，其中的各项要素之间又交织成相互依赖、相互制约、相互促进的关系链，从而使得集成管理行为极其复杂，难以把握。另外，由于集成管理打破了传统管理系统的边界限制，即很多问题已不是传统意义上的"非此即彼"关系而是"亦此亦彼"的中间状态，此时，二值逻辑失效，排中律在集成管理中将不再适合，集成管理追求企业内外资源要素的优化整合，即企业的内部资源、功能及优势与外界可以相互转化、相互协调、相互利用，形成一种"内部优势外在化、外部资源内在化"

的态势，从而使集成管理的系统边界越来越难以确定。因此，在集成管理中，必须运用非常规的分析方法才有可能较好地把握管理系统的内在本质。

管理的模糊性是一种客观存在，客观事物既具有精确的属性，也具有非精确属性。但有时适当模糊反而精确，这也为充分发挥人类的优势提供了广阔的空间。因为任何机器都无法像人脑那样进行思维推理，只有人脑才具有巨大的信息压缩力和高度灵活性，从而有可能以一种特殊的功能结合演绎方法，协同处理集成创新体系中的模糊问题。

2) 相关非线性

相关非线性也就意味着叠加原理失效。非线性科学是 20 世纪产生，发展迅速，影响到世界观和方法论范式变革的新学科。非线性科学提供了一整套系统科学方法，通过整体非线性与局部线性的对比，强化了欲获得全面的认识，需要辩证处理局部与整体的关系、近期利益与长远利益的关系等。这对于当前一些世界性问题，如环境问题与可持续发展问题，以及处理经济发展与社会文化进步的关系，都是特别重要的。在一个高度非线性的系统中，基于局部线性特征分析作出的决策，只适用于局部时空。局部上千真万确的东西，从非局部角度看，可能是极不合理的，至少是非优化的。这提示人们做事情、想问题不要想当然作线性外推。那么处理复杂系统问题如何着手呢？首先要有几何式的全局观点，即作"大范围分析"，然后解剖系统，进行系统组织和要素分析，力求层次贯通，做到局部与整体结合，个人、集体、国家利益结合，近期、短期与长远利益结合。

非线性科学也将给人们带来价值观方面的一些变化。相当长的时期内，人们认为"均衡""稳定"是最重要的事情，是系统运行状况良好的标志。后来有了一点进步，认为"周期变化"也是可以接受的，至少是可以理解、可以控制的。非线性科学兴起后，极大地深化了人们对系统稳定性的认识。现在人们知道有多种稳定性，如运动稳定性、结构稳定性、渐近稳定性、分布稳定性等，不稳定并不一定意味着不好。混沌是一种非周期定态运动，它可以是好的，也可以是不好的。特别是，科学家发现健康人的脑电波和心电图都是混沌的，而严格周期的脑电波和心电图却标志着患有严重疾病。对于社会系统也一样，稳定不一定是好事，我们要具体分析是哪一种稳定。实际上这涉及计划与市场、宏观管理与微观搞活、稳定与发展的关系，以及社会各种资源的优化配置问题。

事实上，集成管理的本质特征就在于相关非线性，主要表现在：集成管理的要素之间存在非线性关系，管理的投入和产出呈非线性关系。相关非线性导致的结果是：① 带来所谓的增正减负，即管理对象之间的相互作用不再是简单的数量相加，而将相互制约、彼此耦合成为全新的阶跃式的整体放大效应，如我国目前蓬勃开展的跨地区、跨部门、跨所有制的企业集团化联合，有许多就产生了这种良好的整体效应。② 集成要素间的非对称性。即各项要素处于同一集成体中不是呈对称状态排列的，这就意味着集成管理结构较脆弱。也正因为如此，在集成过程，必须时刻注意内外部各种资源要素、管理对象的变化，保持集成体的动态有序。③ 集成管理系统在时空中呈不均匀性。具体而言，就是指集成要素在质和量的分布上是不平衡的，而且，还会随着时间性的变化而相应地发生改变。

3) 动态开放性

集成管理处于快速变化的外界环境之中，其自身的运行架构也是呈动态开放状的。这是因为，随着管理要素的增多及管理视域的拓展，管理环境的动态变化趋势日渐明显，加之世界范围的经济一体化，使得各种资源要素的流动更加频繁；信息技术的迅速发展，则使企业面对的信息量也急剧膨胀。整个外界环境正处于一种瞬息万变、动态开放的格局之中。面对这样的一种形势，集成管理同样只有保持动态开放的态势才能顺应潮流。动态性是指在集成管理过程中必须时刻关注系统内外环境要素的变化，并且及时调整相关的管理参量，以保证管理系统的运行适应外界的变化要求。开放性是指集成管理的运行态势是全方位开放状的，管理系统可以随时和外界发生能量、物质、信息、知识的交换，正是由于集成管理系统是开放的，外界各种负熵流才可能流入，从而使管理系统能够有效地运转。

在集成管理中，管理要素的种类和范围都比以往有更大的拓展。从人、财、物到信息、知识、策略等，集成管理对象无所不包，几乎涵盖了所有的软、硬资源要素，因而使得管理者的选择余地大大增加。但同时管理难度也进一步加大。尤其应引起管理人员注意的是，软性要素在集成管理中的作用日渐重要，由于集成管理中知识、智力的含量大大增加，在许多情况下，信息、策略和科技等软性要素常常是决定集成管理成败的关键。而且，它们也往往是实现集成聚变的催化剂，离开了软件资源的支持，集成就无法产生放大的效果。

4）和谐有序性

集成管理具有的和谐有序性，是其能取得聚变放大效果的重要原因。和谐有序指的是集成各种管理要素、对象、手段乃至管理主体之间形成的一种超乎一般协调关系的状态。在集成思想指导下，管理的视野得到极大的拓宽，过去那种围绕企业内某具体部门、某个企业或某个行业的点、线或面式的管理疆域现在已被一种更加开放的全方位、立体式的管理空间所取代。在这里，管理的触角从一个部门伸到了其他相关的诸多行业，而且还从经济领域伸到了政治、社会等领域。总之，管理视野是全方位、立体状的，从而为集成管理提供了充分自由的运作空间。其内部各元素的结合关系和方式也都处于最佳状态，元素之间不仅互补匹配，而且相互融合，系统有序度达到最大，此时整体管理力量和管理功能得到充分发挥。集成管理作为一种系统思想指导下的新型管理模式，比一般的系统管理方法更进一步，因为集成要素是通过创造性的思维结合在一起的，集成过程中注入了更多的智能、策略、知识等软性要素，这些要素的存在，为其他各种要素的结合提供了黏合剂和润滑剂，即一方面它们为各要素的聚合减少了许多摩擦，另一方面又正是通过这些要素才使各种貌似不相关的要素创造性地结合在一起，因此整个集成体才能达到和谐有序的境地。

人的因素在和谐有序中占据着突出的地位。在集成中，人的智力即创造性思维因素是不可或缺的。事实上，如果没有人的创造性思维，各种元素充其量只能是堆积在一起，无法形成富有活力的集成空间，当然也就无法发挥集成管理的效力了。在管理实践发展历程中，人这一要素曾经从"经济人"演变到"社会人"，继而发展到"文化人"。不论对人作何种假设，如果不真正将人作为管理系统中的核心资源来对待，那么将无法体现人的主体作用。集成管理则是一种真正的人本核心的管理运作方式，由于人在整个管理体中的特殊位置，使得整套管理行为模式也打上了"以人为本"的烙印。

7.2　集成管理的理论基点

社会经济系统具有开放性，而且子系统种类多、层次多，相互关系错综复杂，属于复杂开放巨系统。对于复杂开放巨系统的研究，至今尚没形成十分成熟的理论体系，是国家自然科学基金委员会举办的"21世纪核心科学问题论坛"研讨的热点之一。德国著名的物理学家普朗克认为:"科学是内在的整体,它被分解为单独的整体,不是取决于事物的本身,而是取决于人类认识能力的局限性,实际上存在从物理到化学,通过生物学和人类学到社会学的连续的链条,这是任何一处都不能被打断的链条。"① 自然科学和社会科学的研究覆盖了这根链条,伟大导师马克思早就预言:"自然科学往后将会把人类的科学总结在自己的下面,正如同关于人类的科学把自然科学总结在自己下面一样,正将成为一门科学,我们称这种自然科学与社会科学成为一门科学的过程为自然科学与社会科学的一体化。"② 我们可以说,钱学森先生倡导的定性定量相结合的综合集成法,对于开放的复杂巨系统研究方法论的建立,找到了科学的和现实可行的途径与方法。

理论是行动的指南。综合集成法的应用,以企业为主体,以集成管理为平台,以提高执行力为主线,还在理论的抽象化与实施的具体化有机整合方面得以进一步深入研究,下面仅从集成界面、集成效应两个方面提出作者的一些粗浅看法。

7.2.1 集成界面

在集成管理中,将会遇到大量的界面问题。这是因为,集成要求大量的要素联结在一起实现聚合。这就必然会导致要素联结界面的出现,因此,处理界面联结问题占据着极其重要的地位。

1. 界面的含义

探讨界面管理,必须明确什么是界面。从起源看,界面首先出现在工程技术领域。它是一个工程技术名词,作为一个技术术语,界面的概念由来已久。它主要是用来描述各种仪器、设备部件及其他组件(这些仪器、设备、部件具有一定功能,传递特定的能源和信息,但外形并不限定)之间的接口,也就是说,当各类组件结合在一起时,它们之间的结合部分(结合的形式包括点、面、体三种状态,不失一般性,可以统一用"面"来表述)就称为界面。因为界面的概念较好地反映了两种物体之间的结合状态,能够用于说明要素与要素之间的联结关系,因此人们将其引入了管理活动当中。从管理的角度来理解的话,界面的内涵和外延都得到了拓展,它不仅指不同职能部门之间的联系状况,也可以反映不同工序、流程之间的衔接状态,甚至可以描述人与物之间的关系,如人机交互界面等。从内涵来看,管理界面已经超出了工程领域所指的物体结合部位的意义。具体而言,界面已被定义为一种表述事物相互联结、相互作用状态的概念,这也是一个属性概念,包括人、资源、物等。这种联结可以是有形的,也可以是无形的,只要两者之间发生作用和联结,就可将它们的交接状态称为界面。例如,企业是一个处于外界大环境之中的子系统,它和外界发生着物质、能量、信息等众多要素的作用和交流,因此,在企业和外界环境之间就存在界面。从外延来看,界面所包含的内容大大拓宽,它所涉及的范围种类也远较工程领域中为多,不仅有实物与实物之间的,也有虚体与虚体之间的,还有实物与虚体之间的(不仅有物与物,也有人与人,还有部门与部门、功能与功能、流程与流程乃至人与机器等)。例如,机械加工中零件之间的衔接就是实物之间的界面,管理流程之间的界面可视为虚体之间的

---

① 钱学森. 科学决策与系统工程. 北京:中国科技出版社,1990:8.
② 马克思. 经济学:哲学手稿. 北京:人民出版社,1957:91-92.

界面。

界面可以表现为有形体，但在管理界面中大多数均是无形的。也就是说，管理活动中所涉及的界面问题，大多是看不见、摸不着的。例如，人机界面表示人与计算机之间的交互关系，它只是一种相互作用的状态关系。界面的这种无形性给人们的管理工作带来了相当大的难度，人们往往难以认识把握界面的根源及实质，从而为解决界面中存在的问题设置了障碍。例如，营销部门和产品开发设计部门之间常常在新产品选择上存在分歧，制造部门和原材料采购部门也经常为库存安全量发生冲突，R&D、市场和制造部门之间的失调则更常见。所有这些现象，都可归结为界面失调问题。在管理行为中，界面问题的表现多种多样，不仅有部门之间的，也有流程之间的，因而其产生的缘由也颇为复杂。总的来看，主要有以下一些共性原因。

1）专业化

专业化是导致整体工作分解的根源。自从福特将亚当·斯密的分工理论引入生产制造领域以后，企业管理中的专业化分工越来越细，许多统一的工作被分解为各种简单的活动。例如，现在的许多产品就是不同工序的加工工件组合而成的。虽然专业化分工极大地提高了效率，但是，由于不同专业之间存在交接、协调及组合活动，因而大量界面问题也相伴而生。事实上，在许多工作中，各种专业化任务本身已并不复杂，决定产品、工作质量的关键在于各种专业工作之间的协调与整合。例如，在计算机的生产过程中，各种零部件的制造日趋标准化、简单化，真正能提高产品附加值并为企业带来丰厚利润的工作在于计算机的组装、服务及营销，世界著名的美国电脑企业戴尔公司正是通过购买其他厂家生产的零部件自己组装，并以自己的品牌直接销售，获得丰厚回报而一鸣惊人的。可见，专业化分工所导致的界面问题，一方面的是影响企业整体效益的难点，另一方面也为商家提供了诸多可以利用的获利良机。

2）信息黏滞

在企业的生产经营运作中，各种不同的信息流穿梭其中，尤其是随着经济全球化趋势的加强，企业涉及的信息更加浩繁庞杂。各个部门、各项职能及各种流程之间都会产生和涉及大量不同的信息，由于解决问题所需的信息分布在相关的不同部门、职能或流程之中，加之不同的职能部门一般都对自身领域的信息较为了解和关注，缺乏对其他领域信息的了解愿望和冲动。这就势必导致信息传输中的黏滞现象发生，即各种不同的信息常常滞留于其自身的信息源周围，严重时甚至引起信息传输通道受阻。如新产品开发，由于用户需要、技术可能性和财务状况方面的信息掌握在不同的部门之中，导致产品开发人员不能迅速了解该产品的真实具体情况而使开发活动受到影响。可见，由于信息黏滞的存在，界面的整合问题也就随之出现了。

3）目标差异

不同的职能部门、流程之间在目标追求方面的差异也是导致界面失调的一个重要原因。当一项企业总体任务被分解到工作性质不同的职能部门之后，这些任务在完成时间、运作方式、资源分配等方面均会对不同的职能、部门、流程产生不同的要求，这就使得各个职能组织都倾向于从自己的角度来考虑并处理问题，忽略了其他职能部门或流程的作用和配合，因而相互之间的冲突时有发生，界面衔接不顺畅。例如，企业的研究开发部门主要致力于新产品的开发与研究工作，衡量其业绩的标准大多是新产品中高新技术含量比重、新品的技术先进程度指标。而财务部门更为关心的是投资回收期、资金利润率。目标差异造成部门之间各自为政，争权夺利，相互扯皮，极大地影响了管理效率的提高。目标集成已经成为企业经营决策中一个不可回避的问题。

4）文化冲突

企业在文化方面的冲突主要来源于社会环境、国家政策、组织性质及个人本身等诸方面的综合作用。具体地说，社会环境的伦理规范道德约束、国家政策法规对于企业及个人行为规范的制约，企业及员工的自身追求和整体素质等，最终影响企业员工的目标追求并导致企业及个人价值观念、事业取向的多元化。这就使得企业极易产生文化方面的差异和冲突。这种文化冲突通常表现在两个方面。一是企业内部的冲突，主要指各部门、人员具有不同的文化价值认同而引起的矛盾现象。例如，企业对"海归空降兵"与"本土创业者"采取不同的激励措施，而产生的厚此薄彼的现象，使员工所获报酬不公平、提升机会不均等，最终也会导致不同部门之间的潜在冲突。二是企业与外部的冲突，主要是指由于企业内部的文化基调与外部环境的文化准则相抵触而产生的摩擦与矛盾，企业内外文化不和谐不仅会影响企业经营活动的顺利开展，有时甚至会使企业陷入绝境而无法自拔，当前企业的国际经营中跨文化整合问题越来越重要。随着企业之间的联盟日益增多，企业文化之间的碰撞和摩擦也日益严重，因文化冲突导致的界面总是相应增加，文化冲突已成为各部门集成时产生界面协调问题的一个重要来源，处理文化摩擦也成为集成管理中的一项日益重要的任务。

综上所述，不管是企业内外资源的集成，还是内部各种要素的集成，都会涉及界面问题。所谓界面，可以理解为：为某一任务或解决某一问题，所涉及的企业之间，各组织部门之间，各有关成员之间或各种机械设备、硬件软件、工序流程之间在信息、物资、资金等要素交流、联系方面的交互作用状况。从一定程度上说，界面管理的效果决定着集成管理的好坏。

2. 界面管理

根据系统理论，由于事物生成和发展的无限性，系统和要素的区别是相对的。由要素组成的系统，又是较高一级系统的组成部分，而这个部分又是更大系统中的一个要素。例如，某公司是由几个分公司为要素组成的系统，而该公司又是某企业集团公司的一个组成要素，企业界面具有多层次性。同时企业界面又具有多功能性，如几个公司的研发、销售等部门，又可以按职能整合为不同的系统，这样又形成了新的界面。

界面是系统存在的条件，也是必须加的约束，根据不同的管理要求，对系统功能影响的大小，界面的约束大体上可以分为：完全约束、部分约束、不加约束。如企业掌握研发技术机密人员的流动就是必须加的约束。从这个角度来看，许多企业之间、部门之间在合作过程中，相互之间各自都"留一手"也就不足为怪了。"分"与"合"是一把双刃剑，其功效就在于把握适度，随机制宜。本文主要是研究集成，不打破约束集成就无从谈起，但打破约束只是集成的必要条件，而非充分条件，如企业的兼并重组，各自的组织机构有形界面容易打破，但企业文化无形界面约束的打破并非一日之功。实施集成首先要尽可能打破或减少约束，同时强调新界面内要素的协调、新系统整体功能的提高。否则，不能称为集成。

界面问题大量存在于集成管理之中，从界面的产生结构来看，主要可以分为两类：一类是由于纵向联系而导致的界面，称为纵向界面；另一类是因为横向联系而产生的界面，称为横向界面。由于集成管理的本质在于整合，于是导致界面不再泾渭分明，而出现你中有我、我中有你、相互交融的情况，下面分别加以分析。

1) 纵向界面：等级泛化

纵向上的联系常常导致等级的出现。例如，根据企业在供应链上的联系，可以将其分为上游企业和下游企业，形成一个上下等级。根据管理机构所从事的工作性质、重要程度的不同，可以将其在纵向上的联系划分为高层决策机构、中层管理部门和基层操作单元等不同等级的结构。管理纵向联系中所出现的问题，实质上就是处理上下等级之间的协调问题，这也就是企业管理中典型的等级结构管理。

但是，从界面管理的角度出发，对待纵向联系方面的问题应采取等级泛化的协调原则。也就是说，在处理纵向界面时，必须打破等级界限，消除层次隔阂，实施一体化管理。这是因为，作为两个职能部门或流程之间的接口，界面本身并无共同的直接上级部门，充其量可能存在某些层次的上级部门而将这些界面按等级分开。这与传统的官僚机构的定义理解有本质的区别。为克服冲突现象，典型的处理方法是依靠层次协调，即相互作用的双方服从一个共同的上级，这种有等级的冲突协调几乎不可能。因为相互作用的双方工作范围和定义一般是不同的，相互作用的过程也相当复杂，尤其对于那些一次性的相互作用过程更是如此。在这种情况下，应使等级泛化，即采用无等级的协调方式。无等级协调并非指无须重视传统的等级协调。它主要包括以下几种方式的组合。

（1）等级中性的，即不取决于所涉及等级的每种形式。等级中性描述了各种对个体行为的影响；激励机制保证个体成员和其他部门的成员相互作用，以寻求共同的解决问题的方法。通过教育培训力图消除两个部门之间出现的感觉和知识方面出现的冲突。在工作部门之间定期转换，则有助于消除在职权范围方面产生的冲突。这里对个体行为的模糊影响并不是针对单个职员的，而是对企业中所有的个体成员，跨越领导原则的行为方式（如整体统一性的设想和计划）可使各部门克服在激励、职权范围、资源方面的冲突，消除本位主义。一个企业或一个组织文化的自觉发展与完善同样有利于克服部门本位主义。

（2）充实等级的，即协调形式将被引入某个现存的等级，实施组织或组织者附加的职能。充实等级的协调形式给某个等级的每个组成部分定义了新的附加职能，可用层次结构的一些特殊符号描述之；应由具体支配地位的主管机构进行合并指挥，以改善其信息状况。当且仅当相互冲突的部门可通过改善的知识减少冲突时，指挥就一定有利于界面管理。所谓的联络员，可通过不断的信息交换来使相关部门达到相同等级的知识水平。由于这些联络员本身无正式的决策权限，因而可对他们进行合并指挥。委员会是最常见的界面管理形式，这是由于它有能力处理冲突相关部门的各种矛盾。委员会在职责、规模、构成、工作方式、领导方式和工作期限等方面都是高度柔性的，委员会最适合解决特殊的界面问题。项目管理（如矩阵项目管理形式）主要解决有规定期限的问题，通常不通过各等级部门的主管。项目管理通常置于某项目经理的特别权限之中，而这种特别权限往往又与其一系列的主管的权限有矛盾。表面看来，这与界面管理的宗旨——使部门间的相互作用更融洽相矛盾，甚至还产生附加的界面问题，但更进一步的分析表明这种担心是多余的；项目管理在面向一个完全具体且有规定期限时具有很大的优越性，即冲突不是持久的。

（3）代替等级的，即通过界面管理的协调，淡化现存等级的部分职能。代替等级的协调形式将协调问题转化为非人为的机制状况，这种形式特别适合求解资源冲突问题。现实中常采用目标管理方法。目标管理是对企业生产经营活动全过程实行全面综合管理的现代化管理方法，体现了现代企业管理的系统化、科学化、标准化和制度化。它强调在目标约束下的企业全部资源要素的集成运用，反映出由传统的分散性管理向系统性管理、由单项管理向综合性管理过渡的趋势。目标管理中的目标，是指要达到的目的或标准，目标对企业的经营管理活动有很大影响，有目标的经营管理活动可称为有导向的行动，无目标的经营活动可称为盲目的行动。企业要以预定最优的最终经营效果为总目标，使企业的各项管理工作都围绕实现总目标的目标值而统一协调活动，以实现企业的全面管理。目标管理要强调以下三个方面：一是以个人为导向，重视调动人的主动性和积极性；二是实行权力下放，强调责、权、利三者的统一；三是推行成果第一的方针。为了实现这一目的，基本工作思路是：统筹、协调企业各部门的管理工作，根据企业的总目标来建立各部门的分目标，并依据组织程序和专业分工程序，使各部门的管理工作在总目标下，建立起一个自上而下层层展开和自下而上层层保证的目标管理体系。在此体系中，每个职工的分目标都应体现总目标的具体要求。

上述等级泛化模式如图7-2所示。

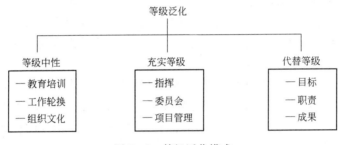

图7-2　等级泛化模式

2）横向界面：模糊控制

横向界面来源于并行的职能、部门、流程之间的联系和相互作用。由于这些职能、部门、流程处于同等重要的位置，也没有严格的时间、空间的前后顺序，因而它们的联系主要表现为横向的平行作用关系，形成水平方向上的接口。在集成管理中，企业的管理视野大大拓宽，资源要素的配置范畴急剧扩大，因此集成管理不可避免地会遇到许多横向界面问题。

集成管理具有模糊性的特点，即由于集成运作打破了系统原有的界限，从而使诸多问题边界难以准确确定，很多问题已由传统的"非此即彼"关系转化为"亦此亦彼"的综合体。换言之，就是说在集成管理中，许多要素之间的联系接口逐渐趋于模糊，难以分清明确的界限。对于这一特点，在纵向上主要是通过无等级的协调来处理界面问题的；在横向上，则要通过模糊控制来解决相应的界面模糊化问题。

模糊控制是模糊理论在界面管理中的具体应用，它的控制结构框图如图7-3所示。

无论是古典控制理论还是现代控制理论，其实际运用都有一个不可缺少的前提，即要明确控制对象的输入量与输出量之间的函数关系，至少要建立一个描述控制对象内部结构的数学模型，才能实现智能化模拟和控制。而模糊控制则可以绕过这一障碍，它不需要知道被控对象的数学模型（内部精确结构），而是将某些通过经验控制所采取的措施编辑成为一条控制规则，运用模拟条件语名构成模糊模型，并将集成运作中得到的有关界面的数据资料加工成为模糊指令，从而实现横向界面的控制和管理。

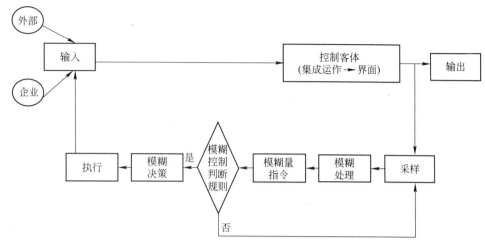

图 7-3　模糊控制结构框图

模糊与精确相对应，追求过分的精确性就会使管理技术手段陷入僵化的境地，丧失必要的灵活性。对于横向界面而言，实施模糊控制必须做到以下几点。

（1）跨职能整合。横向界面的产生常常源于多种不同部门职能之间的交互作用，为了最大限度地减少或消除横向联系中的摩擦损耗，只有采取跨职能整合的方式进行界面控制。具体地说，包含两方面的内容：要淡化传统意义中严格的岗位职责划分，过分细致严格地强调各自岗位职责，容易造成相互之间漠不关心，形成"事不关己，高高挂起"的局面，不利于整体协调、协同作战。如技术创新方案的产生应由专职人员承担转为由群体承担，即不能将创新视为仅仅是企业某些人或某些部门的"专利"，而应该是企业全体人员都关心的事情。要将领导者由过去的精通某一职能的专才转为适应形势需要具有多种职能管理知识的通才。在个人经验知识有限的情况下，组织知识互补的管理专家群体不失为一种有效的形式，这也反映出跨职能整合的紧迫性和必要性。

（2）充分沟通。横向界面的阻隔大多是因为交流沟通困难所致。由于各种职能部门乃至流程都处于不同的种类和体系之中，且各自都有一套自己的运作程序和规则。因此它们之间的交流往往较困难，更难以达到充分的理解和沟通。如技术开发部门和市场营销部门，由于二者的运作目标、思维定式均不一样，互相之间常常难以完全了解对方的意图和目的，因而引起横向界面的阻滞，双方常常发生矛盾。加强沟通、增进了解，使各职能部门充分掌握互相的信息变化动态，了解相互间的性质要点，可以使双方融合更加紧密，也可以降低横向界面的摩擦度，实现"管大家与大家管"的融合。

（3）协商合作。不管是跨职能整合，还是充分沟通，最终消除横向界面存在的问题，都必须发挥协商合作精神。这是因为，任何人都无法将所有企业涉及的职能集于一身，任何形式的交流都不可避免地会存留一些信息死角，因此，只有当具有不同专业职能的人员、所有不同的职能部门和所有集成要素通力合作，才能突破横向界面的阻隔，保证各集成要素协调匹配。例如，在企业的 R&D 活动中，就应该充分体现模糊控制的思想，提高横向界面的顺畅度。要让"大家动脑筋，企业出黄金"的观念深入每一个员工心中。不但激励他们积极地出主意、想办法，还要动员他们广泛收集来自企业外部的项目方案，使企业 R&D 活动的创新来源无处不在，以提高企业的创新能力。

【案例 7 - 2】

阿里巴巴的生态系统

阿里巴巴网络技术有限公司（以下简称：阿里巴巴）创立于 1999 年，经过十多年的发展，已形成了淘宝网、天猫、聚划算、全球速卖通、阿里巴巴国际交易市场、1688、阿里妈妈、阿里云、蚂蚁金服、菜鸟网络等业务和关联公司的业务齐头并进、相互支撑的局面。至此，阿里巴巴集团完成了开放、协同、共荣的电子商务生态系统。那么阿里巴巴集团的成功给中国企业带来了什么样的启示？

（1）战略愿景为构建生态圈提供原始动力

正确的战略是成功的一半，任何一个成功的企业都需要适合其自身发展的战略愿景和战略定位，阿里巴巴的战略愿景可以从三方面理解：第一，要持续发展 102 年，打造跨越三个世纪的世界名企；第二，要成为全球十大网站之一；第三，让天下没有难做的生意，只要是商人，就使用阿里巴巴。阿里巴巴宏大的战略愿景，为其构建创新型商业生态圈提供了旷日持久的原始动力。

（2）创新文化＋顾客视角

阿里巴巴将品牌核心理念内化为企业内部创新机制和文化，为企业打造商业生态圈提供源源不断的能量，同时以顾客视角为中心，充分把握顾客价值和外部市场，两者结合起来，内外兼修，推动企业打造创新型商业生态圈，夯实基础。品牌内化策略使阿里巴巴形成了创新不断探索的机制和文化，也形成了踏实肯干的工作作风，并最终为阿里巴巴打造创新型商业生态圈发挥更具效用性的力量。内部创新文化和机制最直接的作用就是内部全员创新，比如，支付宝目前所使用的团购支付功能就是支付宝一个普通员工创立并发起的。

（3）横向一体化战略实现生态圈产业链协同

阿里巴巴集团充分挖掘资源价值，以资源整合为工具，通过横向一体化战略实现了其电子商务生态圈的迅速扩大。首先，在 B2B 业务做大做强的基础上，充分挖掘资源价值，果断进入 C2C 领域；在与 ebay 的竞争中，依靠免费策略和正确的营销策略，获得了巨大的市场份额。其次，对外发布了自己的软件服务业务阿里软件，使得中小企业对阿里巴巴的黏性更强；同时，阿里巴巴借助阿里妈妈进军广告服务业，颠覆了传统的广告模式，以新型的第三方平台形式聚合了数量庞大的广告需求双方。

（4）纵向一体化战略实现生态圈产业链协同

在阿里巴巴的发展过程中，鉴于当时国内并没有诚信、独立的第三方机构，为了能够解决网络支付安全的问题，阿里巴巴推出独立的第三方支付平台——"支付宝"，正式进军电子支付领域。阿里巴巴依靠"全额赔付"的制度迅速扩大，不仅用于阿里巴巴和淘宝网自身，还独立应用于其他各种领域；阿里巴巴并购中国雅虎，是最直接体现其纵向一体化战略的举措，鉴于很多网上交易都是通过搜索完成的，因此阿里巴巴并购中国雅虎，不仅获得了世界上顶尖的搜索技术，更控制了电子商务上游产业链，使其整体发展更具有便利性。中国雅虎对于阿里巴巴集团的支持是巨大的，对 B2B、C2C、网络广告等领域都有着强有力的支持作用。

阿里巴巴整个商业生态圈的各大环节之间相互作用、相互影响、相互支撑，通过资源的整合应用最终发挥最大价值，实现了产业链的协同。阿里巴巴已经成功踏上了快速发展之路，利用产业链的协同，发挥着生态圈的作用。相信在产业兴国的路途中，会有越来越多的企业和企业家们认识到商业生态圈的力量，并会构建更加丰富的生态圈，以实现大国复兴。

7.2.2　集成效应

集成效应，简单地说，是指由于集成所带来的实际效果。从管理角度看，集成效应主要体现在管理活动的经济效果上。正是由于集成所导致的巨大经济效益的吸引与诱导，才使得集成思想逐渐渗透到传统的管理实践之中，并导致集成管理的产生和发展。因此，从本质上说，集成效应是集成管理产生的根本动因。

1. 集成效应的经济分析

1）范围经济效应

范围经济（economy of scope）是随着科学技术进步和社会经济的发展而出现的。进入20世纪80年代以来，企业的经营环境发生了深刻的变化：产品消费者追求个性、崇尚特色的趋势日渐明显，使得原来的单一品种生产格局无法适应形势发展的需求，范围经济则以适当的成本提供尽可能多的产品品种、种类，而顺应了这种时代的发展潮流。

然而，范围经济的实现必须具备一定的条件，要在合适的成本水平下提供多样化的产品，依靠传统的生产系统显然是无法做到的。先进的信息、计算机、自动化等技术的发展为此提供了可能。以先进制造技术为核心的制造系统集成体系奠定了范围经济的存在基础。通过先进制造技术体系的集成，使得生产设备的利用在小的生产批量下也很有效率，因为这些设备可以在很短的时间内不用太多成本就可以调整去生产另一种产品。通过管理集成，集成体系内的许多科学分析工具和管理技巧，都以软件形式存放在信息库里，不需要借助专家和大量专门人员就能满足各种生产要求。由于计算机技术的应用，在集成制造体系内，各种CAD/CAM技术可以很方便地完成各种新产品、新品种的设计和制造，不用像一般多品种生产那样需要重新设计新产品、重新组织生产。总之，技术及管理的集成为范围经济的存在和出现提供了必备的前提条件，范围经济的取得，离不开各种先进制造技术及管理信息系统的集成应用，从这个意义上说，正是由于集成，才导致了范围经济效应的产生。

2）聚集经济效应

聚集经济（agglomeration economy）效应显然是一种集成效应，因为聚集本身就是集成行为的一种表现，各项元素的聚集通常是集成现象的外在表征。因此，聚集经济的产生根源于集成行为。聚集经济表现为各种生产要素包括企业由于聚集在一起形成相匹配、相互支持的综合作用体，而降低交易成本、提高收益。各种生产要素聚合在一起时存在相互协调、支持的关系，它们之间可以优势互补。总体效益提高，而各个集成要素相应地能获得更大的收益。例如：各种具有互补性技术优势的企业聚集在一起，在开展合作攻关时便可以充分共享彼此的技术资源，从而提高技术的效率。一般来说，聚集经济通常表现为企业在地理空间上的集中。"温州经济发展模式"就是典型事例。

3）速度经济效应

速度经济（economy of velocity）效应是指企业由于在经营速度上比竞争对手具有更大

优势赢得的一种比较经济效益。它来源于企业的整体速动能力，即从市场探测、产品开发设计到生产制造乃至营销管理等一系列环节的快速运作能力。当企业拥有比竞争对手高出一筹的快速行动能力时，它就可以更加敏锐地捕捉到市场需求的动态变化，并且迅速推出适销对路的新产品满足消费者需求，从而取得更好的经济效益。这种收益是企业比竞争对手更快、更早地对市场作出响应而获得的，是一种时间效率经济。"时间就是金钱，效率就是生命"，因此企业在这种情况下获得的效益就可以称为速度经济效应。

当今时代，社会发展节奏日益加快，尤其是经济领域中的变化令人应接不暇，各种新技术、新产品层出不穷，更新换代周期日渐缩短，市场需要越来越复杂和动荡，变化频率加快，企业竞争的格局瞬息万变，竞争的激烈程度不断加剧，总之"三 C"集成（变化、竞争、顾客）成为当今企业所处环境的主要特点。在这种形式下，企业竞争的焦点日益集中在集成速度上，以更快的速度应付变化，以更快的速度适应市场，市场竞争的规则既有大鱼吃小鱼，也有快鱼吃慢鱼。海尔成功的一条重要经验就是开展同步工程，实现速度制胜。

4）知识经济效应

知识是一种特殊的资源。它可以反复使用，在扩散使用过程中，其价值可以进一步增加和扩展，并且人们在知识的运用过程中往往伴随着学习、吸收、消化的过程，知识因而可以激发人们更多的智慧和创造，从而生产出更多的知识。从这一特征可看出，注入知识的集成管理所导致的效益，要远远高于普通的生产经营活动。尤其是随着知识经济（knowledge economy）时代的来临，知识日益成为经济增长的主导因素，知识经济效应也就成为集成管理运作的主要获益源泉。

在知识经济时代，知识成为创造价值的主体。土地、人工、原料，甚至资本都可以视为有限的资源，只有知识是取之不尽、用之不竭的。知识成为最有活力的生产要素，知识不仅可以节约物质生产过程中的人力、原料、金钱、时间，而且可以用知识生产更多的知识。用知识创造财富，只需支付知识开发费用。应用范围越大，共享程度越高，创造的财富越多，知识的边际成本越低。知识复制分发的边际成本不是递增而是递减，并趋向于零。

5）组织经济效应

组织经济（organization economy）效应主要是指企业通过借用外力、外脑，不求所有，但求所用，使自身能力大大增强。随着技术日益向极限逼近，技术开发难度越来越大，创新风险也越来越高，单个企业往往无法承担重大的技术创新项目。即使有实力承担，R&D 周期也较长，导致丧失市场良机。因此，走组织集成之路，将各企业的优势综合集成起来，加速创新的频率并提高创新成功度，已成为企业技术管理的一大趋势。组织集成可以有不同的形式，如企业之间的兼并、联合攻关，或委托设计、加工等。

组织集成的一种有效形式是虚拟企业，即功能集成，就是将不同企业的优势功能综合起来，为某一共同任务建立临时的虚拟组织。这个组织具有一般的企业功能，但每项功能都是最佳互补的，因而效率最高、能力最大。另外，项目外包也是组织集成的一种方式，其核心理念是"做你做得最好的，其余的让别人去做"，通过协作，降低成本，节约时间，从而提高企业的经济效益。

2. 集成度分析

集成的目的是创造一个相互融合的整体，要素间的联结是其根本特征。从其本身的内在要求来看，衡量集成最重要的指标是集成要素相互作用、结合的强度，不妨称之为集成度。

当各个要素相互集成为一个总的系统整体时，各要素之间势必相互关联、相互影响及相互依存推动，它们之间的这种关联强度就是我们所说的集成度。集成度越大，表示要素间的关联越紧密，联系度越强；反之，集成度越小，表示要素间的联系越松散。一般来说，集成度越大，意味着集成的效果越好，创造的价值量也相应越大；反之，集成度越小，意味着集成效果越差。图 7 - 4 表示了两种不同集成度的价值创造过程。

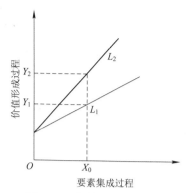

图 7 - 4　集成度与集成效果

图中：L_1 代表集成度较小的集成现象，其斜率（集成度）较小；L_2 代表集成度较高的集成现象，其斜率（集成度）较大。当同处于集成过程的 X_0 点时，这两种集成产生的价值是不同的，分别为 Y_1 和 Y_2，其中集成现象 L_2 所创造的价值比集成现象 L_1 所创造的价值大：$\Delta Y = Y_2 - Y_1 > 0$。

由此可知，要提高集成的效果，关键在于增强要素间的集成度。

从图 7 - 4 中可以看出，集成的价值创造与要素集成的过程有函数关系

$$Y = f(x)$$

则

$$集成度(k) = \frac{\mathrm{d}Y}{\mathrm{d}x}$$

当然，上述结论是建立在高度抽象简化基础上推导得出的。实际上，不管是要素的集成过程还是其价值形成过程，都是相当复杂的。

美国哈佛大学教授，世界级的策略大师迈克尔·波特在 1999 年 4 月"重新思考竞争策略"的演讲中提出："依靠整合价值链将会创造出别人无法取代的地位。""价值链活动的整合"有三种层次：一致性（consistency）、互动性（mutual interconnection）、增强性（reinforcement）。借鉴迈克尔·波特的思路，我们将集成度大体上分为 3 个等级，即协调、协同和和谐。由于集成要求的是实现 1+1>2 的效果，为此可根据 1+1>2 的思路来判断集成度的等级。

设：F 为集成前各要素的成效的总和，W 为集成后的总成效，则集成度分级的判据为 $W > F$，如表 7 - 1 所示。

表 7 - 1　集成度的分级

集成等级	混合	化合	聚合
判据	$W > F$	$W \gg F$	$W \ggg F$

混合为第一等级，如物理学中的混合物，要素能协调共存，如现实生活中的复合维生素 EC 丸，有照相功能的手机等。通过各种要素各自功能的有机组合，形成多用途的功能综合体，从而提升总体的功能，常称为"万花筒效应"：三片玻璃＋彩色玻璃碴＋纸筒，三者组合后加以"转动"，就可以看到千变万化的美丽图案。这说明各要素集成所获得的总功能大于各单项要素原有功能的总和，即 $W > F$。

化合为第二等级，类似于形成新物质的化学反应，如氢气（H_2）和氧气（O_2）在"高

压""高温"条件下可以反应生成水（H_2O），新形成的物质结构中具有公共电子，你中有我，我中有你，互相融合，密不可分。如公司相互持股，相互激励，共存共荣。又如运用资金利润率的经济学概念与数学二维坐标分析方法组合后，产生管理定位的新思路，其突出特点在于通过要素集合，总体功能有了新的质的变化，即 $W \gg F$。

聚合为第三等级，类似于核聚变，由质量轻小的原子，主要是氘或氚，在超高温超高压的条件下，发生原子核相聚合作，生成新的质量更重的原子核，并释放出巨大的能量。如钱学森先生指出："中国有句古话叫作一本万利，真正的一本万利就是软科学。"如在计划进度安排中运用网络模型就可以又快又省，又如具有"一石激起千层浪"效应的"聚变式创新"。其要点在于攻克一点，搞活全局，此时各要素集成效应达到了最大化，即 $W \gg F$。

联想公司创始人柳传志用瞎子和跛子的关系比喻公司的成长过程，瞎子和跛子单干效果都不好，瞎子和跛子携手前进，效果有所提高，瞎子把跛子背起来前进，效果将大大提高。这里我们必须指出：要素集成效果，既可能是"三个臭皮匠，顶个诸葛亮"，也可能是"三个和尚没水吃"。要素关系协调不好，造成内耗，集成度就可能出现负值，$1+1<2$。所以管理水平的高低将决定集成度的高低。

7.3　集成平台

复杂性常常作为人们推辞回避工作的理由、认识能力不足的代名词。近 30 年来通过对复杂性孜孜不倦的探索，尤其是混沌和分形理论的产生和发展使人们认识到，简单系统能够产生复杂行为，复杂系统也能够产生简单行为。结构设计就是把复杂问题加以简化的方法。要想找到一种能够处理世界上所有问题的标准方法，既不现实，也不可能。目前有较大影响的是美国系统工程学者霍尔（A. D. Hall）提出的"三维结构体系"：三维结构是由时间维、逻辑维、知识维组成的立体框架；去掉知识维，由时间维和逻辑维组成的二维表格，称为系统工程活动矩阵；只保留时间维称为系统工程的工作阶段。下面借鉴三维结构的思路，对集成管理结构提出一些粗浅见解，其目的是当管理决策面对一团乱麻般的复杂问题时，通过建立结构的概念模型，培养从整体上思考，从实质上研究，从关系上分析，从而理出头绪。将集成概念模型作为把我们的思路引向有效地解决难题的方向上去的思维工具，开启集成管理新思路的钥匙。

平台的本质是一种支撑物体，也可以视为某项活动的运行基础。集成平台就是为集成管理要素提供支撑和运行基础的软硬环境，是进行集成运作的载体。

集成平台的内涵是与管理活动所处的社会时代背景密切相关的，社会的发展赋予了集成平台软件、硬件部分不同的内容与特征，并由此导致集成平台本身也显现出不同的性质与特点。以此为标准，可以将集成平台归纳为以下几种不同特征的平台类型。一维集成平台可以理解为关键要素主导型结构设计。

7.3.1　基于技术平台的集成管理

基于技术平台的集成管理的实施是建立在技术平台之上的，企业的资源配置、组织设计及流程建构等各方面的管理运作都和技术平台紧密相连，既以技术平台为基础条件，又受技术平台的制约和影响，所有企业管理行为都从技术角度出发，围绕着技术这一要素来进行。以技术平台为基础的集成管理，其集成效应形成围绕着技术构建，即以技术为集成核心，技术是决定一切管理活动的关键因素。在企业经营过程中，人们考虑的往往是如何最有效地进行技术开发和创新，如何最佳地发挥企业核心技术的效能以推动企业发展。各项具体的业务流程和管理职能围绕着技术效能的发挥而连贯在一起，通过集成运作使技术效能产生放大，并转化为推动企业发展的直接动力。这一类型的集成管理，其最终效益的获取是通过围绕技术的管理运作而实现的，即企业经营主要关注技术本身的先进性、独特性及科学性。从本质上看，这种集成管理可视为一种技术推动型的企业运作方式。

基于技术平台之上的集成管理，核心是想方设法调动一切资源，加强企业的技术创新工作，增加企业的技术储备，提高技术能力水平。它侧重于以效率的改善为管理指向。其特点主要表现在：① 强调企业发展中的技术推动作用，认为只要技术先进、产品质量和性能好，就必然会有需求，能使企业获得好的收益，因此关注技术是企业第一重要的任务，这种管理方式相对而言隐含着对市场的忽视。② 管理的指导思想是一切围绕技术运作，由于管理思想以技术为指导，因此企业的资源配置都以技术为重点，企业的重点工作集中于技术创新能力的培养、产品的开发和加强质量、性能、品种等工作上。③ 追求管理手段、工具的先进性，致力于管理效率的提高。此类集成管理方式更加注重效率，借助各种先进的技术、设备以建立完备的技术平台，在企业管理中，努力培养自身的技术实力，提高技术平台水平的档次，以推动集成的效率和效果。④ 技术是决定集成效率和效果的关键。技术平台档次越高，集成管理的水平就越高，效率和效果就越好，在此类管理行为中，一切围绕技术要素实施运作，技术自然也就成为集成的核心和关键。⑤ 管理力度的作用方式是技术推动型，即技术给企业带来竞争优势，为企业提供源源不断的动力，主要表现在技术导致管理效率提高、促进产品质量改善及不断创造新产品，使企业具有强大的产品生产能力及技术竞争力。

以技术为基础进行管理集成，实质上也就是将技术作为一切管理活动的中心，管理理念建立在"技术是企业第一推动力"的前提之上。在企业的运营过程中，技术方面的问题始终是企业关注的首要焦点，源源不断地推出一代又一代档次更高、质量更优的新产品，持续不断地提高企业的技术开发能力和水平，成为基于技术平台集成管理孜孜以求的目标。在技术进步日新月异、产品竞争日趋激烈的形势下，以技术创新为核心的技术进步越来越成为决定社会生产力水平的主要因素，因此，对于企业来说，走以技术领先为主的发展路线，无疑具有重要的意义。事实上，现实中有不少企业正是通过强化技术实力，开展技术创新而走上快速发展之路的。

7.3.2　基于市场平台的集成管理

基于市场平台的集成管理，侧重于效果指向型管理，其集成的核心是市场需求。以市场需求为中心，将各种资源实现集成配置，发挥集成效应，使企业顺利适应市场需求的变化。以市场需求为指导来进行生产组织活动，实际上也是每一个企业的必然选择。企业处于市场之中，市场环境的每一项变化均会对企业经营行为产生直接的影响。因此，企业必须时刻关注市场的实际需求状况，根据市场组织产品开发、生产及营销等各项职能活动，及时适应市场的需求，为企业创造良好的经济效益。

按照市场实际需求组织企业运作，这是基于市场平台集成管理的核心指导思想。企业在实施管理集成时，应该始终把握市场的实际状况，将其作为各项集成要素的吸引源，使企业的一切活动都集中到如何适应市场这一中心任务上来，通过各种资源要素的协同配合，提高业务流程的运作效率，以最佳的方式提供适销对路的企业产品，准确及时地适应消费者的现实需求。如联想集团始终是根据市场平台来进行管理决策的，在准确作出市场预测的基础上，联想集团依照市场需求实施科研、生产、销售的集成运作，即根据市场的需要组织产品开发，开发时想到如何生产，生产时又要提前考虑如何销售，进行销售时更要注意把市场状况反馈给生产体系，从而不断推出适用各种不同用户的新机型。基于市场平台的集成管理，使联想集团牢牢把握住了市场的脉搏，为产品销售开启了大门，自 1994 年以来，联想电脑的销售市场占有率连续位居国内第一。

由于在此类管理模式中，企业的经营运作是在市场需求的拉动下进行的，从管理的作用方式来看，基于市场平台的集成管理对于企业的发展是一种拉动作用，其集成效应的产生是以市场为源头，在管理活动中把市场作为企业活动的出发点和落脚点，适应市场便成为此类管理活动的一条基本原则，"卖出去是硬道理"，在此要求下，不管是企业的技术开发，还是组织结构调整，都是围绕如何才能更好地适应市场需求而进行的。适销性成为衡量企业产品的首要标准。在市场平台上实现管理集成，企业着眼点主要在于提高市场占有率和用户满意度，将市场视为一切生产经营活动的舞台，重视市场研究与预测，调查市场容量，分析市场动态，了解竞争对手，加强营销网络管理和提高企业商业信誉，尤其重视培养企业对于市场的反应机制，强调对于市场需求的及时适应。总之，在此类管理方式中，企业要做的就是想方设法满足市场消费者的需求。利用新技术开发新产品，创造独特优势或者提高产品质量，无疑是增强企业市场竞争力的有效手段。因此，在行业现有的大众化共性技术基础上，只要运筹得当，一样可以创造良好的业绩，达到促进企业发展的目的。美国著名的计算机厂商戴尔公司的经历为我们提供了有益的启示。戴尔公司从一个小作坊式的组装厂发展到今天跻身于世界著名计算机厂商行列的过程，与其说是依赖于技术的先进、产品的独特，不如说是仰仗于紧紧把握住了消费者的需求心理和偏好，并据此进行了一系列卓有成效的产品生产与营销活动。

7.3.3　基于知识平台的集成管理

基于知识平台的集成管理，就是在以信息、科技、智慧为代表的知识体系基础上，将人力资源的不同方面、信息管理、科技开发、市场分析乃至企业的经营战略等与知识有关的管理内容有机地协调统一起来，共同为企业的发展服务，实现在整体优化下的局部最优，并最终产生整体大于局部之和的经营效果。也就是说，以知识为核心的集成运作，既可以完善企业经营流程，提高效率，又具有鲜明的目标诱导，能实现经营效果的最大化。比尔·盖茨领导的微软公司恐怕称得上当今世界通过知识的管理运作而致富的最为成功的企业。微软公司所拥有的资源不是传统意义上的资金、土地、劳力等，而是当今知识经济的原料——知识、智慧资本。微软公司以卓越不凡的技能、发明创造力、完成任务能力等智慧要素为基础，集成运作各种知识资源，并以程序软件为载体推向市场，从而不断诱导和创造新的消费需求，企业迅速成长为信息产业界的龙头企业。集成管理是一种效率和效果并重的管理模式，为了迎接知识经济的挑战，管理对象的重点也应由传统的人、财、物等资源转变为信息、技术、策略为主的知识资源。提高企业的知识含量、激发知识效力，使知识成为集成管理的核心。

从内容上看，基于知识平台的集成管理主要包括以下几个方面。

（1）知识经营。知识经营包括两重含义。一是将知识作为企业经营的主体要素，通过知识的生产、传播、扩散、转移和应用等方式实现知识的价值转换，为企业创造利益；知识化经营，即在企业的经营过程中注入更多的知识因素，提高经营流程的价值创造率和最终产品的附加值，从而带来更大的企业收益。在知识经济时代，知识平台的内涵大大拓展，知识所包含的要素丰富多彩，除了通常意义中的科技知识，智力、谋略乃至文化等也属于知识性商品，属于知识经营中的对象，尤其是信息技术，更是当今知识体系中的一项重要组成要素，西方学者托夫勒在《第三次浪潮》、奈斯比特在《大趋势》中都认为信息将成为未来世界最重要的生产要素，斯托尼尔更直接地指出："信息已经超过土地、劳动和资本成为现代生产体系中的投入物。信息能减少对土地、劳动和资本的需要。它大批地创造新的产业。它本身就能出售，而且它是经济中成长最快的一个领域——知识行业的原材料。"① 因此，信息知识的运营在知识经营中占据着重要的位置。

（2）知识创新。从广义来说，知识创新包括了科技知识创新、市场知识创新、管理知识创新等内容，科技知识创新是指通过科学研究，包括基础研究和应用研究，获得新的基础科学和技术科学知识的过程。市场知识创新主要是指与新市场的开拓发掘方面相关的知识改造与革新，如市场探察、市场侧重等，结果表现为新的市场的显现。管理知识创新重点指的是如何更好地将科技知识与市场知识有机结合，使科技更快地转化为市场接受的现实产品方面的管理技术、方法创新。知识创新的目的是追求新发现、探索新规律、创造新方法、发明新技术等。知识创新既为技术平台和市场平台增添了更多新的内容，更直接推动着知识平台的演进和跃迁，使知识平台的层次不断提高，从而为管理要素集成提供了不竭的动力。

（3）知识储备。知识储备是企业实施知识平台之上集成管理的前提基础。任何一个企业，如果没有一定的知识储备量，它就无法跃进到知识平台之上，更别论驾驭知识资源了。吸收并复制外界知识，进行自主知识创新，引进知识创造源即智力资本（通常表现为人）等都是进行知识积累的好途径。当前，不少企业都已意识到知识储备的作用，正各显神通以各种方式增加知识储备，如波音公司通过兼并麦道公司来提高自己在军事战机方面的知识能力，沃玛和思奇公司联合以获取进入市场的捷径，我国电信行业的尖兵深圳华为公司则通过加大开发投资，大量网罗高素质人才，实施自主创新，从而取得了一项又一项电信业中的技术突破，增强了自己的技术知识积累优势。

作为一种包容了技术和市场两方面内容的管理平台，知识平台无疑具有更为宽广的管理运作空间，管理手段和方式更加多样，以知识为核心的集成，更是将知识的潜力发挥到极致，使得各项管理资源达到效用最大化、价值最大化，在此基础上管理集成力度也最大化。其对企业的作用方式是推拉并举，综合效力最强。在这种状况下，企业不仅具有先进而强大的技术实力，而且与市场方面也结合紧密，从而可以诱导市场需求的产生以及创造新的市场，使各种知识要素如技术、策略、智力、信息等给企业带来巨大的利润收益。

由于当代科技的迅速发展、观念变革的深化和市场竞争的剧烈，未来的竞争将主要是知

---

① 罗志如，范家骧，厉以宁，等. 当代西方经济学说：上册. 北京：北京大学出版社，1989：317.

识力的竞争。知识力的构成因素不仅包括知识，还包括创新智慧和创新精神，即包括了由知识转化为实际创新能力的整体要素的有机整合。而且随着社会的发展，组成知识力的整体要素也都处在不断的深化和变革之中，不断产生新值和新质。也就是说，知识力是一个具有未来视角的动态值和动态质的概念，我们把这种知识力称为新知识力或高知识力。我国企业的领导者、企业家和经营者确立新知识力的竞争观，有助于更深刻地认识构成知识力的要素内涵，更好地掌握以知识为核心的集成管理方法，并以特有的时代意识和思想方式不断提高和强化集成的各个要素，构造独具创新力的竞争优势及核心能力优势。

从运作角度看，基于知识平台的集成管理取决于三大要素：① 知识，包括怎样认识知识价值和怎样学习获取知识；② 创新思维，包括实现由知识向现实生产力转化的创新思维方法和创新意识；③ 创新精神，包括实现由知识转化为实际生产力的主观能动精神和能动行为。用公式表示为：

$$\frac{基于知识平台}{的集成管理} = \frac{知识}{（基本条件）} + \frac{创新思维}{（必要条件）} + \frac{创新精神}{（充分条件）}$$

在这个公式中，知识是实现由知识向实际创新能力转化的前提条件和基本条件，离开这个条件，能力转化也就无从谈起；创新思维是实现由知识向现实生产力转化的必要条件，离开这个条件，生产力转化也就失去了科学性和有效性；创新精神则是实现由知识向实际能力转化的充分条件，离开这个条件，能力转化也就失去了主动开拓的动力源泉。这三大要素是现代企业从事基于知识平台集成管理的基本要素。一方面，它们不可或缺地相互影响、相互联系、相互作用、相互融合于一体，形成一个有机的整体知识力和创造力；另一方面，由这三大支柱要素形成的企业创新活动是一个不断循环继起的过程。也就是说，这个过程是一个不能中断的、连续强化和深化的过程，只有不断地强化和优化各项要素，才能保证企业充满创新活力，从而提高基于知识平台的集成管理能力。

从本质上说，上述三种类型的集成管理并无优劣之分。事实上，上述各种类型的集成管理模式在现实中都有不少成功的例子。当然，由于其各自的内涵特点互有差别，故而其适用的环境条件也有所区别。它们的主要特征如表 7-2 所示。

表 7-2　主要特征表

	经营理念	管理基点	适应条件	追求目标	基本要求
基于技术平台的集成管理	技术驱动（着眼于技术的推进）	相对忽视市场，集中于技术	需求大量化，消费者选择主动权较小	效率指向	较强的技术开发实力
基于市场平台的集成管理	市场驱动（先寻找市场，再组织资源）	适应需求，拓展市场（容量、范围）	需求成熟，消费者理性化，竞争激烈	效果指向	敏锐的市场感应力，善于组织调配资源
基于知识平台的集成管理	知识驱动（以智慧资本创造价值）	激活潜在需求，诱导、创造新市场	消费日趋个性化，竞争格局呈现相对均衡，难以获得市场机会	效率、效果并重	极强的创新能力，企业是学习型组织，知识要素含量高

【案例7-3】

"腾百万"从成立到解散

深圳市腾讯计算机系统有限公司（以下简称腾讯）成立于1998年11月，是中国服务用户最多的互联网企业之一。大连万达集团（以下简称万达）成立于1988年，形成了商业地产、高级酒店、文化旅游和连锁百货四大核心产业。百度成立于2000年，是全球最大的中文搜索引擎、最大的中文网站。

2014年8月29日，腾讯、百度、万达三大巨头宣布联手成立万达电商公司（平台名：飞凡网），三方约定在数据、资源、流量等方面携手打通，共同进军电商领域，然而，腾讯的用户与百度的流量似乎没有把万达电商推上互联网的风口。两年后，"腾百万"悄然散伙。那么为什么这样的一场强强联合会以分崩离析收场呢？

（1）庞大的会员体系掺杂了大量水分

飞凡网的会员基本依靠Wi-Fi共享手段获取，顾客进入万达广场或某个与飞凡合作的购物中心，连接免费Wi-Fi时要单击登录界面。连接成功后，飞凡就默认上网者成为其会员。此种用户获取成本虽低，却造成大量影子会员、僵尸会员。相比之下，飞凡App的1 200万下载量是比1.2亿会员更具参考价值的数字。

（2）开拓客源的实质是烧钱

过去两年，万达先后将购物场景下多种刚需行为模块嵌入飞凡App中，旨在激活用户活跃度。这些模块包括停车、支付、抽奖和促销等，但开拓客源的本质却是烧钱。以停车为例，飞凡花大力气与全球规模最大的智慧停车企业ETCP结盟，希望实现1万家停车场覆盖，成为全球最大停车场入口。消费者不是必须从飞凡渠道才能交停车费，但是下载飞凡App后交停车费更便宜。类似的补贴思路也扩展到了电影票销售、餐饮和促销等环节。在格瓦拉或猫眼购买一张电影票大约花费20～30元，通过飞凡App购买最便宜只需9.9元。这样的开拓客源实质是大肆烧钱，更加速了"腾百万"的解散。

（3）万达独角戏，百度、腾讯难以全情投入

"腾百万"看似三强联合，实际上还是万达主导的合作。从股权结构来看，万达持股70%，腾讯、百度各持股15%。这样的持股比例对百度腾讯来说当然不会全情投入，对于这两家公司来说，这更像是一笔投资而非为自己做电商平台。若能够做成功当然受益，但做不起来的损失也可以接受，并不需要拿出破釜沉舟的决心。而且飞凡在大量消耗"腾百万"原始资本的同时，并没有在与腾讯、百度的打通与融合方面做出足够成绩，这可能是压倒"腾百万"散伙的最后一根稻草。三巨头产品、平台之间的深度对接显然不够。

（4）"腾百万"缺乏互联网思维

虽然飞凡电商的后台很硬，但是想要对抗阿里巴巴还是有些自不量力。淘宝、京东等电商平台经过十几年的发展，电商市场早已形成了以它们为主的相对成熟稳定的商业格局，万达此时进入根本讨不到任何便宜。"腾百万"的实力自然不必多言，但在电商领域，这三家都算不上成功。腾讯B2C平台和QQ网购早被京东收购；百度从2008年开始做电商，电商之路走得很不平坦，也没有取得特别好的成绩。万达作为地产行业的龙头，更是缺少互联网思维。

正如马云所说，任何一个组织，首先要问你的使命是什么，愿望是什么，共同的价值观

是什么，要得到的结果是什么，只有这样，才能建立一个了不起的组织。而百度和腾讯认为自己只需要出一些钱，就有人去对抗阿里，何乐而不为呢？市场很大，联合在一起是可以做大，非常大，但是真正的机会在于大家共同开拓未来，创造未来，而不是战役上的防御、战役上的抵制，否则任何结合都是乌合之众。

关 键 术 语

集成管理	integrated management
管理界面	management interface
纵向界面	vertical interface
横向界面	horizontal interface
集成效应	integration effect
集成度	integration degree
集成平台	integrated platform
集成矩阵	integrated matrix
集成立体	integrated block

本 章 小 结

一般认为，集成管理就是要通过科学而巧妙的创造性思维，从新的角度和层面来对待各种资源要素，拓展管理的视野和疆域，提高各项管理要素的交融度，以利于优化管理对象的和谐有序性，增强企业的集成效应。集成管理一般具有以下特点：界面模糊性、相关非线性、动态开放性、和谐有序性。

界面一般定义为一种表述事物相互联结、相互作用的状态。这种联结可以是有形的，也可以是无形的，只要两者之间发生作用和联结，就可将它们的交接状态称为界面。界面问题大量地存在于集成管理之中，从界面的产生结构来看，主要可以分为两类：一类是由于纵向联系而导致的界面，称为纵向界面，其管理思路是"等级泛化"；另一类是因为横向联系而产生的界面，称为横向界面，其管理思路是"模糊控制"。集成目的是创造出一种相互融合的整体。要素间的联结是其根本特征。因此，从其本身的内在要求来看，衡量集成最重要的指标是集成要素相互作用、结合的强度，称之为集成度。集成度大体上可以分成三个等级：混合集成度、化合集成度、聚合集成度。提高创新水平是集成度优化升级的关键。

集成平台的内涵是与管理活动所处的社会时代背景密切相关的，社会的发展赋予了集成平台软件、硬件部分不同的内容与特征，并由此导致集成平台本身也显现出不同的性质与特点。分别介绍了基于技术、基于市场和基于知识的集成管理。

复习思考题

1. 为什么说集成管理是为了迎接时代发展的挑战？
2. 联系实际，谈谈对集成管理内涵及特点的认识。
3. 试述集成界面管理的基本内容。
4. 举例说明，如何提高集成效应。
5. 试述不同类型的平台集成管理的核心。

第8章

管理系统创新

学习要点

- 著名经济学家熊彼特在《经济发展理论》一书中对创新概念的解释
- 管理系统创新的实质、目标及基本特点
- 摩尔定律的内容及时效管理的含义、步骤、方法
- 马太效应法则的内容及企业形象设计"三位一体""二C并举"的基本思路
- 梅特卡夫法则的内容及企业提高市场价值的基本思路
- 从系统要素、结构、过程三个视角叙述系统创新的常用技法

本章强调系统创新不同于一般意义上的创新，创新一般是以具体内容为基点的，即多侧重于具体内容的创新，而系统创新多侧重于对创新的组织管理的技能，可以说系统创新是一项创新的组织管理技术，它不仅要求系统每个环节、每个阶段的创新，同时更加强调思想观念、组织过程、实施方法等整个系统创新的统筹兼顾与综合集成，以实现系统整体目标的最优化为目标。在阐述了创新与系统创新的联系与区别的基础上，指出系统创新具有面向全局、继往开来、博采众长、以人为本的特点。

研究系统创新，要从掌握系统创新的基本规律出发，规律是"纲"，纲举目张。本章系统阐述了时效管理、效用管理和价值管理三大系统创新规律，指出系统创新只有了解和掌握系统创新的基本规律，才能从纷繁复杂的问题中理出头绪，去伪存真，由表及里，取得点石成金的效果。

掌握科学的创新方法有利于取得事半功倍的效果。本章从系统要素、系统结构和系统过程三个视角出发，探讨系统创新的常见技法，指出系统创新是一项有组织的、系统化的日常工作，通过有组织的学习和训练，可以提高系统创新的科学水平和工作效果，以便更好地实现系统创新的整体最优目标。

8.1 系统创新的本质

自从熊彼特最早提出创新概念以来，创新理论得到不断丰富与发展，但概括起来看，创新理论多侧重于对具体内容的研究，如产品创新、工艺创新、市场创新、组织创新、管理创新等具体的职能或工作内容的创新。而系统创新是基于一般意义上的创新，同时又超越一般意义上的创新。系统创新以系统整体功能最优化为目标，不仅关注具体内容的创新，而且更

加侧重于研究创新的组织管理技术，可以说，系统创新是从全局、整体、系统的视角来研究创新问题，是一项创新的组织管理技术。

8.1.1　创新与系统创新

1. 创新的概念

奥地利经济学家约瑟夫·熊彼特在 1912 年出版的《经济发展理论》(*Theory of Economic Development*) 一书中最早系统地提出了创新概念。

熊彼特认为，"创新"就是把生产要素和生产条件的新组合引入生产体系，即"建立一种新的生产函数"，其目的是获取潜在的利润。

所谓生产函数，是在一定时间内，在技术条件不变的情况下生产要素的投入同产出或劳动的最大产出之间的数量关系，它表示产出是投入的函数。每一生产函数都假定一个已知的技术水平，如果技术水平不同，生产函数也不同。比如，生产一种产品，原来实行手工劳动，需要劳动力较多，生产工具比较简单，科技和经营管理方法落后，即为一种生产函数。现在改用机器操作，劳动力较少，现代科技和经营管理方法得到广泛应用，这即是生产函数发生了改变，或是生产要素和生产条件实现了"新组合"，其结果是后者可以比前者获得更多的利润。

熊彼特指出，这种"创新"或生产要素的新组合包括五种情况。

一是引进新的产品，即产品创新。制造一种消费者还不熟悉的产品，或一种与过去产品有本质区别的新产品。

二是采用一种新的生产方法，即工艺创新或生产技术创新。采用一种产业部门从未使用过的方法进行生产和经营。

三是开辟一个新的市场，即市场创新。开辟有关国家或某一特定产业部门以前尚未进入的市场，不管这个市场以前是否存在。

四是获得一种原料或半成品的新的供给来源，即开发新的资源，不管这种资源是已经存在，还是首次创造出来。

五是实行一种新的企业组织形式，即组织管理创新。如形成新的产业组织形态，建立或打破某种垄断。

熊彼特的创新概念主要属于技术创新范畴，也涉及了管理创新、组织创新等，他强调的是把技术与经济结合起来，因而他所说的创新是一个经济学的概念，不能等同于技术上的发明，只有当新的技术发明被应用于经济活动时，才能成为"创新"。他把发明与创新分开，强调第一个将发明引入生产体系的行为才是创新。

美国管理学之父彼德·德鲁克认为，创新是"使人力和物质资源拥有更大的物质生产能力的活动"；"任何改变现存物质财富创造潜力的方式都可以称为创新；创新是创造一种资源"。[①] 在德鲁克看来，创新决不仅仅是一项原有的产品和服务的改进，而是提供与以前不同的经济满足，并使经济成为更有活力、创造性的活动。

英国学者乔·蒂德 (Joe Tidd) 在《创新管理》一书中提到，创新是把机会转变成新创意，并广泛用于实践且从中获取价值的过程。在这一观点中，创新不再是一个单独的行为，也不再是一个离散的事件。

---

① 侯先荣，吴奕湖. 企业创新管理理论与实践. 北京：电子工业出版社，2003.

创新是一个内涵广泛的概念，上述定义从不同的角度对创新进行了阐释。从中可以获取关于创新的重要信息。首先，创新既是目标，又是过程。创新是企业想要实现新目标而营造的价值增值、价值创造过程。其次，与创新有关的因素并不都在企业的控制范围内，但企业可以通过集成内外部资源来完成创新。

2. 创新的类型

1）产品创新、流程创新、定位创新与模式创新

乔·蒂德在《创新管理》一书中把创新分为了四个维度，产品创新、流程创新、定位创新与模式创新。其中，产品创新是指组织提供的东西（产品和服务）的变化；流程创新是指产品和服务的生产和交付方式的变化；定位创新是指产品和服务进入市场的环境的变化；模式创新是指影响组织业务的潜在思维模式的变化。

2）颠覆式创新与渐进式创新

颠覆式创新是从根本上突破现有的技术，依托全新的技术平台开发出全新的产品或服务，甚至颠覆整个产业原有的运行准则和竞争环境，满足潜在消费者或市场，创新成本较高、风险较大，但是更具探索性和前瞻性，使得企业具有创造市场、塑造消费者偏好，甚至改变消费者基本行为的潜能，有利于企业从根本上树立技术"领头羊"地位，会为企业带来诸如品牌忠诚度、降低生产和广告成本等竞争优势，使其在市场竞争中处于有利地位。

渐进式创新是对现有的产品和技术的提升，或对现有的技术平台和产品进行改造，满足已有消费者或市场的需求，尽量避免与基础研究和开发新技术有关的过高成本，依靠识别市场的需求方向，引入改进的产品来更好地服务客户，具有成本低、收益快等诸多优势，但是由于渐进式创新跟随市场变动方向而运行，因此无法站到引领市场方向的高度，有可能会陷入"追赶—落后—追赶"的恶性循环。

3）开放式创新与分布式创新

开放式创新由美国学者 Henry W. Chesbrough 提出。Chesbrough 认为当企业着眼于发展新技术时可以基于特定的企业模式，利用企业内部和外部两条市场通道将企业内、外部所有新创意集成起来创造价值，同时建立起相应的内部分享机制，即强调外部知识资源对于企业创新过程的重要性。

分布式创新是指在商业网络背景下，公司不再是孤立存在的，也不能够独自产生所需要的知识，为了迅速寻找到商业机会，必须与其分布在不同地理位置的员工、合作伙伴和客户互相学习、交换知识、合作创新。

开放式创新的开放程度比分布式创新要高，而且开放式创新的开放对象不仅仅局限于公司本身的合作伙伴，而是动用一切力量寻找企业内外部的所有资源来促成创新。

4）探索式创新与利用式创新

探索式创新是一种大幅度的、激进的创新行为，其意图是寻求新的可能性。企业通过探索式创新设计新产品、开辟新的细分市场、发展新的分销渠道、为新的消费者群体提供服务。利用式创新是一种小幅度的、渐进的创新行为，其意图是对现状进行改进。企业通过利用式创新改进现有的产品设计、拓展现有的知识和技能、扩张和丰富现有的产品线、提高现有分销渠道的效率、为现有的顾客群体提供更优质的服务。

8.1.2　系统创新的内涵

所谓系统创新，是一项综合性的系统工程，是系统为了实现某种发展目标，采取系统

化、结构化的网络模式和功能互动、网络对接、界面集成等系统集成方式，将多层次、多元化、多维度的创新主体、创新要素及创新资源等集成到相互关联的、统一和协调的系统之中，从而使创新主体之间实现协同竞争，使创新资源达到合理配置与充分共享，使创新要素实现协调集成，最终形成集成、高效、系统的创新战略管理。

系统创新是功能互动、网络对接、界面集成等多种系统创新方式。其实现的关键在于解决系统之间的关联互动和协调发展。它是一个多层次、多元化、多维度、多要素的协调和面向各种应用的体系结构。系统创新是在一个国家、区域、城市和企业的系统范畴，创新制度、管理、政策等系统要素组合背景下，构成的对创新对象、创新过程、创新模型和创新系统等的多层次影响、多元化协调、多维度交叉、多要素互动的功能性体系及其系统发展过程。

系统创新作为一种创新战略方式，其本质就是创新最优化及其协调发展。系统创新实现的关键在于解决创新主体、创新资源、创新要素、创新过程等之间的互动和协调。因此，系统创新的主体之间必须建立起一种协调发展机制和战略模式，才能使受到创新主体联结形式影响的各个创新要素达到优化组合与协调互动。

由此可见，系统创新是一种新型的创新系统，是在创新的不同层次、各个阶段中引入制度、管理和科技等创新系统要素，从而引导创新向着有利于系统配置、资源整合，以及经济、社会、科技系统之间的协调发展，追求的是系统创新的综合效益，即经济效益最佳、生态效益最好、社会效益最优的三大效益的有机统一，从而确保了包括颠覆式创新与渐进式创新、开放式创新、分布式创新、基于双元理论的创新的有效组合及可持续发展。

一般而言，系统创新的特点有：

（1）系统创新体现了创新的阶段性、综合性、系统化的趋势，也体现出创新日益突破传统的、单一的、静态的、封闭的创新观，并呈现出越来越多的多维性、动态性、开放性特征。

（2）系统创新的结构调整是遵循市场竞争原理进行的。为适应市场需求的环境变化，创新体系必须保持高度的灵活性和系统快速反应。注重市场需求、技术创新和结构调整的融合。伴随着这一融合过程的是体制创新、管理创新、组织创新，等创新功能的组合系统。

（3）系统创新发展的过程更加突出了知识的生产、传播和应用，系统设计和战略谋划在创新演变中具有重要作用。不断涌现的新观点和新思想，科技与经济战略的系统研究成果，为系统创新的加快形成，提供了无形资本与知识基础。

（4）系统创新通过体制创新、宏观经济政策和科技发展战略的组合，将网络连接的研究开发－生产－销售体系，直接纳入技术创新的产业结构优化调整的过程，保证创新系统要素的并行发展，综合集成。

（5）系统创新从宏观层次的多级创新网络角度，通过多层次、多元化、多维度、多要素的知识、制度、管理、政策等创新系统组合，建立起战略转型、产业调整、企业变迁的系统创新体系及运行机制。

【案例8-1】

腾讯持续创新之路

深圳市腾讯计算机系统有限公司（以下简称腾讯）成立于1998年11月。腾讯几乎经历了中国互联网发展的每个重要阶段，一个互联网用户，完全可以免费利用腾讯的产品来满足大部分的在线生活需求。那么，腾讯是如何一步步通过这些成本不低的免费工具，来打造一个年收入超过150亿美元的互联网企业的？

（1）不断的战略扩张和寻找商业模式

2001年，QQ注册用户数量已达5000万，但仍未找到合适的商业模式。这段早期在生死存亡边缘挣扎的压力，以及不断增长的巨大用户数量所带来的诱惑，腾讯开始了"流量变现"的模式尝试。一是SP模式。2000年12月，腾讯将PC端上建立的客户关系延伸到移动端，提供在手机上的即时聊天服务（手机QQ），与中国移动合作赚到了第一桶金。二是虚拟商品销售模式。腾讯推出了"网络虚拟形象"，并为满足用户"提升形象"和"彰显个性"的需求提供产品和服务：QQ秀和衍生产品。三是"Freemium"模式。腾讯一步步扩充免费服务的内容，包括QQ群服务、QQ秀、QQ靓号等，为推行"多数人免费，少数人收费"的"Freemium"模式奠定了坚实的基础。从而，它得以在不伤害大众用户体验的基础上，推出对1%客户有吸引力的付费服务，并通过会员等级等保持付费用户的黏性，逐步扩大付费用户的数量。

（2）把持互联网入口门户

在2004年上市前后，腾讯再度围绕海量用户，布下了几颗关键的战略棋子。一是门户网站。2004年，腾讯的门户网站在访问量上超越三大门户，经过多年培养，以门户为主的"互联网媒体"已经有了清晰的商业模式，门户业务很快实现独立盈利。二是网络游戏。腾讯推出QQ游戏客户端试水休闲游戏市场，并很快通过弹窗和门户推广的方式，超过了市场份额第一的联众。同时结合"Freemium"蓝钻会员和"虚拟商品销售"的商业模式，在休闲游戏扩大用户的基础上，逐步实现盈利。三是进攻博客。2005年前后，博客开始流行，此时在流量上已经是中国第一大门户的腾讯，直接为所有QQ用户在面板上开通一个QQ空间，用户量轻松过亿，悄然成为全球第一大博客。2011年，QQ空间的分成收入，已经成为腾讯的前三大利润来源之一。

（3）打造"全产业链开放平台"，培养"商业生态圈"

腾讯走向开放平台之路是必然选择，一是不断推出新产品的增长方式，必然会挤压同行企业的生存空间，尤其是中小型创业企业。二是用户的需求正在逐步走向多样化和个性化，无法以内部产品的方式完全满足。三是竞争逼迫的结果，腾讯的竞争对手阿里巴巴、百度、360、新浪等纷纷走向开放。因此，走向开放是不可避免的战略选择。为了配合开放平台的商业模式，腾讯逐渐向"对应用开发者开放，帮开发者赚钱"和"培养生态圈"转变。原先的"模仿先行者"和"微创新赶超"等也部分受到了抑制，而转为"做好基础服务"和"鼓励开发商创新"。除了将PC端、Web端上的优势应用，如QQ、QQ游戏、QQ音乐、腾讯新闻向移动终端平移，以统一账号和云服务加强用户黏性和体验外，还开发了数量众多的移动终端特有产品，如应用宝、腾讯手机管家、QQ通讯录、QQ阅读以及各种移动终端游戏等。而其中最为引人注目又出乎意料的，当属时下最火的微信。

在 2016 全球合作伙伴开放论坛大会上，腾讯团队宣布启动 EQ 计划，在 3 年内投入 10 亿资源，扶持 1 000 个内容合作伙伴，帮助娱乐内容以及 IP 在社交平台上的快速成长以及发展。QQ 是国内年轻人最多和最活跃的社交平台，通过娱乐布局、开放战略，将促使更多的合作伙伴加入 QQ 娱乐社交的生态中，与年轻人更贴身地玩到一起。在年轻人的世界里，将娱乐内容进行社交化流转和年轻人的再创造，吸引更多娱乐内容的引入形成闭环。让娱乐内容社交起来、流行起来，娱乐社交的大生态才算真正构建起来。

8.2　系统创新规律

规律是"纲"，纲举目张。系统创新只有了解和掌握系统创新的基本规律，才能从纷繁复杂的问题中理出头绪，去伪存真，由表及里，取得事半功倍的效果。

统筹兼顾、综合协调，是系统创新的基本规律。系统面对动荡多变、难以预测的系统环境，系统创新不能采取头痛医头、脚痛医脚的"局部疗养"法，而要面向全局，统筹兼顾，从整体出发来掌握系统各个要素、各个环节、各个阶段的创新工作，全面考虑和改善整个创新工作过程，以实现系统整体功能的最优化。

8.2.1　时效管理——摩尔定律的启示

Intel 公司的创始人之一摩尔（Gorden More）曾预言计算机芯片功能每 18 个月翻一番，而价格以半数下降，这就是有名的摩尔定律。摩尔定律揭示了知识经济时代企业建立定时出击机制的重要意义。企业最根本的危机是创造力危机，因此不仅要把创新作为管理永恒的主题，更重要的是要加强对创新的速度与效果统筹兼顾的系统管理，即不仅要掌握一定的创新速度，同时要控制好创新的节奏，主动地、科学地排定创新步伐，这种观念称为定时出击（time pacing）。

定时出击以创新时效为目标，不仅仅是单一地追求创新的速度，而且统筹协调创新速度与创新节奏，整合各种资源和能力，力求实现创新的最佳效果，时效管理模式如图 8-1 所示。

定时出击与企业进入新市场、推出新产品的工作计划有区别。定时出击一方面要求快速响应市场的能力，即速度成为创新能否成功的关键要素之一。管理标准最根本体现在"期""量"两个方面，传统经济重"量"，大鱼吃小

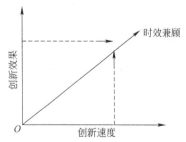

图 8-1　时效管理模式

鱼；知识经济重"期"，快鱼吃慢鱼。"抢先一步"已经成为当前企业竞争制胜的重要因素。如一些企业行之有效的"立即就办制度"，就是借鉴生产流水线"工票"对"期"与"量"统一管理的形式，编辑成"管理票"，从管理指令的发出时间、收到时间、开始时间和结束时间的整个流程加强控制（flow control），增加时间考核内容，确立时间责任制，并列入考核奖罚标准，从而提高了对创新速度管理的规范性、可操作性。

另一方面，定时出击更加强调创新的预控性、运筹性，通过事先的优化分析，科学地排

定创新的节奏，实现内部资源与外部市场变动的最佳衔接，提高创新工作的经济效益。如常用的优化分析方法有网络计划技术（PERT）、线性规划（LP）、目标规划（GP）等，而网络计划技术中的时间/费用分析、时间/资源分析更是实现创新工作"多快好省"的有效方法。创新不仅要有勇气，更要有理性。掌握对于创新工作的组织管理优化分析技术，是企业迎接知识经济挑战的重要武器。

1. 时效管理的含义

时间是一种珍贵资源，并且由于利用效果不同，有着不同的价值，因此时效管理就自然而然地成为管理科学中的一项重要内容。

时效管理就是为有效地利用时间，制定出合理的规章制度，运用一切科学方法和手段，力争用较少的时间耗用，创造出较多的价值，从而达到提高时间利用率的目标。

时间就是金钱，效率就是生命，时效管理的基本思路就是提高时间价值。时效管理的正确意义是如何面对时间的流动而进行自我管理，强调速度与节奏的统一，其所持的态度是将过去作为现在改善的参考，把未来作为现在努力的方向，运用正确的方法做正确的事。即：

$$E = v/t$$

式中：E——时间利用率；

　　　v——价值量；

　　　t——耗用时间。

为提高时间利用率，在对时间耗用进行统筹规划、全面安排时，可采用以下几种控制措施：

（1）在创造价值相同时，减少时间的耗用；

（2）在耗用时间相同时，增加创造的价值；

（3）在增加创造价值的同时，减少时间的耗用；

（4）在时间耗用略有增加时，创造价值大幅度增加；

（5）在创造价值略有下降时，耗用时间大幅度下降。

总之，时效管理是讲求时间的利用效果，不是单纯强调创造价值的提高，也不是单纯强调耗费时间的减少，而是强调二者的比值——单位时间所创造价值。

边际值是管理经济学进行资源配置的重要标准，因此树立边际时间价值观念也是很重要的。

$$ME = \Delta v/\Delta t$$

式中：ME——边际时间价值；

　　　Δv——价值的增量；

　　　Δt——耗用时间的增量。

边际时间价值提出了在企业资源配置中要重视每一个单位时间所引起管理工作价值增量变化的问题。管理者在工作中，要把有限的时间科学地运用到可最大限度完成预定目标的工作上，以达到事半功倍的效果。

2. 时效管理的步骤

时效管理就是提高时间的利用效果，力求在单位时间内创造更多的价值，进行有效的时效管理，可以参考以下6个步骤，如图8-2所示。

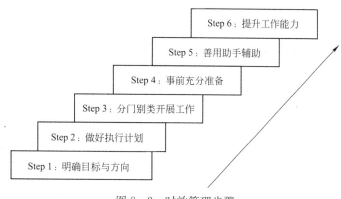

图 8-2 时效管理步骤

1）明确目标与方向

俗话说，"马壮车好不如方向对"。进行有效的时效管理，首要的一步就是要明确工作的重点是什么？希望通过此项工作要达到什么结果？这样做之后是不是真的能得到想要的结果？只有在明确回答上述问题之后，才有可能理清整个工作的方向及流程。

2）做好执行计划

目标与方向一旦明确，可以通过电脑软件、日历或者商务日志、自行设计的简单表格等，及时做好工作计划。以一天的计划表为例，首先列出必须做的事；然后再列出应该做的事，以及可以做但并不急于一时的事。然后评估各项工作所需的时间，再决定如何把时间分配到这些工作上。

3）分门别类开展工作

养成把握重点、循序渐进、集中力量解决问题的习惯。运用系统的观点，将工作分门别类进行处理，统筹考虑工作的重要性，依此决定完成工作的优先顺序和投入的时间。对同性质、同种类、类似性高的工作集中一次解决。不断思考是否有更有效率的工作方法，避免投入过大而产出较小而造成资源浪费。

4）事前充分准备

俗话说，"磨刀不误砍柴工"。工作开始之前，所需的资料和工具都要做好充分的准备。一方面，要随时准备好最新的信息资料，并做好整理、归类的工作，以便随时调用，做好决策支持；另一方面，要建立"工具库"，随时将自己的知识、经验、技能等，编码整理，以便随时可以拿出来运用，或重新组合，以缩短时间、提高效率。

5）善用助手辅助

高科技可以帮助节省时间，提高工作效率。在工作中要善用 e 化工具，包括计算机及各式管理软件、备份系统、电子邮件、网际网络、个人数位助理等，它们可以有效提升工作效率。另外，授权也是节省时间的终极武器，要学会分工合作甚至找专家帮忙，这些都是增加效率的法宝。

6）提升工作能力

不断学习新的知识与技能，这是持续不断提升工作效率和创新效果的基础；积极发挥创造力，创意可以使人轻松做事；善于做好情绪管理，情绪管理就像大禹治水，要善于疏导；保持适度休息，消除工作压力，有助于更好地提升工作效率。

3. ABC 时效管理法

时效管理要讲求科学优化分析方法的应用，如前面所介绍的 PERT。下面仅从理性思路的角度介绍一下常用的 ABC 时效管理的方法。

ABC 管理法，又称重点管理法，其基本原理就是将繁杂的事情，按照重要程度、消耗时间、价值大小等，进行分类排队，而后分别采用不同的管理方法，做到抓住重点、兼顾一般。

如工作 A、B、C、D、E 依次到达，各工作预计耗时及对于实现预定目标的有益程度是不同的。有益程度可采用评分方式加以表示，有益程度越大，评分则越多。若评分规定在 0～100 分之间，这 5 个工作分别评为 10 分、30 分、60 分、5 分、0 分，即 C 对实现目标有益程度最大，E 与预计目标的实现无关。如果按各工作到达的先后顺序处理，就会造成效益损失。其计算公式为：

$$V_D = \max\{V_n\} - V_i$$

式中：V_D——某工作的效益损失值；

V_n——各工作的效益值；

V_i——某工作的效益值。

例如，各工作的效益值中的最大者为 C，如不先于工作 C，而先于某一工作，则其相应的效益损失为：

工作 A：$60-10=50$，工作 D：$60-5=55$，

工作 B：$60-30=30$，工作 E：$60-0=60$。

由于各工作所花费时间是不同的，因此在安排工作顺序时，只考虑效益值或损失值的大小是不全面的，而是应该由效益率 E 或损失率 E' 来决定工作顺序。计算公式为：

$$E = V/t \qquad E' = V'/t$$

式中：V——效益值；

V'——损失值；

t——耗用时间。

在考虑工作顺序时，如从收益率出发，则应该在各工作中选取收益较高的优先安排，此时工作顺序为：B→C→A→D。如果从损失率出发，则应该在各工作中选取损失率较小的优先安排，此时工作顺序为 C→D→B→A。工作 E 与实现预定目标无关，所以根本无须考虑顺序安排问题。有关计算过程如表 8-1 所示。

根据管理中常用的 ABC 时效管理法，抓住关键少数分析法的工作程序，如图 8-3 所示，ABC 管理法计算表具体管理控制和时间安排如表 8-1 和表 8-2 所示。

表 8-1 ABC 管理法计算表

工作名称	A	B	C	D	E
到达顺序	1	2	3	4	5
效益评分	10	30	60	5	0
效益损失	50	30	0	55	60
预计时间（小时）	4	3	8	8	0.5
收益率（E）	2.5	10	7.5	0.625	0
按 E 安排顺序	3	1	2	4	
损失率（E'）	12.5	10	0	6.875	120
按 E' 安排顺序	4	3	1	2	

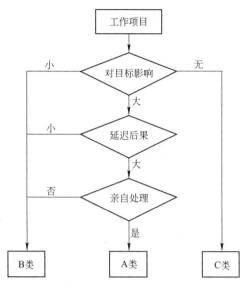

图 8-3　ABC 时效管理法

表 8-2　具体管理控制时间安排表

分类＼内容	占工作的百分比	特征	管理	时间交付量
A	10%左右 （1～3 件）	本质上重要 时间上迫切 延误有后果	立即开始 亲自处理	占工作量的 70% 左右
B	30%左右 （5 件以内）	比较重要 比较迫切 无大后果	回路式授权 由别人去办	占总工作的 30% 左右
C	60%左右	无关紧要 可以推迟 没有后果	不必过问 放手由职能部门去做	0

8.2.2　形象管理——马太效应的启示

效用是人们心目中的一种观念、一种心理感受，但对行为有着巨大影响。在信息活动中，由于人的心理反应和行为惯性，在一定条件下，优势或劣势一旦出现，就会不断加剧，滚动累积，出现强者越强、弱者越弱的局面，这就是马太效应。在系统创新中，考虑人性的效应管理日益重要。

随着信息技术的进步与资本市场的发展，企业价值越来越多地表现为无形资产。这些价值不仅仅来自于专利权、著作权、品牌、特有渠道、特殊人才等传统的无形资产。"互联网＋"为无形资产增添了新的元素，主要表现为数字化的形象管理和数据资产管理。

2015 年 7 月 1 日，国务院《关于积极推进"互联网＋"行动的指导意见》指出："全球新一轮科技革命和产业变革中，'互联网＋'发展具有广阔前景和无限潜力，已成为不可阻挡的时代潮流，正对各国经济社会发展产生着战略性和全局性的影响。"可以看出，传统企业与互联网结合后碰撞出意想不到的火花。遵循效应管理的基本原理，统筹运用无形资产管理与现代高科技手段，将管理的科学性与艺术性有效融合，通过发挥系统创新的成果延展性，可以大大叠加创新成果，实现良性循环。

1. 形象管理

近年来企业在生产技术、质量服务等方面的优良操作管理日趋同一化，差距缩小，导致低价竞争愈演愈烈，这种现象被美国学者迈克尔·波特称为"竞争合流"（competitive convergence）。如何确定企业"与众不同"的竞争策略成为企业经营的重要课题。其中非常重要的途径之一则是利用企业识别系统（corporate identity system，CIS）进行企业形象设计。主要包括三个构成要素：理念识别（mind identity，MI）；行动识别（behavior identity，BI）；视觉识别（visual identity，VI）。

理念识别包括企业经营准则、经营哲学、企业文化等，是推行 CIS 的原动力，有利于明确企业自我存在的价值，创造独特的具有魅力的经营理念，推动企业脱颖而出。

行动识别包括企业经营者和员工的行为、管理组织、教育活动等，以及公共关系广告、促销等与外界信息沟通活动的动态控制，使企业的各种活动围绕企业理念，形成统一的形象内涵，有利于企业内外产生共识。

视觉识别一般是标准化、系列化的静态信息传播符号，如企业名称、商标、广告招牌等，VI 不仅要使大众用眼一扫就知道是"什么企业"，而且要知道是"怎样的企业"，即象征符号独特又具有内涵，如一看到 IBM 三个英文字母，就会想到它是电脑企业，而且是规模大、服务好的世界一流大公司。

MI、BI、VI 三者相互联系、相互影响、三位一体，MI－BI－VI 是视觉化的过程，VI－BI－MI 是理念化的过程。视觉传达特征 VI 是理念特征 MI 的外在表现，理念特征是视觉传达特征的精神内涵。没有精神理念，视觉传达只能是简单的装饰品。美国学者 E. H. 埃利克逊将识别（identity）这一词解释为"自我同一性，其中包括自我认识和他人认识两个侧面，就是将其双方认识同一化的状态"，三位一体的形象设计如图 8-4 所示。如果将此意义赋予企业，即是使内部的企业意识和外部的企业形象同一化的状态，因此，识别不只是标牌、广告等设计，设计已超过了造型的意义，而是关系到企业人事、组织等广泛范围改革和新事业的开发，即企业整体的设计这一无形的"信息价值"的开发。

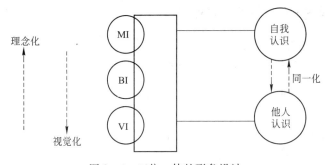

图 8-4　三位一体的形象设计

随着数字信息技术的发展和数码媒体的兴起和普遍应用，要求我们的企业形象更加贴合时代的要求，各类设计作品带有数字化、新生代特质，同时又为企业具备数字化特质提供了可能，即企业形象设计的数字进程是不可以逆转的。体现在以下三方面：

1）系统要素动态化

互联网时代中，从视觉传播来看，基本元素上出现了与传统元素截然不同的形式——动态。形象标识设计不再那么单一，它可以动态形式或静态形式，甚至动静结合的形式出现的。网络的基本系统要素也在传统的企业形象设计的基本要素的基础上增添了文字处理、网页背景色彩、网页动态按钮、图表、导航工具、背景音乐和影像等。

2）设计空间多维化

企业形象在网络中必然以网络所能提供的特有形式传播，将动画、声音、形象、文字等统一于一体，不断开拓三维、四维甚至多维的设计空间与传播空间。如虚拟现实技术（virtual reality，VR）和 3D 打印。视觉传达设计的表现手段和表现范围得到了大大的扩展，未来的视觉传达设计是综合性的，涵盖了人类全部感官的全面设计。

3）传播媒体多元化

新技术、新媒介的介入使企业形象及其品牌在推广和宣传过程中可以借助更多的手段和方法，使传播更加快速和有效。较之传统的纸质媒体、广播媒体以及电视媒体，基于数字信息技术和网络技术的网络媒体、移动网络媒体具有更强的传播能力和更高的传播效率，它使信息传播的范围和速度都产生了革命性的、跨越式的发展，它强大的传递、沟通、分享信息的能力使人们冲破了时间和空间的界限。

2. 平台管理

互联网经济不是基于刺激内需的短期投资思维，而是一种内生驱动的经济体，是解决中国乃至世界经济长期发展问题的新范式。工业化技术造就规模经济，它让世界因大而美；而互联网技术，更多属于范围经济的技术，它让世界因小而美。

互联网经济的基本规律是范围报酬递增，即在资源共享条件下，低成本的多品种协调带来的经济性。其低成本协调是由协调的有机性造成的，而不仅仅是协调。因此，它成本上的经济性来源是这种协调的边际成本递减特性，而收益上的经济性可以来自知识外部性和互补性。对应到现象上，就是小批量、多品种，集中体现在产品个性化、生产经营分散化和政府小型化。

现代商业逐渐呈现出"大平台＋小而美"的格局。企业大多依托商业网络平台，以小批量多品种的异质性服务为取向。互联网平台下的"赢者通吃"现象很明显，当平台用户数量达到一定规模，就会出现很强的网络效应，已有用户的效用随平台用户规模的扩大而大幅增长，形成正反馈。大规模平台比小规模平台给用户带来的效用更大，因而对新用户更加具有吸引力。大平台的用户规模会越来越大，小规模的平台就越来越弱，后来平台很难进入，最终形成一家平台独大的垄断或者少数平台的寡头。

在"赢者通吃"规律下，平台进入市场获得一定规模的用户是获得主导竞争地位的关键。在不确定临界点用户数量的情况下，平台需要持续增加新用户。简单来说，平台竞争的实质是对用户的争夺。吸引用户的做法有：价格补贴、多元化平台和平台合作。① 价格补贴是对用户的现在进行补贴，让用户带来的网络效应和未来的消费支撑平台的发展。多数用户存在转换惰性，不愿意花费时间成本去体验新平台。用户补贴可以将用户的转换惰性变成转换动力。如美团、百度糯米等移动 App 往往推出首单免减活动来吸引用户。对于依赖传统消费方式的外部用户来说，价格补贴也是对用户进入平台市场的推动。② 扩大平台业务范围，对已有产品或服务的种类和互补品的补充或加入新的产品或服务，引起了间接网络效应，增加了用户效用。基于长尾效应，用户对新产品或者服务的需求增加了平台的盈利能力。同时，业务范围的扩张可能会增加平台间的业务交叉范围，对于增加的交叉范围内的用户，会出现平台转换行为。③ 平台受到资金、技术等限制，面对强大竞争对手时，结盟是保持市场地位的有利选择。相互开放平台，可以打通用户资源，利用对方平台的用户基础撬动自身平台的网络效应。2013 年 8 月小米推出红米手机，将腾讯 QQ 空间作为首发的唯一入口，支付、物流、售后服务环节由小米公司完成。小米与腾讯是不同行业的结盟合作，小米依靠在腾讯社交平台上建立预约销售入口，撬动腾讯的用户规模，共享资源。

8.2.3 价值管理——梅特卡夫法则的启示

3Com 公司的创始人罗伯特·梅特卡夫提出：网络的价值等于网络节点数的平方。这说明网络效益随网络用户的增加而呈指数增长，因特网的用户约每半年翻一番，通信量大概每百天翻一番。追求"注意力经济"已成为当前市场竞争、企业取得超额利润的一种重要武器。这种趋势启示我们，评价创新的标准很多，而知识经济更加看重市场价值，或称为市场增值能力，正如俗话所说：大市场、大老板；小市场、小老板；没市场、就破产。

亚当·斯密第一次提出了商品的使用价值和交换价值，为价值理论研究奠定了基础。价值管理最初只局限于财务管理领域，后来逐渐扩大到战略管理领域，并扩展到企业的整个经营管理过程中。随着企业价值研究的深入，学术界开始关注企业价值的社会含义，从利益相关者的视角和哲学上的"价值一般"来研究价值网络，通过资源共享和优势互补共同为顾客提供服务，追求高水平的顾客满意度和公司利润。

1. 价值衡量标准

不同的利益主体有不同的利益诉求，系统创新要统筹考虑企业和用户这两个不同利

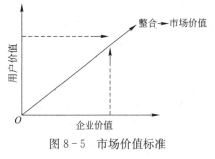

图 8-5 市场价值标准

益主体的价值诉求，即创新要坚持市场价值标准。市场价值标准即"让买卖双方都满意"，也就是企业和用户的价值标准必须协调统一，市场价值标准如图8-5所示。

这是因为：从用户角度来看，如果有两种功能完全相同而价格不同的产品，则买价格低的那种产品为上策，即价值高。所以用户对价值的理解，可用式（8-1）表示：

$$V_{用}＝功能/费用（价格）\tag{8-1}$$

从企业角度来看，通常是把收入的资金（成本）与所取得的收入做比较，投入资金少且收入高的产品效益好，即价值高，所以企业对价值的理解，可用式（8-2）表示：

$$V_{企}＝收入/成本\tag{8-2}$$

如果把流通等中间环节忽略，则可以认为企业的收入等于用户所付的费用，即：

$$企业收入＝用户费用\tag{8-3}$$

据此，把式（8-1）与式（8-2）经变化后代入式（8-3），经整理可以得到反映用户与企业价值标准的关系式：

$$V_{企}＝1/V_{用}（功能/成本）\tag{8-4}$$

从式（8-4）可以看出，$V_企$ 与 $V_用$ 是反比关系，即企业与用户之间在评价效益好坏的标准上是相互矛盾的。企业如果采取降低 $V_用$，损害用户利益的方法提高 $V_企$，不仅要冒着失掉市场的风险，而且也不符合社会主义企业经营原则。因此，比较稳妥的办法还是从"功能/成本"这两个因素中去找出路，在这个评价对象所具有的功能与获得该功能的全部成本之比的关系中，看不出企业与用户在评价标准上的矛盾。无论是对企业还是对用户，统一的价值标准均可以用式（8-5）表示：

$$价值 V = 功能 F / 成本 C \tag{8-5}$$

从式（8-5）可以看出，价值这个评价标准，不仅把企业效益观与用户效益观综合在一起，而且把功能与成本两个评价指标综合在一起。评价对象效益的高低，不是单纯看功能水平的提高，也不是单纯看成本水平的下降，而是看两者比值的大小。价值这个评价标准的确立，不仅为市场营销创意指明了方向，而且还提供了创意的多种途径。

（1）功能不变，成本降低。

$$V \uparrow = F / C \downarrow \tag{8-6}$$

在不影响用户需求功能的前提下，通过结构简化、材料替代、工艺改进等措施，降低成本，从而提高评价对象的价值，这是最常用的提高企业经济效益的方法。

（2）功能提高，成本不变。

$$V \uparrow = F \uparrow / C \tag{8-7}$$

成本不变，产品的价格可以不变，就能保持原有的利润率。功能提高了，用户花同样的钱，可以买到更好的产品，从而提高企业竞争力，扩大产品销路，增加企业收益。也就是提高了价值。

（3）功能提高，成本降低。

$$V \uparrow \uparrow = F \uparrow / C \downarrow \tag{8-8}$$

这种途径价值提高最多，但必须在技术、管理两个方面都有所突破、创新。这里功能提高不仅指原有功能水平的提高，更注重进一步满足用户需求及对产品整体功能结构的改进，对此必须有管理措施的配合才能实现。

（4）成本略有提高，功能有更大的提高。

$$V \uparrow = F \uparrow \uparrow / C \uparrow \tag{8-9}$$

功能成本评价不是单纯追求成本下降，如提高产品功能时，成本一般也会相应提高，但只要功能提高的幅度大于成本提高的幅度，价值仍然会有所提高。

（5）功能略有下降，成本大幅度下降。

功能成本评价不是单纯追求功能提高，为适应多层次用户的需要，开发一些低档价廉的产品，只要成本下降的幅度大于功能下降的幅度，价值仍然会有所提高。

$$V \uparrow = F \downarrow / C \downarrow \downarrow \tag{8-10}$$

这 5 种途径的选择，需结合具体产品当前的功能水平，创意途径选择如图 8-6 所示。当功能水平较高时，如 A 点位置，主要选择①、③、⑤途径，当功能水平较低时，如 B 点位置，主要选择②、③、④途径。图中曲线称为功能成本曲线，虚线为创意后的功能成本曲线，其上升曲率明显降低，即说明该创意花钱少，效果好，完全符合系统创新最本质的经济要求。

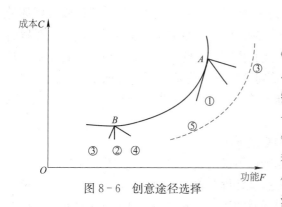

图 8-6   创意途径选择

2. 从价值链到价值网

美国哈佛商学院教授迈克尔·波特在《竞争优势》中提出"价值链"观点：消费者心目中的价值基础是透过一连串的企业内部物质与技术上的具体价值活动与利润所构成。一般来说，企业的运作主要包括设计、生产、销售、服务等环节，在其中的每一个环节，都会发生相应的投入产出，从而导致价值的创造和转移。因此，所有与之相关的活动按流程顺序的联结就组成了一个价值链。"价值链"的思想要求企业应该从总体流程的角度考察其经营效果（系统最优），而不是片面地追求诸如采购、生产和分销等特定局部功能的优化。

传统经济条件下，企业基本价值链被分为基本活动（内外后勤、生产、销售、服务等）和辅助活动（企业基础设施、人力资源管理、技术开发、采购等），本质上是一个"将投入转换为产品"的过程，重视企业内部资源的配置和企业价值的实现。虽然在一定程度上谈到企业协作发展，但中心思想仍是强调竞争。

互联网经济下，用户需求日趋碎片化与个性化，同时，战略决策与公司治理已经跨越单一企业的边界，演化为网络战略与网络战略的对抗，企业间竞争与合作日益加剧。因此，强调上下游企业之间的交叉持股和利益协同价值网络理论（value network）应运而生。价值网络主张具有不同核心能力的企业把各自的价值链连接起来形成包含供应商、渠道伙伴、客户以及竞争者的关系网络，从而共同创造差异化、整合化的用户价值，最终获取群体竞争优势、网络结构优势和抗风险能力。价值网观念超出了价值链的线性思维，将关注重心从企业利益转向网络整体，从价值分配转向价值创造。具有以下三个特征：

（1）用户导向。

价值网络中，用户的地位非常重要，甚至可以说是中心化的，整个价值网络的建构必须围绕用户需求展开，这是网络赖以存在和发展的基础。随着信息时代的到来，技术变革的周期不断缩短、频率不断提高，用户价值个性化、整合化和复杂化的趋势与企业仅在"一个狭窄范围内构筑核心能力"形成了一对尖锐矛盾。而价值网络很好化解了这一矛盾，即通过成员间资源能力互补创造更加优质的顾客价值，从而获取群体竞争优势。紧密的网络关系既有利于快速响应市场、获取整体竞争优势，也有利于网络内的信息共享和能力学习。

（2）价值共创。

价值网络是一种集体形式的创新系统，企业间的技术能力通过网络有机整合在一起，知识和信息通过网络不断传导和共享，"特殊的、专业的、隐性的技术知识往往难以传输，但紧密合作的创新网络使得这一切变得可能"。企业不仅要与顾客、供应商、互补者之间展开竞争以获得价值，更要与顾客、供应商及互补者合作以实现双赢并创造出更高的价值。价值网络的早期研究聚焦于企业之间的供应链效率，但价值网络在技术创新方面的优势更能触及企业的竞争优势。

（3）互利共赢。

价值网络之所以得以存在和发展，本质是大部分成员的期望价值得以满足，即只有各个成员投入和回报能够达到大致的对等。价值网络成员通过相互信任和合作，均得到了额外的价值增量，这种价值不仅包括货币收入，也包括各种信息和知识的获取以及技术能力的提升。并且构建和治理网络关系也是一种投资行为，会带来相应的租金收入，价值网络成员可以通过集体价值创造实现共赢。

价值网观念超出了价值链的线性思维，将关注重心从企业利益转向网络整体，从价值分配转向价值创造。价值链和价值网络作为两种不同的价值创造方式，主要差别体现在以下几个方面：

（1）经营模式不同。

价值网络经营模式是靠中介技术来联结顾客，促进厂商与顾客的价值互动和价值协同来为顾客创造价值。相对于传统价值链线性思维，价值商店和价值网络不仅考虑一种静态的线性经济活动分析，还考虑动态的网络经济活动，一并实现虚拟和实体的紧密结合。另外，价值链一般都是以厂商的资源或经验、知识的单一维度来实施价值创造的，而价值网络更强调要从厂商和消费者社群两个维度来考虑价值创造。

（2）价值创造方式不同。

工业经济时代厂商组织是在价值链内部通过一系列的活动完成价值创造的。这些活动分为基本活动和辅助活动两类，基本活动包括后勤、生产作业、市场和销售、服务等；辅助活动则包括采购、技术开发、人力资源管理等。而互联网时代，虽然对于价值创造和抓住激进新技术带来的商机，技术因素和市场要素依然是关键，但更注重价值创造与顾客有密切的关系。因为价值来源于顾客的体验和感知，而价值创造的过程不易也不需要被理解。所以，价值创造取决于开展的活动、目标顾客和相关理论基础。厂商可以通过社群中获得的资源来创造价值，或者依靠创新得来的生态系统来创造价值和获得成功。对于厂商而言，顾客是非常重要的。厂商需要顾客作为价值创造的来源，也是价值创造过程的一部分。价值是由厂商与顾客共同创造的。

（3）租金获取方式不同。

作为价值的一种形式，租金的追求是厂商恒久的主题。厂商经济租金是指厂商所创造的总收益在支付了所有成员的参与约束条件后的剩余，它等于厂商总收益减去各要素参与厂商的机会成本收益的总和，它是在隔绝机制下形成价值专属所获得的价值。工业经济时代，通过创造性破坏来获取租金是厂商的主要方式。厂商的熊彼特增长主要是进行产品技术上的研发突破，增加其使用价值实现产品新技术上的垄断获取熊彼特租金。厂商通过大规模生产来降低成本，促进厂商增长。这是建立在消费者对于品牌的敏感度低和性价比要求高的背景下。但在互联网时代，顾客强调体验，重视对产品的感知，以及使用价值的增加，产品技术上的创新已经无法实现价值增值，而相对应的是更多的创新增值出现在厂商与消费者的互动过程中。于是，互联网时代除了通过商业模式创新实现熊彼特租金，还衍生了互联网模式下特有的连接红利。

"连接"具有关系属性，它既指人与物的连接，也指人与人的连接，是用来聚合顾客的；而"红利"具有交易属性，是变现流量价值后的沉淀。"连接红利"是指厂商往往不直接销售产品赚钱，不重点追逐产品销售红利，而是把产品当成一个聚合顾客的入口，在与消费者不断地进行价值协同和价值互动中为消费者创造持续的价值，从而获得收益。

【案例 8-2】

"百度大脑"进军人工智能前沿阵地

2014 年 5 月 16 日，百度宣布在美国硅谷投资 3 亿美元创立百度美国研发中心，同日任命人工智能泰斗吴恩达为百度公司的首席科学家，全面负责百度研究院，展开对"百度大脑"的研发。这也意味着"百度大脑"在与"谷歌大脑"（2010 年，吴恩达加入谷歌 X 实验室的研发项目："谷歌大脑"）的人工智能比赛中正在全面冲刺。

历经两年多的不懈努力，2016 年 9 月 1 日，百度首次向外界全面揭秘了其人工智能成果——"百度大脑"，百度创始人李彦宏表示人工智能是百度核心中的核心。"百度大脑"是百度人工智能产品，融合了深度学习算法、数据建模、大规模 GPU 并行化平台、高性能计算等技术。

如今互联网公司主要都在利用人工智能技术提升电脑对图像和语音的识别能力，但深度学习还可以用于无人驾驶汽车和机器人等其他众多技术。作为百度人工智能成果的核心，"百度大脑"已建成超大规模的神经网络，在语音、图像、自然语言处理和用户画像等方面都取得了令人瞩目的进展，并在多个领域实现了深度应用。

在语音方面，"百度大脑"的语音识别准确率达到 97%，语音合成日请求达 2.5 亿次。李彦宏称，基于人工智能的语音合成能力可以让每个人都拥有自己的声音模型。

在图像方面，"百度大脑"的图像能力同样处于业界领先水平，人脸识别准确率高达99.7%，在一些方面比肉眼识别更加精准，其图像识别能力目前已被应用在无人驾驶技术中。有了"百度大脑"的加持，百度无人车正在加速推进商业化的步伐。2015 年百度无人车成功在北京完成了上路测试，并获得美国加州自动驾驶汽车测试批准。百度还在百度世界上宣布与英伟达深化合作，联合创建从云服务到汽车自动驾驶的平台。

在难度更大的自然语言处理领域，百度的机器人助理"度秘"除了可以对语音和图像进行识别外，更重要的是具备一定的理解能力，实现语音的自然交互。同时，"百度大脑"的用户画像目前已拥有千万级细分标签，通过大数据与人工智能的结合实现更精准的推荐和投放。

百度全面进军全球人工智能的前沿阵地，深入硅谷虎口夺食，抢夺全球顶级的人工智能人才，与"谷歌大脑"展开人工智能争霸赛，是对美国在当今人工智能前沿领域新一轮全球技术垄断的无畏挑战。百度创始人李彦宏在此展示的胆魄，正如谷歌 CEO 佩奇的信条，"漠视不可能"，是面对全世界对人工智能研发、中国互联网原生创新的怀疑与观望，发出了百度的最强音。被聘为"百度大脑"总设计师的吴恩达这样解释李彦宏和百度对他的感召力："其他国家都在模仿美国的技术，这早已成了既定模式。但百度却在做很多全世界独一无二的事情。"

8.3　系统创新方法

管理创造工程是一门运用科学方法，研究开发人的创造能力，探索在管理领域进行发明创造规律的新兴科学。它不仅与管理科学、技术科学有关，而且涉及哲学、心理学、逻辑学、教育学等，是一门交叉综合性的学科。

管理创造工程起源于美国，1936 年美国通用电气公司首先开始对企业职工进行发明创造教育，取得了良好的效果，受训人提出的创造项目比未受训人高出 3 倍。由此证明了创造是一种可以组织并需要组织的系统性工作，应成为日常管理工作的一部分。1941 年美国学者奥斯本发表了专著《思考的方法》一书，被认为是创造力开发史上的重大里程碑。20 世纪 40 年代后，英、法、日、俄等国家也相继开始了管理创造工程研究。

我国自 1980 年起开始有系统地介绍有关创造工程的知识，起步虽晚，但发展速度很快。我国学者对创造性思维的标准，逻辑与多路演化等方面的理论探讨，已取得可喜的成果。

开展系统创新工作，不仅要掌握系统创新的规律，同时还要认真研究系统创新的技法。本节从系统要素、系统结构和系统过程三个视角，进一步探讨系统创新的常见技法，并指出通过有组织、系统化的创新技法的学习和训练，将会大大提高系统创新的科学水平。

8.3.1　系统要素视角

系统由若干相互作用和相互依赖的要素组合而成，要素是构成系统的最基本单位，因而也是系统存在的基础和实际载体。从系统要素出发探讨系统创新技法，就是要把组成系统的要素特性尽可能详细地描绘、罗列出来，通过展开联想、重新选择、重新组合，来实现系统创新的整体目标。常见的方法主要有以下几种。

1. 特性列举法

这种方法要求把事物的特性分为名词特性、形容词特性和动词特性三大类，从这 3 个角度进行详细分析，然后通过自由联想，看看各个特性能否加以改善，这样有利于对问题全面的研究，因此适用于某些具体事物的改进。以暖水瓶为例。

名词表述的特性：结构（瓶壳、瓶胆、瓶塞……）

材料（铝板、玻璃、塑料……）

形容词表述的特性：花色（杏黄、桃红……）

形状（圆桶、圆锥……）

动词表述的特性：保温功能

倒水功能

列举之后，对每个特性进行分析，如把动词中的倒水改为抽水，名词中把普通瓶塞改为可以抽水的气压瓶塞，材料中增加钢化玻璃，这样就形成了气压暖瓶的基本结构。

2. 提问清单法

这种方法要求事先设计出很多提问的要点，构成一份提问清单，通过回答这些富有启发性的提问，探索可能解决问题的方法，清单问题随问题而异，如奥斯本为开发新产品提出的清单内容如下：

（1）现有的产品和零件能否有新的用途；

（2）过去有无类似的东西，能否借用有关的原理和经验；

（3）能否增加一些东西，如添加零件、加长、加宽、加重等；

（4）能否减少一些东西，如简化结构、压缩体积、减轻重量等；

（5）能否采用代用的东西，如其他材料、工艺等；

（6）能否加以变换，如改变结构、运动方式、因果关系等；

（7）能否把某些东西颠倒，如上下、里外、反正、左右的互相倒换；

（8）能否形成组合，如部件组合、材料组合、方案组合等。

3. 头脑风暴法

头脑风暴法是当今最负盛名、最实用的一种创造性解决问题的方法。1939 年，奥斯本首先提出头脑风暴法（BS 法），最初用于创造广告的新花样上，这种方法的中心意思是运用座谈会的形式，共同研究，对会上提出的意见，暂不评价，以保证人人能够畅所欲言。1953 年总结经验后，对此法又加以规范化，明确规定了以下 4 条原则：不允许在会议上互相批评指责；鼓励与会者毫无拘束地思考；提出的新方案越多越好；欢迎对别人的方案进行补充、完善和发展。

头脑风暴法用来克服对创意予以评价的限制性倾向。这种方法主要适用于开放性问题的解决，如关于产品或市场的新观念、管理问题、新技术的商业化、改善流程、规划与故障检修等。为了使所有人都能畅所欲言，参加会议人数不宜过多，一般在 10 人以内，并要注意到各方面的代表性。

如通用电气公司的"无界限会议"就是典型的头脑风暴法的创造性应用。通用电气在公司内部实施一种名为"考验"的措施：从公司的各个阶层选取 40～100 人，共同召开非正式会议。主持人设定议题后先行离去，与会者则分组讨论，分别针对问题的不同部位找出解决办法。主持人回来后听取建议，态度只有三种：立即接受、立即驳回、要求提供更多的信息资料。另外，在 BS 法的基础上，日本三菱公司对会议提出的意见，进行分门别类归纳整理，创造了 MBS 法；美国电气电话公司提出了提高会议效率的迅速思考法，都是采用一定的形式，达到集思广益的目的。

8.3.2　系统结构视角

系统至少由两个以上的要素组成，并且要素与要素之间，存在一定的有机联系，从而在系统内部和外部形成一定的结构或秩序，系统内部的这种有机联系和结构决定了系统的功能。因此，从系统结构出发，通过改善要素与要素之间的联系，可以改善系统整体功能，从而实现系统创新的目的。

1. 基本思路

1）"发散-聚合"说

美国心理学家吉尔福特在对创新的研究中，提出创新思维是在发散与聚合两种思想过程中求得平衡或折中，并提出了发散思维（divergent thinking）和聚合思维（convergent thinking）的区分。吉尔福特认为，发散思维开发并拓展了思想过程。它意味着从一个特殊的问题或观念开始，然后从多个角度加以思考。发散思维的目的是超越限制，以探寻各种各样的可能性。聚合思维紧随发散思维，它起着缩小可行的选择范围的作用，以便于获得对问题或决定的一组令人满意的解决之道。在进行聚合思维的时候，一般是由对一个问题作宽泛的审察开始，继而不断收缩注意力，使其集中于特别的问题或选择上来。

在一个完整的思维过程中，发散思维和聚合思维是互为前提、交互进行的。在创新思维的每一个阶段，都包含着一系列发散与聚合的活动。这就是说，在这个过程中，开始时广泛收集资料，然后又将已获资料加以过滤，选取最有用的部分。在聚合阶段，人们收集寻找的资料要么贴近主题，要么成为进一步考虑的依据。

　　由此可见，作为一个完整的创新思维过程，既离不开发散思维，也离不开聚合思维，而且呈现出一种二者相互促进、相互转化、交互推进的思维程序，即"聚合思维→发散思维→聚合思维"的程序。无论科学创造或文艺创作，都是在经历这样一个思维行程之后才获得创造性成果的，思维过程如图 8 - 7 所示。

　　2)"外圆内方"说

　　系统所有的外部事物就是系统所处的环境，系统总是存在于一定的环境之中，环境是一种更高级、更复杂的系统，在某些情况下环境也会限制系统功能的发挥。因此，系统创新需要在不断提高系统对环境适应性的基础上，主动影响环境、改造环境。"外圆内方"说（见图 8 - 8）面向系统内外两个层面，揭示了系统创新必须内外兼顾、统筹协调，才能做到系统与环境的最佳衔接，从整体上提升系统功能的优化升级。

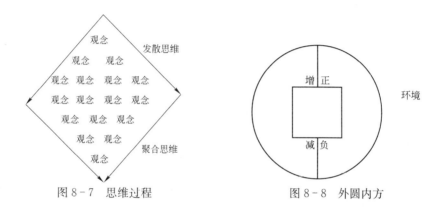

图 8 - 7　思维过程　　　　　　　　　图 8 - 8　外圆内方

　　"外圆内方"思维模式的基本结构由外圆、内方、增正和减负组成。系统创新必须要坚持"内外兼修"，体现创新的科学性与艺术性、规范性与灵活性的统一。

　　外圆——对系统面临的非结构化问题，从点、线、面、体四个层次进行不确定性研究。即点——前景清晰明显：对确定战略有足够精确的单一预测；全套传统战略手段。线——有几种可能的前景：一些明确的未来的离散结果；运用决策分析、选项评估模型、博弈论等手段。面——前景有一定的变化范围：一系列可能的结果，但不是自然的未来情景；一般采用潜在需求调查、技术预测和未来情景的方法。体——前景不明确：缺乏预测前景的基础；采取非线性动态模型、类比和类型确认。

　　内方——对系统面临的结构化问题，进行确定性管理，加强规范化、制度化建设，并努力完成四个转换，即由规范化研究向灵活化研究的转换、由程序化研究向耦合化研究的转换、由模型化研究向集成化研究的转换，以及由最优化研究向满意化研究的转换，克服单一管理思维的弊端和局限。

　　连接"外圆"和"内方"的上下两线，即增正效应和减负效应，增正效应是指对系统成功关键因素的强化能力，抓住机会加快发展，减负是指对系统风险的防范能力，主动超前地制定化险为夷的防范策略。在进行管理创新时，必须对增正/减负进行统筹分析，增正、减负是一个整体，是一个问题的两个方面，二者不可偏废。另外，正/负是相对的，在一定的条件下可以相互转化和相互影响。在创新中，必须注意，切忌采取"绝对僵化"和"简单片面"的方法。

　　总之，系统创新必须打破传统思维定式，强化感性与理性的融合、科学与艺术的统一、规范与灵活的辩证，只有以系统的眼光和观点，内外兼修，统筹兼顾，系统创新才能在保持系统整体的平衡与和谐中，产生聚合裂变，得到功能倍增的效果。

2. 基本方法

1) 形态分析法

一般来说，所有对某一系统进行成分分类或形式分类的系统化方法都可归为形态分析法。运用这种方法常常采用定性的方式，这样做是为了系统地探究复杂的问题或系统。这种方法已被用于多种情境。其中包括产品设计、技术创新、市场研究及社会问题分析。

这种方法包括以下步骤：首先，列出问题的可能维度。维度的划分应满足以下条件：所有维度合起来即是对所研究的问题或系统的描述。其次，对已确认的各种维度再进行属性分析，并把每一维度属下的各种特性列举出来。再次，尽可能多地考虑维度间的属性组合，并把那些有前途的或不同凡响的想法提取出来。最后，被视为有前途的想法还要接受适当性检验，形态分析法如图 8-9 所示。

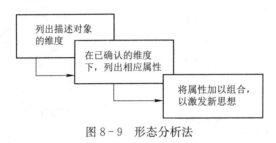

图 8-9　形态分析法

如设计饼干包装方法时，可以列出材料、形状、容量等几个维度，每个维度又包含多种属性。

维度：材料、形状、容量。

材料属性：蜡纸、牛皮纸、塑料薄膜、马口铁（4 种）。

形状属性：长方形、圆桶形、袋形（3 种）。

重量属性：100 克、250 克、500 克、1 000 克（4 种）。

将每个维度的各种属性任意组合，可以构成 48 种（4×3×4）可能方案，进而从中选出有前途的、切实可行的方案，并要进行适当性检验。

形态分析技术对激发大量的具有探索性或寻找机遇性的思想而言，是比较理想的。同时，这项技术对下列几个方面的系统创新尤为有用：

（1）新产品或新型服务；

（2）新材料的应用；

（3）新的市场区域及市场用途；

（4）开发竞争优势的新方法；

（5）产品或服务的新颖的推销技巧；

（6）新的发展机遇的定向确认。

2) 类比联想法

类比是指把几个物体、人、情境或行动放在一起加以比较，然后揭示彼此之间在过程中或在相互联系上所具有的相似性。在探索管理新方案时，为了有助于为解决问题打开新的视野，可以把表面上毫不相关的东西联系在一起，通过类比产生联想，从中得到启示。常用的方法有以下几种。

（1）拟人类比。即要求把我们自己看作是一种非人性的物体，而该物乃是问题的对象。我们需要把自己的情感移向这个实体，并去想象这样会产生怎样的感觉，而我们在这样的问题情景中，又会采取怎样的行动。一般来说，这种方法至少包含四个步骤：通过列举其基本特性来描述物体；描述物体在给定情境中可能具有的感情；当使用这个物体时，人的感觉如何？描述如果成为那个物体会有什么感觉。

这种拟人类比技术有助于摆脱原来的框框，使人以一种不同于先前的分析思路来思考问题，找到解决问题的新路径。

（2）直接类比。即寻找与所研究的问题有类似之处的其他事物进行类比，获得启示。直接类比的核心思想是尽最大可能清楚而直截了当地对问题与某种物体、事物与观念之间的关系进行描述。

例如，假设问题是寻找最佳方法来管理办公室内外日常的信息流动。运用直接类比法，可先考察人们如何处理河流水流产生的问题。有时河流的水量很少，在这种情况下，如果人们希望引水灌溉农田，或开展航运，或用于其他目的，那么水量小的河流就给人们造成诸多问题。与此情景相似，为了使办公室工作顺利运转，就需要连续不断的信息畅通。而倘若信息稀缺或流通不畅，就会带来一连串的附带问题。

同样，如因河水流量太大而酿成洪灾，就会危及河道附近的土地和城镇。通过类比发现，太多的信息也会产生问题。也许办公室没有足够的人手来处理过多的信息。或者，信息太过复杂，人们难以对其进行分析。

这两种情况下，先来考察人们是如何处理因河水太少或太多所导致的问题。例如，可以在河上建造若干个水库，以便控制河水流量。类似地，可以建造一些信息"水库"，即需要建立一套程序或档案系统，以此来控制和管理办公室内的信息进出。

（3）象征类比。这种类比方式是利用客观性的和个人化的意象来描述问题。比如，如何设计一种可装入 4 cm×4 cm 的箱子中，向上可延展 1 m 高，并能承受住 4 t 重的物体的起重装置。在解决该问题时，运用象征类比法，可把这个问题比作"印度人的绳索杂耍"。利用这个类比来作为刺激，可以开始展开联想：印度人的绳索杂耍有何实际利用价值。这实际上就是把曾经熟悉的现象通过类比陌生化。最后，可找到解决问题的方案之一，如可利用自行车链的机械原理，让车链从一个方向展开，通过两个链状的装置连在一起，就设计出一种既灵便又足以承受重物的起重装置。

（4）反向类比。这是指由一个事物、现象的刺激而想到与它在时间、空间或各种属性相反的事物与现象的联想。即对此事而言相反的事是什么？假如情况相反将会如何去进行联想。如新产品开发超大型与超小型两极化策略，生产过程组织中的大批量少品种方式与小批量多品种方式等，都是向原事物相反的方向发展而成为管理系统中的新事物。

反向类比是指联想要扩展到事物相对立的一面，在拟人类比、直接类比和象征类比的基础上，反向类比弥补了前三者的缺陷，更加拓宽了联想的空间，使人的联想更加丰富多彩，更富于创造性。如 20 世纪 50 年代世界各国都在研究制造晶体管的原料——锗。其中的关键问题是要将锗提炼得很纯。日本的专家江崎在长期的探索中发现，不管怎样小心操作，总免不了混入一些杂质。有一次，他想：如果采用相反的操作法，有意地一点点添加少许的杂质，结果会怎样呢？经实验，当将锗的纯度降到原来的一半时，一种极为优异的半导体就诞生了。这种反向类比方法在系统创新过程中，常常会给人带来出人意料的结果。

3) TRIZ 法

TRIZ 是发明问题解决理论，其拼写是由发明问题解决理论（theory of inventive problem solving）俄语含义的单词首字母组成，在欧美国家缩写为 TIPS。其研究始于 1946 年，苏联的大学、研究所和企业所组成的数百人的研究组织分析研究了世界近 250 万件发明专利，综合多个学科领域的原理、法则形成了 TRIZ 理论体系，其主要目的是研究人类进行发明创造、解决技术难题过程中所遵循的科学原理和法则。并将之归纳总结，形成能指导实际新产品开发的理论方法体系。任何领域的产品改进、技术创新和生物系统一样，都存在产生、生长、成熟、衰老、灭亡的过程，是有规律可循的。发明问题解决理论通过分析人类已有技术创新成果——高水平发明专利，总结出技术系统发展进化的客观规律，并形成指导人们进行发明创新、解决工程问题的系统化的方法学体系。

与试错法和头脑风暴法等传统创新方法相比，TRIZ 理论成功地揭示了创造发明的内在规律和原理，着力于澄清和强调系统中存在的矛盾，而不是逃避矛盾；它的最终目标是完全解决矛盾，获得最终的理想解，而不是采取折中或者妥协的做法；它基于技术的发展演化规律研究整个设计与开发过程，而不再是随机的行为。

TRIZ 理论主要包含以下创新设计问题解决工具：技术系统进化法则，物—场分析法，发明问题标准解法，发明问题解决算法 ARIZ，技术矛盾解决矩阵，40 个创新原理，39 个工程技术特性，物理学、化学、几何学等工程学原理知识库等。这些工具为创新理论软件化奠定了基础，从而为 TRIZ 的实际应用提供了条件。

（1）创新思维方法与问题分析方法。

TRIZ 理论中提供了如何系统分析问题的科学方法，如多屏幕法等，它可以帮助快速确认核心问题，发现根本矛盾所在。

（2）技术系统进化法则。

针对技术系统进化演变规律，在大量专利分析的基础上，TRIZ 理论总结提炼出八个基本进化法则。利用这些进化法则，可以分析确认当前产品的技术状态，并预测未来发展趋势，开发富有竞争力的新产品。

（3）工程矛盾解决原理。

不同的发明创造往往遵循共同的规律。TRIZ 理论将这些共同的规律归纳成具体的原理，针对具体的矛盾，可以基于这些创新原理寻求具体解决方案。

（4）发明问题标准解法。

针对具体问题物场模型的不同特征，分别对应标准的模型处理方法，包括模型的修整、转换、物质与场的添加等。

（5）发明问题解决算法 ARIZ。

主要针对问题情境复杂、矛盾及其相关部件不明确的技术系统，可以实现对问题的逐步深入分析，问题转化，直到问题解决。如计算机辅助创新技术 CAI（computer aided innovation），是近年来迅速发展起来的对创新予以辅助的软件技术。

实践证明，运用 TRIZ 理论，可大大加快人们创造发明的进程，而且能得到高质量的创新产品。它能够帮助我们系统地分析问题情境，快速发现问题本质或者矛盾，它能够准确确定问题探索方向，不会错过各种可能，而且能够帮助我们突破思维障碍，打破思维定式，以新的视觉分析问题，进行逻辑性和非逻辑性的系统思维，还能根据技术进化规律预测未来发展趋势，帮助我们开发富有竞争力的新产品。

如今 TRIZ 已在全世界广泛应用，创造出成千上万项重大发明。经过半个多世纪的发展，TRIZ 理论和方法已经发展成为一套解决新产品开发实际问题的成熟的理论和方法体系，并经过实践的检验，帮助众多知名企业和研发机构取得了重大的经济效益和社会效益。

2001 年，波音公司邀请 25 名 TRIZ 专家，对波音 450 名工程师进行了两星期培训，取得了 767 空中加油机研发的关键技术突破，最终战胜空客公司，赢得了 15 亿美元空中加油机订单。

2002 年，中航一集团沈阳飞机设计研究所新进的一位大学生利用 TRIZ 创新方法设计出一种仪表板，比较好地解决了既要"体积增大"又要"体积减小"的尖锐矛盾，使之既不阻挡飞行员的视线，又有足够大的空间安装仪表。

2003 年，"非典"肆虐时，新加坡的研究人员利用 TRIZ 的 40 条创新原理，提出了防止非典的一系列方法，许多措施为新加坡政府采用，收到了很好的效果。

2003 年，三星电子在 67 个研究开发项目中使用了 TRIZ，为三星电子节约了 1.5 亿美元，并产生了 52 项专利技术。到 2005 年，三星电子的美国发明专利授权数量在全球排名第 5，领先于日本竞争对手索尼、日立等公司。

2004 年，UT 斯达康通信有限公司利用 Pro/Innovator 解决机顶盒天线连接问题和电磁兼容问题，缩短了新产品研发周期，节省了大量研发经费。

2009 年，黑河爱华农机制造有限责任公司运用 TRIZ 理论中的"物理冲突解决原理"和"替代法则原理"，进行了工艺改进，提高了机械作业强度，延长了机械使用寿命，提高了机械工作效率，降低了机械制造成本，从而增加了市场份额。

【案例 8-3】

从 TRIZ 理论看祥云火炬设计关键技术难题

2008 年北京奥运会的"祥云"火炬不仅外形设计具有浓烈的中国特色，其内部系统也是现代高科技的结晶。其中，内部燃烧系统的设计是整个火炬设计最关键且最难的部分。由火炬燃烧系统的功能模型和问题分解模型可知：对于火炬燃烧系统来说，燃料的选择和保证火炬的燃烧稳定性是最关键的问题。

（1）以创新原理破解燃料难题

燃料是火炬内部系统设计首要解决的问题。"祥云"选择了丙烷作为燃料。它燃烧后产生的水蒸气和二氧化碳不会对环境造成污染；且丙烷适应的温度范围比较宽，在零下 40 摄氏度时仍能保持一定的压力，继续维持燃烧；加上它产生的火焰呈亮黄色，动态飘动的火焰在不同背景下都比较醒目。因此，它非常符合作为火炬燃料的各项技术指标。

但是丙烷也存在问题：在低温时压力较小，喷出相对困难，而且在丙烷液体变成气体时会吸收热量导致燃气罐温度降低。解决这个问题需要充入更多的丙烷气体，或者增加加热燃气罐的装置以提高燃气罐的压力，这就增加了能量的损失。

TRIZ 理论认为，这实际上存在"应力、压强"与"能量损失"这一对技术矛盾。根据这对矛盾，在 TRIZ 理论的矛盾矩阵表中找到相应位置，便得到 TRIZ 理论所推荐的创新原理：抽取原理，从物体中抽出产生负面影响的部分或属性，或者仅抽出物体中必要的部分或属性；相变原理，利用物质相变时产生的某种效应，如体积改变吸热或放热；自服务原理，使物体通过执行辅助或维护功能为自身服务或者利用废弃的能量物质。

根据自服务原理，利用火炬燃烧时放热的特点，在系统内部增加回热管，用这些热量来加热燃气罐，从而使得丙烷始终保持一定的温度，并且节约了能量，成功解决了这一技术难题。

(2) 矛盾空间分离原理助力火炬持续燃烧

火炬要求在传递过程中不论刮风还是下雨都必须保持燃烧。对于奥运火炬来说，能够始终产生大量的热量才能维持火焰在各种极端情况下保持燃烧，相应地要求气体的燃料必须足够多，不仅使燃烧系统的体积增大，火炬的重量也会增加。从安全角度考虑，设计者不希望火焰的热量过大；为了使用方便，也不希望火炬的体积和重量过大。因此，技术系统中对同一参数出现了完全相反的要求，在 TRIZ 理论中将这种情况称为"物理矛盾"。

根据矛盾空间分离原理，此次北京奥运火炬采用"双火焰"，将整个燃烧系统分为预燃室和主燃室两部分。当稳压阀打开以后，燃气以气态形式从气罐里出来经过稳压阀，然后经过回热管，到达阀门后气体分为两路，一路流到燃烧器的预燃室，另外一路流到主燃室。到达预燃室的气体与空气形成预混火焰；到达主燃室的气体将进行空气的补燃，形成饱满的火焰。如果出现极端情况，主燃室火焰熄灭，预燃室内小但十分稳定的火焰仍能保持燃烧，从而保证火炬不会熄灭。

(3) 借助矛盾矩阵表改进火炬抗风性

火炬顶端的纸卷形状容易形成风的回旋，因此，需要改进燃烧系统的抗风性。实际上，预燃室不灭，整个火焰也就不会灭。提高预燃室抗风性需要改进火炬燃烧系统的可靠性，但要提高火焰的可靠性必须提供更大的热量，这样就造成了火炬能量损失。根据"可靠性"和"能量损失"这一矛盾，再由 TRIZ 理论的矛盾矩阵表，得到推荐的创新原理是：

• 预先作用原理：预先对物体（全部或至少部分）施加必要的改变；预先安置物体，使其在最方便的位置开始发挥作用而不浪费运送时间。

• 事先防范原理：采用事先准备好的应急措施，来补偿物体相对较低的可靠性。

• 物理化学参数改变原理：改变聚集态（物态）；改变浓度或密度；改变柔度；改变温度。

根据事先防范原理的建议，可以在预燃室上方加盖板，以提高它的抗风性能。即便遇到瞬时风变，火炬仍可正常燃烧。如此一来，风的回旋问题得以解决。

由分析可见，TRIZ 理论不仅在火炬的设计上得到了充分的应用，并为发明创造提供了新的思路和方法，使得 TRIZ 理论具有了实际意义。

8.3.3 系统过程视角

系统创新不是"坐等灵感的降临，寻求突然的灵机一动"，而是要"系统地分析创新机遇"，"有组织地加以运用"，并成为"日常工作的一部分"。因此，系统创新是一种过程创新，是一项结构化的创新组织管理技术。常见的系统过程创新技法主要有以下几种。

1."四阶段"法

美国心理学家华莱士在他 1926 年出版的《思想的艺术》一书中,提出创新过程包括 4 个阶段,即准备、酝酿、阐释和证实 4 个阶段。

1)准备阶段

这个阶段是提出问题,收集各种材料、进行思考的过程。提出有价值的问题,是从事创新活动首要的一环,创新思维就是围绕这些问题展开,而且,这些问题决定着思维的方向。接着,思维者有意识地收集资料、挑选信息,或同时进行一些初步的反复试验,认识问题的特点,通过反复思考和尝试来努力解决问题。

2)酝酿阶段

这个阶段是输入信息后停止活动或变换活动内容的时期。这一时期似乎在促进创造性思想的生成。酝酿阶段包括两种现象:首先,在酝酿阶段,人们不会有意识地思考某一特殊问题;其次,在这个阶段可能会发生一系列无意识的心理事件,即大脑的潜在意识仍在不知不觉地对收集到的材料进行着筛选和重组。

3)阐释阶段

这个阶段又称顿悟期或灵感期。这种"顿悟",并非通过有意识的努力而得来,而是通过视觉上的幻象表达出来。这种顿悟一出现,就不同于别的许多经验,它是突然的、完整的、强烈的。华莱士把这种经验称为"尤瑞卡经验"。

4)证实阶段

并非所有问题解决都会以这种突然的、强烈的经验而告终,这种经验也可能是和问题的错误解决伴随产生。所以,这种灵感的成果还必须经历一个仔细琢磨、具体加工和验证的过程。这是对整个创造过程的反思,以使创造成果建立在科学的理论基础之上,并物化为能被他人所理解的、接受的形式。这一阶段,又是在意识的支配下进行的,"四阶段"法如图 8-10 所示。

2."六阶段"法

从注重强调创新过程的结构化角度出发,在对系统进行创新的过程中,人们常常把系统创新解决问题的过程分为六个阶段,"六阶段"法如图 8-11 所示。

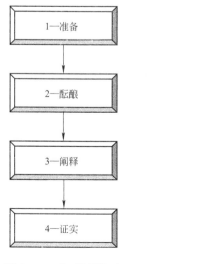

图 8-10 "四阶段"法

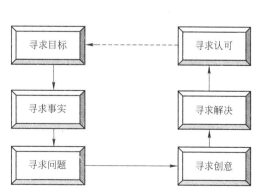

图 8-11 "六阶段"法

当然，并非每个系统创新的过程都必须要完整地经过六个阶段。有时可以从寻求问题或寻求创意开始。从哪个阶段开始，取决于所占有的信息及时间。无论如何，最基本的原则是推迟做出判断的时间。在作出评价之前，需要把所得资料列举出来，并加以研究。

1）寻求目标

在这一阶段，人们需要确定一个问题域。开始的时候，通过发散思维尽力想象出所面临的一系列问题。接下来开始聚合思考：对进一步探索而言，哪些问题是最妥当的？为方便起见，可用如下程式来陈述问题：

"可以通过什么方式来做一件事，或做别的什么？"

例如：

"我们可以通过什么途径来缩减营销费用？"

在转向下一阶段之前，必须确定关键性问题及关键性的问题域。以下是可供使用的标准。

- 所有权（你有动力去解决它吗？）
- 优先权（这个问题的重要性如何？）
- 紧迫性（解决这个问题的急迫程度如何？）

在本阶段结束的时候，应该抓住核心问题或问题组。这样，后续的工作就有了基础。

2）寻求事实

这一阶段将增加对问题的总体理解。如果说寻求目标是收集所有与问题相关的信息的话，那么这个阶段的功能就是帮助激发独特的想法。在这个阶段，关键性问题和关键性问题域的方法仍可用来促进聚合思维。寻求事实有助于收集恰当的资料，同时还有可能使你以新的视角来看待先前确定的问题或问题组。

3）寻求问题

该阶段利用事实寻求阶段集中起来的关键性问题，来寻求对问题进行最富建设性的界定。

4）寻求创意

系统创新的第 4 个阶段是结构化。通过结构化来寻求解决问题的潜在途径。在寻求创意的过程中，最重要的发散活动是借助各种创意激发方法来引出更多的想法或观点。

5）寻求解决

本阶段的功能是选择一种能够解决问题的方案。它被用来把创意转化为更可操作的解决方法。

6）寻求认可

系统创新的最后一个阶段是寻求认可。它有助于圆满地解决问题。

3. "八阶段"法

"八阶段"法是指由不同性格和不同专业的人员组成精干的小组，采取多种自由的方式作非正式的意见交换、进行创造性思考，并在此基础上阐明观点或解决问题的过程。这种方法常常需要有一个程序流程图，以便给出小组成员逐步研讨的工作指南。下面给出的流程图描述了最为简单的工作路径，小组可以选择适当的变式，灵活运用这个流程图，"八阶段"法如图 8-12 所示。

一般而言，"八阶段"法研究过程可分为八个阶段。

（1）给定问题。向小组成员宣读问题的一般陈述。

（2）对给定问题作简短分析。

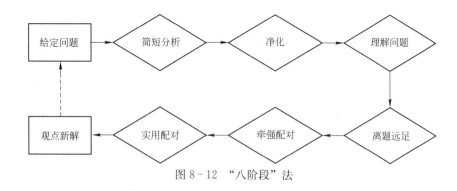

图 8 - 12　"八阶段"法

（3）净化。消除由前两个步骤所隐含的僵化的和肤浅的解决方法。这一步也是用来进一步廓清问题。

（4）理解问题。从选择问题的某一部分分析入手。每位参加者尽量利用荒诞类比或痴心妄想法来描述他所看到的问题。然后由领导记录下各种观点。

（5）离题远足。领导会提出一些需要或激发类别性答案的问题。随着一连串类比的提出，领导会选择其中一种类比来作详细分析或阐释。

（6）牵强配对。把离题远足所用的类比（（5））与已被理解的问题（（4））牵强性地配对，直到找到看待问题的新途径。

（7）实用配对。实际运用前面已开发出的类比来进行深入研究。

（8）观点新解。最终形成某种观点或见解，即看待问题的新方法或新角度。一旦选定了一种观点，就需要专家提供一些指导，以便把观点转化为对问题的解决方案。

4．"序列链"法

刘奎林是我国系统研究灵感思维的一位学者，他在华莱士"四阶段"理论的基础上，进一步就创新思维中的灵感思维的过程进行了研究，提出了"诱发灵感的机制序列链"理论。他认为这个序列链由五道程序组成，即"境域—启迪—跃迁—顿悟—验证"。

境域，即指那种足可诱发灵感迸发的充分且必要的境界。启迪，就是指机遇诱发灵感的偶然性信息。创造者的灵感孕育一经达到了饱和程度，只要有某一相关信息偶然启迪，顷刻间就可豁然开朗。跃迁，即指灵感发生时的那种非逻辑质变方式，经过显意识与潜意识的交互作用，潜意识即进入一种跨越推理程序的、非连续的质变过程。潜意识的信息加工过程，一般来说，是人们无法意识到在形态上或在能量上的中间循序过渡环节，它是灵感思维的一种高级质变方式。顿悟，即指灵感在潜意识孕育成熟后，同显意识沟通时的瞬间表现。验证，即指对灵感思维结果的真伪进行科学的分析和鉴定。以上 5 个程序，彼此间紧密联系，互相制约，从而形成一个以显意识去调动潜意识并诱发灵感发生的有机系统。

刘奎林的"序列链"理论，阐明了灵感思维的全过程所需经历的 5 个阶段。灵感思维虽然与创新思维不是同一概念，但灵感思维在创新思维中占重要地位。从华莱士的"四阶段"理论中可以看到，其"酝酿""阐释"的过程，着重指的也是灵感思维的过程。刘奎林的"序列链"理论，则着重说明的是灵感思维的全过程。将二者结合起来理解，就会对创新思维的过程有一个更全面、更深刻的认识，"序列链"法如图 8 - 13 所示。

5．IDEAL 模型

布兰福德（Bransford）和斯泰因（Stein）于 1993 年提出一个创造性系统解决问题的模

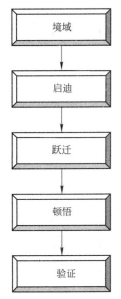

图 8-13 "序列链"法

型。这种方法的各组成部分的首字母缩略词正好是 IDEAL。即：

I＝确定问题与机遇（identify problems and opportunities）；

D＝定义目标（define goals）；

E＝探寻可能的策略（explore possible strategies）；

A＝预期结果与行动（anticipate outcomes and act）；

L＝反视与学习（look back and learn）。

下面对模型的各阶段展开解释。

1）确定问题与机遇

应把潜在的问题看作是创新活动的机遇来对待。积极探寻问题的重要性是不言而喻的。当问题引起注意，或当问题成为批判性审视的对象时，如何对问题作出回应也同样是重要的。探寻问题与对问题作出反应具有同样的意义。

2）定义目标

不同的目标往往反映出人们对问题的不同理解。例如，在商业中缺乏战略方向的问题是很明确的。所有关注该问题的人都会同意它会成为创新活动的机遇。然而，对确立什么样的目标，大家的意见难以统一。一些人也许主张商业发展方向应是国际市场；而另一些人认为，应把商业目标定位在国内市场上，重要的是尽力增加国内市场的利润。这两种情况清楚地反映了对于同一个问题，不同的人在目标认识上具有何等大的差异。因此，定义目标是解决问题的关键一步。

3）探寻可能的策略

这一过程包括对目标的再分析及对选择方向或策略的再思考。这样的策略有可能被用来实现已经确立的那些目标。对许多问题而言，人们用不着经受短期记忆能力的考验就可以对所有相关的信息加以思考。但随着问题的复杂性增加，处理相关信息的过程就没那么简单了。有经验的问题处理者常常通过创造内部表征系统来记录信息。他们不是尽力用大脑来保存所有的信息，而是把它们写在纸上，或通过其他媒介来加以记录。这使他们能够对想要解决的问题更加随意地进行思考。表征信息最有效的方法取决于问题的性质。海耶思（Hayes，1989）与哈玻恩（Halpern，1989）业已注意到，有些问题适合于用语言表征的方法加以解决，而另一些问题则更适合于形象化的甚或数学化的表述。其他一些方法包括反向处理问题或集中注意力于比较简单的、特定的情境。例如，建立模型，或进行实验操作。这样的实验以真实的环境为原型，它们是原型特征的模仿品。

4）预期结果与行动

一旦解决问题的策略已经选定，那么重要的就是预期可能性结果，然后按选定策略采取行动。在许多情况下，在可能的结果可以被预期之前，需要采取积极措施对策略进行检验。对预期一些特别的策略的可能后果而言，样本的建立和检测是十分有帮助的。

5）反视与学习

IDEAL 模型的最后一步是审察采取某种策略后所导致的结果，并且从经验中学习。然而不幸的是，这些经验常常被疏忽掉了。我们解决问题的时候，重要的是寻找第一步方案，同时也应该总结前期经验，从经验中学到东西，接下来也就可以转入下一阶段。就这样一个阶段接一个阶段，通过不断从经验中学习而获得进步。

　　市场营销检测就是一个恰当的例子。当一种新产品投放市场之后，它即开始经受市场的检验。在这个逐步展开的过程中，新产品任何令顾客不满意的地方都得重新加工，从而在下一阶段投放市场时以新面貌出现。

　　确定问题与机遇是创新过程中最重要的阶段之一。对目标的定义及再定义的行为则是创新过程尤为重要的部分。不同的目标意味着不同的思路。它们对解决问题的策略具有重大的影响。在 IDEAL 模型中，预期结果与行动阶段可帮助揭示那些不合时宜的假设，因为这样的假设有可能抑制创造性行为。人们只有经常审视其行为结果，并尽力从中总结经验和教训，促进创造力的长期努力才有望成功。

关 键 术 语

系统创新	system innovation
摩尔定律	Moore law
定时出击	time pacing
时效管理	time efficiency management
ABC 法	ABC solution
企业形象设计	corporation image design
马太效应	Matthew effect
梅特卡夫法则	Metcalfe principle
市场价值	market value
提问清单法	questionaire list methodology
形态分析法	configuration analysis methodology
TRIZ 法	theory of inventive problem solving

本 章 小 结

　　约瑟夫·熊彼特在 1912 年出版的《经济发展理论》中最早系统地提出了创新概念，即"建立一种新的生产函数"。

　　系统创新不同于一般意义上的以具体内容为基点的创新，系统创新侧重于对创新的组织管理技能，可以说系统创新是一项创新的组织管理技术，是对组成系统的诸要素、要素之间的关系、系统结构、系统流程及系统与环境之间的关系进行动态的、全面的组织过程，以促进系统整体功能不断升级优化。系统创新的特点大体上可归纳为四个方面：面向全局、继往开来、博采众长、以人为本。

　　摩尔定律揭示了知识经济时代企业建立定时出击机制的重要意义。企业最根本的危机是创造力危机，因此不仅要把创新作为管理的永恒主题，更重要的是要加强对创新的速度与效果统筹兼顾的系统管理，即不仅要掌握一定的创新速度，同时要控制好创新的节奏，主动地、科学地排定创新步伐，这种观念称为定时出击。

马太效应是指在信息活动中，由于人的心理反应和行为惯性，在一定条件下，优势或劣势一旦出现，就会不断加剧，滚动累积，出现强烈反差，两极分化，强者越强弱者越弱的局面。在系统创新中，考虑人性的效应管理日益重要，遵循效应管理的基本原理，统筹运用形象设计与现代高科技手段，将管理的科学性与艺术性有效融合，通过发挥系统创新的成果延展性，可以大大叠加创新成果，实现良性循环。

梅特卡夫法则是指网络的价值等于网络节点数的平方。这一法则启示我们，评价创新的标准很多，而知识经济更加看重市场增值能力。市场价值标准是指"让买卖双方都满意"，即企业和用户的价值标准必须协调统一。从"价值＝功能/成本"这个公式可以看出，"价值"不仅把企业效益观与用户效益观综合在一起，而且把功能与成本两个评价指标综合在一起。

掌握创新技法是提高创新成效的重要内容。从系统要素视角来看，常用的创新技法有：特征列举法、提问清单法、头脑风暴法等。从系统结构视角来看，常用的创新技法有形态分析法、联想类比法、TRIZ法，从系统过程视角来看，常用的创新技法有"四阶段"法、"六阶段"法、"八阶段"法、"序列链"法、IDEAL模型法等。

复习思考题

1. 简要论述创新与系统创新的联系与区别。
2. 系统创新要掌握哪些规律？结合实际，谈谈这些规律对企业创新的指导意义。
3. 系统创新有哪些常见的技法？如何运用这些技法指导企业创新实践？

第9章

管理系统设计

学习要点

● 艾柯夫、西蒙的设计观点
● 系统设计的内涵和关键要素
● 溯因推理的内涵以及与其他推理的区别
● 交互设计的过程与难点
● 交互架构商业模式的设计与实现

此设计非彼设计。这里所说的系统设计并非计算机科学中的设计操作系统或设计管理信息系统，而是作为社会文化系统的企业管理系统的设计问题。当然，这里的设计也不仅仅指职业定义中的设计。所有的用设计思维来解决问题的活动都可以称为设计。因为，几乎所有的人类有目的的活动都与设计相关，正如奈杰尔·克罗斯所言：我们身边的一切都经过了设计之手。

艾柯夫对系统工程方法论的反思、西蒙在人工物设计领域的探索与经济美学的研究是管理系统设计的理论基础。管理系统设计就是在给定的环境中，创建结构、功能和过程，是一个从已有的纷繁复杂的、分化的企业要素中，创造出令人兴奋的整体的过程。以人为本、迭代过程和建构未来是管理系统设计的关键环节。

系统设计是实现系统整体涌现的"启迪之光"。溯因推理帮助我们找到关于问题的可能假设，借助交互设计探寻、验证和调整可能的假设，并扩展和演进新生的概念，直到产生出一个对整体满意的愿景。模块化设计是组织完成这个过程的一项有益探索。

交互架构商业模式是系统设计的思路和方法在企业管理系统中的具体实践。企业通过充分利用价值链整体，积极促成技术、产品、市场的交互来提高企业抓住不确定环境中机会的能力。

9.1 系统设计的内涵

设计领域里的任何活动，都需要借助人的判断、直觉、反思、决策和创造技能。管理系统也需要设计，需要发挥人的理性与创造性来解决管理中的复杂问题。未来的组织将以"设计思维"为主导来应对不确定的问题和挑战。

9.1.1 系统设计源起

艾柯夫反思以运筹思维为核心的系统工程方法论，提出管理系统设计是系统思维的重要演进方向。20 世纪 80 年代，西蒙断言设计具有被普遍化的特质，强调设计在人工科学中的重要地位。经济学中对美的探索为管理系统设计理论的发展提供了支持。

1. 方法论的反思

现代科学，特别是复杂科学的发展表明，许多系统的发展来源于整体的涌现性。还原论无法解释涌现，因为涌现是整体行为，被分解为部分的整体无法完成涌现。企业管理实践的复杂化、模糊化也突出强调从整体上考虑问题、认识问题和处理问题。系统工程的方法论、基础整体论强调科学与其他学科的关系，强调人的价值取向和人的作用。这是管理系统设计起点。管理系统是一种有目的的社会系统，能够重新设计自己的未来，并能够通过设计自己来重新设计未来。

整体论的理论体系尚未建构完全，仍颇受质疑。有人认为，整体论大大削弱了科学的客观性和真理性，难以摆脱相对主义和非理性主义的困境。这里的整体论指的是 20 世纪中叶随着系统工程的兴起建立起来的方法论，实际上是机械整体论。方法论的形成总带着时代的特色。工业革命是机械思维的结果，工业革命中形成的方法论也带着机械思维的痕迹。运筹学的规范是"预测未来，并发明达到它的方法"。预测和准备体现了对环境的被动适应，是机械时代的主要特征。以运筹学为技术基础的系统工程忽视了人性化和环境优化，不适应快速变化的环境。只有发挥企业管理系统中人的作用，才能应对环境的瞬息万变。

运筹学的优化概念是建立在理性基础上，没有认识到手段的内在价值与结局的外在价值，是对美学的忽略。当以人为中心考虑问题时，每种手段都是有内在价值的，是潜在满足感的来源。也就是说，手段是具有非工具理性的。这一点很容易理解。我们往往喜欢不是很有效率的方法，因为使用它可以带来满足感。而每种目的都有外在价值，它又是一种手段。只要没有达到最终的理想结果，所有的目的都是走在路途上的手段，是更下一步目的的手段。很自然，一个最大程度上想要的终极立项结果，是唯一的一类能够具备纯粹的内在价值的目的。而在这之前，所有的目的都是逐次逼近理想的工具，具有工具性价值。手段的非工具性价值和目的的工具性价值的特征是美学的。这里所说的美学，是实用美学。越来越多的人认识到，增长只是一种使人受制的目标，生活中数量的优化并不能带来质量的优化。更严重的是，当我们忽略目的的工具性价值时，正逐渐失去对理想的追求，失去对向着理想进步的感知。而向着理想进步的感知使我们的人生更有意义。如果我们放弃了向理想进步的可能性，就是放弃了未来。

吸收艺术与人文学科的内容，并不会降低学科的"客观性"。丘奇曼把客观性想象为无思想与无感受的纯粹观察，就像是把科学家当成是录像机。这样的客观性不利于科学的发展。康德已经证明了思想与观察的不可分离性。荣格则论证了思想与观察二者都不能与感受分离，而感受是价值判断的源泉。客观性是大量的、多元化的主观价值判断的开放性互动的社会产物，是科学作为一个整体涌现出来的系统特性。只有当所有可能的价值都被考虑在内时，客观性才能被认可。根据建构主义心理学的观点，客观性等于共享的主观性。所以，也可以说客观性只是科学的理想，只能不断逼近，而永远不能到达。

在管理系统中，系统中的每个部门、每个人都是有思想的，有自己的目标；管理系统的环境也是有意图的。所以，管理系统需要对每一个人负责，对他的环境负责。而企业、企业的员工和企业环境各有各的目标，并且常常是冲突的。以传统的观念，解决冲突的思路是管理者要去赢得博弈，这是不负责任的、非专业的和不道德的。系统的思路应该是努力去化解或解决这类冲突，并以一种适合于组织和所有利益相关者的方式来运行组织。这同时也是利益相关者理论和商业模式理论发展起来的原因。

2. 现代设计学的探索

西蒙认为，如果一个系统由很多要素构成，各要素之间以非线性的方式相互发生作用，那么该系统就是复杂的。复杂系统具有多层次性，且这些层次并不是等同的。大脑是我们所认识的最复杂的自然实体。单就人的行为而言，是非常简单的。大脑的复杂，以致随时间表现出的行为的复杂是所处环境复杂的反应。

根据认知科学的观点，大脑的认知层次可以分为三层：知识层次，认知被描述和解释为目的、行为、知识和理性行为；符号层次，认知被描述和解释为符号、记忆、符号的翻译；生物层次，认知被描述和解释为一种生物系统的抽象解释的生物组织。不同的认知层次具有不同的认知波段。在生物层次的认知过程，神经元在 1 毫秒到 10 毫秒的时间范围产生现象。在符号层次的认知适用于认知操作和要求时间范围在 100 毫秒到 10 秒的初级任务。知识层次的认知过程需要几分钟、几小时，甚至几天、几个月。设计是需要经过深思熟虑的，而深思熟虑是需要时间的。因此，设计是发生在知识层次的认知。设计是在大量限制条件下的一个知识层次的认知过程。

过程的输入包含一些人工物所标出的或代表的一组属性的符号结构。过程的输出是代表人工物自身的一个符号结构，我们将这个表征称为设计。设计是目标驱动的，是为了满足以前未曾满足的需求。这种尝试满足新的需求的过程要受到设计者知识体系的限制。根据西蒙的有限理性原理：给定一个目标，一个代理人不会拥有做出正确行为的全部的正确知识，或不能进行经济的计算。也就是说，人们的设计过程是受条件限制的。以设计茶壶为例，每一项功能都存在几个设计选择：壶嘴是方形还是曲线形？壶身用什么材料制作？盖子怎么设计？对这些做出决定和选择，都要受到功能的要求、成本、外观、安全性、供应商的约束和动机的影响。而更复杂的是，如果采用特殊的方式解决了其中一个约束，可能排除了其他确定的解决方案甚至要求把其他条件也排除掉。比如，固定在壶尾端的把手向着壶嘴的方向向前弧形弯曲，但不和前面连接，在美学上也许是令人愉悦的，却可能无法满足部分消费者的功能需求。因为这样就不容易倒水了。像茶壶这样简单的人工物已经有着如此多的约束与限制，更不用说计算机、宇宙飞船等更复杂的人工物了。即使设计者拥有了完成设计的所有知识，以此来充分理解他们的相互作用和对材料的依赖性，以此来产生知识且选择相应的行为，以此来做出理性估计，这些也许远远在设计者的认知能力之上，也远远超出了设计者所拥有的资源条件。

从原本有着简单行为的人到适应环境的复杂人这一过程，正是人类一次次突破这种限制，通过设计创造人工物，实现了与环境的界面连接。为了适应复杂的环境，人不断地搜索获取信息。信息在大脑中存储，并完成标识，以方便在合适的时候去除。这些信息积累使得简单的信息处理系统能够呈现出复杂的决策和行为。内部环境是简单的，但因为从外部丰富的环境中获取了信息并存储了下来，从而涌现出复杂性。这种复杂性以人所设计的人工物为表征。在这个过程中，控制机制、搜索机制、学习机制和发现机制使得系统以逐渐增强的有效性适应于特定环境。因此，西蒙在《人工科学》一书中提到，要研究人类就要研究设计科学，它不仅是技术教育的专业要素，也是每个知书识字之人的核心学科。

特别是在人工智能时代，通过研究设计科学，探究人与自然界的媒介——人工物，以更好地了解人，了解人的认知，搞清人是如何认识自然和改造自然的，继而在人工智能的研究中实现新的突破。对产品设计的研究、对商业模式设计的研究都可以为人工智能实现突破提供支持。

3. 经济学中对美的探索

20 世纪 60 年代，世界经济出现了重大的转变，即商品的文化价值、审美价值与商品的使用价值、交换价值共同成为主导价值。近年来，探讨经济与审美现象的理论越来越受到人们的关注，如审美经济、体验经济、情感消费、文化产业等。面对生态恶化、金融危机、社会暴力等问题，传统经济学范式再一次引起人们的反思。经济学中的理性"经济人"假设只是张扬了人性中的功利方面，而忽略了人性中的善与美。

对于经济学中的美，有多位经济学家持肯定态度。马克思认为人的本质是建立在社会性的物质生产劳动之上并包含于其中的真、善、美的自由主体；人是按照美的规律来塑造人工物的。萨缪尔森曾经说过，我们过去常常认为物理学和纯数学中存在着美，而经济学中的数学美是居于次要地位的，我想这种观点是错误的。哈恩认为，在读到阿罗－德布鲁的核心理论时，没有人不会为其中的美感到震惊和喜悦。2002 年，卡尼曼因为深入研究经济审美化的内在动因获得了诺贝尔经济学奖，他主张回到快乐源头来研究经济，而快乐正是经济审美化的逻辑起点。2003 年，大卫·罗伯茨撰写的"只有幻想是神圣的：从文化工业到审美经济"疑问考察了 18 世纪以来与当代文化两个核心层面紧密相连的两个进程：文化的审美化与商品化过程。一方面是从文化工业到审美经济的发展，再创造生产价值和交换价值的同时也创造了审美价值，另一方面是从"世界图像的时代"到文化主义。同年，格罗特·鲍勃米发表的"审美经济批判"一文则论述了审美和经济之间关系的有关理论，并表示出批判理论与审美经济时代的契合点。

在经济学中，价值判断的存在与否，是实证经济学与规范经济学的分界线。所谓实证分析，是指分析经济现象"是什么"的分析方法，是求"真"的科学方法，崇尚理性主义；所谓规范分析，是指分析经济现象"应该是什么"的分析方法，是求"善"、求"美"的人文方法，崇尚非理性主义①。凯恩斯主义、货币主义强调实证分析方法，新制度学派偏重规范分析。马克思认为，科学是人学，经济学更是人学。马克思的《资本论》就是从人文角度来关怀人类的。熊彼特也认为，经济学是出于对现实世界的关心和对意识形态的热忱与挑战而获得活力和启发，否则它就会是干巴巴的无效果的研究。另外，当代埃兹厄尼创立的社会经济学、诺贝尔经济学奖得主阿克洛夫的 PSA－Economics 都体现出人文关怀。而马克斯·韦伯把"资本主义精神"作为人们行为的出发点和动机将经济行为中人的道德因素推向了顶峰。

对美的追求就作为人类的立项，具有重要的价值内涵，同样对人类具有价值内涵的功利价值、道德价值同审美价值也有密切的关系。对真善美统一的追求是人类的理想，研究真善美的统一和实现机制以及途径是经济学要解决的重要问题。

9.1.2　系统设计的内涵

"Design"译成汉字的设计是从日本传入中国的。根据《大不列颠百科全书》的解释，Design 是进行某种创造时，计划和方案的展开过程，是头脑中的构思。在《牛津英语词典》

---

① 朱成全. 经济学方法论［M］. 大连：东北财经大学出版社，2003：185.

中给出的有关设计的不同释义：设计是策划，标出轮廓，勾画、提出、计划和执行，做初步的草图，为结构的需要制作计划和制图，传播使用艺术的技能；设计是脑海中构想要做的事情的一个计划或者策划、初步想法的执行、一个艺术作品的初步草图、组成一个艺术作品的各种细节的组合，等等。更一般的定义是为产生有效的整体而对局部之间的调整。管理系统设计就是在给定的环境中，创建结构、功能和过程，是一个从已有的纷繁复杂的、分化的企业要素中，创造出令人兴奋的整体的过程。管理系统设计将在对未来的期望中发明出实现未来的方式。在处理现实世界的不确定性、结构不良或者冲突时，管理系统设计显示出与生俱来的有效性。

　　管理系统设计也可以说是借助科学的力量，满足人的需求，创造出实用的美，创造出具有艺术性的结构、功能和过程。科学的任务是揭示自然界发生的现象和过程的实质，把握它们的规律，以便控制他们，甚至预见新的现象和过程。当科学知识物化时，就会产生新的技术，从而发明新的工具和新的工艺。因此，科学技术是服从自然规律的。如果在设计中遵循科学的价值规范，设计将是以产品的功能分析为中心的，寻求合理的设计、物美价廉的原材料、经济适用的工艺，使产品、工程、服务、系统能以尽可能低的总成本向用户提供所需的功能。这种分析方法也是管理中的一种重要方法：价值工程方法。而艺术可以违背自然规律，把想象发挥到极致。艺术所关心的价值是审美价值。在英国美学家的《艺术论》中这样描述艺术品的共性：在每件作品中，激起我们审美情感的是以一种独特方式组合起来的线条和色彩，以及某些形式及其相互关系与组合，这些给人以审美感受的形式，称之为"有意味的形式"。这种有意味的形式是所有艺术品共有的属性。

　　以上所描述的与实用功能相关联的科学技术要素、与审美功能相关联的艺术要素之间在一定的条件下可以相互转化。随着工艺技术的进步和审美情趣的变化，借助科学技术手段可以形成多样化的设计风格。而数学、化学等科学中蕴含的美，也是艺术的灵感来源，体现为艺术要素与科学技术要素的融合。

　　管理系统设计所产生的产品也好，系统也好，不仅具有使用功能，也有审美功能。正如法国学者马克·迪亚尼所说，设计在后工业社会中成了科学技术和人文艺术外的第三要素。可以说，设计是人类智慧的三个基本维度之一。设计、科学和艺术构成了一个逻辑"与"的关系，从而创造出人类超凡的认知能力。如图 9-1 所示。科学可以发现不同事物的相同之处，艺术则发现相同事物的不同之处，设计从不可用的要素中创建出可用的整体。

　　融合科学与艺术产生服务于人类的设计品或设计系统是一个借助人的力量，通过迭代过程，构筑起期待中未来的过程。在这个过程中，有三个要素是非常关键的：以人为本、迭代过程、建构未来。

1. 以人为本

　　在管理系统设计中，设计的主体是人，设计的最终使用者也是人。人的需求连接起科学技术解决的实用性问题和艺术创造解决的审美性问题，综合起来完成设计。

　　以人为本的设计意味着一切始于人的需求。运用设计思维的第一步，不是思考要设计什么，而是要考虑为谁设计。如果没有考虑用户的需求盲目设计，或缺乏对

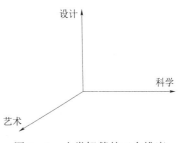

图 9-1　人类智慧的三个维度

用户的深入观察想当然地设计，最终都不是为他人的设计，而是为自己的设计。互联网所创造的信息趋于对称的交易环境，使得考虑用户、体察用户之心成为商业中最关键的，也是管理系统设计中最重要的。

以人为本的设计意味着尊重不同类型的人的差异性，提供更加个性化的需求服务。如果一个群体面临着相似的问题，管理系统设计就可以借助互联网将他们集结成社群，通过网络平台设计相应的产品，服务于这些有着同样需求和渴望的人。

以人为本的设计意味着在过程中要始终保持对人的关注。在解决问题的过程中，要知道利益相关者是谁，谁是过程的受益者，谁又会影响着过程的发生，这样才能保证设计出的方案始终贴近人的需求。在计算机系统中做"原型"的目的也正在于此。可以帮助设计者更好地接受来自用户的反馈，便于不断迭代。做"原型"的理念现在也广泛应用于产品开发中。

以人为本的设计意味着从人类的高度来思考和行动，而不仅仅追求利润或规模。关注人真正需要的，而不是复杂的。通过设计帮助人们更加愉悦地生活，更加幸福地追求有价值的人生。

2. 迭代过程

管理系统设计的关键是完成整体的迭代过程，这是一个系统与环境之间不断交互的过程。如图9-2所示。结构、功能和过程是同一系统的三个不同方面，再加上环境，形成了一组彼此独立、完全覆盖的相互依赖的变量。这四个变量使得理解整体成为可能。这组相互依赖的变量形成一个循环关系，每个变量都作用于其他变量，同时又受到其他变量的反作用。从整体角度处理它们需要同时理解每一个变量，以及它们之间的交互关系，这就是我们所说的迭代过程。

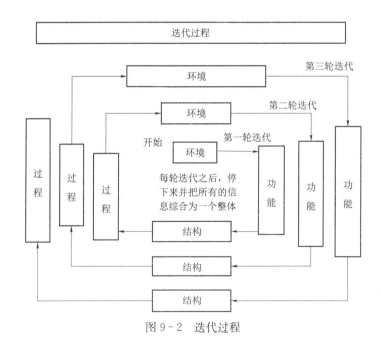

图9-2　迭代过程

迭代是理解复杂的关键，是设计的关键。在给定的环境下，迭代的结构、功能和过程将检测每个要素自身的假设和属性，然后验证要素之间的关系。随后的迭代将建立对假设的验证，进而达到对整体的理解。

管理系统设计的迭代过程是从环境的洞察开始的。环境由直接用户的反馈来定义，它为设计过程提供了选择标准。开始设计时，设计师必须站在一个更高的抽象级别上，以防止因为细节忽视整体。

在第一轮迭代中，设计师要集中精力去开发系统期望的规则来取代现有的秩序。从明确功能开始，也就是考虑所设计系统之上的大系统要求输出什么或者期望的影响是什么。这就要求理解利益相关者有谁，他们对什么感兴趣，他们控制哪些变量以及对哪些变量有影响。

接下来开始试着理解和定义众多的且通常是多样的需求规格。找出初始规格中哪些是相容的和相互增强的，哪些是互补的和彼此平衡的，以及哪些是有冲突的。重新定义有冲突的需求并试图消除冲突。在第二轮迭代中，设计师将会发挥丰富的想象力来创建表征了可能的结构和过程的抽象精神意象，并可能会产出期望的输出。然后，暂停下来，把得到的意象综合成构想、基本机构和大概的生产过程。

在第三轮迭代中，做出一个设计的符号模型，用来与利益相关者进行沟通，以满足各方的不同需求。在下一轮的迭代中把这个初始的粗略设计转化为下一代的期望系统。如果测试可行性通过后，更多的细节和特性需要加入设计中。

3. 建构未来

任何系统从本质上来说都是由设计驱动的。如果想实现越级，必须重新进行设计。虽然我们不能预测未来，但可以选择未来。所选择的元素中就包括了对未来的期望。设计要建构未来，无限接近期望。

建构未来指的是事先在大脑中形成管理系统设计的具体形象，或在组织中形成共识，设计实现这一目标的方法和程序，然后再加以实现。这是只有人才能完成的任务，机器无法替代。马克思在《1844 的经济学》中提到，动物只按照它所属的五种尺度和需要来造型，但人类能够按照任何物种的尺度来生产，而且能够导出适用内在尺度到对象上去。从这一点上来说，人是按照美的规律来创造事物。人类哪怕是进行一项并不复杂的工作，都会先产生预想目的，然后经由控制和调节，最终实现预想。在设计复杂的管理系统时更是如此。

对于企业管理系统而言，建构未来必须在企业内形成共识，甚至需要在利益相关者中获得认同。大多数的企业都是一些分化的职能部门的集合，每个单独的职能部门都有非常高的专业技能和知识，但职能部门之间却并没有形成真正的整合。有的企业为了整合相关职能部门，要求这几个职能部门向同一个人汇报。但是，实践证明这样做并没有实现整合，只是完成了一定程度的协调。管理系统设计通过浸入式学习，让所有参与者感知到未来，建构起属于所有参与者和利益相关者的未来意象。

首先，企业建构的未来应当赋予更多的使命感和责任感，致力于为人类、自然和社会创造更大的价值。通过有意义的产品和服务创新、通过企业价值观和文化塑造、通过传承教育，点燃展望未来的明灯，为各个部门及员工、顾客和利益相关者引领方向。

其次，建构未来并非形成歪曲的共同愿景，而是通过全员参与形成更期望的未来前景。所有参与者必须进入场景中去观察利益相关者，以更好地理解特定场景中利益相关者的需求。互联网的连接性创造了前所未有的人与物、人与环境、物与环境、物与物之间的连接，关联了情感、关系和需求。这就需要人们启动自己的右脑思维，在场景中通过使用图像、关联、同理心等方式来解决问题。

【案例 9-1】

小米手机：专注、极致、口碑和快

　　小米手机是小米公司（全称北京小米科技有限责任公司）研发的高性能发烧级智能手机。坚持"为发烧而生"的设计理念，采用线上饥饿销售模式，小米手机系列的每一次发售，都会引起米粉们的狂热追捧，在苹果、三星、华为等手机品牌的围追堵截中，小米手机是怎么脱颖而出赢得消费者青睐的呢？

　　（1）专注：核心是少，少就是多

　　与传统的手机制造商不同，小米有着苹果的影子，很多传统的手机厂商每年都做 50 款、100 款产品，功能变化不大，但是型号很多，看上去似乎给了客户更多的选择，但最终客户在"选择困难症"充分发酵之后，还是只会买下一款产品，而且这么多型号根本记不住。所以，小米一开始就专注于智能手机，普通老百姓用得起的智能手机，专注于每一个细节，同样的配置，价格是苹果、三星的一半。

　　（2）极致：做最好的产品，做到极限

　　很多人批评小米在打价格战，小米创始人雷军如此回答，"用成本价销售产品，用原材料成本价销售，其实就根本不会有价格战。"在今天的互联网市场上，所有核心服务都是免费的，新闻、搜索、邮箱、通信工具等。"当我们今天来做硬件的时候，方法很简单，别人的东西是多少钱我们就卖多少钱，我们自己的工作、我们自己的运营成本不要了，全免费"。小米有自己的论坛，鼓励工程师和用户交流，通过和用户的交流，持续修改小米的 MIUI 系统，以及一些硬件的设置，所以，小米手机在保证高质量高性能的状态下，被称为千元机中的神机。

　　（3）口碑：产品要好，更要超出用户预期

　　小米将好产品转化成口碑节点：① 快：优化整个桌面的动画帧速，从每秒 30 帧到 40 帧到 60 帧；给常用联系人发短信，一般系统要 3～5 步，小米将其优化为两步。② 好看：MIUI 的主题是可编辑的，如果用户具有一定的编程能力，主题可以做得千姿百态。③ 开放：小米允许用户重新编译定制 MIUI 系统，开放性让许多国外的用户参与进来，并吸引他们去深度传播 MIUI。MIUI 的前 50 万用户基本都是在论坛发酵，50 万到 100 万则是由微博这样的社会化媒体推动而成。

　　（4）快：雷军坚信"天下武功唯快不破"

　　如今的互联网时代就是要快，因为速度慢的话，在今天基本是没有机会的。小米的轻资产模式决定了小米可以快速反应、快速增长。第一，小米没有工厂，所以它可以用世界上最好的工厂。第二，小米没有渠道，没有零售店，所以它可以采用互联网的电商直销模式。没有渠道成本、没有店面成本、没有销售成本，所以效率更高。第三，更重要的是，因为没有工厂和零售店，小米可以把注意力全部放在产品研发，放在和用户的交流之上。如小米有 4 000 名员工时，2 500 人在做跟用户沟通的事情，1 400 人在做研发，它把自己的精力高度集中在产品研发和用户服务上。

　　从小米手机发布以来，一直饱受质疑，小米对苹果的效仿毋庸置疑，但是小米明白现在不是互联网营销或电子商务时代，而是社区商务时代，互联网只是社区的一个部分。营销的根本不是影响顾客，而是构建顾客社区，超越品牌、口碑和粉丝经济的层面，在社区中构建企业与顾客的一体化关系，进而把竞争对手屏蔽在社区之外。这是小米超越苹果的地方，小米从来都不是最好的手机，华为等企业可以把手机做得比小米还好、价格还便宜，但小米社区的顾客忠诚度很高。

9.2　系统设计的方法

　　上面提到设计融合了科学与艺术，但必须声明的是多学科方法并非形成整体涌现的系统方法。如果没有良好的系统方法，采用多学科的方法看问题的过程就如盲人摸象一样，并不会看到"大象"。若想实现整体涌现，必须看到整体，我们需要一束"启迪之光"。溯因推理帮助我们找到关于问题的可能假设，借助交互设计探寻、验证和调整可能的假设，并扩展和演进新生的概念，直到产生出一个对整体满意的愿景。模块化设计是组织完成这个过程的一项有益探索。

9.2.1　溯因推理

　　人类推理的一个主旨是为我们理解所生活的世界建立一种解释。广义而言，溯因是一种应用于解释困惑性观察的推理过程，是在不确定的情境中通常会使用的推理方式。比如：早上，我们发现草坪是湿的，就可以假设下雨了，或者浇水了。溯因是从证据到解释思考的过程，是一种以多种条件的不完整信息为特征的推理类型。

　　溯因曾作为亚里士多德的反证法，后来溯因作为一种从结果到原因的推理。美国实用主义创始人皮尔士首创了溯因的逻辑形式。皮尔士溯因的常见形式是：人们发现了令人惊奇的事实 C；如果 A 是真的，那么 C 就是理所当然的；所以有理由猜测 A 是真的。

1. 溯因：产物与过程

　　溯因既可以指已经完成的结论，即溯因性解释；也可以是一种行为，能产生溯因性行为的溯因过程。这两种用法是密切相关的。假设性过程产生一种溯因性过程作为结论，但是两者并不相同。需要注意的是，他们也可以在"解释"的观点中做出同样的区分。

　　发现语境一直被看作是纯心理的。认知心理学家研究发现的心理模式，人工智能领域的学习理论研究正式假设形成，人们甚至可以通过详细的操作运算法则来产生溯因性解释。一经产生，溯因性解释作为"确证"的公开，可以通过独立的逻辑标准来检验和检测。溯因性解释是解释性论证中的一部分，世界是过程的产物。所以，作为溯因，解释同样具有产物和过程两方面。这两种推理过程如何区分及如何相连的整体程序是：我们可以在产生必要的被用作前提假设的一种几何证据的发现过程和可能的某些辅助建构之间，在相应的产生证据作为逻辑论证以证明获得预期原理的实际过程之间做出区分。

2. 溯因：建构与选择

　　假设有一个需要解释的事实，但通常会有多个溯因性解释，其中只有一个（或很少）可以作为最佳解释。例如，房间变暗的原因可能有电源线断了、继电器跳起了、灯泡坏了等。但是，只有一个可以被看作是对事实的"最好"解释，即真正发生的事。其他原因也可能是合适的，特别是在我们无法检测哪个是事实时。

因此，溯因与假设建构和建设选择都相关。许多学者认为这些过程是独立的两个部分。建构处理的是将什么作为可能的溯因性解释的问题；而选择是将这些选择标准应用到可能的溯因性解释上，选出最好的。另外一些学者将溯因作为一个单独建构最好解释的过程。我们的立场是：溯因形成的第一步是建设建构，第二步是假设选择。论证"最好的溯因性解释"必然要涉及语境的方面、不同的应用之间的区别。这里至少存在一个偏好等级的参数。可以是哲学传统中的偏好逻辑，也可以是人工智能领域逻辑系统的处理偏好。

3. 溯因与演绎、归纳

皮尔士认为，逻辑推理的类型分为三种：演绎、归纳和溯因。演绎推理是关于"一定是什么"的逻辑，是完全确定的，强调从一般推导到特殊。如果我们用演绎推理得到某些预测，我们能够保证预测的真实性。从真前提出发，演绎推理出的结论总是真实的。但是，演绎推理太过保守，不能从过去、现在跳跃到未来。要做这种大胆的跳跃，必须依靠归纳推理。归纳法则是关于"可能是什么"的逻辑，强调从特殊推导到一般。自斯图亚特·密尔以来，有一些"发现和因果关系说明的方法被区分出来"，也即把所有类型的非演绎推理都赋予归纳的名称，包括从一个例子到一个属性，以及从数据到因果假设的推理。确切地说，可以将他们定义为枚举归纳、解释性归纳等。随着统计学的发展，人们把统计推理看作是一种有别于归纳的演绎推理，称为统计推理，它的主要特征是引入了概率。

在人工智能领域，归纳被作为从个例中学习的过程，它也创造性地用一个理论来解释所观察到的事实。因此，将溯因看作是归纳的个例。溯因还被限定为事实形式的溯因性解释。当这种解释是规则的时候，他就作为归纳的一部分。溯因仅提供了一些假设，这些假设会因为新的附加信息而被驳回。演绎和归纳都是强大的推理工具。溯因与演绎、归纳构成了自然的三角形，但仍然需要对他们进行解释和区分。

从逻辑的形式上看，溯因和归纳都是从证据到解释的，这区别于演绎推理。但溯因与归纳又是不同的。我们应从单一的观察到其溯因性解释，将溯因理解为一种推理，将归纳理解为一种从个例到一般陈述。归纳解释的是一组观察，而溯因解释的是一个观察。归纳对进一步观察做出了预测，溯因并不直接涉及进一步的观察。归纳本身不需要背景理论，知识从客观现象中概括出一些结论；溯因则依赖背景理论建构并检验其溯因解释。归纳必须经过实验和经验的检验才能证明其有效性，并且是可以被推翻的。归纳法在科学发现的早期起着非常重要的作用，但是归纳法不是一种推理工具。如果观察到的天鹅都是白的，就可归纳出：所有的天鹅都是白色的。但是，如果找到一个反例，发现了一只黑天鹅，就可以推翻上述命题。因此，在科学发现的过程中，归纳的作用无法与演绎推理和溯因推理相比。

4. 溯因与科学创造

库恩认为发现始于意识到反常，即认识到自然界以某种方式违反支配常规科学的范式所做的预测。科学家意识到反常，然后对之进行扩展性探索，直至把理论调整为能够解释反常。常规科学越精确成熟，科学家越能精通熟练地掌握它，则反常被发现的概率就越高。也就是说，发现反常，进行扩展探索是创造的基础。所进行的扩展性探索，就是溯因推理。溯因推理是产生任何新东西的唯一逻辑过程。科学创造可以作为一种溯因过程进行分析，分析其中不同的种类，不同的发现模式及不同的"触发"机制。当科学家提出解释其发现的理论时，就是运用了溯因推理。

经济管理理论的产生也离不开溯因推理。经济学中著名的库兹涅茨曲线是为了解释观察到的一个一般现象，即一个国家在发展过程中，环境质量起初不断下降，随着这个国家变得富裕，环境质量又逐渐改善。经济学家从以下四个假说开始解释这一现象：① 环境质量是一种奢侈品，其需求弹性随收入增加而不断上升；② 当人们更多的基本需求得到满足后，政府和公共政策制定者愿意分配更多资源控制污染；③ 贫穷国家自己无法实现他们扶持和引进工业带来的繁荣，污染工业虽然在工业化国家受到排斥，但在发展中国家却大受欢迎；这些国家只有富裕后才被迫治理环境，清洁空气；④ 可以假定发达国家的工业化成分与贫穷国家不同，因此存在一个逐渐向清洁工业和经济活动进步的自然过程。这些假说通过广为接受的经济理论、普遍的经济学直觉和某些经验知识融合而成。如果某些假说还没有得到证明，研究则需要推进，以提高解释力。最后得出城市空气质量不断改进的原因：城市空气质量对公众健康的污染越来越大；城市污染减少在成本方面更有效率；不断提高的土地成本迫使污染企业离开城区；城市居民的收入比农村居民增长更快，使他们首先产生了降低空气污染的要求。再如科斯的交易成本理论。科斯首先是基于"企业到处存在"这一现象，发现与理论的矛盾：根据新古典理论，市场是最有效的，也就是说企业的存在是无效率的。主流经济学一直强调权威命令不可能比价格机制的最大化行为带来更高的效率。然而，企业确实无处不在。科斯提出：如果企业没有效率，那么我们为什么到处都能见到？科斯通过研究给出了问题的答案：市场制度中存在交易成本，交易成本可以确定企业的边界。这一发现过程，也是基于一个反理论的现象，结合既有的理论、公理和假设对观察到的现象提出一个更合理的解释，这是一个溯因推理的过程。

这是一种跨学科扩展探索的过程，从这种意义上说，溯因推理是从有关某种事物的概念过渡到一种不同的、可能更发达和更深入的关于某种事物的概念，通过把相关现象的最初思想放在一种新的概念框架中加以阐释来达到的。从这种意义上说，边际革命的产生就是新古典经济学的创始者把经典物理学新的概念框架运用到了经济现象的结果，而演化经济学的诞生则是达尔文进化论的产物。

溯因推理也广泛应用于人工智能中。由于知识的不完备性，为了使工作能够继续下去，就要根据已有的信息、知识去寻找最有可能成立的假设，这就是溯因推理。溯因推理的产生，使计算机更好地模拟人的智能行为。如人机大战中运用多元溯因法推导下一步棋的最优方案理论的可行性；医疗系统中运用多级溯因法推导病因理论的可行性评价等。

9.2.2　交互设计

交互设计是由罗素·艾柯夫提出来的。交互设计的最终目标是为复杂和混沌系统定义问题与设计解决方案的。按照艾柯夫的说法，我们之所以失败，往往不是因为不能解决所面对的问题，而是因为我们没有找到真正的问题。问题经常被描述成三种形态。第一种是"不正常"。而管理系统的正常是什么并不好界定，这种总结问题的方式反而强化了现有秩序，阻碍了创新。第二种是缺少资源。我们经常听到这样的说法，我们没有资金，我们缺乏信息……金钱、信息与时间是万能的约束。我们永远不可能有足够的金钱、信息和时间。第三种是按照原有的解决方案来定义问题。比如在企业中，任何问题在会计人员那里可能都是现金流问题。一旦脱离了情境，所有的解决方案都是无效的。同一种情况，在一种情境下是问题，在另一种情境下就不是。依据解决方案来界定问题的倾向和对被证实的可行解决方案的偏好形成了一个闭环。

而在复杂的管理系统中我们面对的不是某个单独的问题，而是一对相互依赖的问题，或者说混乱。混乱既不是某种差错，也不是一种预测。它是隐含在现在的操作中的未来，是可能破坏未来的种子。理清混乱就是要抓住迭代性质和形成关键依赖性的多反馈循环，消除负责重新反复生成问题模式的二阶机。

交互设计的过程是：选定目标、制定系统期望的特性、设计寻求理想化的系统。目标指出了系统存在的原因，代表着对于各类利益相关者来说，他们希望系统有什么样的作用。系统期望的特性包括：功能，我们在为谁创造什么，用户的期望是什么；需要怎样的生产能力和组织流程；需要什么样的组织结构。设计则代表着如何做。在给定的环境下，通过使用迭代过程，设计创造出结构、功能和过程，来实现期望的未来。所有参与者都以最大程度的坦诚去识别阻碍成功实现设计可能存在的约束是整个设计取得成功的关键所在。在通往理想化的设计过程中，任何事情都不能隐瞒。总的来说，有三类不同的约束。第一类约束是现有条件无法改变的，必须通过设计逐步改变并逼近理想状态。第二类约束是普遍存在的资源约束，需要制定战略计划来解决此类约束。第三类约束是行为上的惰性。实现理想设计和推动现有系统朝着目标设计发展的最关键阶段是消除当前的混乱和消除产生不希望的行为模式的二阶机。消除二阶机由两个独立且又相互联系的过程组成：自我发现和自我提升。首先，识别出与我们未来所期望的共同憧憬相关，并能为走向憧憬的未来提供支持；其次，分析什么样的结果会成为"混乱"的一部分并因此阻碍我们进行重新设计，这些阻碍因素需要进行处理。

在产品设计过程中，使用设计结构矩阵（DSM）作为可视化的描述设计交互过程的方法。DSM 的行和列代表的设计参数是相同的，每一行表示该参数得到其他参数发出的信息，每一列表示该参数发往其他参数的信息。通过识别这些参数之间的关系来识别整个设计过程的结构，通过处理这些参数之间的关系完成交互设计。基于 DSM 建立起来的工作转移矩阵（WTM）是设计交互过程的基础，非对角线上的元素的值为工作重做的比率，对角线上的元素的值为单独设计该参数需要的工作量。基于 WTM 建立起来的是并行迭代模型，所有的设计任务并行工作，共同参与交互和迭代。当迭代收敛后，可以确定总的迭代工作量，同时也可以通过这个模型识别出整个设计任务的模式，从而识别各参数对迭代过程的贡献。基于概率设计结构矩阵（PDSM）建立起来的是顺序迭代模型，即前面的设计任务迭代结束后，后面的设计任务再参与交互和迭代，从而对所有设计任务进行逐步迭代，通过该模型，可以计算出总的迭代时间。

复杂产品设计过程是通过在过程管理中采用交互设计方法来实现逐步逼近理想化。企业管理系统的复杂程度更高，自发地构建交互架构来适应当前情景更加重要。我们需要知道，谁是主要的利益相关者？他们的期望是什么？从他们的角度来看，管理系统的哪些属性是最重要的？他们对这些属性产生怎样的影响？他们可以控制的关键变量是什么……管理系统也需要进行交互设计，以将各种解决办法集成为系统的解决方案。这些内容属于商业模式范畴。

9.2.3　模块化设计

20 世纪 60 年代中期，IBM 引入了强大的架构来设计 360 系列电脑，从而引领出了创造信息技术不朽传奇的道路。这个设计包含了一个革命性的概念——模块化。模块化把复杂系统设计领域转变成具有巨大可能性和潜力的领域，是系统设计在经济管理界的最佳探索。

模块化是一种特殊的设计结构。模块是结构中的一个元素，它具有很强的内部依赖性（完整的功能集成）及较弱的或者最低限度的外部依赖性和交互性。模块化任务结构可以通过任务执行过程的模块化来实现，这一过程需要设计者严格地将设计参数划分为可见参数和隐藏参数两类。可见的设计参数，也称为设计规则，必须在模块化设计任务之前预先确定；一旦确定，将很难改变，而且成本相对较高。相对而言，隐藏的设计参数仅影响一个模块，它们可以由设计者自主决定，模块化设计完成后改变这些参数也比较简单，而且成本不高。

在一个复杂的设计中，通常会存在各个层次的可见信息和隐藏信息。某些设计参数适用于所有模块，然而其他的仅适用于部分模块。此外，某些"较高层级"的设计参数可能不为低两个或低更多个层次的模块的设计者所知，但是通过对中间层次的影响，较低层次的模块设计者仍然能够影响设计的可能性。这种设计参数对较低层级的模块来说是"间接可见的"。

完成模块集成的是一个专门的平台。平台的功能是简化模块、完成平台与其他部门之间的交流和交互。平台是某一类模块预先定义好的宿主。这类模块中的每一个都可能有自己独特的功能，但是它们都有一个共同特征，这个特征定义了它们与系统的其他平台和模块的关系的性质。从本质上说，平台是一个预先定义好的接口，它的关键功能是简化和管理其所有模块类与整体架构中其余部分之间的交互。因此，一个模块就是一个整合工具，来帮助和管理所有分化的功能之间的内部交互，进而形成一个整体来传送或者转移给这个模块所属系统的外部元素。

多维模块设计是动态结构的架构。它是一个整合分化平台（每个平台都有自己的模块的类）的系统，具有动态但是简化和预定义的关系。这个架构组合了来自不同平台的不同模块，在必要时把系统转变成一个不同的设计。比如 iPhone，是一部电话、一个音乐盒、一套全球定位系统、一部照相机等。

模块化设计需要配套的组织结构、流程与文化。在 IBM 尝试成立项目小组来完成模块化设计。项目小组的成员由不同部门的人员组成，每位成员都需要教小组的其他成员自己日常工作的本质和关键的职能。为了不影响小组成员已有的工作，模块化的任务不能占用成员的工作时间。作为激励，如果小组的所有成员都能证明他们已经相互学习到了现在设计过程中的所有功能和关键问题，并且可以成功完成一个安排的项目，那么每一个成员都会获得10 000 美元的加薪。20 世纪 90 年代的业务流程也是适应模块化的一次组织变革。对业务流程做根本的重新思考和彻底设计后，使一组共同为顾客创造价值的相互关联的活动整合到一个业务单元中，从而以首位相连的、完整连贯的整合性流程取代职能型组织中被各部门割裂的、不易看见也难于管理的破碎性流程。海尔集团在模块化后的组织变革是有别于西方业务流程再造的更精彩的案例。海尔在对流程各环节进行结构后，又在实现流程单元的模块化整合方面做出了积极的探索：整合内部资源和外部资源结成资源网络，并且激励企业内的自主经营体参与到结网中，使得解构后的模块像功能各异的齿轮，通过咬合良好的界面相互传递信息和资源，形成一部高速且流畅运转的永动机。对流程系统可分解特性及流程环节主辅关系的认知，加上承认员工经济上独立地位的市场化运作体制"全员 SBU"，促成了海尔模块化组织的形成。

【案例 9 - 2】

联想手机模块化的思考

2016 年联想成为业界关注的焦点，在收购摩托罗拉移动业务 18 个月后，联想正式推出了支持模块化的 MOTO Z 手机以及 MOTO Mods 模块平台业务，希望让普通用户体会到模块化产品。在 2016 年 TechWorld 全球科技创新大会上，杨元庆坦言：与 MOTO 业务整合的过程中虽走过"一些弯路"，但已经找到"命门"所在，今后的工作会更加有的放矢。

(1) 手机模块化的前世今生

模块化之前被应用在电脑芯片设计上，是一些基于标准化的、可灵活热插拔的功能区块；后被广泛应用于通信、电器、数控机床等领域，是一种典型的工业设计思维下的产物。手机模块化就是用户根据自己喜好，通过选购手机处理器、摄像头、内存等硬件配件，组装成一台自己想要的智能手机，不仅功能多样，而且成本较低。该理念最早由谷歌提出，虽然先进，但始终没有实现量产终端，2016 年宣布暂停 Project Ara 项目的研发；LG 推出的 G5 也曾外设了摄像、音响和电池三个模块，但由于模块数量和吸引力非常有限，同时由于标准限制，并没有大量的第三方模块出现。联想一直想在智能手机领域占据一席之地，这次依托摩托罗拉这一伟大品牌推出的 MOTO Z 系列模块化智能手机将成为联想手机业复兴的重要起点。

(2) MOTO Z 打破手机轻薄与功能矛盾

此次联想 MOTO Z 系列新品主打轻薄和智能模块化理念，被称为全球最薄的一款联想旗舰智能手机，厚度 5.2 mm，高通骁龙 820 处理器，金属机身，搭载支持光学防抖和激光自动对焦的摄像头；同时，MOTO Z 通过手机背面的 16 个金属触点来实现诸多特定功能的模块：既包括发布会上展示的电池、投影仪、扬声器和时尚背板四种模块，也包括未来的光学拍照、全息键盘等各种功能的可能性，外设模块只需近距接触轻轻扣上即完成合体。当然，联想设想的模块化功能并不仅限于此，而是希望通过与硬件开发者合作，运用 MOTO Mods 模块化技术，开发出各种各样的外部模块，然后与功能强大的 MOTO Z 智能手机对接，从而实现消费者想要的功能。MOTO Z 手机真正打破了手机轻薄与功能多样的矛盾，满足用户潜在需求。

(3) 手机模块化发展前景

联想手机模块化项目的目的是制造出可以让用户根据自己的需要和预算进行定制和升级的廉价智能手机。它的目标客户既包括世界上尚未广泛使用智能手机的大多数人，也包括对潜在手机玩家用户的定制化。陈旭东表示模块化手机发展前景良好，因为会有更多的人参与到开发这个产品中；此外，由于联想设计的出现，行业开发模块的成本会大幅度降低。由于前期 MOTO 产品"断代"，国内对 MOTO 的关注度并不高，但杨元庆对模块手机很有信心，称 MOTO Z 系列智能手机以及 MOTO Mods 模块创新平台，突破了传统手机局限，为智能手机的发展开启了一个全新的时代。

联想推出 MOTO Z 模块化智能手机后就成为业内关注的焦点，有支持者，也有质疑者，但联想知道手机模块化是未来发展趋势，抢占先机才会获得竞争优势。杨元庆在 MOTO Z 发布时说："正如我们让 Think Pad 在我们手中发扬光大，成为无可争议的笔记本之王，从今天开始，你们将看到 MOTO 的复兴之路，重回巅峰。"

9.3　交互架构商业模式

现在的企业处在一个不确定的、剧烈变换的环境中。随着竞争规则的不断变化，企业需要随时转换商业模式。每次转换，都将改变企业的战略布局，改变企业的组织结构，并影响到企业的核心文化。当转换的频率太高时，以单一要素为主导的商业模式框架将带来企业的组织混乱和战略模糊，企业将不能高效地与环境完成互动。一种新的商业模式分析框架在新的背景下被提出——交互架构商业模式。企业通过充分利用价值链整体，积极促成技术、产品、市场的交互来提高企业抓住不确定环境中机会的能力。我国有着国内广阔的市场和产品制造体系，借助交互架构商业模式一定能驾驭现在的机遇与挑战，完成传统产业的重构，实现国家创新战略。

9.3.1　关键要素主导的商业模式

商业模式（business model）是企业专业技术转化成产品或服务，并通过某种渠道交给目标顾客的一系列流程。在这个定义中，有三个要素来界定商业模式：技术、产品和市场。企业往往将技术、产品和市场三个维度中的一个作为关键要素，其他两个只能充当配角。我们依据商业模式中关键要素的选择将企业商业模式分为三类：产品制造型、技术驱动型和市场满足型商业模式。

1. 产品制造型商业模式

产品制造型商业模式的技术和市场均由产品的特质所决定，产品制造的替代技术和销售产品的不同市场是企业追寻的目标。产品制造型的企业在产品制造系统中完成集成，提高技术能力和把握市场机会的能力。比如，我国的新能源汽车整车制造公司：上汽、一汽、奇瑞、比亚迪等在全球竞争中处于跟随者的位置。从全球范围来看，新能源汽车整车制造已经是相对较成熟的产业，国际上的领先企业多通过"向上管理"，与价值链条上的其他企业进行合作以完成商业模式创新。我国企业处于跟随位置，可以通过分析自己在价值链条上的位置，有选择的加入领先企业的"合纵连横"中，通过与国际知名企业进行战略合作，完成核心技术的突破。特别是要围绕着混合动力汽车这一产品提高技术能力，逐步掌握电控系统、变速器、传动模块等核心零部件技术，以突破整车生产系统中核心技术缺失的制约。

这类企业将技术和市场需求都作为产品的一个竞争优势。因此，我国的国内市场是该类企业的一个竞争优势。在国内市场上，技术领先的企业会在竞争中获得优胜。需要说明的是，企业选择此类商业模式的前提是技术价值低于产品价值。随着技术的升级，特别是信息技术与行业技术的融合发展，技术成为超越该行业领域的技术时，此商业模式不能发挥技术的价值，就需要进行商业模式创新。这时的创新往往是颠覆行业主导商业模式的创新，由于领先企业的商业模式刚性，跟随企业反而更有可能完成此时的商业模式颠覆性创新。因此，对我国企业而言，把握新一轮的科技脉搏，融合企业优势技术，等待机会成熟时的绝地反击是可以期待的。

2. 技术驱动型商业模式

技术驱动型商业模式一般围绕核心技术，开发不同的产品，并销售到不同的市场。凭借企业在某行业技术上的优势,不断生产可以满足不同市场需求的新产品。具有驱动效应的技术是该行业内的关键核心技术。由于技术到产品再到市场的周期较长,起步较晚的我国企业中少有技术驱动型的代表。例如,在新能源产业中,受益于集中国力发展国防工业的前期背景,中国核工业集团公司、国家核电技术公司等拥有该行业中的关键核心技术,具有以技术驱动的基础条件,适合完善技术驱动型商业模式。随着我国国家创新驱动战略的实施,在各个产业领域投入研发资源,发展关键核心技术,不久的将来会有更多的企业进入技术驱动型。

该类企业受益于技术红利,围绕该技术的产品(或服务)在较长的一段时期内保持高需求。市场以两位数的增速增长,利润率是相当可观的。这是一段没有物资短缺的阶段,市场环境是非常舒适的。此时企业的商业模式中技术在诸多要素中占据着重要的位置,技术与相应的资源能力构建异质性的商业模式架构是企业进行商业模式创新的关键。

该类企业商业模式中最关键的环节是有效集成国内的技术供应方能跟上技术演进的步伐,同时面向市场设计企业的顾客价值主张。由于该类企业的顾客并不是直接的消费群体,所以需要更广阔的规划视野,与供应链条前段的企业协同合作,推进技术的商业化进程。

3. 市场满足型商业模式

市场满足型商业模式通过市场的特质选择产品组合、生产制造技艺以及技术的类型。受居民消费市场和制造业装备市场需求的强力拉动,我国一批新兴企业发展了起来。

居民消费市场是随着我国国民可支配收入的持续增加迅速兴起的一个市场。在互联网时代的居民消费市场,市场需求型的企业需要积累大量的顾客才能盈利,在这之前是以"免费"为代表的亏本运作。在达到"引爆点"之前,市场上的互联网+企业陷入类似传统企业的价格战中,更有顾客导向的渐进式创新在缺乏后续技术支持和系统保障的情况下只会赔钱赚吆喝。在恶性竞争中突围的方法是通过设计异质性的顾客价值主张创新企业商业模式:充分挖掘产品(或服务)的价值,向原有顾客提供新的利益,不断完善产品(或服务)的同时创造顾客价值;原创性地开发出产品(或服务)的增强型价值属性,能够优于市场上同类产品(或服务),满足顾客亟须满足的需求;将相关的产品(或服务)集中于一个平台上进行统一销售,为顾客提供完整的解决方案,在企业和顾客两端都实现 1+1>2 的效果。

制造业装备市场是随着我国制造业的发展构建起来的。制造业生态系统的不断成熟,推动着这一市场的需求逐渐走向高端。在制造业装备市场,不注重工艺技术创新的企业将不适应中国制造 2025 情境下的企业丛林环境,并在产能过剩的淘汰中步履维艰。属于此类型的企业需要探索基于工艺流程的商业模式创新:对企业创造价值的流程进行集约化,以释放更多的资源以供重新分配;彻底剥离不重要的部分,通过外包进行外部合作等。

9.3.2　"核−键−链−网"交互架构商业模式

技术、产品与市场三维度交互为企业在剧烈变化的不确定环境中发展提供了更多的转换可能。这种交互在封闭的企业系统中无法完成,必须打开企业边界,在一个开放系统中加以实现。与企业协作的利益相关者包括产业链上下游相关企业、高校及科研院所、政府部门、中介组织等,它们通过"核−键−链−网"一体化交互形成一个有机的交互架构商业模式,如图 9-3 所示。

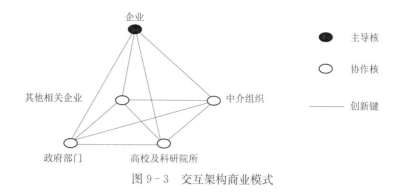

图 9 - 3　交互架构商业模式

企业是创新的主体，是创新主导核，企业的利益相关者是创新协作核。通过知识共享机制可以有效地激发创新核和协作核的创新潜力，使其变成创新的活性节点，处于不断运动的状态中。处于不断运行的创新主导核能够在产业发展中起到关键性的主导作用，推动产业向高端发展。

企业与利益相关者之间的联结机制称为创新键。产业地理集聚使得企业与利益相关者形成地理上的毗邻关系，产业的虚拟集聚使得企业与利益相关者构建起创新流程的内部关系。地理毗邻关系或创新流程内部关系都可以帮助企业与利益相关者通过正式的联结机制或者非正式的联结机制形成创新键。创新键的活动形式包括合作 R&D 协议、技术交流协议、企业科研机构联合研究、许可证协议、供货商网络、政府资助、由技术因素推动的直接投资等。

创新核通过创新键连接起来共同努力完成产业发展中的创新工作，从某一创新核开始创新核和创新键交替连接形成的序列称为创新链。创新链中每一个创新键的强度有所不同。产品、技术与市场的互动在创新链的热点转换中完成了交互构建。也可以说，企业与利益相关者协同的系统是一个开放系统，在开放系统中企业能够克服封闭系统中的商业模式刚性，借助与外部连接的创新链更快地完成商业模式调整，以适应环境变化。

快速转换的交互架构形成的前提条件是立体创新网络的形成。通过各条创新链的互动关系或邻接吸聚方式形成整体网络创新结构称为创新网。创新网分为平面创新网络和立体创新网络两种形式。平面创新网络中的各个创新核的创新活力相当，各创新核之间创新活动的协调和合作在很大程度上是无意识或者是自发形成的，各创新核之间的交流和互动大多数采用的是自组织的方式，是一种相对比较松散的网络结构。立体创新网络中的创新核出现了位置和分工的异化，合作创新的主动性和积极性更高，创新核之间的缔结更紧密，具备了系统自组织属性，提高了整个系统的创新效率。

立体创新网络的建立，在现阶段的中国需要借助政府的力量。政府在产业内资源配置、技术扩散与知识共享、组织协调等方面有其他组织无法匹敌的优势。有学者在分析美国的创新系统后指出，政府承担了远比一般思维中所认为的更加重要的角色。中央政府做好顶层设计，把握产业的发展方向，通过设计激励相容的激励机制引导地方政府加强区域合作，发展有地方特色的产业。通过完善法律法规培育创新的社会规范，特别是通过知识产权立法保证长效的创新驱动，在新的生态规则约束下实现产业的繁荣发展。发挥集成资源的优势，利用"国家重大科技专项"平台尽快突破制约我国产业发展的关键核心技术。运用有效的政策工具调动国有企业和民营企业发挥各自优势，培育遍布全国的活跃创新主导核。鼓励中介机构的发展，优化创新网络的薄弱环节，强化企业与中介机构这一创新链条。通过征信体系的建立和围绕核心价值观的文化建设，构筑社会信任体系，形成促进产业创新发展的软性约束。

9.3.3　支持交互架构的管理思路

商业模式演进与产业的发展是共演的，不仅环境影响到企业的商业模式，企业的商业模式也反过来重塑行业环境。企业家感知外部环境并集成内外资源促成商业模式的演进。成功的商业模式能够解决利益相关者多重价值间的冲突。支持企业与环境交互迭代的管理思路有：向上管理、平台聚合、模块化和重视隐性资源。

1. 向上管理不确定环境

互联网时代的来临无疑增加了商业环境的不确定性，带给企业的既有机遇，也有挑战。一方面，外部环境的发展变化推动企业创新与进步，使企业危机意识与竞争意识增强。同时，企业可以充分利用外部资源，将内外资源整合利用。另一方面，在信息技术高速发展的当今社会中，企业的优势技术极易被模仿和超越。如何在难以预测的外部环境中生存是一个非常重要的课题。

向下管理企业内部资源是多年来学者研究的主要方向，显然封闭化的商业思维已经无法适应迅速变化的外部环境。商业模式创新应该超越企业边界。因此，向上管理不确定环境和整合企业外部资源才是未来企业需要关注的焦点。企业需要打破企业边界，从资源、业务、网络关系三方面管理不确定环境：充分利用企业外部资源和信息，将其与内部资源整合，降低企业成本；尝试跨界经营，在价值网络中承担多元化的角色，同时扩展收入源；企业与供应商、分销商、投资者、贸易合作伙伴等的关系越来越复杂，竞合思维是保持企业竞争优势的主导思想。

2. 平台聚合多元价值

"多元"体现在平台类型多元化、资源种类多元化、参与主体多元化。企业基于业务范围建立主营平台，该平台最大的功用是利于企业的运营和发展，当然前提是其他利益相关者能够从中获得与其价值主张相符的利益，此外，企业无界化促进平台跨界经营，多种平台相互联系，并且有价值、有效率交叠；平台聚合多元化资源，包括直接为企业创造利润的显性资源以及长期沉淀难以被模仿和超越的隐性资源，换言之，多元商业创新平台是资金流与信息流的集散地；企业、用户、供应商、投资者、政府等所有的价值网络结点要素全部参与到多元商业创新平台营运和建设中，平台的实时交易活动与数据动态与每一位参与者均息息相关，参与者根据价值主张的差异各取所需，通过结点的连接效应与知识传递实现平台的多元价值。

多元化商业创新平台聚合多元价值依托资金流和信息流两条主线。以个性定制的制造模式作为价值生产方式，以虚实结合的网络社区作为价值交换方式。用户参与产品前端设计是实现多元价值的第一步。企业按照个性化的用户需求，通过众创定制、模块定制努力创造最佳的用户体验，在实现用户价值的同时获取企业价值，这构成一条明显的资金流，同时也是企业主要收入来源。此外，来自用户、供应商以及其他合作方的信息资源、知识资产有意或者无意地聚合在企业平台上，企业通过大数据、云计算等先进的计算机技术进行分析处理并加以应用，这构成平台的信息流。在资金流与信息流密切连接、协助运动的过程中，一方面，平台为信息和资源提供共享场所，强化信息流通，实现了资源整合的功能；另一方面平台保障参与者分享的信息和资源的质量与真实性，增加社群用户黏性和参与度从而提高社群凝聚力，为进一步实现产品销售和企业利润打下基础。

3. 模块化促进系统创新

企业与利益相关者之间通过密集、多样的互动形成共同憧憬的未来，促进知识转移和整合；借助模块化将合作伙伴松散地联系在一起更有利于触发创新。模块化方式能够促使系统的参与者释放更多的创新活力，同时也有更强的动力进行内部开发和外部知识搜索。同时，模块化的组织方式有利于各模块积累异质化的知识，从而在整个系统中发现全新的解决方案。大量异质化的知识增加了参与者处理信息的复杂程度，需要通过契约机制和信任机制进行多余信息的处理，同时增强合作的信息。

4. 隐性资源奠定平台基础

借助向上管理和平台运营企业形成网络时代的新的价值生产模式和价值交换模式，蕴含在其中的企业行为沉淀形成企业隐性资源。企业隐形资源为商业模式的成功运行和商业模式创新发挥重要作用。这部分资源极难模仿和超越，是企业竞争优势的关键所在，为平台提供支撑作用。用户资源、信息资源、文化资源、品牌资源等都属于隐性资源的范畴，也许这些资源并不会为企业带来直接利润，但其潜在的增值空间是巨大的。平台是聚合隐性资源的重要途径。以社群为基本单元的网络社区聚集着大量忠实用户群，有利于维持高的用户流量和用户黏性，构成用户资源；来自价值网络各方的信息流聚合在商业创新平台上，价值网络中各利益相关者各取所需，构成信息资源。此外，企业在长期稳定发展中形成的内生文化资源与品牌资源也是非常重要的隐性资源，能够促进企业创新同时维持用户忠诚度，虽不是由平台直接产生，但与其日益密切，企业应该更加关注这些潜在的利润来源，鼠目寸光只着眼于眼前利益的企业必然会被互联网时代的浪潮淘汰。

【案例 9 - 3】

华为开放式创新交互架构

深圳华为技术有限公司（以下简称华为）于 1988 年进入通信行业，在技术和管理上不断突破创新，代表了我国甚至世界通信行业的最高水准。华为作为通信行业中具有代表性的企业，亲身经历了从技术模仿追随、自主创新直到开放创新的整个过程，其在各个阶段的开放式创新过程，对于我国企业的发展有着深远的意义和作用。

（1）产品主导型开放式创新

在华为成立的最初几年里，主要是通过代理交换机来维持公司的运转，华为代理的交换机性价比较高，且十分注重售后服务，使得华为迅速打开了市场，以至于订单太多使香港鸿年公司一度没有现货可供应。华为此时看到了生存的危机，也看到了国内交换机巨大的市场机会。于是，华为决定自己生产交换机，第一款产品 BH01 其实是华为自己买来各种零件，照着市场已有产品组装而成，再贴上华为的产品介绍。由于华为公司服务好，价格低，BH01 在市场上供不应求。

（2）技术推动型开放式创新

由于 BH01 的市场火爆，华为买的散件也被断了货源，收了客户钱却无货可发，华为决定在最短的时间内突破自主研发，实现自己控制生产，控制产品。于是华为诚挚邀请清华大学等高校师生前往华为参观，并在高校设立各种奖学金，积极推动与高校的技术合作。在高校人才的支持下，华为很快研发出了 HJD48 小型模拟空分式交换机，相比华为之前的产品，HJD48 产品体积缩小，容量提升，集成程度极大提高；价格也相对同类产品更低，HJD48 在市场上的销量一路攀升。

（3）市场扩张型开放式创新

20 世纪 90 年代，我国农村的基础设施较差，自然环境恶劣，因此国外交换机厂商不愿意到农村市场，而紧紧掌控着城市市场。为了撕开本国市场的缺口，华为决定从国外厂商力量薄弱的农村市场做起，凭借着 C&C08 2000 门交换机和良好的售后服务以及不怕吃苦的艰苦奋斗精神，慢慢占领了广阔的农村市场。并且在农村站稳脚跟以后进攻城市市场，最终凭借 C&C08 万门机的先进技术成功占领了城市市场，万门机的成功推出，也令所有的竞争对手望尘莫及。

（4）交互式开放式创新

随着华为在单一的电信市场获得巨大的成功，2G、3G 和 4G 建设高峰的陆续终结以及互联网技术的持续冲击，华为在运营商、企业网和终端三大事业部取得了骄人的成绩，尽管企业网市场相当庞大，利润也非常可观，但这些地盘多年来早已被实力雄厚并掌握着核心技术的全球顶尖巨头占据和垄断，华为要在这个市场占据主动，前行的道路无疑非常困难，而随着大数据、云计算等新型互联网技术的发展，华为又提出要领跑云计算的战略目标，此时的华为进入了产品、技术、市场的交互阶段，开放式创新模式也发展为交互型创新模式。

华为的开放式创新已近贯穿到企业的方方面面，它的成功是有规律可循的，也是有理论指导的，开放心态，学会合作，最终实现共赢，这大概是华为经历了 20 多年的倔强成长后最新的感悟。在市场瞬息万变的今天，企业要发展，必须坚持创新。而创新，只能从开放的心态中来。拥有开放的心态才有接受新事物的能力，才能吸收新事物的优点作为己用，使企业与各个利益相关者取得合作共赢，共同进步。

关 键 术 语

系统设计	system design
迭代	iteration
溯因	abduction
模块化	modularization
交互架构商业模式	interactive business model
平台	platform

本 章 小 结

　　艾柯夫反思以运筹思维为核心系统工程方法论，提出管理系统设计是系统思维的重要演进方向。20 世纪 80 年代，西蒙断言设计具有被普遍化的特质，强调设计在人工科学中的重要地位。经济学中对美的探索为管理系统设计理论的发展提供了支持。管理系统设计就是在给定的环境中，创建结构、功能和过程，是一个从已有的纷繁复杂的、分化的企业要素中，创造出令人兴奋的整体的过程。管理系统设计也可以说是借助科学的力量，满足人的需求，创造出实用的美，创造出具有艺术性的结构、功能和过程。融合科学与艺术产生服务于人类的设计品或设计系统是一个借助人的力量，通过迭代过程，构筑起期待中的未来的过程。在这个过程中，有三个要素是非常关键的：以人为本、迭代过程、建构未来。

　　溯因推理是产生任何新东西的唯一逻辑过程。科学创造可以作为一种溯因过程进行分析，分析其中不同的种类、不同的发现模式及不同的"触发"机制。当科学家提出解释其发现的理论时，就是运用了溯因推理。多学科交叉视角能完成出乎意料的溯因，从而推动系统的创新。

　　在复杂的管理系统中我们面对的不是某个单独的问题，而是一对相互依赖的问题，或者说混乱。混乱是隐含在现在的操作中的未来，是可能破坏未来的种子。交互设计通过抓住迭代性质和形成关键依赖性的多反馈循环，理清混乱，设计寻求理想化的系统。模块化把复杂系统设计领域转变成了具有巨大可能性和潜力的领域，是系统设计在经济管理界的最佳探索。

　　交互架构商业模式通过充分利用价值链整体，积极促成技术、产品、市场的交互来提高企业抓住不确定环境中机会的能力。"核—键—链—网"一体化交互是交互架构商业模式的基本结构，向上管理、平台聚合、模块化和重视隐性资源是支持企业与环境交互迭代的重要管理思路。

复习思考题

1. 论述管理系统设计理念的形成背景。
2. 简述管理系统设计的内涵。
3. 管理系统设计的主要思路和方法有哪些？
4. 描述交互架构商业模式以及提供支持的企业管理思路。

第10章
管理系统工程定量
分析方法例题集

为了辅助读者系统地学习管理系统工程方法，我们编写并设计了这一套管理系统工程定量分析方法例题集合。该套例题集为读者提供了一套集成的方法，以辅助读者了解、掌握具体的管理系统工程定量方法的运算求解过程。通过例题集的学习使用，我们期望读者能够深入掌握管理系统工程方面的定量分析方法。

10.1　例题集编写与使用说明

10.1.1　例题集编写与设计

为了广大读者能够方便快捷、毫无阻碍地学习例题集中收集的所有分析方法，同时也考虑到本书读者对微软办公软件的熟练程度，例题集中的方法在常用的办公软件 Office 环境下即可轻松实现，集成了 Excel 强大的函数功能和 VBA 博大精深的功能实现能力，令读者一目了然。

各方法的功能用 VBA 编程实现。在微软所有的 Office 组件中，如 Word、Excel、Powerpoint 等都包含 VBA。VBA 的全称是 Visual Basic for Application，它是微软最好的通用应用程序脚本编程语言，它的特点是容易上手，而且功能非常强大。

10.1.2　例题集运行环境

1. 硬件环境

目前市场上出售的一般个人或商务电脑均可使用该软件包。电脑配置要求如下：

（1）CPU：Intel 486 或更高。

（2）内存：64MB 或更高。

（3）硬盘空间：10 GB 以上均可。

2. 软件环境

软件包运行的软件环境如下：

（1）操作系统，Windows 98 或 Windows NT 以上中文版。

（2）应用软件，Microsoft Office 2003 或更高版本，并确保安装了 Excel 的相关功能，特别是规划求解、数据分析等宏功能。

10.1.3　下载说明

从北京交通大学出版社网站（http://www.bjtup.com.cn）下载资料包，资料包中的所有功能即可在用户电脑上直接实现。

10.2　例题集总体结构设计

10.2.1　总体结构

本例题集共包括六大类定量优化分析方法，分别为结构分析方法、方差分析方法、优化控制方法、预测方法、综合评价方法和风险决策方法。结构分析方法中有相关数分析、总体结构等级分析和 SAD 分析；方差分析中有单因素方差分析和双因素方差分析；优化控制方法包括线性规划模型、网络计划模型和库存管理 ABC，其中，线性规划模型又包括简单线性规划、产品搭配、合理下料、计划安排和物资调运，网络计划模型包括压缩工期、费用控制、工期固定资源均衡、资源有限工期最短；预测方法有时间序列分析和回归分析，回归分析介绍了一元线性回归和多元线性回归两种方法；综合评价方法有层次分析法、多指标排序、模糊评价和灰色关联分析；风险决策有最大期望收益标准和最小期望损失标准两种计算方法。共计 24 个程序。

总体框架图如图 10-1 所示。

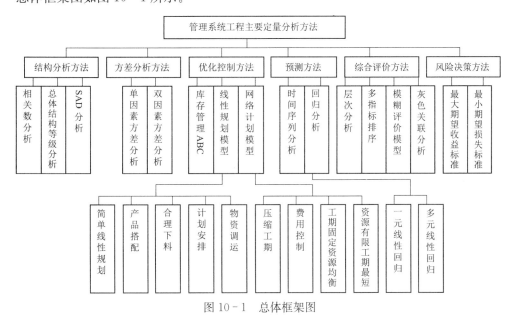

图 10-1　总体框架图

10.2.2　方法功能介绍

1. 结构分析方法

1）相关数分析

它是评价目的树中，评判各水平目标重要性的一种系统分析方法，也是评价目的树各层次目标在整体系统中所处地位的定量分析方法。该方法为多层次的管理决策提供支持。

2）总体结构等级分析

以图论中的关联矩阵原理分析复杂系统的整体结构，明确系统内各要素之间的关系，并将复杂系统分解为多级递阶的等级结构。这种分析方法通过关联矩阵的运算，对复杂系统中不易确定的潜在关系予以定性分析，为定量描述提供依据。这种方法可用于分析有关社会、经济、生态、规划、基建、管理等方面的问题，并对制定经济规划、决定方针政策予以辅助决策分析。

3）系统调整与开发（SAD分析）模型

对影响总体目标完成的各种因素加以整合，并对其影响程度定量化。通过这一方法，可以将企业管理中的各要素功能有机地结合起来，便于企业合理分配有限资源，提高经营效果，从而达到企业的整体目标。

2. 方差分析方法

1）单因素方差分析

单因素方差分析是检验某一个控制变量的改变是否会对观察变量带来显著的影响。如考察不同肥料对某农作物某产量是否有显著影响、考察不同的推销策略是否对推销额产生显著影响等。

2）双因素方差分析

在管理活动中，管理目标或结果往往受多个因素的影响，并且这些因素的交互作用也会对结果产生影响。这里只分析两个因素的情况，采用双因素方差分析，如不同柜台和包装方式是否对销售额产生显著影响。

3. 优化控制方法

1）库存管理 ABC

一般来说，企业库存物资品种繁多，每个品种的数量和价格不等，贵重物资的品种虽不多，但占用资金很大；而有些小件物资虽品种很多、数量很大，但占用的资金并不多。针对不同物资对库存资金的占用情况对其进行分级，有利于重点管理。库存管理 ABC 就是根据库存物资单个品种资金占总库存资金的累计百分比数，以及相关品种数占库存物资的品种累计百分数，将库存物资分为 ABC 三类，以便进行重点管理。

2）线性规划模型

该模型是研究在线性约束条件下，线性目标函数最优化（极大化、极小化）的数学理论和方法。线性规划研究的内容，总起来说是解决资源合理利用和资源合理配置的问题。它涉及两个方面的具体问题：一是计划任务已定，如何统筹安排，精心策划，用最好的资源来实现这个任务；二是资源的数量已定，如何合理利用，合理调度，使得完成的任务最大。线形规划方法广泛应用于工业系统、农业系统、交通运输系统及企业经营管理的各个方面。

本软件包包括五类线性规划例题：简单线性规划、产品搭配、合理下料、计划安排、物资调运。产品搭配和计划安排是在设备、资源数量已定的情况下，组合产品结构，合理分配设备的使用情况，使企业的经济效益最大；合理下料是在生产领域中在保证产品的质量要求的前提下，尽可能节约原料，降低生产成本；物资调运是解决如何将物资合理供应给所属的或所需要的单位，使调运费用最小的问题。

3）网络计划模型

网络模型与数学模型结合为一体的集成性模型，主要应用于企业生产过程的组织和有关计划的管理。其基本原理是将组成系统的各项具体任务按先后顺序，通过网络图的形式对整个系统全面规划，并分轻重缓急进行协调，通过系统对资源（人力、物力、财力）进行合理的安排，有效的利用，达到以最少的时间和资源消耗来完成整个系统的预定计划目标，取得最大的经济效益。

本软件包包括四类网络计划模型的典型应用：压缩工期、费用控制、工期固定资源均衡和资源有限工期最短。压缩工期所解决的具体问题是，对某一具体工程或任务的完工期有时根据客观情况的要求，要加以限制，要求按指定的完工期来完成全部工程；费用控制是指力争用最短的时间和最少的费用来完成任务的方法；工期固定资源均衡是为了合理分配各个时期的资源，提高资源利用效率，防止人员窝工和忙闲不均；资源有限工期最短解决在资源供应有限制的条件下用最短的时间完成任务的问题。

4. 预测方法

1）时间序列分析

时间序列就是将历史数据按时间顺序排列的一组数字序列。如企业按年度排列的年产量或商品销售额等。时间序列分析就是依据这些历史数据，进行统计分析，尽可能消除随机因素的影响，预测事物发展趋势的一种方法。

2）回归分析

回归分析是研究变量之间相关关系的一种统计推断法，它依据事物发展的内部因素变化的因果关系来预测事物未来的发展趋势。事物内部变量间的关系一般分为两类：一类是变量间的确定性关系，如企业的销售额在市场价格不变而又无其他偶然因素干扰的条件下产品销售量的关系就是一种确定关系；另一类是变量间的不确定性关系。

5. 综合评价方法

利用模型和各种资料，对比各种可行方案，对各种方案用技术、经济的观点予以评价，权衡各方案的利弊得失，考虑成本效益间的关系，从系统的整体观点出发，综合分析问题，选择出适当而且可能实现的最优方案。

1）层次分析

把一个复杂的问题按属性的逻辑关系逐层分解，形成一个层次结构来加以分析，以降低分析问题的难度，并在逐层分解的基础上加以综合，给出复杂问题的求解结果。此方法可用于解决经济管理中的多准则、多目标问题及其他各种类型问题的决策分析。

2）多指标排序

给每个衡量指标分配一个权重，将评价方案各项指标的取值进行可比性处理（统一量纲，统一指标极性），再将各指标的处理结果与其权重线性加权（乘积求和），作为系统方案的定性评价结果。在技术、经济、社会等单项评价都可行的方案中，可运用此种方法进行方案的排序选优。

3）模糊评价模型

模糊评价模型是利用模糊数学理论来分析与综合某个评价方案各指标的实现程度，根据评价标准得出综合性的评价结论。经济管理中有很多事物之间的关系是模糊的，如管理人员能力高低、产品生产方案的好坏等，都没有绝对明确的界限，具有模糊性，并且对这些客观事物的评价，也往往不能以一种指标决定，而要进行多指标综合评价。模糊评价模型对某一考核系统的各指标的实现程度进行综合；然后根据给定的标准，得出综合性的评价意见，可以解决客观世界中模糊事物的评价问题。

4）灰色关联分析

灰色关联分析是利用灰色理论来分析与综合某个评价方案各指标的实现程度，以此得出综合性的评价结论。经济管理中存在大量多目标多层次的评价问题，在多目标多层次的评价指标中，有许多指标是定性的，即使是对于定量指标的评价，其标准也难以确定。很难排除人为因素带来的偏差，这就使评价人员在评估过程中所提供的评价信息不确切、不全面，即具有灰色性，这时可以运用灰色系统理论进行综合评价。

6. 风险决策方法

风险决策方法所依据的主要是期望值标准。期望值在概率论中是指随机变量的数学期望，就是不同方案在不同的自然状态下可能得到的加权平均值。在企业管理中，由于经营水平不同，存在盈亏问题，因此期望值就有期望收益值和期望损失值两个目标，目标不同，决策标准也就不同。风险型决策的目的就是如何使收益期望值最大，或者损失期望值最小。

10.3　例题集使用流程

10.3.1　使用流程

本软件包包括三大部分，主要内容：菜单窗口、方法文档和说明文档。具体的使用流程图如图 10-2 所示。

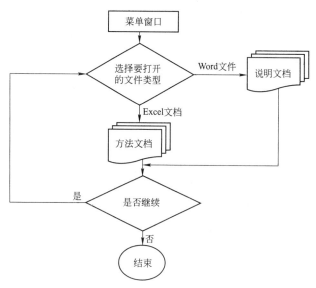

图 10-2　软件包使用流程图

10.3.2　例题集呈现方式

打开文件名为"方法目录"的 Excel 文档，显示内容如图 10-1 所示。首先选择要打开的文件类型，命名为"word 文件"的 sheet 是各个说明文档的呈现菜单与链接，命名为"Excel 文件"的 sheet 是各个方法文档呈现菜单与链接。然后用鼠标左键单击相应的方法。

10.3.3　应用案例

现仅以网络计划模型中的费用控制为例介绍软件包的使用方法，并进行详细说明。

1. 例题

某生产任务的网络图如图 10-3 所示。已知用于改任务的直接费用为 30 500 元，间接费用为 6 000 元，该任务原定 22 日完成，现要缩短工期，时间与费用率的关系表如表 10-1 所示，试求出工期较短而费用最少的合理方案。

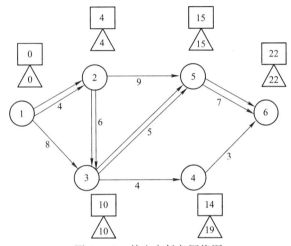

图 10-3　某生产任务网络图

表 10-1　时间与费用率关系表

工作	正常情况		缩短情况		费用率
	时间/日	费用率/日	时间/日	费用率/日	元/日
1—2*	4	2 100	3	2 800	700
1—3	8	4 000	6	5 600	800
2—3*	6	5 000	4	6 000	500
2—5	9	5 400	7	6 000	300
3—4	4	5 000	1	11 000	2 000
3—5*	5	1 500	4	2 400	900
4—6	3	1 500	3	1 500	—
5—6*	7	6 000	6	7 500	1 500
合计	22	30 500	17	42 800	

程序功能：解决最小费用与相对应的工期的优化问题。

2. 输入

首先列出时间与费用的相应关系，时间与费用关系的 Excel 表如表 10-2 所示。

表 10 - 2　时间与费用关系的 Excel 表

工作	正常情况		缩短情况		费用率
	时间/日	费用率/日	时间/日	费用率/日	元/日
1—2 *	4	2 100	3	2 800	700
1—3	8	4 000	6	5 600	800
2—3 *	6	5 000	4	6 000	500
2—5	9	5 400	7	6 000	300
3—4	4	5 000	1	11 000	2 000
3—5 *	5	1 500	4	2 400	900
4—6	3	1 500	3	1 500	—
5—6 *	7	6 000	6	7 500	1 500
合计	22	30 500	17	42 800	

＊为关键线路的工作。

22 为关键线路上的工作时间总和。

17 为缩短后的工作时间。

关键线路为 1—2—3—5—6。

3. 缩短工期步骤

（1）明确缩短工期必须以关键路线上的关键工作为缩短对象，同时要选择费用率最低的工作去缩短，如表 10 - 3 所示。

表 10 - 3　费用率最低表

费用率	缩短线路	缩短时间	费用增加	累计费用	线路时间
500	2—3 *	2	1 000	31 500	20

同时，引出三条关键线路：

第一条：1—2—3—5—8。

第二条：1—3—5—6。

第三条：1—2—5—6。

（2）运用费用率最低的原则去缩短三条关键路线的工序，如表 10 - 4 和表 10 - 5 所示。

表 10 - 4　关键线路缩短工期表

第一条关键线路		第二条关键线路		第三条关键线路	
工作	费用率	工作	费用率	工作	费用率
1—2	700	1—3	800	1—2	700
2—3 * *	500			2—5	300
3—5	900	3—5	900		
5—6	1 500	5—6	1 500	5—6	1 500

表 10 - 5　关键线路缩短工期费用率分析表

方案一	费用率	缩短线路	缩短时间	费用增加	线路时间
第一条	700	1—2	1	700	19
第二条	800	1—3	1	800	19
第三条	0	1—2	1	0	19

此时，工期缩短至 19 天，费用共增加 1 000＋700＋800＋0＝2 500(元)。

2—3** 表示已经压缩至极限。

(3) 问题的提出 (在多条关键路线下，压缩共用的关键工作，有可能比分别压缩不同的工作省钱。1—2，3—5，5—6 三个工序具有共用的性质)。

问题：3—5 的提出 (5—6 的费用率＝方案一的费用增加项，暂时不考虑) 是否可以充分利用 3—5 工序？

(4) 新的方案的提出。关键线路降为 19 天，费用分析表如表 10 - 6 所示。

表 10 - 6　关键线路降为 19 天费用分析表

新方案	缩短线路	费用率	缩短时间	三条关键线路的时间
	1—2	700	1	
	2—3	500	1	
	3—5	900	1	
费用增加		2 100		
				19

此时，工期为 19 天，费用共增加 700＋500＋900＝2 100(元)。

(5) 重复 (2)，(3)，(4) 的步骤，使工期降至 18，并同时确保所增费用最少。如表 10 - 7、表 10 - 8 和表 10 - 9 所示。

表 10 - 7　关键线路缩短工期表

第一条关键线路		第二条关键线路		第三条关键线路	
工作	费用率	工作	费用率	工作	费用率
1—2**	700	1—3	800	1—2**	700
2—3	500			2—5	300
3—5**	900	3—5**	900		
5—6	1 500	5—6	1 500	5—6	1 500

其中，**—表示已经到了调整极限，不能再调整了的项。

表 10 - 8　关键线路缩短工期费用分析表

方案	费用率	缩短线路	缩短时间	费用增加	线路时间
第一条	500	2—3	1	500	18
第二条	800	1—3	1	800	18
第三条	300	2—5	1	300	18
问题：	费用合计为 1 600＞1 500 (5—6 的费用率)				

表 10 - 9　关键线路降为 18 天表

新方案	缩短线路	费用率	缩短时间	三条关键线路的时间
一条	5—6	1 500	1	18

4. 输出

使工期降至 17，并同时确保所增费用最少。如表 10 - 10 和表 10 - 11 所示。

表 10 - 10　关键线路缩短工期表

第一条关键线路		第二条关键线路		第三条关键线路	
工作	费用率	工作	费用率	工作	费用率
1—2＊＊	700	1—3	800	1—2＊＊	700
2—3	500			2—5	300
3—5＊＊	900	3—5＊＊	900		
5—6＊＊	1 500	5—6＊＊	1 500	5—6＊＊	1 500

其中，＊＊—表示已经到了调整极限，不能再调整了的项。

表 10 - 11　关键线路降为 17 天费用分析表

方案	费用率	缩短线路	缩短时间	费用增加	线路时间
第一条	500	2—3	1	500	17
第二条	800	1—3	1	800	17
第三条	300	2—5	1	300	17

此时，工期缩至 17 天，费用共增加了 2 100＋1 500＋1 600＝5 200（元）。

5. 分析

确认工期缩至 17 天（最短），优化前后的各工序时间表如表 10 - 12 所示，总费用增加至 30 500＋5 200＝35 700（元）——达到工期降至最短，所增费用最少，即比缩短所有的工序节约资金 42 800－35 700＝7 100（元）。

表 10 - 12　优化前后各工序时间表

工序	1—2＊	1—3	2—3＊	2—5	3—4	3—5＊	4—6	5—6＊
正常情况	4	8	6	9	4	5	3	7
缩短情况	3	6	4	7	1	4	3	6

参 考 文 献

［1］　上海交通大学钱学森研究中心. 智慧的钥匙：钱学森论系统科学. 2 版. 上海：上海交通
　　　大学出版社，2015.

［2］　钱学森. 论系统工程. 上海：上海交通大学出版社，2007.

［3］　钱学森. 创建系统学. 上海：上海交通大学出版社，2007.

［4］　陈光亚. 科学发展观与系统工程//中国系统工程学会第十四届学术年会论文集. 2006.

［5］　李国纲，李宝山. 管理系统工程. 北京：中国人民大学出版社，1993.

［6］　苗东升. 系统科学精要. 北京：中国人民大学出版社，1998.

［7］　李宝山，刘志伟. 集成管理：高科技时代的管理创新. 北京：中国人民大学出版社，
　　　1998.

［8］　林福永. 一般系统结构理论. 广州：暨南大学出版社，1998.

［9］　李宝山，姚忠良. 圣集大成：企业赢得竞争的理论与实践. 北京：中国工商出版
　　　社，2004.

［10］　奥伯伦斯基. 公司再造. 谢作渺，译. 北京：华夏出版社，2003.

［11］　温伯格. 系统化思维导论. 张佐，等译. 北京：清华大学出版社，2003.

［12］　GROVE A S. High output management. Vintage, 1995.

［13］　TAPSCOTT D. Blueprint to the digital economy. McCraw-Hill, 1998.

［14］　NESHEIM J L. High tech start up. New York：Free Press，2000.

［15］　DRUCKER P F. Managing in the next society. Business Weekly Publication，2002.